उत्तराखण्ड - उत्तराञ्चल इतिहास : आदि मध्य और वर्तमान

(आर्कटिक, उत्तर-खण्ड आदि समन्वय)

उत्तराखण्ड - उत्तराञ्चल इतिहास
आदि मध्य और वर्तमान
(आर्कटिक, उत्तर-खण्ड आदि समन्वय)

History of Uttarakhand-Uttaranchal :
Primordial Medieval Present
(Arctic Uttar-Khand Cardinal Integration)

पण्डित ओम (खण्डूड़ी)

KALPAZ

उत्तराखण्ड - उत्तराञ्चल इतिहास : आदि मध्य और वर्तमान

ISBN : 978-93-5128-009-5

मूल्य : रू. 980

भारत में सन् 2013 में प्रकाशित

कल्पज़ पब्लिकेशन,
सी–30, सत्यवती नगर,
दिल्ली – 110052

Phone : 9212142040
ई–मेल : kalpaz@hotmail.com

टंकण : शाह कम्प्यूटर ग्राफिक्स
मुद्रित : चावला ऑफसेट प्रिंटर्स, दिल्ली

समर्पण

मेरे स्व. चाचा-चाची

के

चरणों में

अनुक्रम

प्रकरण - २

प्रकरण - ३

प्रकरण ४

प्रकरण - ५

प्रकरण - ६

प्रकरण - ७

प्रकरण - ८

पुस्तक के सम्बन्ध में

इस पुस्तक में उत्तराखण्ड - उत्तराचंल आविर्भाव का अभी तक अज्ञात शास्त्रीय पौराणिक ऐतिहासिक चित्रण एवं पहली बार उत्तर - खण्ड - उत्तरपथ-आर्कटिक समन्वय स्थापित करते हुये आर्कटिक - गङ्गावतरण एवं गङ्गा की चार धाराओं का भारतीय शास्त्रों के साथ साथ बाइबिलीय विश्लेषण किया गया है. साथ ही मेरू, पुष्कर द्वीप, स्वर्ग - देवलोक, हिमालय - तिब्बत - आर्य एवं परग्रहियों के सम्बन्ध में पाश्चात्य इतिहासकारों की विकृतियों का निर्मूलन किया गया है। सरस्वती - प्रयाग - त्रिवेणी की शास्त्रीयता एवं मिथक प्रस्तुत करते हुये संस्कृति रक्षार्थ एवं विवाद समापत्यर्थ राम नहीं नल सेतु सत्य को भी विस्तारित किया गया है। गढ़वाल - कुमाऊँ राजवंशों का आदि पौराणिक इतिहास और बंगला प्रभाव के नव उद्‌वोधन के अलावा जागीश्वर, जमुना - Kalendra track - यमुनोत्री, भागीरथी - हिमोत्तरी, केदारनाथ, सौगन्धिकवन, पाण्डव यात्रा - स्वर्गारोहण - सिल्क रूट आदि के रहस्य को उजागर करते हुए चीन की गलत फहमियों का जवाब दिया गया है और नेपाल विम्ब भी प्रस्तुत किया गया है। राज्य की वर्तमान और अनागत भविष्य की चुनौतियों की परिकल्पना करते हुये चहुंमुखी विकास के ठोस मन्थनीय सुझाव और प्रतिमान प्रस्तुत किये गये हैं ताकि राज्य पुनः वास्तविक देवभूमि के साथ समृद्ध राज्य बन सके। सुशासन और सुराज स्थापना के लिये जन चेतना और युवाओं की भागीदारी का गहन प्रतिवोधन कराया गया है।

उपक्रमणिका - निवेदन

इस पुस्तक में आपूरित ज्ञान का पूर्णत्व लेखक की पुस्तक **भारत और विश्व इतिहास की ऐतिहासिकताः इतिहास का पहला और अन्तिम पृष्ठ** के अध्ययन से सन्नद्ध है। यद्यपि दोनों ही पुस्तकें अपने - अपने क्षेत्र में इतिहास के अज्ञात आयामों की पुनः - खोज तथा गूढ़ ज्ञान का उद्‌वोधन कराती हैं तथापि इस पुस्तक में प्रतिपादित इतिहास के आदित्व को समझने के लिये उपर्युक्त पुस्तक के उपक्रम से परिचित होना आवश्यक है। उपर्युक्त पुस्तक में जहाँ पहली बार सनातन आर्य भारतीय इतिहास के उत्तर - खण्ड, उत्तर - पथ, आर्कटिक देवत्व मूल को उत्कर्षित किया गया है वहीं इस पुस्तक में उत्तराखण्ड का 'देवासुर' युग से सम्बन्ध स्थापित करते हुए देव भूमि होने के पौराणिक प्रमाणों के साथ उत्तर - खण्ड यानी मध्य - जम्बूद्वीप (सेन्ट्रल एशिया) एवं उत्तरपथ से गहन समन्वयात्मकता स्थापित की गई है, जो, आशा है पाठकों को आश्चर्यजनकरूप से विस्मयकारी लेकिन रुचिकर लगेंगे।

कर्तव्यबोध से उत्प्रेरित लेखक को प्रारम्भ में ही यह उल्लेख करना समुचित प्रतीत होता है कि इस पुस्तक की विषय वस्तु के सम्बन्ध में किसी भी गुरु - गुराणी, बाबा, जोगी - जोगिनी, स्वामी, महन्त - महन्तानी, कर्मकाण्डी, पुरोहित और इतिहासकार से शास्त्रार्थ करने में लेखक को अति प्रसन्नता होगी। भारत में व्याप्त व्यास - गुरु - पौरोहित्य, बाबा, स्वामिनी - जोगिनी जनित छद्‌म शास्त्रीय एवं प्रक्षिप्त विषयों तथा कर्मकाण्डिक अंधविश्वासों का राष्ट्र के समक्ष शास्त्रार्थ द्वारा व्यञ्जित होना जरूरी है ताकि दूध का दूध - पानी का पानी हो। देश की आम जनता को शास्त्रीय सच जानने का पूरा अधिकार है। भयमुक्त जागृत धार्मिक समाज की स्थापना के लिये अशास्त्रीय रूढ़ियों और अंधविश्वासों का निर्मूलनम् जरूरी है, ताकि देश के अन्दर प्रबुद्ध समाज की स्थापना और कायाकल्प हो सके।

इस पुस्तक में पहलीबार गङ्गावतरण - आदि देवगङ्गा और उसकी चार धाराओं की बाइबलीय साक्ष्य सहित शास्त्र सम्मत विवेचना की गई है और पउच प्रयागों के रहस्य भेद का विशिष्ट निरूपण किया गया है। पृथ्वी के आदि सतयुगी देवलोक, तुषित परिग्रहियों, मेरू, देव गङ्गा की आदि धारा अलकनन्दा, भागीरथी (गङ्गोत्तरी), जमुनोत्तरी का स्वरूप और प्रवाह इतिहास निरूपित किया गया है साथ ही प्रयाग - त्रिवेणी और अदृश्य सरस्वती सम्बन्धी लोक प्रचलित मिथ्या रुढ़ि और शास्त्रीय सच का प्रतिवोधन किया गया है।

विवाद निवारणार्थ, सर्वजन ज्ञान और शङ्का समाधान हेतु राम नहीं नल सेतु रहस्योद्‌घाटन करते हुये सिद्ध किया गया है कि राम ने स्वयं कभी सेतु उत्पाट नहीं किया था और सेतु कलिकाल के प्रारम्भ तक अस्तित्व में था। साथ ही राम द्वारा रामेश्वर शिवलिंग स्थापना मिथ एवं शास्त्रीय सच का परिष्करण पुस्तक के '**परिशिष्ट**' में किया गया है।

पौराणिक इतिहास और धर्म शास्त्रों के अनुसार ब्रह्मा जी के पुत्र स्वायम्भुव मनु के ज्येष्ठ पुत्र प्रियव्रत पृथ्वी के आदि सम्राट थे और यही मानवीय सृष्टि का प्रारम्भिक काल था। कुछ पुराणों के अनुसार उन्होंने बदरीनाथ में तपस्या की थी तथापि इस सत्य में किंचित संदेह नहीं कि वर्तमान यानी सातवें मन्वन्तर के प्रणेता वैवश्वत मनु ने बदरीनाथ में तपस्या की थी जिसका उल्लेख पुराणों के अलावा महाभारत में भी है। इससे उत्तराखण्ड की प्राचीनता का अनुमान लगाया जा सकता है। परम नारायण के अवतार भगवान श्री कृष्ण का उद्धव जी को बदरीवन में अपने सानिध्य में तपस्या करने का आदेश देना इसी सत्य का संकेत है।

आज के उत्तराखण्ड का प्रादुर्भाव देवासुर युग के उत्तर खण्ड से जुड़ा हुवा है जिसका प्रत्यावर्तन पद्‌म पुराण (द्वितीय आदि महा पुराण) से होता है। वाल्मीकि जी सहित हमारे पौराणिक इतिहासकारों को कहाँ से और कैसे आर्कटिक - पुष्कर, उत्तर - पथ, उत्तरी ध्रुव - उत्तर सागर और उत्तरी प्रकाश का ज्ञान था, यह मानव मस्तिष्क की समझ से बाहर है लेकिन 'सत्य गल्प और कल्पना से आश्चर्य जनक' होता है। Truth is stranger than fiction" कहकर गोरे जहाँ खुद ही इसका जबाब देकर चले गये वहीं हमारा इतिहास विकृत करके भी।

इस पुस्तक में केदार नाथ, जागेश्वर, गंगाद्वार, हरिद्वार, सौगन्धिक वन (फूलों की घाटी) आदि सहित कई अज्ञात ऐतिहासिक आयाम और रहस्यों को जनमानस के समक्ष उदघाटित करने का प्रयत्न किया गया है।

महाभारत कालीन केदार खण्ड - गन्धमादन क्षेत्र एवं पाण्डवों के समय किरात - कुणिन्द राज्य से कत्यूरी, पाल - शाह वंश, ह्वेनसाङंग, जगत् गुरु शंकर, चंद वंश और गुरखा आक्रमण तथा शासन एवं गढ़वाल विभाजन तथा बरतानी - गोरा 'रूल' स्थापना तक के इतिहास को साक्षिप्त में लेकिन यथा सम्भव प्रभावी रूप से प्रस्तुत करते हुये आचार्य शंकर के योगदान पर प्रकाश डालने का प्रयास किया गया है।

सृष्टि एवं क्रमिक विकास के साथ उत्तर - खण्ड के अन्योन्य सम्बन्ध का प्रतिपादन करते हुये उत्तराखण्ड नाम के उद् - भव और मौलिकता पर विशद चर्चा की गई है। पुस्तक में कुमांऊ और गढ़वाल की लगभग ४००० वर्ष पुरानी तादात्म्यकता, दोनों के इतिहास का स्वर्णिम पृष्ठ, पोंड्र - गौड़ (बंग देशीय पाल वंश) प्रभाव तथा गढ़वाल कुमाऊ राजवंश एवं संघर्ष तथा रूपकुण्ड शव रहस्य, कुल - वंश जाति - समुदाय की मौलिक खोज सहित कई धार्मिक - ऐतिहासिक स्थानों के अज्ञात रहस्यों को प्रभासित करने का प्रयास किया गया है. साथ ही गढवाल कुमाऊ के मन्दिरों, कोट - किलों - गढ़ों की भी जानकारी दी गई है।

पुस्तक में गन्धमादन से मेरू (वर्तमान उराल) तथा रूस तत्कालीन (उत्तरकुरु सीमा) तक पाण्डवों की यात्रा और सिल्क रूट रहस्य उजागर करते हुये देवत्व एवं प्रक्रति के सानिध्य में अभिन्न रूप से उत्तर - पथ से जुड़े उत्तर - खण्ड के ऐतिहासिक पौराणिक ज्ञान के साथ उत्तराखण्ड - उत्तरांचल मूलत्व एवं कुमायूं (कुमाऊ) - गढ़वाल की पौराणिकता तथा उदभव इतिहास पर गहन प्रकाश डाला गया है।

पुस्तक में उत्तर - खण्ड का सम्बन्ध पौराणिक मध्य जम्बू द्वीप - जिसे पाश्चात्य इतिहासकार सेन्ट्रल एशिया (अंग्रेजी में एशिया) कहते हैं - की आर्य मानव संस्कृति एवं उत्तर - पथ की देव संस्कृति के साथ स्थापित करते हुये पर्वतों एवं नदियों के देवत्व को उजागर किया गया है।

आशा है इस पुस्तक से आने वाली पीढ़ी को नई दिशा मिलेगी और ज्ञान - खोज के नये आयाम खुलेंगे। पुस्तक में एक प्रकार से उत्तराखण्ड और उसके इतिहास की पुनर्खोज ही की गयी है। उत्तराखण्ड का इतिहास अभिन्न रूप से भारत की ही वाङ्ग्मयता का प्राचीन इतिहास है। उत्तरपथ अर्थात् आर्कटिक से उत्तर - खण्ड यानी कैलाश मानसरोवर वही देव भूमि है जहां आदि देवासुर युग के उपरान्त आर्य मानव के साथ सभ्यता का भी जन्म हुवा एवं पुष्कर (आर्कटिक) आदि देवलोक सहित ब्रह्मपुरी (मेरू) के जलप्लावित होने के अपरान्त देव सृष्टि का अवतरण।

भारतीय पौराणिक शास्त्रीय इतिहास के साथ पाश्चात्य एवं वर्तमान इतिहासकारों की रचनाओं के अध्ययन से कई सवाल भी पैदा हुये जिनका निराकरण करने का पुस्तक में प्रयास किया गया है। निष्कर्ष सर्वत्र लेखक के अपने हैं। यह पुस्तक बहुत संक्षिप्त होते हुये भी आनेवाली पीढ़ी के लिये शोध एवं अनुसंधान के लिये उपयोगी एवं पथ प्रदर्शक होगी यह उम्मीद है।

राज्य की वर्तमान एवं भावी प्राकृतिक, आर्थिक, पर्यावरणीय एवं राजनैतिक आदि चुनौतियों की यथा सम्भव परिकल्पना तथा सम्भावित परिणामों का चिन्तन किया गया है तथा उनके निदान के तात्कालिक, मध्यकालिक एवं दीर्घगामी सुझाव दिये गये हैं जिससे एक ऐसी शासन व्यवस्था का सृजन होगा जिसे हम सुशासन और सही अर्थों में सुराज कह सकेंगे जो भारत के सभी राज्यों के लिये अनुकरणीय होगा। राजनैतिक तौर पर जहाँ एक तृतीय विकल्प की अपरिहार्यता का मन्थन किया गया है वहीं राज्य के सुशासन के लिये निर्विभागीय मुख्य मन्त्री - एक Real Gandhian की परिकल्पना के साथ राज्य को केन्द्र शासित संघीय इकाई (UT or Centrally Administrative Territory) घोषित करने की अपरिहार्यता की परिपुष्टि की गई है।

शिक्षा नवीकरण प्रणाली और अर्थवत्ता, औद्योगीकरण, पर्यटन उद्योग, जल समस्या और संचयन, डिफेंस, बेरोजगारी भत्ता और माओवाद पर अंकुश, जनसंख्या मिश्रण, गावों की पुनर्प्रतिष्ठा जैसे विषयों पर गम्भीर मन्थन किया गया है। पुस्तक में एक अति दीर्घकालीन भविष्य की भी परिकल्पना की गई है जिसमें हिमालय क्षेत्र के वृहत्तर हित में हिमाचल के साथ महासंघ बनाने एवं हिमालयी पर्वतों - नदियों को और अधिक छलनी न करके अर्ध आणविक विद्युत उत्पादन (Semi – Atomic / Demi and Nuclear) का सुझाव दिया गया है।

एक तरफ जहाँ पौराणिक अलौकिकता उद्घाटित की गई है वहीं पृथ्वी को नरक बनाकर चंद्रमा को स्वर्ग बनाने के दिवास्वप्न की तरह स्वयं को ही धोखा न देकर भ्रष्टाचार, लूट, अन्याय एवं अनीति का सामना समग्र संगठित जन चेतना के साथ करने एवं समस्याओं का सामूहिक निदान ढूंढने में युवा शक्ति का आह्वान किया गया है ताकि राष्ट्र के समक्ष एक विशिष्ट प्रतिमान प्रस्तुत करते हुये उत्तराखण्ड को श्पैरूडीसश - अलौकिक आनन्दमय राज्य बनाने की कल्पना साकार हो सके।

पड़ोसी एवं इतिहास से सम्बन्धित होने के कारण नैपाल और रूहेलखण्ड विम्ब का संक्षिप्त उल्लेख करना लेखक को समुचित प्रतीत हुवा ताकि विषय को और भी गहराई से आत्मसात किया जासके।

इस पुस्तक में लम्बे समय तक के लिए ऊपरी - निचली और बीच की सीमा निर्धारित की गई है। ऊपरी सीमा आर्कटिक, नीचे की अर्ध आणविक विद्युत उत्पादन और मध्य की हिमाचल प्रदेश के साथ आर्थिक - सामरिक - पर्यावरणीय संघ की स्थापना है।

इस समय राज्य की सबसे बड़ी आवश्यकता वर्तमान **सपोड्डु कल्चर** को जड़ से उखाड़ने की है जो युवा पीढ़ी के सहयोग और अन्तःस्फुरित जन चेतना के बिना सम्भव नहीं है। वैसे भी उत्तरांचल आज बिहार - झारखण्ड - छत्तीसगढ़ - बंगाल और उत्तर - पूर्व के कई राज्यों से बहुत पीछे चला गया है। लेकिन समस्या है - गरीब में हिम्मत नहीं, मध्य वर्ग को फुर्सत नहीं, अमीर को मतलब नहीं, नेता - बाबा - गुरु - महन्त, भ्रष्टता से मुक्त नहीं, युवा मस्त - करे तो कोन? अन्तिम आशा - भरोसा फिर भी युवाओं पर ही है और हो सकता है।

मेरे स्व० चाचा - चाची को समर्पित इस पुस्तक के पूर्ण सम्पादन में लेखक अपने पुत्र प्रभाकर का बहुत आभारी है जिनके सहयोग के बिना इस पुस्तक के विषय को प्रामाणिक ऐतिहासिक और वैज्ञानिक रूप देना सम्भव न होता।

लेखक हृदय से कल्पज पब्लिकेशन दिल्ली के प्रबंधक, प्रकाशक तथा प्रतिष्ठान के सुलझे विशेषज्ञों - सम्पादक - मण्डल एवं कर्मचारियों का आभारी है जिन्होंने इस पुस्तक को समय से प्रकाशित करने और सुष्ठु रूप देकर आकर्षक बनाने में निष्ठा से योगदान किया।

पाठकों की ज्ञान पिपासा को किञ्चिंत भी तृप्त करने में अगर लेखक को सफलता मिली हो तो वह उसका अहोभाग्य ही है।

लेखक

प्रकरण – 1

उत्तराखण्ड - उत्तरांचल उद्भव प्रकृति एवं आर्कटिक समन्वय

आर्कटिक समन्वयः सहज गुह्य रहस्य

हमारा इतिहास हमारी धरोहर है और हम अतीत की। अगर हम अपना इतिहास नहीं जानते तो कभी ये भी नहीं जान सकते कि हम कोन हैं, अगर हम नहीं जानते कि हम कोन हैं तो फिर नहीं जान सकते हम कहाँ से आये। इतिहास हमारी पहचान है और हम इतिहास की। यही वो आईना है जिसमें हमारा सम्पूर्ण प्रतिबिम्ब प्रतिबुद्ध होता है। अतः अपनी पहचान की संरक्षा भी हमारी ही जिम्मेदारी है। इतिहास एवं संविधान दोनों का सम्यक् ज्ञान जिम्मेदार-आदर्श नागरिकता की ही नहीं अपितु सामाजिक स्वरुप के रुपान्तरण (Transformation) की भी पहली आवश्यकता है।

जैसा कि लेखक की पुस्तक "भारत और विश्व इतिहास" में विस्तारित है वर्तमान 'उत्तराखण्ड' सनातन उत्तर - खण्ड का अभिन्न अंचल था। भारत के विद्वान पौराणिक इतिहासकारों ने[1] सतयुग से पूर्व वैदिक युग का अस्तित्व माना है जिसे देवासुर युग कहा गया। यह अतिमानव योनि युग था। जिसमें देव - दानव, सुर - असुर, दैत्य - आदित्य, गन्धर्व, किन्नर, यक्ष आदि थे। विश्व उत्तरी - दक्षिणी ध्रुव के आधार पर बंटा था जिसे उत्तर - पथ, दक्षिण - पथ भी कहा जाता है। आज का पश्चिम अर्थात् यूरोप दक्षिण पथ

---

1. J.P. Mittal – History of Ancient India a New Version (7300 BC – 4250 BC).

के अन्तर्गत था। वर्तमान आर्कटिक यानी पुष्कर द्वीप और जम्बू द्वीप उत्तरपथ था। आज का एशियाई रूस 'उत्तरकुरु' वर्ष था जो जम्बू द्विप के नौ वर्षों यानी भागों अञ्चलों में से एक था। उत्तरकुरु मेरू के बाद प्रारम्भ होता था अतः स्वयं भी स्वर्गद्वार था। उत्तरकुरु से आगे उत्तर - सागर (Arctic Sea) की सीमा प्रारम्भ होने तक उत्तरपथ था जो स्वर्ग पथ या सत्य पथ कहा जाता था जिसका अपभ्रंश उत्तराखण्ड राज्य में 'सतोपंथ' भी है। उत्तरकुरु से मध्य जम्बू यानी सेन्ट्रल एशिया होते हुये कैलाश - मानसरोवर और गन्धमादन/बदरिकारण्य का भाग उत्तर - खण्ड था। देवासुर वैदिक युग में उत्तरखण्ड अनेक देवी देवताओं के अलावा त्रिमूर्ति ब्रह्मा, विष्णु, शिव के अनेक रूपों - अवतारों का लोक एवं धाम था। जिनमें कैलाश, अलकापुरी और गन्धमादन, बदरिवन प्रसिद्ध हैं। देवभूमि होने के कारण यहाँ अनेक ऋषि, मुनि, देवर्षियों, द्रष्टाओं के आश्रम और निवास थे। आज का अमेरिका उस हिम युग में पृथ्वी से अलग पाताल लोक माना गया था।

मध्य जम्बूद्वीप के मध्य में इलावृत वर्ष था जो आज कजाकिस्तान, उज़्बेकिस्तान, तुर्कमेनिस्तान आदि हैं। यही जम्बू द्वीप का राजधानी क्षेत्र था जिसके मध्य में सुवर्णमय मेरू था जो आज यूरोप और एशिया को विभक्त करने वाली सीमा रेखा का प्रतीक उराल गिरि है। अराल का अर्थ संस्कृत में टेढ़ा - मेढ़ा, वक्र आदि है जो पर्वत के स्वरूप का ही प्रतीक है। इसके अलावा उरु का अर्थ विस्तृत, प्रशस्त और महान भी है, अतः स्पष्टतः वर्तमान 'उराल' शब्द की व्युत्पत्ति इन्हीं आर्य शब्दों से लगती है। तथापि ध्वन्यात्मक रूप से भी मेरू और उराल में समरूपता है। उस युग में भी मेरू पर्वत जम्बू द्वीप को प्लक्ष द्वीप (कुछ यूरोप और कुछ वर्तमान अफ्रीका का भाग) से अलग करता था। इसी मेरू पर ब्रह्मपुरी और ब्रह्मसरोवर था जो ब्रह्मा जी के धामों में से एक था। यहीं पृथ्वी के आदि स्वर्ग पुष्कर द्वीप वर्तमान आर्कटिक से - जो पृथ्वी पर देवलोक के साथ - साथ त्रिमूर्ति ब्रह्मा, विष्णु, शिव का आलय था - विष्णुपाद से गङ्गावतरण हुआ था। मेरू स्थित ब्रह्मपुरी में गङ्गा ब्रह्म कमण्डल यानी ब्रह्मसरोवर में स्थित होकर चार धाराओं में पृथ्वी पर प्रवाहित हुई।

पृथ्वी की पश्चिम से पूर्व की ओर सूर्य परिक्रमा के आधार पर विश्व का पूर्व - पश्चिम विभाजन यूरोपियनों की अभी मध्यकाल की ही देन है और यही सनातन संस्कृति दर्शन पर आक्रमण कर अपनी श्रेष्ठता प्रदर्शित करने का उनका पहला अपकारी कदम।

इसी उराल - मेरू के इस तरफ मध्य जम्बू से उत्तरकुरु और पुष्कर - उत्तरिध्रुव (वर्तमान आर्कटिक) क्षेत्र में देव - सुर - आदित्य आदि निवास करते थे और उस तरफ यूरोप - अफ्रीका में असुर - दैत्य - दानव आदि। सभी एक ही पिता की किन्तु अलग अलग माताओं से उत्पन्न सन्तति थी। अतः कौरव - पाण्डवों के बीच राज्य के लिये महाभारत युद्ध की तरह स्वर्ग पर अधिकार के लिए सुर - असुरों के बीच कई देवासुर संग्राम लड़े गये। ये अधिकांश युद्ध मध्य जम्बू के 'समर केन्द्र' वर्तमान सेन्ट्रल एशिया के समर कन्द में लड़े गए जिसे अंग्रेजी - अंग्रेजों के कहर ने ताशकेंट (ताश कन्द) की तरह 'समरकेंट कर दिया। इसी मध्य जम्बूद्वीप में, जिसे पाश्चात्य इतिहासकार और वैज्ञानिक 'सेन्ट्रल एशिया' कहते हैं, मेरू (उराल) स्थित ब्रह्मपुरी में कालान्तर में स्वायम्भुव मनु का जन्म और 'ऋग्वेद' की रचना हुई। स्वायम्भुव मनु के ही पुत्र आदि विश्व सम्राट (King Emperor) प्रियव्रत और उनके भाई उत्तानपाद हुये। यहीं तुषित यानी अर्ध देवों (Demi gods) से आर्यों का जन्म और मानव वंश का विश्व विस्तार हुआ।

वैदिक अथवा देवासुर युग के उपरान्त स्वयम्भू ब्रह्मा जी के मानसपुत्र स्वायम्भू मनु, जिन्हें 'विराज' और प्रजापति भी कहा जाता है, और ब्रह्मा की संकल्पोत्पन्ना नारी 'सतरूपा' से मानवों की उत्पत्ति हुई। लेकिन इससे भी हजारों वर्षों पूर्व ब्रह्मा जी के अन्य मानस पुत्रों से जो मरीचि, पुलह, अत्रि, पुलस्त्य, भृगु, क्रतु और दूक्ष सहित नौ या दश थे पृथ्वी में ऋषि मुनियों सहित अन्य देव और अतिमानव योनियों का विस्तार हुआ अतः उन्हें प्रजापति कहा गया। इनमें से 'मरीचि' प्रजापति के पुत्र 'कश्यप' ऋषि एवं दूक्ष प्रजापति की 13 पुत्रियों से अधिकांश देव योनियों अथवा मानवेतर यानी अति मानव योनियों का विस्तार हुआ। कश्यप - अदिति से विष्णु सहित 12 आदित्य, दिति से दैत्य, दनु से दानव, कद्रू से नाग आदि उत्पन्न हुये जिससे मानव को

छोड़कर अन्य समस्त प्राणियों और जीव जगत के बीज अथवा आनुवंशिकी (Heredity) के मूलत्व का भी संकेत मिलता है।

आर्कटिक देवत्व की पुष्टि लोकमान्य तिलक[1] की अनुपम रचना 'The Arctic Home in Vedas' से भी होती है। इस विषय का विस्तृत वर्णन लेखक की रचना "भारत और विश्व इतिहास" में किया गया है। तथापि यह उस युग की बात है जब मानव का कोई अस्तित्व ही नहीं था अतः आज ये बातें समझना मानव के सीमित मस्तिष्क से बाहर है। जब भारतियों को ही इस पर विश्वास नहीं होता तो फिर पाश्चात्यों की बात ही क्या है।

इसके विपरीत प्रचीन इतिहास लेखक श्री जे पी मित्तल[2] ने अपनी रचना में 'मेरू पर्वत' और उससे निकलने वाली चार नदियों की स्थिति तिब्बत में बताई हैं। उनके अनुसार अब मेरू ही कैलाश नाम से जाना जाता है। इस पर्वत से निकलने वाली चार नदियां चार दिशाओं में बही। पूर्व की ओर बहने वाली 'सीता' आज ब्रह्मपुत्र है, पश्चिम की ओर बहने वाली 'चक्षु' आज की सतलुज, उत्तर की ओर बहने वाली 'भद्रा' ही सिन्धु (इन्डस) तथा दक्षिण की ओर बहने वाली अलकनन्दा है। तथापि इस वर्णन की पुष्टि न तो पुराण इतिहास से और न रामायण - महाभारत से ही होती है।

कई प्राचीन इतिहास लेखकों के अनुसार वैदिक युग में जम्बू द्वीप और भारतवर्ष हिमालय के पर्वतीय क्षेत्र यानी वर्तमान कश्मीर - हिमाचल - उत्तराखण्ड के कुछ क्षेत्रों से तिब्बत तक ही सीमित था। लेकिन यह भारतीय पौराणिक इतिहास के साथ - साथ पुरातत्त्वीय साक्ष्यों से भी विश्वसनीय नहीं है। कुछ इतिहासकारों ने सत्पथ ब्राह्मण, महाभारत, मत्स्य पुराण तथा अन्य शास्त्रों के आधार पर निष्कर्ष निकाला कि हिम युग (Ice Age) यानी जलप्लावन ईसा पूर्व करीब 6000 वर्ष पहले हुआ था जिसके उपरान्त इस मन्वन्तर के प्रवर्तक 'वैवश्वत मनु' ने पहली बार उत्तर के मैदानी क्षेत्र अयोध्या में बस्ती बसाना प्रारम्भ किया। उनके इक्ष्वाकू, शर्याती आदि कई पुत्र थे। शर्याती के नाम से ही सरयू का नामकरण हुआ।

---

1. The Arctic Home in Vedas - Lokmanya Tilak.
2. तदैव (*Ibid*).

हिमयुग की ईसापूर्व 6000 साल की पुष्टि अमेरिका से प्रकाशित ऐतिहासिक घटनाक्रम ग्रन्थ 'The Chronicle of the World'[1] ने भी किया है जो इसे आज से करीब 7000 साल पूर्व की घटना बताता है। अधिकतर वैज्ञानिकों, पुरातत्वज्ञों और इतिहासकारों ने हर 10000 साल बाद हिमयुग यानी जल प्लावन की आवृत्ति का संकेत दिया है। लोकमान्य तिलक[2] ने भी यही पुष्टि की है।

इतिहासकार श्री मित्तल मानते हैं कि पुराणों के अनुसार ब्रह्मा का धाम कैलाश के उत्तर में आज के तिब्बत स्थित मेरू पर्वत पर था। विष्णु का धाम क्षीर सागर भी मेरू के पास ही बहुत बड़ी झील थी जो सागर की तरह प्रतीत होती थी। महेश्वर का धाम कैलाश पर था जहाँ वह झील आज भी मानसरोवर के नाम से जानी जाती है। कैलाश, महेश्वर और मानसरोवर से सम्बन्धित तथ्यों को छोड़कर शेष तथ्य न तो पुराण इतिहास सम्मत है न युक्तिसंगत।

कुछ इतिहासकारों के अनुसार भारतीय देवी - देवताओं का धाम भारत वर्ष के उस भाग में था जिसे आज तिब्बत कहते हैं, जहाँ आज भी ब्रह्मा की पूजा "ॐ नमामि पद्मेयम्" के रूप में होती है। दयानन्द सरस्वती जी ने भी[3] 'सत्यार्थ प्रकाश' में यही माना है। श्री जे पी मित्तल के अनुसार ब्रह्मा जी का काल 6300 बीसी है उनके पुत्र स्वायम्भुव मनु का समय ६१६४ ईसा पूर्व (बीसी) है। मनु के पुत्र प्रियव्रत के दश पुत्र थे। तीन विरक्त थे। अतः प्रियव्रत ने तिब्बत को सात द्वीपों में बाँटकर हरेक का राज्य अपने एक - एक पुत्र को दे दिया।

लेखक की राय में उपर्युक्त वर्णन पुराण इतिहास सम्मत नहीं हैं साथ ही युक्ति संगत भी नहीं है। जिन द्वीपों का वर्णन भारतीय शास्त्रों और पुराण इतिहास में आया है वह आज के महाद्वीपों (Continents) के पर्यायी थे। तिब्बत से सात द्वीप क्या सात टापू (Isle) भी नहीं निकल सकते हैं। दूसरा

1. DK Publishing USA.
2. तदैव।
3. दयानन्द सरस्वती - सत्यार्थप्रकाश ।

यह कि क्षीर सागर की तुलना मानसरोवर झील से करना कतई समझ में आने वाली बात नहीं है अतः निराधार ही है। तीसरा, महाभारत में पाण्डवों के जिस स्वर्गारोहण मार्ग का वर्णन है उससे तिब्बत का स्वर्ग होना कतई सिद्ध नहीं होता है न उससे कोई मेल ही खाता है। पाण्डवों का भारत की परिक्रमा करने के उपरान्त कश्मीर - हिमाचल के बीच कहीं से हिमालय को पार कर आज के चीन के टकलामकान रेगिस्तान को पार कर मेरू की ओर बढ़ने का जो सन्दर्भ आया है वह तिब्बत के स्वर्ग सिद्धांत को नकार देता है। यह रेगिस्तान आज चीन का टकला मकान डजर्ट है। इसी तरह बनवास के समय जब पाण्डव गन्धमादन पर आये तो लगभग पाँच वर्षों में से चार वर्ष उन्होंने मध्य जम्बू एवं एशिया का भ्रमण करने में बिताये और उत्तरकुरु तक गये जो आज का एशियाई रूस है और उसी के पास उन्होंने मेरू की स्थिति का स्पष्ट उल्लेख किया है। गंङ्गावतरण के वर्णन से भी इसकी पुष्टि होती है।

प्रसिद्ध पौराणिक इतिहास लेखक डा० के एल जैन[1] ने वैदिक युग के मुख्य ४७ और कुल ५४ राजाओं की संगणना की है और ब्रह्मा जी के पुत्र स्वायम्भुव मनु का काल ईसापूर्व करीब ७३०० वर्ष निर्धारित किया है यानी आज से ८२६६ वर्ष पूर्व जो लगभग एक हिमयुग यानी जलप्लावन की आवृति का भी समय माना गया है।

एक तरह से लोकमान्य तिलक द्वारा की गई आर्यों और वेदों की काल गणना उपर्युक्त वर्णन से मेल खाती है। लोकमान्य ने वेदों - संहिताओं का रचना काल ईसा पूर्व कम से कम ४६०० वर्ष बताया है यानी आज से कम से कम ६६०० साल पूर्व। अतः यह माना ही जाना चाहिये कि आर्यों का काल उससे हजार - दो हजार वर्ष पूर्व होगा। लेकिन विद्वान इतिहासकार डा० के एल जैन और श्री जेपी मित्तल ने वैदिक युग को आर्य युग से पहले माना है जो कि उनके मतानुसार देवासुर (दैत्य - दानव) युग था। लोकमान्य के विश्लेषण से भी वेदों - ब्राह्मण संहिताओं में जिस 'आर्कटिक होम' का संकेत मिलता है वह आर्यों के निवास के वजाय देवलोक ही अधिक प्रतीत होता है।

---

1. Chronology of India in the Puranas

श्री जे पी मित्तल[1] के अनुसार वैदिक युग ईसापूर्व लगभग ७३०० से ६२०० वर्ष तक था जबकि देवासुर युग ईसापूर्व ६३०० से ६००० तक रहा जिसके बाद सत्य युग का प्रारम्भ इस मन्वन्तर के प्रवर्तक वैवस्वत मनु के साथ ईसापूर्व ६००० में हुआ था और इसी के साथ आर्य मानव युग का प्रारम्भ हुआ।

श्री मित्तल और डा० जैन के वर्णन से इस सत्य की पूरी तरह पुष्टि होती है कि वैदिक युग एवं देवासुर अथवा सुर - असुर युग में मेरू से कैलाश तक पूरा उत्तर - खण्ड विभिन्न स्तरों का स्वर्ग लोक, दिव्य धाम या देव धाम था। वही दिव्य लोक आज के तीर्थ और धाम हैं। तिलक जी की कृति[2] में वैदिक साक्ष्यों के साथ साथ सूर्य सिद्धान्त, मनु के काल विभाजन और उसी आधार पर यास्क मुनि के काल विभाजन एवं तैत्तिरीय आरण्यक, महाभारत तथा पुराणों का सन्दर्भ लेते हुये मेरू - महा मेरू की अवस्थिति उत्तरी ध्रुव - आर्कटिक क्षेत्र (Arctic or Circum Polar regions) में ही बताई गई है जो 'उराल' सिद्ध होता है।

इस सम्बन्ध में यहाँ यह उल्लेख करना जरूरी है कि Chronicle of the World[3] तक में भी यह वर्णन है कि देवों और असुरों ने अपना विस्तार तिब्बत के उत्तर और दक्षिण की ओर किया। उत्तर में उन्होंने अपना शासन ईराक तक स्थापित करते हुये अपना प्रभाव येरूशलम (जेरूसलेम - आजका इस्राइल) से भूमध्य तथा टिग्रिस नदी (यूफ्रट्स नदी की शाखा जो पारस की खाड़ी में गिरती है) तक फैलाया। इन स्थानों के निवासी अपनी स्थानीय भाषा बोलते थे लेकिन शासकों की भाषा संस्कृत थी, वो रथों का प्रयोग करते थे और वरुण तथा इन्द्र की पूजा करते थे। उस समय पूरी अरब दुनियाँ में मूर्ति पूजा प्रचलित थीं यहाँ तक कि मक्का में ही ३६० मूर्तियाँ थी। इसका वर्णन बड़ा ही रोचक है:

"The Devas and the Asuras spread out in the north and south of Tibet. In north they established their rule up to Iraq extending their

1. तदैव।
2. Arctic Home - Bal Gangadhar Tilak.
3. Ibid.

influence as far away as Jerusalem to Alalakh on the coast of Mediterranean and to the Arrapkha on the lower Zab] a tributary of the Tigris. Most of their people spoke local language but their ruler's language was Sanskrit. They fought in war chariots. They worshipped Varuna and Indra. Before the onslaught of Islam in 6th century AD the Arabs were idolaters. They worshipped many gods and plants. In Mecca alone] there were 360 idols. They even worshipped trees, stones, and wind like Hindus".

रामायण, महाभारत सहित भारतीय पुराण इतिहास और वैदिक संहितायें इस बात की साक्षी हैं कि आदि वैदिक - देवासुर युग में आर्कटिक से कैलाश तक देव भूमि थी। भारतीय पुराणों ने मध्य एसिया सहित इस क्षेत्र का वह इतिहास संजोकर रखा है जो वहाँ के लोगों को भी कभी ज्ञात नहीं होता। विश्व में हजारों लाखों वर्षों में इतना परिवर्तन कैसे हुआ इसका अंदाजा विचारक, बुद्धिजीवी, दूरदर्शी लोग पिछले सौ सालों में हुये परिवर्तनों से ही लगा सकते हैं परन्तु आज जिस द्रुत गति से परिवर्तन हो रहा है वह विश्वसनीय ही नहीं लगता है। भारतीय शास्त्रों ने जो भविष्यवाणियां की हैं और जिनका विवरण उनमें छुपा है उनकी पुष्टि पुरातत्त्वीय साक्षों के अलावा वैज्ञानिक अनुसन्धानों से भी हो रही है।

वैज्ञानिक अनुसन्धानों पर आधारित प्रसिद्ध पुस्तक The Chronicles of the World[1] के विवरण के अनुसार भी उत्तरीध्रुव और दक्षिणीध्रुव यानी आर्कटिक और अन्टार्कटिक में विगत हिमयुग के बाद जमी गहन हिम नदियाँ और भारी हिम खण्ड पिघलने लगे। इंग्लैण्ड जो कि भूमि मार्ग से शेष यूरप के साथ जुड़ा था अलग थलग पड़ गया। उसी दौरान एशिया के यायावरों, आखेटकों ने अलास्का के सँकरे भूमि मार्ग से उत्तरी अमेरिका में प्रवेश किया और कालोनियाँ बसाई। पृथ्वी के गरम हो जाने के उपरान्त यह भूमि सेतु टूट गया और अमेरिका का एशिया से विच्छेद हो गया। उपर्युक्त पुस्तक के अनुसार महाद्वीपों और सागरों - महा सागरों के स्वरूप में भारी बदलाव आया। दुनियाँ के बहुत सारे उपजाऊ तटीय क्षेत्र नष्ट हो गये, जन संख्या नष्ट हो गई, बेघर हो गई। पलायन और प्रवास की गति तेज हो गई। सबसे भयंकर भूमि विनाश

1. तदैव।

एशिया में हुआ जहाँ एक पूरा ही द्वीप जलमग्न हो गया केवल पर्वत चोटियाँ और ज्वालामुखी रह गये जिनकी वजह से आस्ट्रेलिया तक टापुओं के कई पुञ्ज निर्मित हुये। समय समय पर इसी तरह की उथल पुथल की पुष्टि अन्य प्रसिद्ध घटना काल क्रम संग्रह कोश 'A Comprehensive Chronicle of World History'[1] से भी होती है।

एशिया के जिस द्वीप के डूबने का ऊपर सन्दर्भ आया है वह आर्कटिक क्षेत्र का पुष्कर और मेरू स्थित इलावृत वर्ष का क्षेत्र ही था जिसे बाइबल में 'एटलांटिस' कहा गया है।

स्पष्टतः उपर्युक्त वर्णन से इस तथ्य के सत्य में कोई संदेह नहीं रह जाता है कि पहले पाश्चात्यों ने जानबूझकर वैदिक सनातन सभ्यता और संस्कृति को तिब्बत तक सीमित करने की कोशिश की लेकिन वो वैदिक संस्कृति और सभ्यता के मूल और विस्तार के सत्य को छुपाने में समर्थ नहीं हो पाये। सत्य यही है कि वैदिक संस्कृति का उदय आर्कटिक क्षेत्र (Circum Polar Regions) यानी मेरू - उराल - साइबेरिया से हुआ था। इससे भी बड़ा सच यह है कि पृथ्वी के आदि (Primeval) देवलोक अर्थात पुष्कर - आर्कटिक स्थित देवी - देवताओं - तुषितों (Demi Gods and Goddesses) से ही मानव जाति के आदि पूर्वज आर्य मानवों का उदय हुआ था। इन्हीं तुषित देवों को स्टीफन हकिंग (Stephen William Hawking) जैसे पाश्चात्य किताबी भौतिक विज्ञानी आज परग्रही (Aliens) कह रहे हैं। भारतीयों के लिए अब अदृश्य हो जाने के कारण वो परग्रही हैं पर अज्ञात नहीं, क्योंकि वैदिक सनातन दर्शन मानव जाति को देव सन्तति मानता है लंगूर या बन्दर की नहीं। अगर मानव देव सन्तति नहीं थे तो डार्विन समर्थकों और स्टीफन हकिंग को ये स्पष्ट करना चाहिये और करना होगा कि क्या एडम और ईव (Adam & Eve) भी लंगूर या बन्दर की सन्तान थे? अगर नहीं तो वो कौन - क्या थे?

केवल ऋग्वेद, तैत्तिरीय ब्राह्मण, शतपथ ब्राह्मण ही नहीं, पारसी धर्म शास्त्र अवेस्ता (Avesta) और 'वंदिदद' भाग - दो (Vendidad Fargad II) के

---

1. (The rise of Civilisations and Cultures Version 1.0) by Frank P. King-pages 9, 10, 11, 13, 15, 17, 19.

अलावा ईसा पूर्व पाँचवीं शताब्दी के प्रसिद्ध यूनानी इतिहासकार हिरोडटस (Herodotus) की रचनाओं में उन लोगों का उल्लेख मिलता है जो छः माह तक सोते थे। पारसी धर्म शास्त्र Vendidad में उल्लेख है कि उन लोगों का एक दिन एक वर्ष था। ये बातें तैत्तिरीय ब्राह्मण के आख्यानों से मिलती हैं जो देवताओं के उत्तरी ध्रुवीय निवास (Arctic Home) को सिद्ध करते हैं। पारसी (जरुथस्त्री) मुख्य धर्मशास्त्र "अवेस्ता" (Avesta) को वेदों की तरह असंदिग्ध रूप से आर्य धारा का ही शास्त्र माना गया है। फारसी धर्म शास्त्रों में भी भारतीय शास्त्रों की तरह मत्स्य अवतार से पूर्व जलप्लावन की भविष्यवाणी का अहूरमज्द (पारसियों के ब्रह्म - भगवान उहूरमज्दु) और यिम (Yima वैदिक यम) के बीच का संवाद वैवस्वत मनु के आख्यान से ही मिलता है। सम्भव है 'यिम' नाम 'मनु' का प्राकृत पारसी तर्जुमा हो। यह वार्ता ईरानी शास्त्रों के अनुसार आर्याणा वैजो (Airyana Vaejo यानी Paradise of the Iranians या Original Home of the Iranians) में हुई जो जरुथस्त्री शास्त्रों के अनुसार ईरानियों के पूर्वजों का मूल निवास था जो जलप्लावन के फलस्वरूप जलप्लावित हो गया था। यह स्थान उत्तरी ध्रुव क्षेत्र में ही सम्भव था। भाषा और शब्द कुछ भी हों यही लोग आदि आर्य थे जो ईरानियों के भी पूर्वज थे। ईरानी शब्द 'वैजो' संस्कृत शब्द वैभ्रम (यानी देवलोक - वैकुण्ठ) अथवा वैभ्राजम (देव उद्यान बाइबल के garden of Eden) का ही अपभ्रंश है। पारसी शास्त्रों में भी देव यान - पितृयान (उत्तरायण - दक्षिणायन) का उल्लेख है।

मुख्य अवेस्ती (Persian) धर्म शास्त्र ऋषि जरुथष्ट कृत 'अवेस्ता' में भी 'आर्याणा वैजो' में वर्ष पर्यन्त दिन का और साल में सूर्योदय का उल्लेख है। ऋग्वेद की तरह अचानक ऋतु परिवर्तन का उल्लेख भी है जैसे दश माह तक शीत, फिर पाँच माह की शीत जो आर्कटिक में घोर हिमयुग (Glacial epoch) की पुष्टि करते हैं। अवेस्ता में सत्पथ ब्राह्मण की तरह जल प्रलय का वर्णन भी है जिससे ज्ञात होता है कि 'आर्याणा वेजो' के जलमग्न हो जाने के कारण ईरानियों के पूर्वज आर्य जनों ने वहाँ से विभिन्न १६ स्थानों में प्रवास किया।

लोकमान्य तिलक ने अपनी पुस्तक में वैदिक आर्यों के आर्कटिक एवं

आर्कटिक क्षेत्रीय गृह निवास का गहन वर्णन करने के साथ साथ वैदिक तथा फारसी परम्पराओं से मिलती यूनानी परम्पराओं एवं उनमें उल्लिखित आर्यों के मूल निवास का वेदों से तुलना करते हुये विस्तृत उल्लेख किया है। अवेस्ता हिन्दू इतर शास्त्र होने के कारण इस सम्बन्ध में निष्पक्ष और स्वतन्त्र साक्ष्य का महत्व एवं स्थान रखता है। अतः अवेस्ता का पुरणों के साथ अध्ययन करने पर आर्यों का मूल निवास ब्रह्मपुरी (उराल) और मध्य जम्बू होने में कोई संदेह नहीं रह जाता है।

तिलक जी की ध्रुवीय एवं ध्रुव क्षेत्रीय खोज (Polar and Circum and Polar Research and Theory) का अनुमोदन १६०३ में उस समय के विद्वान और प्रसिद्ध वैज्ञानिकों Dr Jacobi of Bonn, Prof Bloomfield, M Barth, Dr Bulher आदि ने किया था। जर्मन मूल का इतिहासकार अंग्रेजों का वेतन भोगी मैक्ष मूलर (Max Muller 1823-1900) भी अनमने मन से ही सही, पर इन सत्यों से इन्कार नहीं कर पाया जबकि इस तरह के सत्य स्वीकार करने पर अंग्रेजों के उसके ऊपर सख्त प्रतिबंध थे।

उपर्युक्त अध्ययनों से आदि (प्रारम्भिक) प्राचीन युग को दो भागों में बाँटना उचित और सम्भव है। एक 'पूर्व वैदिक युग' जो हिम युग (Glacial Age) भी था। दूसरा वैदिक युग जो अर्ध हिमयुग था। पूर्व वैदिक युग ही देवासुर (देव - दानव, सुर - असुर) युग था और वैदिक युग आर्ययुग। देवों का गृह निवास उत्तरी ध्रुव - आर्कटिक - पुष्कर था जिसे अवेस्ता सहित अन्य ईरानी (फारसी) धर्म शास्त्रों में आर्यों का स्वर्ग (Aryan Paradise) कहा गया है। इसप्रकार आर्यों का आदि। मूल निवास आर्कटिक क्षेत्र यानी साइबेरिया के कुछ भाग सहित उराल (मेरू) - मध्य जम्बू - इलावृत (यानी सेंट्रल एशिया) था। उत्तर - खण्ड पूरे क्षेत्र को हिमालय के माध्यम से कैलाश - मानसरोवर - गंधमादन तक संयोजित किये हुये था। उत्तर - खण्ड के आर्कटिक समन्वय का दूसरा महत्वपूर्ण और प्रारम्भिक प्राचीन वैभवशाली उदाहरण गङ्गावतरण है जिसका वर्णन आगे किया गया है। उस हिम युग में अमेरिका अन्य लोक यानी पाताल माने जाने के कारण हिमालय विश्व की सम्पूर्ण उत्तर दिशा को समवेत कर विश्व के पूर्व और पश्चिम समुद्र को जोड़ने वाला विश्व का मानदण्ड था।

दूसरी सम्भावना यह है कि जल प्लावनों की आवृत्ति के कारण आदि दिव्य देवलोक (आर्कटिक - पुष्करद्वीप) स्थित देवगिरि सुमेरु - सोमगिरि एवं मेरू - ब्रह्मपुरि से परग्रहियों (Aliens) अर्थात् अलौकिक तुषितों के साथ देवों के अन्तर्धान होने के उपरान्त हिमालय - कैलाश - गन्ध मादन क्षेत्र में अवतरण हुआ जो उसी नैसर्गिकता का अविरल क्रम था। ये स्वाभाविक भी था क्योंकि उत्तरी ध्रुव में देवों के अवतरण का एक विशेष उद्देश्य था और वह उद्देश्य था तुषित आर्य सन्तति (demi gods) की उत्पत्ति तथा विश्व मानव वंश का विस्तार जो मध्य जम्बूद्वीप से ही सम्भव था जो आज भी यूरेशिया कहा जाता है। मेरू (उराल- संस्कृत शब्द अराल) यूरोप - एशिया के मध्य आज भी सीमा रेखा है। मानवोत्पत्ति के उद्देश्य की समाप्ति के साथ ही हिमयुग के जलप्लावन की दैविक घटना के उपरान्त पुष्कर द्वीपीय देवलोक को उत्तर समुद्र (आर्कटिक) ने अपने आगोश में ले लिया और ब्रह्मपुरी जलार्णव में तिरोहित हो गई। जैसा कि अभी केदार-बदरी में संकेत मिला है अतः यह माना जासकता है कि जलप्लावन के उपरान्त हिमालय - कैलाश शैल शिखर का विनिर्माण हुआ। पाश्चात्यों का हिमालय को सबसे युवा पर्वत कहने के पीछे यही तथ्य हो सकता है। आज भी आर्कटिक से लगी रूस की सीमा पर 'नरियन मर' पर्वत उस प्राचीनता का मानदण्ड है। आज उसके अर्थ जो भी हों उस विवाद में गये बिना ये भी कहा जा सकता है कि कभी यह 'नारायण मर' पर्वत रहा होगा जिसकी प्रतिकृति - अनुकृति आर्य मानवों ने गन्धमादन बदरीकारण्य में की। कालान्तर में जैसा कि पद्‌म, स्कन्द आदि पुराणों से अभिप्रेत है, कैलाश मानसरोवर गन्धमादन - केदारखण्ड से गङ्गाद्वार (गंगोत्तरी) और हरिद्वार क्षेत्र तक इस देवलोक का विस्तार हुआ।

महाभारत और पौराणिक साक्ष्य से ही नहीं अपितु रामायण से भी स्पष्ट है कि उत्तर खण्ड का कैलाश - मानस - बद्रीनाथ गन्धमादन, केदार खण्ड हरिद्वार क्षेत्र ही भारतवर्ष का आदि देव तीर्थ और 'नारायण तथा शिव का आदि धाम है। पुष्कर द्वीप से देव धाम-स्वर्ग के पूरी तरह तिरोहित होने से पूर्व उत्तर-खण्ड के वर्तमान उत्तरांचल क्षेत्र में नारायण और शिव के साथ देवी देवताओं का अवतरण हुआ। लेकिन महाभारत काल तक भी पृथ्वी का आदि

स्वर्ग पुष्कर (आर्कटिक) ही था और मेरू एवं ब्रह्मपुरी का अपना अस्तित्व यथावत था। इसीलिये पाण्डवों ने उसी स्वर्गारोहण पथ का अनुसरण किया था। रामायण में वाल्मीकि जी ने देवलोक का जो वर्णन किया है उससे भी इसी स्वर्ग पथ और पृथ्वी पर उत्तर समुद्र से घिरे आदि देव लोक पुष्कर यानि उत्तरी ध्रुव अर्थात् वर्तमान आर्कटिक की पुष्टि हो जाती है। आदिकाल में गङ्गा की अलकनन्दा धारा का अनुशरण करते हुये आर्यजन चीन होते हुये कैलाश - गन्धमादन यानि बदरि वन तक आये। प्राकृतिक दुरूहताओं अथवा पर्यावरणीय परिवर्तनों के कारण उस आदिकाल में इस पथ से आगे आना सम्भव नहीं था अतः आर्यों का भारत विस्तार ईरान - अफगानिस्तान होते हुये सिन्धु - सरस्वती मार्ग से हुआ और कालान्तर में क्रमशः आगे गङ्गा-यमुना के मध्य निवसन के साथ अनेक तीर्थों एवं देव स्थानों की स्थापना होती चली गई।

जैसा कि लेखक की "इतिहास पुस्तक" में विस्तार से प्रकाश डाला गया है कि राजस्थान (अजमेर) में पुष्कर तीर्थ की स्थापना भी आर्यों ने भारत में आने के उपरान्त पुष्कर द्वीप की अनुकृति (Replica) के आधार पर ही की। आज इसमें कोई सन्देह भी नहीं रह गया है। पिछले दश वर्षों से रूस भी आर्कटिक में अन्तःक्षिप्त पुष्करिणी की खोज में लगा था जहाँ उसे एक विशाल पुष्करणी (सरोवर) के दबे होने का सन्देह हुआ। इस सम्बन्ध में रूस ने अमेरिका से सहयोग की अपील की जिसे अमेरिका टालता रहा। अमेरिकी कूटनीति को रूस ने भाँप लिया। इससे पहले कि अमेरिका इसका श्रेय लेता वर्ष २०१२ के प्रारम्भ में ही रूस ने उस सरोवर की खोज कर ली। यह पुष्कर - सरोवर करीब दश वर्ग किलोमीटर क्षेत्र में है और इसके वर्गाकार अथवा वृत्त रूप में होने की सम्भावना है जिसमें यूरोप के छः लक्षम्बर्ग (Luxemburg) शहर समाहित हो सकते हैं। सम्भव है इसका मूल आकार पुष्कर यानी कमल की तरह रहा हो। इस खोज ने न केवल भारतीय पौराणिक इतिहास में सुरक्षित साहित्य को सत्य साबित किया है अपितु आर्कटिक का आदि पुष्कर द्वीप नामकरण भी सत्य सिद्ध कर दिया है। सम्भव है आर्यों को (राजस्थान) अजमेर में उसी तरह का पुष्कर सरोवर मिला हो जिसकी अनुकृति के आधार पर उन्होंने पुष्कर नामाभिधेय कर ब्रह्मपुरि स्थित ब्रह्म सरोवर को प्रतिष्ठित किया।

उत्तराखण्ड भी आदि और अन्तक, पालक और संहारक 'नारायण और शिव के एकत्व की भूमि है जैसा पुष्कर द्वीप था। इस तरह यह हरि - हर क्षेत्र भी है लेकिन ये परिकल्पना मानव मस्तिष्क से परे है। इसीलिए भारत के जनमानस के लिए यह क्षेत्र नैसर्गिक रूप से अलौकिक-आध्यात्मिक रहस्यमय रहा। यही कारण था कि एक हजार साल की दासता के युग में इस क्षेत्र का विकास होने का सवाल ही नहीं था क्योंकि आक्रमणकारियों का मुख्य उद्देश्य सनतनता के मूल का, आध्यात्मिकता से उत्पन्न भारतीयता के आत्मिक समन्वय का विच्छेदन और उन्मूलन करना ही था। अंग्रेजों ने भी केवल अपनी ऐयाशी, सैर सपाटे, मनोरंजन और आराम के स्थानों को अपनी जरूरत तक ही सजाने का काम किया। धार्मिक तीर्थ स्थानों से उत्पन्न भारतीय समन्वयता से और उससे उत्पन्न राष्ट्रीयता से हर आक्रमणकारी भयभीत था। उनका लक्ष्य इसे विनष्ट कर भारत पर सांस्कृतिक आक्रमण करना था जिसमें वो आंशिक रूप से सफल भी रहे। उनका उद्देस्य भारतीयों का धर्म परिवर्तन करना था, संवर्धन नहीं। भारतीय आर्यत्व और आर्य संस्कृति का उत्तराधिकारी होने के साथ विश्व मानव के आर्य पितृत्व मूल से सभी बेचेन थे, रक्तचाप से पीड़ित थे, इसलिये वो अपनी तरफ से जो नुक्सान कर सकते थे उन्होंने किया।

स्वतंत्रता के बाद सैक्युलरवादी (Secularism) अज्ञान ने सत्ता की भूख के कारण पंथ - मजहब तथा धर्म - अध्यात्म के अन्तर को समझने से ही इनकार कर दिया, फलस्वरूप ये सभी तीर्थ स्थान वाराणसी से अयोध्या तक, संगम से पुष्कर तक, हरिद्वार से उज्जैन तक, नासिक से मथुरा तक, गया से काञ्ची तक, एवं बदरी - केदार, गंगोत्तरी - जमुनोत्तरी से जगन्नाथपुरी तक और रामेश्वरम से द्वारका तक अपनी गरीबी की असहायता में जीते रहे।

उत्तराखण्ड को अपनी भौगोलिक स्थिति के कारण अधिक भुगतना पड़ा और गरीबी की भारी कीमत चुकानी पड़ी। समय की गति के साथ जहाँ एक तरफ आध्यात्मिक दर्शन भोगवाद के आकर्षण से धुँधला होने लगा वहीं अपनी गरीबी की वजह से बढ़ती भौतिकवादी जनसंख्या को वांछित सुविधायें मुहय्या

न कर पाने के कारण यह क्षेत्र देश - विदेश के आकर्षण का केन्द्र नहीं बन पाया। हरिद्वार को छोड़कर उत्तराखण्ड के गिने चुने स्थान मसूरी, नैनीताल केवल गर्मी के एक - दो माहों के लिये ही सैर - सपाटे तक सीमित रह गये। उत्तर प्रदेश की अधिकांश सरकारें जातिवाद की भाँति मैदानी - पहाड़ी कुत्सित मानसिकता से बाहर नहीं निकल पाई। आमतौर पर देश के सभी पर्वतीय क्षेत्रों के लोगों ने अपने आचार, नीति, नैतिकता, आर्जव, ईमानदारी (Morality and Ethics), सच्चाई, उदारता, सहृदयता, परिश्रम और आध्यात्मिक विश्वासों की कीमत चुकाई, परिणामस्वरूप गरीबी ही उनकी पूँजी बन कर रह गई जो सभी जगह विद्रोह का भी कारण बनी।

तथापि दूसरे पर्वतीय क्षेत्रों में उत्तराखण्ड की तुलना में कई कमियां हैं और थी। अगर कुछ समानतायें भी थीं तो उत्तराखण्ड - उत्तराञ्चल के पास प्राकृतिक सौन्दर्य और सम्पदा के अलावा सनातन आर्य आध्यात्मिकता की धरोहर थी, तीर्थों और पौराणिक संस्कृति की सम्पदा थी जिनके अन्वेषण और विकास, प्रचार और प्रसार से अपार भौतिक पूंजी संचयन सम्भव था। दुर्भाग्य ये हुआ कि इतिहासकार भी गुलामी के इतिहास से बाहर नहीं आ पाये, उनका संस्कृत और पुराण - इतिहास से दूर दूर तक का सम्बन्ध नहीं था। जिन्हें संस्कृत का ज्ञान था वो पूरी तरह कर्मकाण्डी और संकीर्ण मानसिकता में उलझे थे जिसके पीछे उनकी गरीबी भी एक बड़ा कारण थी। उत्तर प्रदेश राज्य के अन्तर्गत काशीपुर, ऊधमसिंह नगर को छोड़कर, स्कूल खोलने की राजनीति से बाहर न आ सकने के कारण पूरा क्षेत्र वहीं का वहीं रह गया। जिन क्षेत्रों में औद्योगिक विकास नजर आया वो केवल इसलिये कि वो तराई के इलाके थे जो मैदानी इलाकों से जुड़े हुये थे अतः आवागमन और यातायात आसान था जिसके कारण 'इन्फ्रास्ट्रक्चर' की उपलब्धता हो गई अथवा व्यवस्था करना सम्भव था।

पाश्चात्य संस्कृतिजन्य भौतिकता के अभ्युदय के साथ यह क्षेत्र सामंजस्य कर भी नहीं पाया था कि वर्ष १९९३ से अचानक भोग के एक नये युग का आरम्भ हो गया जिसने १९९६-९७ से विकृत और २००१ से वीभत्स रूप ले लिया। इस अमेरिकी, यूरोपियन अनियन्त्रित अर्थव्यवस्था (Globalised Economic

Liberalisation) ने दुनियाँ के आम आदमी को बेवकूफ बनाने के लिये इस व्यवस्था को उपभोक्तावाद (Consumerism) का नाम दिया और भारत के लोगों को बरगलाने के लिये यहाँ की सरकारों, नेताओं और पूंजीपतियों ने इसे 'वसुधैव कुटुम्बकम' - वैश्विक गाँव (Global village) और न जाने क्या-क्या विशेषण दे दिये। ये सब बातें उसी तरह ही खोखली सिद्ध हुई जैसे न्यायपालिका का कानून को राजाओं का राजा (King of Kings यानी सम्राट) कहना।

आखिर कागज के फूलों से खुशबू आ ही नहीं पाई। बहुत इत्र और परफ्यूम डाले गये, पर असर उलट हुआ - कागज ही मुरझा गया। स्वर्ग और देवभूमि की कल्पना मात्र महिनत और पसीने तक सीमित रह गई। इस वैश्विक (Globalised) अर्थव्यवस्था से उत्पन्न भोगवाद में नैतिकता, आचार, ईमानदारी एक प्रतिकूलता और गांधी, सत्य, अहिंसा आत्मघाती सिद्ध होने लगे। फलस्वरूप राज्य के जनमानस के अन्दर एक स्वाभाविक द्रोह जन्म लेने लगा। शोषण के विरुद्ध नब्बे के दशक के मध्य में एक स्वस्फुरित - सहज (Spontaneous) उद्वेग और आन्दोलन ने जन्म ले लिया। भावनात्मक संहति के संघर्ष ने अन्ततः ९ नवम्बर २००० को एक नये राज्य को जन्म दिया जिसका नामकरण उत्तराञ्चल किया गया। बदली हुई सामाजिक - आर्थिक एवं नवगठित राज्य की परिधि की पृष्ठभूमि में 'खण्ड' के बजाय 'आञ्चल' की ही सार्थकता थी। आञ्चल से आज सौहार्दमय एकत्व की वही दिव्य सुगन्धि प्रवाहित होती है जैसा कि विकास क्रम (Evolutionary phase) के आदि सतयुग में उत्तर - खण्ड से।

उत्तर - खण्ड, उत्तराखण्ड उत्तराञ्चल उद्भव अन्तर्दृष्टि

जन मानस में कैसे यह अवधारणा है कि उत्तराखण्ड शास्त्र आधारित पौराणिक नाम है, यह कहना कठिन है लेकिन, सच कुछ और ही है। उत्तराखण्ड नाम व्याकरणीय दृष्टि से अशुद्ध है, अतः पौराणिक होने का प्रश्न ही नहीं है, फिर आध्यात्मिक कैसे हो सकता है। पुराणशास्त्र और पौराणिक

इतिहास में उत्तराखण्ड नाम ही नहीं है। उत्तराखण्ड वास्तव में धार्मिकशास्त्र और पौराणिक इतिहास (Mytho - Theological History) की आदि (Primordial) अभिव्यंजना 'उत्तर - खण्ड' का अपभ्रंस है और सच कहें तो अंग्रेजी के कहर का परिणाम है। जैसा कि पहले उल्लेख किया गया है, अंग्रेजी के इस तरह के कहर कई तरह से हुये हैं, उच्चारण से, ध्वनि से, अक्षर - वर्णमाला के बदलाव और असंस्कारित 'ग्रामर' आदि से। इस विकृति ने सभ्यता और संस्कृति के कई मूल प्रतीक और साक्ष्य उच्छिन्न एवं उच्छिष्ट कर दिये हैं। फलस्वरूप युगों पुराने सभ्यता संस्कृति सम्बन्धी प्रमाणों के तारतम्य और क्रमांकन कठिन ही नहीं कई मामलों में असम्भव भी हो गये हैं। सबसे बड़ा अभिशाप जिसने तथाकथित नव - छद्मी (Neo and Pseudo) गुरुओं, व्यासों, पण्डितों तक का पीछा नहीं छोड़ा, वह है 'अ' के स्थान पर 'आ' का उच्चारण, जैसे उत्तर के स्थान पर उत्तरा, दक्षिण के स्थान पर दक्षिणा, यहाँ तक कि कृष्ण को भी कृष्णा जोकि द्रौपदी का नाम है, श्याम को श्यामा (जबकि श्यामा तुलसी के नामों में भी एक है), गणेश को गनेशा इत्यादि। कहने की आवश्यकता नहीं कि कुछेक अपवादों को छोड़कर 'आ' से खत्म होनेवाले (आकारान्त) शब्द संस्कृत में स्त्री लिंग हैं। माडर्न 'उत्तराखण्ड' नाम की व्युत्पत्ति भी सम्भवतः इसी तरह से हुई है जो मूलतः पौराणिक एवं साहित्य शास्त्र और आख्यानों (Mytho Theology) में उल्लिखित उत्तर - खण्ड का अपभ्रंश है। उत्तराखण्ड नाम शास्त्रीय नहीं है, ये एक बात है, लेकिन व्याकरण की दृष्टि से भी वैसे ही अशुद्ध है जैसे 'उत्तरकाण्ड को उत्तराकाण्ड, उत्तर दिशा को उत्तरा दिशा, उत्तरकुरु को उत्तराकुरु, उत्तर समुद्र को उत्तरा समुद्र, अथवा उत्तर प्रदेश को उत्तरा प्रदेश कहना इत्यादि। हमारे काव्य शास्त्र भी उत्तर और पूर्व भागों में विभक्त किये गये हैं न कि उत्तरा और पूर्वा में जैसे 'उत्तर मेघ, पूर्व मेघ या उत्तर सर्ग, पूर्व सर्ग या उत्तरकाण्ड आदि। इसी 'आ' के डण्डे को लेकर स्व० काका हाथरसी ने 'आ का डण्डा'' नाम से एक लम्बी और प्रसिद्ध व्यंगात्मक कविता लिखी थी।

उत्तराखण्ड का इतिहास लिखनेवाले अधिकतर इतिहासकारों[1] ने उत्तराखण्ड नाम की व्युत्पत्ति स्कन्द पुराण से ली है और केदारखण्ड से उसका मेल जोड़ा है। लेकिन उत्तराखण्ड का मूल स्त्रोत पद्म महापुराण है। अठ्ठारह महापुरणों में पद्म पुराण की प्राचीनता ब्रह्म पुराण के बाद दूसरे स्थान पर है अतः स्वाभाविक ही यह सभी १८ उप पुराणों से भी प्राचीन है। तदुपरान्त स्कन्द पुराण से उत्तर - खण्ड, केदार - खण्ड, रेवा - खण्ड आदि नामों की पुष्टि हुई। (रेवा नाम नर्मदा नदी का है जो ओंकारेश्वर क्षेत्र है। इसी खण्ड से कर्मकाण्डी पौरोहित्य प्रतिपादित 'सत्य नारायण कथा' का संकलन किया गया)। ऐसा प्रतीत होता है कि १९६० में जब तीन सीमान्त जिलों गढ़वाल से चमोली, टिहरी से उत्तर काशी और अल्मोड़ा से पिथौरागढ़ का सृजन किया गया तो उनका सामूहिक नाम उत्तराखण्ड प्रचलित हुआ। उस समय उत्तर प्रदेश सचिवालय में अंग्रेजी का इतना वाहुल्य था कि उत्तर-खण्ड को अंग्रेजी में Uttarakhand लिखा गया। अतः यह विकृति पूरी तरह अंग्रेजी के उच्चारण से हुई लेकिन इसके साथ अन्य सम्भावनायें भी जुड़ी हो सकती है। उ० प्र० के तत्कालीन मुख्यमंत्री डा० सम्पूर्णानन्द जी स्वयं बहुत बड़े विद्वान, वेदज्ञ और पौराणिक इतिहासज्ञ थे। यद्यपि उनके अन्दर जातिवाद बहुत था फिर भी वो शिव की नगरी काशी और विद्वतपुरी वाराणसी के ब्रह्मर्षि थे। बनारस को वाराणसी नाम उन्होंने ही दिलवाया था। बड़े-बड़े पण्डित और ब्राह्मण भी उनके पैर छूते थे। उन्होने संस्कृत के लिये जो कुछ किया उसके लिये उन्हें मरणोपरान्त ही सही ब्रह्मर्षि पद से सम्मानित किया जाना चाहिये। तत्कालीन संस्कृत क्वींस कालेज (Queen's College) को संस्कृत महाविद्यालय और तदुपरान्त वाराणसेय संस्कृत विश्वविद्यालय के रूप में उच्चीकृत करना तथा संस्कृत की परीक्षाओं को अंग्रेजी शिक्षा के समकक्ष मान्यता देना उन्हीं की देन है, जिससे एक नये युग की ही नीव पड़ी।

सम्पूर्णानन्द जी के समक्ष समस्या थी कि उत्तर प्रदेश के रहते मात्र तीन सीमान्त जिलों को 'उत्तर' शब्द से कैसे उपसर्गित (prefix) करें क्योंकि इसका

---

1. History of Uttaranchal - D.C. Honda.
   उत्तराञ्चल या उत्तराखण्ड - डॉ. के. एम. कण्डवाल एवं राज्य सरकार की वेबसाइट।

एक विस्तृत परिप्रेक्ष्य हो जाता और पौराणिक शास्त्रज्ञ भी उन्हें चुनौती देते। उत्तराँचल नाम देने में भी कठिनाइयाँ आई क्योंकि उस समय वर्तमान उत्तराँचल के आइ.ए.एस. ही नहीं आई.सी.एस. भी उ० प्र० सरकार में थे जिनका तर्क और सही तर्क रहा होगा कि कूर्माञ्चल नाम से 'आँचल' पहले से ही अस्तित्व में है। इस किंकर्तव्यविमूढ़ता की स्थिति में उत्तर प्रदेश ही नहीं भारत की पौराणिक आध्यात्मिक समन्वयता और भावनात्मक अखण्डता के प्रतीक इन सीमान्त जिलों को उत्तराखण्ड नाम देना ही समुचित समाधान समझा गया क्योंकि केवल तीन जनपदों को उत्तर - खण्ड नाम नहीं दिया जा सकता था। उत्तराखण्ड नाम लघु - संक्षिप्त होते हुये भी न केवल अविवादित रूप से पौराणिक दिव्यता को परिलक्षित (Reflect) करता था अपितु सौन्दर्य वोध को भी प्रतिविम्बित करता था।

राज्य की स्थापना के समय दि. ९-११-२००० को भारतीय जनता पार्टी ने तत्कालीन (सच कहें तो वर्तमान) परिस्थितियों में राज्य का नामकरण उचित ही 'खण्ड' न करके 'उत्तरांचल' किया था जो स्कन्द पुराण से अभ्युदित है, लेकिन पार्टी चुनाव हार गई। कांग्रेस दल ने लोकमानस की भावनात्मक सहानुभूति की पूंजी संचय से उत्प्रेरित होकर जनवरी २००७ में राज्य का नाम उत्तराखण्ड कर देने मात्र से कर्तव्य की इतिश्री समझी लेकिन तुरन्त बाद ही पार्टी भी चुनाव हार गई। क्या इसका मतलब ये समझा जाय कि नाम में कुछ नहीं रखा है। सब कुछ काम में निहित है। या फिर इसे भ्रष्टाचार के चरम से त्रस्त जनता की विक्षिप्तता माना जाय या फिर लाल-पीली बत्तियों की लूट, खसोट में लगे नेताओं के प्रति लोकमानस की घृणा।

कितना बड़ा दुर्भाग्य हो सकता है उस नवोदित राज्य का और उसकी गरीब - निरीह जनता का जिसने कितनी कुर्बानियों और आकांक्षाओं के साथ एक ऐसे नये राज्य का स्वप्न देखा था जो देव लोक - देव भूमि का प्रतिविम्ब बन सके, लेकिन जिसका शैशवत्व में ही दम घुट गया, जिसको दश वर्ष भी कोई स्थिर छत्रछाया नहीं मिल सकी, कोई अभिभावक नहीं मिल सका जो उसकी रक्षा कर सके, अपने पैरों पर खड़ा होना सिखा सके, यह अस्थिरता शायद भ्रूण हत्या से भी बदतर स्थिति थी।

दोनों का जनता के हाथों अपना वाटर लू (Water and Loo) देखने का अर्थ था कि 'Any change just for the sake of change would not necessarily be for betterment of people and progress in general unless it is morally, ethically, socially, justified and based on the principles of economic equality'।

इससे यह भी जाहिर होता है कि 'something went radically wrong with the goveranance right from the inception, which no statistics could prove or disprove except the conscience of the people the greatest statistics, the only speaking statistics in a democracy'।

अतः प्रश्न है कि क्या १३ जिलों के प्रदेश का (जो बढ़ भी सकते हैं) और जिसकी जनसँख्या एक करोड़ पच्चीस लाख के करीब है नामकरण तीन जनपदों की ही नकल पर आधारित होना चाहिये जिनकी जनसंख्या दश लाख से भी कम थी? आइये, इसका पौराणिक शास्त्रीय आधार पर भी मन्थन कर लें। सच ये है कि उत्तराखण्ड नाम लोगों के कानों में पिछले ४० वर्षों से प्रतिध्वनित हो रहा था लेकिन हम भूल गये कि उत्तराखण्ड का सृजन एक विशेष उद्देश्य यानी देश की परिरक्षा और सीमाओं की सुरक्षा से किया गया था जिसका एक सामरिक महत्व था, क्योंकि ये सीमायें विदेशी मुल्कों से जुड़ी थी। अब राज्य की सीमा और स्वरूप बदल गया है। अतः वर्तमान भोगवादजन्य विखण्डन मानसिकता एवं विभाजन प्रवृत्ति की पृष्ठभूमि में उत्तरांचल नाम ही सार्थक, दूरदर्शितापूर्ण एवं उपयुक्त था और है, जो कि शास्त्रीय भी है, क्योंकि इसका अभ्युदय 'स्कन्द पुराण' से हुआ है।

पद्म पुराण खण्डों में विभक्त है लेकिन स्कन्द पुराण खण्डों महेश्वरखण्ड, केदारखण्ड, कौमारी खण्ड आदि के अतिरिक्त अंचल में भी विभाजित है जैसे अरुणाचल, अरुणाचल पूर्व, अरुणाचल उत्तर, अरुणाद्रि इत्यादि। वैष्णव खण्ड के अन्तर्गत बदरीकाश्रम और अवन्ति खण्ड के अन्तर्गत सत्यनारायण कथा स्त्रोत रेवा खण्ड सम्मिलित हैं। विशाल पद्म पुराण में सात खण्ड हैं, जिनमें से छठवें, उत्तर-खण्ड में बदरीकाश्रम का आदि इतिहास एवं आविर्भाव उद्गीत है। इसके अलावा इस खण्ड में मेरू – सुमेरु, उत्तर सागर एवं देवासुर संग्राम

का भी वर्णन है। इस प्रकार उत्तराखण्ड का उद्‌गम द्वितीय प्राचीनतम पुराण 'पद्मपुराण' का उत्तर - खण्ड ही है। गोंण रूप से स्कन्द पुराण का केदारखण्ड माना जा सकता है। स्कन्द पुराण की रचना पद्म के काफी बाद में हुई। इत्तफाक से स्कन्द पुराण भी दो हैं एक महा और दूसरा उप पुराण।

तत्कालीन उ० प्र० शासन की जो भी मजबूरियाँ रहीं हों लेकिन पौराणिक सुसंगता देने के प्रयास के वावजूद भी उत्तराखण्ड नाम न तो पौराणिक दृष्टि, न शास्त्रीय से और न व्याकरण के अनुसार ही सुसंस्कृत है। इतिहास में कहीं भी उत्तरा कौशल देश या राज्य नहीं है उत्तर कौशल ही है, उत्तर कुरु ही है। दक्षिणा कुरु नहीं है दक्षिण कुरु है। शिव पुराण की वायवीय संहिता में भी उत्तर - खण्ड है जैसे उत्तर मीमांसा हैं, उत्तर रामचरित है इत्यादि। अंचल का अर्थ अप्रत्यक्ष रूप से खण्ड ही है और स्कन्द पुराण में भी इसका यही निहितार्थ है तथापि देश, काल, परिस्थिति के अनुसार शब्दों के भाव और आशय अतः अर्थ भी बदलते रहते हैं। अतेव पौराणिक शास्त्रीय आधार पर इस वृहत्तर राज्य का नाम उत्तर - खण्ड समीचीन है, आधुनिक सामाजिक राष्ट्रीय परिप्रेक्ष्य में उत्तराञ्चल समुचित है।

हिमाचल प्रदेश के साथ अगर महासंघ बने तो 'उत्तर - अखण्ड हिमाञ्चल' नाम ही समीचीन है। यद्यपि उत्तर+खण्ड से व्याकरणीय सन्धि विग्रह द्वारा उत्तर + खण्ड भी सिद्ध होता है लेकिन इससे वो भावनात्मकता अभिव्यक्त नहीं होती जिसकी आज आवश्यकता है और न यह पौराणिक शास्त्रीय भाव को प्रतिविम्बित करता है।

अतः वर्तमान परिप्रेक्ष में इस राज्य का नाम उत्तर अञ्चल (उत्तराञ्चल) शास्त्रीय होने के साथ साथ यथार्थ भाव व्यंजनात्मक है और सहज वाञ्छित गूढ़गर्भिता को परिलक्षित करता है।

उत्तर - खण्ड एवं केदार खण्ड

स्कन्द पुराण के अलावा केदार खण्ड का उल्लेख तीर्थों की गणना के सन्दर्भ में कतिपय बार महाभारत आदिपर्व में हुआ है। स्कन्द पुराण के

महेश्वर खण्ड के अध्ययन से केदार खण्डक्षेत्र की परिकल्पना की जा सकती है। स्कन्दपुराण में, केदार खण्ड का अनुभावन एक तरफ कैलाश-मानसरोवर - अलकापुरी से भी आगे क्रोञ्चरन्ध्र - हंसद्वार तक एवं दूसरी तरफ अनुवोधन हरिद्वार तक अभिख्यात है। स्कन्द में वर्णित शिव - पार्वती और दक्ष यज्ञ कथा वृतान्त का यही अन्तर्भाव (Esoteric Sense) है। वनवास के दिनों में पाण्डवों ने गन्धमादन - सौगन्धिकवन (वर्तमान फूलों की घाटी) से मेरू - उत्तरकुरु की यात्रा लगभग इसी रूट से की थी। महाभारत (वन पर्व), रामायण (किष्किन्धा काण्ड) एवं अन्य अधिकांश पुराणों के अध्ययन से भी भारतवर्ष की उत्तरी सीमा इसी तरह परिलक्षित होती है। उससे आगे सम्भवतः किम्पुरुष वर्ष या केतुमाल वर्ष की सीमायें प्रारम्भ होती थीं। पुराणों के अध्ययन से पुष्टि होती है कि कनखल या गंगाद्वार अथवा हरि - हर क्षेत्र आदि अनेक नामों से ज्ञात वर्तमान हरिद्वार, केदारखण्ड के अन्तर्गत ही था और सभी एक भावनात्मक अध्यात्म सूत्र से बंधे हुये थे और आज भी हैं। कुम्भ क्षेत्र के अलावा सप्त पुरियों में एक होने और हरि - हर नाथ (बदरीनाथ - केदार नाथ) का द्वार होने के कारण हरिद्वार का माहात्म्य पञ्चम धाम के ही रूप में है और माना जाना चाहिये।

पद्म पुराण ही नहीं, अन्य अधिकांश पुराण भी गन्धमादन - बदरिकारण्य से मध्य एशिया एवं मेरू (उराल) तक के भाग को उत्तर - खण्ड के अन्तर्गत समाहित करते हैं जो तब उत्तरपथ या देवमार्ग अथवा स्वर्ग या सत्पथ का अभिन्न अङ्ग था जिसे आज भी उत्तराञ्चल में सतोपन्थ से जाना जाता है। मेरू से पुष्करद्वीप (आर्कटिक) तक का क्षेत्र उत्तरपथ से अभिहित था। वर्तमान मध्य एशिया तब इलावृत वर्ष के नाम से अभिज्ञात था। आज का कजाकिस्तान (तब मध्य इलावृत था) लेकिन इलावृत वर्ष के अन्तर्गत कजाकिस्तान के अलावा उजबेकिस्तान (पौराणिक तालकेन्द्र आज का ताश कन्द), तुर्कमेनिस्तान (मध्य काल का तुर्किस्तान और पौराणिक तुरुष्क), किर्गिस्तान और अजरबेजान सम्मिलित हैं, जो १९९१ तक सोवियत संघ के सम्भाग थे। इसी प्राचीन मध्य जम्बू द्वीप को पाश्चात्य विद्वान, भूगोलज्ञ और इतिहासकार - सेन्ट्रल एशिया कहते हैं। इलावृत और उसके मध्य में स्थित मेरू (उराल) स्वर्ग द्वार (Gate

Way to Heavan) था और देव लोक का मार्ग उत्तरकुरु (वर्तमान एशियाटिक रूस - साइबेरिया) होते हुये जाता था। मेरू पर ब्रह्मपुरी के अतिरिक्त अनेकानेक देव पुरियाँ थी। यहीं पुष्कर - स्वर्ग (उत्तरी ध्रुव - आर्कटिक) से गङ्गावतरण हुआ था। पुष्कर द्वीप में अन्य देवों के अलावा सोमगिरि - सुमेरु पर त्रिदेव ब्रह्मा, विष्णु, महेश का सिंहासन था। यही पृथ्वी पर आदि सतयुगी (Evolutionary) स्वर्ग था। इसी मध्य एशिया - पुष्कर आर्कटिक क्षेत्र में तुषितों से जिन्हें पाश्चात्य परग्रही (Aliens) कहते हैं, आर्यों का जन्म हुआ और पृथ्वी पर मानव विस्तार। आदि आर्य स्वयं भी अर्धदेव (Demi Gods) थे। नासा (NASA) की नवीनतम खोज भी मान रही है कि मानव की उत्पत्ति दैविक - देविक (Godly & Heavenly) शक्ति - प्रक्रिया से ही सम्भव हुई है। यह स्वर्ग, स्वभास्वत (Self Illuminating) था। इसी भास को पाश्चात्य वैज्ञानिक उत्तर प्रकाश (Northern Lights) अथवा प्रभास (Aurora)[1] कह रहे हैं। इन सबका वर्णन लेखक की पुस्तक 'भारत और विश्व इतिहास' में विस्तार से किया गया है। यही तुषित अथवा उपदेव - अर्धदेव (Demi and Semi gods) आर्य सनातन परम्परा में भी अर्घ्य हैं। ये वरुण, मित्र, यम, इन्द्र, अग्नि, मरुत, पूषा आदि नाम से वेद में अभिख्यात हैं।

आध्यात्मिक सूत्रता का ये विस्तार हिमालय क्षेत्र को समावृत करता है। कहने की आवश्यकता नहीं कि पाण्डवों ने वर्तमान हिमाचल प्रदेश से ही स्वर्गारोहण हेतु हिमालय पार कर तिब्बत - चीन क्षेत्र में प्रवेश किया था। आर्यों की परम आराध्य वैदिक सरस्वती नदी का स्त्रोत हिमाचल प्रदेश ही था। यहीं सरस्वती के किनारे द्वैतवन था। पाण्डवों ने वनवास तथा वनवास के पूर्व भी काफी समय यहाँ बिताया था। जहाँ ये बात सही है कि उत्तराञ्चल राज्य की स्थापना के साथ लोगों का चिर प्रतीक्षित स्वप्न सत्य हुआ वहीं आज की निरन्तर बदलती हुई स्थियों की समीक्षा और पूर्व-आकलन कर लेना भी उचित है। जब अविश्वसनीय रूप से व्यक्तियों एवं संगठनों का ही नहीं देशों का भी दिवाला निकल रहा हो उस स्थिति में इस बात पर भी बौद्धिक मन्थन की

---

1. वाल्मीकि ने इसे 'स्वभास' कहा है (रामायण किष्किन्धा) Aurora को splendors of the Aurora Brealis भी कहा जाता है।

जरूरत है कि हिमाचल और उत्तरांचल का आर्थिक संघ कितना लाभदायक हो सकता है खास तौर से जब दोनों कि भौगोलिकता समान होने के कारण पर्यावरणीय खतरे एवं प्राकृतिक आपदायें समान हों, नैसर्गिक अनिश्चिततायें एक सी हों। इस संघीय नींव पर जहाँ भविष्य की योजनाओं को बनाने और आपदाओं का पूर्वानुमान तथा समाधान आसान होगा वहीं आर्थिक समस्याओं का भी प्रभावी हल ढूँढ़ा जा सकेगा।

आध्यात्मिक समन्वय

उत्तरांचल न केवल वैष्णवों अपितु शैवों का भी उतना ही अलौकिक धाम है। नारायण और शिव - सृजक और संहारक - के अलौकिक समन्वय का आदि स्थान और पृथ्वी स्थित आदि सतयुगी स्वर्ग पथ का अभिन्न अङ्ग। दिव्यता के सानिध्य में प्रकृति के मूल में स्थित द्वैत अर्थात् आदि और अन्तर के एकान्वय का क्षेत्र। अगर हम गहराई में जायें तो शाक्त दर्शन की उत्पत्ति का भी स्थान यही है। शाक्त दर्शन का अभ्युदय केन्द्र कैलाश-हिमालय स्थित शिव और शक्ति ही हैं जिन्हें हम उमा - पार्वती भी कहते हैं।। सांख्य दर्शन अपने शब्दों में इसे प्रकृति और पुरुष का स्पन्दन कहता है, तो वैष्णव दर्शन 'शक्ति और शक्तिमान का अभेद' - 'शक्ति शक्तिमत्तरोऽभेदः'। इस तरह शाक्त दर्शन कालान्तर में दोनों दर्शनों के बीच की कड़ि बन गया। जहाँ ये सच है कि भौतिकता और सांसारिक कामना पूर्ति पर बल देने के कारण शाक्त और शैव धर्म पनपते रहे वहीं ये भी सच है कि बौद्ध धर्म के वाममार्गी तन्त्रात्मक आकर्षण के प्रसार को रोकने में शैव-शाक्तों का बड़ा योगदान रहा।

इस तरह उत्तराखण्ड राज्य क्षेत्र तीनों मूल दर्शनों के समन्वय का केन्द्र रहा है। इस समन्वय का प्रभासन कैलाश से हरिद्वार तक आभासित है। स्वयं में शक्ति का केन्द्र होते हुये भी हरिद्वार प्राचीन समय में हरि - हर क्षेत्र के नाम से भी जाना जाता रहा है यानी शैव और वैष्णव दोनों के मुक्ति का द्वार। इसका पौराणिक नाम हरि - हर क्षेत्र उचित ही था लेकिन वर्तमान में हरि - हर द्वार नाम ही उचित होगा अर्थात केदार और बदरी दोनों का द्वार।

पौराणिक शास्त्रीय दृष्टि से यह संहति दिव्य रूप से अनुगत है। नारायण और शिव की अभिन्नता के सम्बन्ध में शिव स्वयं कहते हैं (स्कन्द पुराण)[1]

कलामात्रेण तिष्ठामितत्र क्षेत्रे विशेषतः,
कला पञ्चदशैवाऽत्र मूर्तिमध्ये ह्यवस्थितम्

(मैं केदारनाथ में अपनी एक कला से स्थित हूँ। शेष १५ कलाओं से नारायण के साथ अवस्थित हूँ)। शिव से सम्बन्धित पुराण होने के कारण स्कन्द पुराण के इस स्तोत्र का विशेष महत्व है।

हरिवंश शास्त्र[2] के अलावा अन्य पुराणों में बाणासुर बध के आख्यान में शिव - विष्णु युद्ध के वर्णन में ब्रह्मा जी द्वारा इस ऐक्य का सम्पूर्ण सम्प्रक्षालन किया गया है लेकिन कूर्म पुराण[3] में कृष्ण द्वारा पुत्र प्राप्ति हेतु कैलाश पर शिव उपासन तथा शिव विष्णु एकत्व का हरिवंश की ही तरह अनुपम वर्णन किया गया है। ऐसा लगता है जैसे तुलसीदास जी ने मानस के लंका काण्ड के प्रारम्भ में इन्हीं श्लोकों की चौपाई रूपान्तरित कर दी हो। नारायण कृष्ण द्वारा कैलाश पर शिव की उपासना के फल रूप में जाम्बवती को साम्ब पुत्र रत्न प्राप्त हुआ। जहाँ एक तरफ हरिवंश के अनुसार शिव प्रायः बदरी धाम में नारायण की स्तुति करते हैं और श्रीराम ने स्वयं आकर बदरी में नारायण के दर्शन एवं स्तुति की थी वहीं कर्म पुराण के अनुसार कैलाश पर पुत्र प्राप्ति के लिये नारायण कृष्ण ने शिव की तपस्या की थी। पार्वती जी आशीर्वाद देते हुये श्रीकृष्ण से कहती हैं (अ० २४):

पश्य त्वमात्मनात्मनमात्मीयममलं पदम
नावयोर्विद्यते भेद एकं पश्यन्ति सूरयः

अपने और शिव के अभेद का विभावन कृष्ण स्वयं इस प्रकार करते हैं (अ० २५);

योहं तल्लिंगमित्याहुर्वेदवाद विदो जनाः
ततोहमात्ममीशानं पूजयाम्यात्मनैव तु

1. अध्याय - २।
2. हरिवंश पुराण नहीं है अतः शास्त्र कहा गया।
3. अ. २४ श्लोक २५, २६।

तस्यैव परमा मूर्तिस्तन्मयोहं न संशयः
नावयोर्विद्यते भेदो वेदेष्वेवं विनिश्चयः

तुलसीदास जी की चौपाई और दोहे का कर्मपुराण के साथ परिशीलन द्रष्टव्य है। कर्म (अ. २६) में कृष्ण कहते हैं;

परात परतरं यान्ति नारायण परायणाः
न ते तत्र गमिष्यन्ति ये द्विषन्ति महेश्वरम
ध्यानं होमं तपस्तप्तं ज्ञानं यज्ञादिको विधिः
तेषां विनश्यति क्षिप्रं ये निन्दन्ति पिनकिनम
यो मां समाश्रयेन्नित्यमेकान्तं भावमाश्रितः
विनिन्ध देवमीशानं स याति नरकायुतम
तस्मात सा परिहर्तव्या निन्दा पशुपतौ द्विजाः
कर्मणा मनसा वाचा तद्भक्तेष्वपि यत्नतः

तुलसीदास जी ने लंका काण्ड में इसका ठीक - ठीक अर्थ इस प्रकार कर दिया है;

शिव द्रोही मम दास कहावा सो नर सपनेहु मोहि न पावा
शंकर विमुख भगति चह मोरी सो नारकी मूढ़ मति ठोरी
शंकर प्रिय मम द्रोही शिव द्रोही मम दास
ते नर करहिं कलप भरि घोर नरक महुं वास

शक्ति उपासना (Shakti Cult)

प्रकृति और पुरुष, शक्ति और शक्तिमान, भगवान और भगवती, अव्यक्त प्रकृति और ईश्वर ये सदैव से सृष्टि (Creation) के द्वैत रहे हैं। शिव और शक्ति के जिस संघात को शैवों ने निर्गुण, दृनिरंजन, परम कारण, परम शिव के रूप में उपासना की उसी शिव की शक्ति को वाम मार्गियों, कापालिकों, तांत्रिकों, वज्र और सहज यानियों, कौलिकों आदि ने बौद्ध और अथर्वेदीय तन्त्र विद्या के वशीभूत होकर काली, कपाली, आनन्द भैरवी, त्रिपुर सुन्दरी,

ललिता, चामुण्डा, वाराही, कौमारी, यहाँ तक कि माहेश्वरी, वैष्णवी, नारसिंही की विलासिता और काम कला की शक्तियों के रूप में विकृत व्याख्या कर दी। देवी शक्ति उपासना को मातृशक्ति का जामा पहनाकर देवताओं की भाँति उनकी पत्नियों की भी उपासना पद्धति प्रचलित कर संसार में फिसलने वाले जन को भ्रमित कर दिया। पहली से चौथी शताब्दी ए डी के बीच महायान बौद्धों ने तन्त्र, मुद्रा, ध्यान, और योगिक क्रियाओं के नाम पर शून्य और रहस्यवाद की धार्मिक पद्धतियों से जन मानस को भौतिकता की ओर आकर्षित कर सनातन वैदिक संस्कृति पर आघात किया। समाज को वर्तमान भोगवाद की तरह अमर्यादित ही नहीं अपितु पतन की ओर ढकेल दिया फलस्वरूप समाज विभाजन की ओर जाने लगा। बाद में नाथ पंथियों ने सामाजिक संतुलन बनाने का प्रयास किया और पतन से लोगों को बचाने का काम किया लेकिन अन्तिम क्रान्ति आठवी शताब्दी के अन्त और नौवीं के प्रारम्भ में जगतगुरु शंकर ने ही की।

शंकर दर्शन ने सनातनत्व की पुनर्स्थापना की - ब्रह्म एक है, अनन्त है, सृष्टिकर्ता (Creator) है, अपने Creation से परे और उसके अन्दर, बाहर - भीतर सर्वत्र है, विशुद्ध निर्मल तत्त्व है, उसकी शक्ति उसी के अन्दर है, वह अपनी शक्ति का स्वयं मालिक है अतः वह द्वैत से परे है - अद्वैत है। सब वही है, कण - कण में वही है, इसलिये आत्मा रूप से मैं भी वही हूँ - 'शिवोऽहम्', 'शिवोऽहम्' - विशुद्ध आत्म तत्व। इस आचार्य दर्शन ने भारत को पुनः एकता के सूत्र में बाँधा। लेकिन कर्मकाण्ड का भौतिक प्रभाव इतना अधिक था कि आचार्य को भी एक ब्रह्म - अद्वैत से हटकर सामाजिक एकत्व के लिये हरि और शिव की पूजा पद्धति अङ्गीकार करनी पड़ी। विवाद उठने पर उन्हें शक्ति उपासना का भी समावेश करना पड़ा और अन्ततः भावनात्मक समीकरणार्थ पञ्च देव पूजा पद्धति - हरि, शिव, शक्ति, सूर्य और गणेश को मान्यता प्रदान करनी पड़ी। शक्ति उपासना का इतना विस्तार हुआ कि देवी भागवत की भी रचना हो गई। देवी भागवत ने, नैपाल में हरिवंश की तरह, पुराण न होते हुये भी भागवत पुराण पर हावी होने प्रयास किया और भागवत के अस्तित्व और पौराणिकता को नकारने तक की कोशिश की।

उत्तराञ्चल में भी सातवीं - आठवीं सदी में बौद्ध मत प्रबल था। इतना प्रबल कि आचार्य शंकर को बदरी - केदार के लिये दक्षिणात्य पुजारी लाने पड़े। तथापि तांत्रिक विकृतियाँ सामाज में ज्यादा दूषण पैदा नहीं कर पाई। यद्यपि शक्ति स्थलों और मन्दिरों की स्थापना भी उतनी ही हुई जितनी शिव - विष्णु और अन्य देव मन्दिरों की, लेकिन वो अधिकतर सात्विक थे, नन्दा, उमा, पार्वती उसके उपास्य रहे। यद्यपि दुर्गा काली चण्डी के मन्दिर भी कम नहीं हैं लेकिन उनके पीछे की पूजा तामसिक होते हुये भी विकृत नहीं है। तन्त्र या मरण - मारण उच्चाटन और कृत्या कभी - कभी ही काली - चण्डी और भैरव स्थानों में सुनने में आती है।

शक्ति से भौतिक समृद्धि प्राप्त करने के प्रति जा नमानस के आकर्षण को देखते हुये वैष्णव एवं शैव मतावलम्बियों ने भी अपनी उपासना पद्धति में परिवर्तन किया और शक्ति - शक्तिमान के अभेद को सीता - राम, राधा - कृष्ण, लक्ष्मी - नारायण, उमा - महेश्वर, पार्वती - परमेश्वर के रूप में प्रतिष्ठित किया। गीता का निष्काम दर्शन भौतिक सकाम् दर्शन से जुड़ गया। इस तरह भौतिक अध्यात्म का प्रारम्भ हुआ और सतयुग से कलियुग की ओर द्रुत क्रमण।

केदारनाथ नई दृष्टि-नये आयाम

केदार के कई अर्थ हैं। केदार पर्वत, केदारकर्म यानी नीचे का कर्म, निचला, अधस भाग, आलवाल - दल दली भूमि, टीला (Rock), पानी भरा हुआ क्षेत्र और योगियों की शब्दावली में शीर्ष विन्दु या भाल। जैसे बदरीनाथ वैष्णवों का आदि धाम है, केदारनाथ शैवों का। कैलाश आदि काल से शिव का शीर्ष स्थान माना गया है। केदारनाथ, कैलाश - हिमालय पर्वत माला की तलहटी में होने के कारण शिव का चरणन्यास यानी चरण चिन्ह स्वरूप है। केदार लिङ्ग रूप नहीं अपितु चरणन्यास के रूप में शिव का व्यक्त स्वरूप है। शिव भक्तों की मुक्ति का अन्तिम धाम। लिङ्ग - योनि (Phallic or Phallicism) जैसा कि लोक में समझा गया है, सनातन वैदिक आर्य दर्शन का

हिस्सा नहीं रहा। कालान्तर में कई कारणों से विषेशरूप से बौद्ध सिद्धान्त की प्रतिक्रिया के रूप में मूर्तिपूजा जन्य दूषणों से समाज को और विखण्डन से धर्म को बचाने के उद्देश्य से शैव दर्शन ने अनन्त शिव, परम शिव का निराकार, निर्विकल्प स्वरूप निर्विशेष 'लिङ्ग' रूप में निरूपित किया। लिङ्ग का शास्त्रीय निरूपण 'कूर्म पुराण में किया गया है[1]

अव्यक्तं लिङ्गमित्याहुरानन्दं ज्योतिरक्षरम
वेदा महेश्वरं देवमाहुर्लिंगिनमव्ययम

(ज्योतिः स्वरूप, अक्षर, अव्यक्त, आनन्द और सृष्टि के मूल कारण का परिपूजन ही लिङ्ग है। वेद महेश्वर को ब्रह्माण्ड का अव्यक्त शाश्वत अनन्त कारण यानी 'लिङ्ग' अर्थात् कारण का भी कारण मानते हैं)

कर्म पुराण (अ० २५) में लिङ्ग को ब्रह्म का श्रेष्ठ शरीर माना गया है। ब्रह्म शिव के अन्तर्धान अर्थात लीन स्वरूप की अभ्यर्थना और अभ्यर्चना ही लिङ्ग है यानी ब्रह्म की स्वयं में अवस्थित स्थिति

लिङ्गं तल्लयनाद ब्रह्मन ब्रह्मणः परमं वपुः

संस्कृत कवि कुल गुरु कालिदास ने २००० वर्ष पूर्व अपने काव्य 'मेघद्गूत' में केदारनाथ का चरणन्यास के रूप में अर्चना का वर्णन किया है जिससे यह भी सिद्ध होता है कि तब केदारनाथ नाम नहीं था और केदारनाथ नाम ६वीं शताब्दी एडी के प्रारम्भ में जगत गुरु शंकर का दिया हुआ है। केदारखण्ड नाम क्योंकि महाभारत आदि पर्व में भी आया है अतः प्राचीन नाम केदारखण्ड ही प्रतीत होता है। पुराणों में भी केदार पर्वत और केदारखण्ड नाम ही प्रचलित है, केदारनाथ नहीं।

कालिदास के गीति काव्य मेघदूत की कथा के अनुसार कुबेर द्वारा अभिशप्त यक्ष दण्डकारण्य में निष्कासित जीवन व्यतीत करते हुये आषाढ़ के प्रथम दिन मेघ के एक टुकड़े को देखने के उपरान्त उसे दूत बनाकर अपनी

1. अ. २५।

प्रियतमा यक्षिणी के पास अलकापुरी (कैलाश) भेजता है। अलकापुरी का मार्ग बताते हुये यक्ष मेघ से कहता है;

वक्रः पन्था यदपि भवतः प्रस्थितस्योत्तरास्यां,
सौधोत संग प्रणयविमुखो मास्मभूरुज्जयिन्या

अर्थात् अलकापुरी जाते हुये, यद्यपि तुम्हारा मार्ग वक्र अर्थात टेढ़ा हो जायेगा फिर भी तुम उज्जयिनी के दर्शन करना न भूलना)।

कालिदास ने उज्जयिनी को स्वर्ग का अंश और चण्डीश्वर का धाम बताया। उन्होंने यह भी कहा है कि अगर उज्जयिनी के दर्शन नहीं किये तो इन आँखों का होना ही व्यर्थ है। उन्होंने शिप्रा का भी उल्लेख किया। उज्जैन का काफी कुछ वर्णन किया लेकिन कुम्भ मेले का जिक्र नहीं किया। कालिदास जी ने उज्जैन को चण्ड़ीश्वर का धाम बताते हुए भी उसे शैवों का मोक्ष स्थान नहीं बताया जबकि मेघदूत से उनका उज्जयिनी अथवा उसके आसपास का होना भी सिद्ध होता है।

कालिदास ने चरणन्यास वर्तमान केदारनाथ को शिव भक्तों का अन्तिम मोक्ष स्थान बताया है। पौराणिक रूप से भी केदारनाथ रहस्यमय रहा है। केदारनाथ प्रत्यक्षतः लिङ्ग रूप नहीं है अपितु पदन्यास स्वरूप ही है। जगत गुरु शंकर अन्तर्भाव से (Esoterically) इस सत्य की अनुभूति कर चुके थे। वर्ष २००९ में जब नेपाल के पशुपति नाथ मन्दिर से भारतीय पुजारियों को हटाया गया था तब IBN-७ ने भी इस पर चर्चा की थी और नेपाल के पण्डे पुजारियों तथा विद्वानों ने अपने शास्त्रीय ज्ञान के आधार पर यह पुष्टि की थी कि शिव के शरीर का ऊपरी भाग पशुपति नाथ और अधोभाग केदारनाथ है। यह अभिमत केदार शब्द के अर्थ से भी मिलता है और चरणन्यास से भी। ऐसा प्रतीत होता है कि १३०० वर्ष पूर्व आचार्य शंकर ने भी कालिदास जी द्वारा २००० वर्ष पूर्व अनुभूत सत्य को आत्मानुभूत किया था।

मेघदूत में यक्ष अलकापुरी का मार्गदर्शन कराते हुये मेघ से कहता है;

तत्र व्यक्तं दृषदि चरणन्यासमर्धेन्दु मौलेः,
शश्वत् सिद्धैरुपचितबलिंभक्तिनम्रः परीया

यस्मिन्दृष्टे करणविगमादूर्ध्वमुद्धूतपापाः,
कल्पिष्यन्ते स्थिरगणपदप्राप्तये श्रद्धधानाः

(कनखल के पास जन्हु पुत्री गङ्गा का दर्शन करने के उपरान्त आगे बढ़ने पर बांस के घने जङ्गल तथा उससे आगे चंवरी गाय और कस्तूरी मृगों से सेवित स्थान दृष्टिगोचर होंगे। इस तरह अलकापुरी को जाते हुये मार्ग में, हे मेघ, तुम्हें एक प्रस्तर पर सिद्धों द्वारा निरन्तर पूजित भगवान शिव के चरणन्यास के प्रत्यक्ष दर्शन होंगे। नतमस्तक होकर भक्ति भाव से चरण न्यास की परिक्रमा करना। एक बार भी चरणन्यास के दर्शन कर लेने से भक्तों के सब पाप मिट जाते हैं और मृत्यु के उपरान्त शिव के गणों में उनको स्थायी स्थान प्राप्त हो जाता है)। यही शैवों का मोक्ष है।

राष्ट्रीय समन्वय और एकता के महायज्ञ को पूर्णत्व देने के उद्देश्य से आचार्य शंकर ने 'खण्ड' शब्द का परिशोधन ही उचित समझा और शास्त्रीय पौराणिकता को ध्यान में रखते हुये आचार्य ने पौराणिक केदार पर्वत से सम्बन्धित होने के कारण वहाँ की धार्मिक पौराणिकता और चरणन्यास होने के कारण आध्यात्मिक पवित्रता को अक्षुण्ण रखते हुये केदारनाथम् अभिषेक किया। केरल की मलयालम भाषा के साहित्यिक गूढ़ार्थ में पदन्यास अर्थात् चरण न्यास का पर्याय 'केदार' है। अतः जगतगुरु ने इस तीर्थ का सर्वार्थ सम्पन्न 'केदारनाथम्' अभिषेचन किया अर्थात 'नाथस्य केदारम्' - भगवान शिव का पदन्यास। इसमें नाथ, शिव, केदार पर्वत और चरण न्यास सभी अर्थ समाहित हो गये। नाथ वाचन शैव एवं वैष्णव दोनों दर्शनों में ईश्वर के लिये प्रयुक्त है। तथापि शैव लोग, योग साधक एवं वाममार्गी शिव को बहुधा नाथ रूप में ही पूजते हैं। नाथ पंथ के इष्ट ही शिव हैं। नाथ भारतीय वाङ्मय का अति समन्वयात्मक वाच्य है, बदरीनाथ - केदारनाथ, जगन्नाथ - अमरनाथ, द्वारकानाथ - सोमनाथ इत्यादि। केदारनाथ हिमालय स्थित होने एवं स्वयं पर्वत होने के कारण शीर्ष बिन्दु अथवा भ्रूमध्य अर्थ में भी सिद्ध हो जाता है।

कहा जाता है कि आचार्य शंकर के प्रारम्भिक वर्षों में बदरि और केदार का रावल (पुजारी) एक ही होता था जो प्रतिदिन बदरीनाथ जी की पूजा करके

केदार जाता था। यह भी एक प्रमाण है कि आचार्य शैव नहीं थे। दूसरा प्रमाण हरिद्वार नाम अभिधान है जिसका वर्णन आगे किया गया है। उस समय दक्षिण आज की तरह राजनैतिक नहीं था बल्कि एक समन्वित अन्विति था। उत्तराखण्ड पूर्णतः बौद्ध प्रभाव में होने के कारण आचार्य ने बदरि के लिये केरल के नम्बूदरीपाद और केदार के लिये लिङ्गायत (वर्तमान कर्नाटक) के रावल - पुजारी की परम्परा स्थापित की। यही दक्षिणात्य परम्परा पशुपतिनाथ (नेपाल) में भी स्थापित हुई जो आचार्य के प्रभाव विस्तार को परिलक्षित करने के साथ केदार - और पशुपतिनाथ के समन्वित पूर्णत्व को प्रतिभासित करता है। स्पष्टतः केदारनाथ शिव का पृष्ठ भाग नहीं है।

महाभारत आदिपर्व में तीर्थों की गणना करते समय केदारखण्ड का कई बार सन्दर्भ आया है। आदि पर्व के अलावा अन्य पर्वों में भी तीर्थाटन का वर्णन है विशेष रूप से वन पर्व में इसका वृहद वर्णन है लेकिन पाण्डवों ने केदारनाथ की यात्रा की या नहीं यह महाभारत तथा अन्य पुराणों से भी स्पष्ट नहीं होता है। अग्नि पुराण[1] में केदार को काशी की भाँति अविमुक्त क्षेत्र बताया गया है। यहाँ भी केदारनाथ नाम नहीं है।

जिस तरहपद्म पुराण में बदरिनाथ में छः माह की पूजा का सन्दर्भ मिलता है, वामन पुराण में केदारनाथ में छः माह की पूजा का उल्लेख है। पूजा के अलावा वामनपुराण में केदार का 'शिलात्मक' (Hillock, Rock, Hilltop) वर्णन भी मिलता है जिसमें पदन्यास भाव निहित है साथ ही यह भी सिद्ध होता है कि केदारनाथ लिङ्ग नहीं है। वामनपुरण[2] में वर्णन है;

स्थानं त्रैलोक्यमास्थाय मूलाहारोऽम्बुभोजनः
वाय्वाहारस्तदा तस्थौ नववर्षशतं क्रमात
ततो वीटां मुखे क्षिप्य निरुच्छवासोऽभवद् यतिः
वीतया तु पतन्त्याऽद्रिर्दारितः क्ष्मासमोऽभवत
जातस्त्ीर्थवरः पुण्यः केदार इति विश्रुतः

---

1. अ. ११२ (अग्निपु.)।
2. वामन पु. (अ. ६०/७–१२)।

ततो हरो वरं प्रादात् केदाराय वृषध्वजः
पुण्य वृध्दिकरं ब्रह्मन् पापघ्नं मोक्षसाधनम
विस्तृते हिमवत्पृष्ठे रम्ये समशिलातले

(ब्रह्म हत्या के दोष से स्वयं को मुक्त करने हेतु भगवान शंकर ने एक शिला के नीचे तपस्या की और स्वयं को उसी रूप में परिवृत कर दिया, यही पाप नाशक मोक्षप्रद, महातीर्थ केदार विश्रुत हुआ)। वही शिलाखण्ड महेश्वर के चरणन्यास के रूप में उनके साक्षात दर्शन स्वरूप अवस्थित है। इस वर्णन में भी केदार ही नाम है केदार नाथ नहीं।

केदार नाथ धाम में छः माह की पूजा की पुष्टि वामनपुरण (अ० ६०/१३), में है;

षण्मासाद् धारयिष्यन्ति निवृत्ताः परपाकतः,
तेषां ह्त्पिङ्क्जेष्वेव मल्लिङ्गं भविता ध्रुवम्

(शिव उद्घोषित करते हैं - जो भी छः माह तक केदार में मेरी पूजा अथवा तप करेगा उसे मेरे शाश्वत दर्शन होंगे)।

पद्मपुराण में भी नारायण और शिव अर्थात बदरी - केदार की संहतता का आख्यान है साथ ही बदरी धाम में ६ माह की पूजा का उल्लेख है। इन सभी साक्ष्यों से भी सिद्ध होता है कि लिंग - योनि (phallics) का सम्बन्ध सनातन वैदिक धर्म दर्शन से कभी नहीं रहा। ऐसा कब और क्यों हुआ इस पर यहाँ चर्चा करना समुचित नहीं है और अप्रासंगिक भी है।

कर्मपुराण में अन्य दो स्थानों पर भी भगवान शिव के पदन्यास का सन्दर्भ आया है जिसका अर्थ चरणन्यास ही है। पहला है महालय और दूसरा मुञ्जपृष्ठ। महालय के सम्बन्ध में कूर्म के (ऊपरि विभाग अ० ३६) में वर्णन है;

महादेवस्य देवस्य महालयमिति श्रुतम
तत्र देवादिदेवेन रुद्रेण त्रिपुरारिणा
शिलातले पदंन्यस्तं नास्तिकानां निदर्शनम

स्नात्वा तत्र पदं शार्वं दृष्ट्वा भक्ति पुरःसरम
नमस्कृत्वाथ शिरसा रूद्रसामीप्यमाप्नुयात

(पदन्यास – चरणन्यास का माहात्म्य नास्तिकों को भगवान का साक्षात आभास कराना और उसके अस्तित्व के प्रति आश्वस्त करना है)

इस प्रसंग के तुरंत बाद ही कुर्म पुराण में केदार का इस तरह वर्णन है;

अन्यच्च देवदेवस्य स्थानं शम्भोर्महात्मनः
केदारमिति विख्यातं सिद्धानामालयं शुभम
तत्रस्नात्वा महादेवमभ्यर्च्य वृष केतनम
पीत्वा चौवोदकं शुद्धं गाणपत्यमवाप्नुयात

(भगवान शम्भु का इसी तरह अन्य स्थान केदार नाम से विश्रुत है जिसके दर्शन से गाणपत्य प्राप्त होता है इत्यादि)

इस वर्णन में केदार नाम ही आया है केदारनाथ नहीं। साथ ही इसमें लिंग का कोई जिक्र नहीं है बल्कि इससे वहाँ चरणन्यास होना ही सिद्ध होता है। यहाँ कालीदास के उस वर्णन की भी पुष्टि होती है कि केदार दर्शन से भक्तों को शिव के गणों में स्थान की प्राप्ति हो जाती है। यही शैवों का निर्वाण भी है। मुञ्ज पृष्ठ के पदन्यास का वर्णन भी इसी अध्याय में किया गया है।

लिङ्ग अभिज्ञान सम्भवतः शिवपुराण की देन है। स्कन्द सहित अन्य शिव सम्बन्धित पुराणों में लिङ्ग ही इङ्गित हुआ है जिसका प्रयोजन अनन्त, निर्विकल्प, निर्गुण, निर्विकार ईश्वर को मात्र प्ररूप, प्रतीक रूप से आभासित करना है लेकिन वाम मार्गियों, तांत्रिकों ने इसका बेहूदा दुरुपयोग किया। पहली शताब्दी एडी से आचार्य शंकर तक बौद्ध और सनातन धर्म के बीच जबर्दस्त प्रतिस्पर्धा रही। जनमानस को अपनी ओर आकर्षित करने हेतु बौद्ध धर्म नें हर सांसारिक भौतिक लुभावने तांत्रिक एवं वाम प्रयास किये। सनातन धर्म को भी उसे अवरुद्ध करने हेतु उसी तरह के प्रयास करने पड़े। इस प्रयास में शिव पुराण आगे आया। शिवपुराण के इस सोद्देश्य सांसारिक भौतिक आकर्षण के आध्यात्मिक सामञ्जस्य को वाम मार्गियों, तांत्रिकों ने विकृत कर दिया। विश्वास किया जाता है कि आचार्य शंकर ने यहीं समाधि ली थी।

नर-नारायण अलौकिक रहस्य

बदरीवन में आदि मनु स्वायम्भुव मनु के पुत्र प्रियव्रत की तपस्या के बारे में पुराणों के कथन पर सन्देह भी करें तो पुराणों के इस कथन से इन्कार नहीं किया जा सकता कि वर्तमान मन्वन्तर के प्रणेता वैवस्वत मनु ने सतयुग में बदरी धाम में तपस्या की थी। महाभारत सहित भागवत एवं अन्य पुराणों के प्रमाण के आधार पर निसंदेह इस भूमि को नारायण अवतार भगवान कृष्ण की तपस्थली होने का सौभाग्य प्राप्त है। इसीलिए महाभारत की समाप्ति के अनन्तर द्वापर युग में उन्होंने परम भागवत उद्धव को बदरी वन में आने और उनके सानिध्य में तपस्या करने का आह्वान किया था और उद्धव जी ने उनकी आज्ञा का परिपालन किया था। कलियुग में जैसा कि सभी जानते हैं ज्ञानी भक्त योद्धा गुरु गोविन्द सिंह जी ने यहीं गन्धमादन - हेमकूट पर्वत पर तपस्या की थी। प्रश्न ये है कि आत्मज्ञानी गुरु गोविन्द जी कश्मीर - लद्दाख - हिमाचल क्यों नहीं गये? क्योंकि उन्हें उन रहस्यों का ज्ञान था जिसकी चर्चा हम अभी तक कर चुके हैं। यह भी विचारणीय है कि मथुरा - वृंदावन, भगवान कृष्ण की लीला स्थली रही है उसे छोड़ कर बदरीवन आने का न्यौता उन्होंने उद्धव जी को क्यों दिया? पुराणों में इस क्षेत्र को कई नामों से सम्बोधित किया गया है जैसे बदरिकारण्य, बदरिकाश्रम, बदरिवन लेकिन उनसे अधिक विख्यात है गन्धमादन। संस्कृत में 'बदरि' का अर्थ है 'बेर' महाभारत से इसकी पुष्टि भी होती है जिसका वर्णन आगे है।

शास्त्रों से सिद्ध होता है कि रामेश्वरम् त्रेतायुग का तीर्थ और द्वारका-जगन्नाथपुरी द्‌वापर युग के है, लेकिन बदरीनारायण आदि सतयुगी देवलोक है।

नर - नारायण सिद्धांत मानव और देवत्व का अनुपम साहचर्य है जो मानवोत्पत्ति को देवत्व से सिद्ध करता है। मानव - देवत्व का ये सानिध्य देवत्व के पृथ्वी पर अवतरित होने की भी पुष्टि करता है। ठीक यही स्थिति मानव अभ्युदय के आदि सतयुग में पुष्कर द्वीप (आर्कटिक) में थी जहाँ आर्यों का जन्म तुषित देव सन्तति के रूप में हुआ था। ये सिद्धान्त मनुष्य को ईश्वर की श्रेष्ठतम, अनुपम कृति भी सिद्ध करता है। उत्तर-खण्ड का बदरीवन - केदार

खण्ड, कैलाश - गन्धमादन क्षेत्र पुष्कर - उत्तर समुद्र से देवत्व के तिरोहित अंतर्धान होने के उपरांत मानव और देवत्व के सह - अस्तित्व का साक्ष्य है जो ऋषि-मुनियों की तपस्थली बना। यही भौतिकत्व और अध्यात्म का सम्मिलन है, पृथ्वी और स्वर्ग का मिलन विन्दु जैसे मेरू यानी उराल - अरकेम। ये सब साक्ष्य सिद्ध करते हैं कि देवत्व और ज्ञान का विकास पर्वतों, वनों, नदी, सरोवरों से सेवित स्थानों से ही हुआ और वहीं से आगे विस्तारित हुआ। इसीलिये इन्हें देव पर्वत और देव नदी कहा गया। इस ज्ञान का विकास और प्रसार द्रष्टा ऋषियों, त्रिकालज्ञ, स्त्रष्टा मुनियों और आत्मज्ञानी दार्शनिक विज्ञानियों के माध्यम से हुआ।

श्रीमद् भागवत[1] में बदरी धाम का सुमनोहारी वर्णन है। हरिवंश के अनुसार भगवान राम ने भी बदरी में नारायण की उपासना की थी और भगवान शिव सामान्यतया नारायण की पूजा किया करते हैं।

कालीदास महाकाल की नगरी उज्जयिनी के होते हुये भी कुमारसम्भव (सर्ग ५) में पार्वती की तपस्या के माध्यम से उत्तराञ्चल के कण-कण में देवभूमि का उल्लेख करते हैं। भगवान शिव पार्वती की परीक्षा लेते हुये कहते हैं;

दिवं - यदि प्रार्थयसे बृथा श्रमः,
पितुः प्रदेशास्तव देव भूमयः

यही उत्तरांचल शिव - पार्वती (हिमालय की नन्दा (पुत्री) उमा) के सम्मिलन का क्षेत्र है और कैलाश उनका निवास'। क्या चीन बता सकता है कि कैलाश और मानसरोवर चीनी भाषा के शब्द कब से बने? क्या अमेरिका और योरोप के पास यह सब सोचने की बुद्धि है?

वाल्मीकि जी ने भी इस क्षेत्र के विभिन्न दिव्य पर्वतों और उनमें निवास करने वाले देवी देवताओं सहित पवित्र नदियों का विस्तृत उल्लेख

---

1. भागवत् (स्कन्ध ११ - अ. ४, २६, ३० ।
स्कन्ध ३ - अ. ४ ।
स्कन्ध ६ - अ. ३ ।

किया है।[1] रामायण में यहीं से उत्तरकुरु - उत्तरसमुद्र के मार्ग यानी उत्तर पथ का वर्णन किया गया है। आचार्य शंकर ने इसी मार्ग से कैलाश पर तपस्या की थी। साक्ष्यों से सिद्ध होता है कि दशवीं शताब्दी एडी से पहले भारतीय राजाओं एवं जनमानस में इस क्षेत्र की बहुत प्रतिष्ठा थी। यही कारण है कि यहाँ राजाओं के आक्रमण इत्तफाक से हुये और जो हुये वो हिंसात्मक नहीं हुये। तथापि इस क्षेत्र की शासन व्यवस्था के सम्बन्ध में उन्होंने कोई ज्यादा हस्तक्षेप भी नहीं किया।

रामायण में हिमालय एवं अन्य पर्वतों पर प्रजापति ब्रह्मा, यम, इन्द्र, कुबेर आदि के निवास का उल्लेख है। कैलाश पर शिव और अलकापुरी कुबेर की राजधानी सर्व विदित है। हनुमान जी जब ऋषभ चोटी पर संजीवनी बूटी लेने आये तो उन्होंने हिमालय का मानव परिकल्पना से परे वैज्ञानिक वर्णन किया। ऋषभ शिखर से उन्होंने हिमालय की गहराई को पृथ्वी का नाभि - केन्द्र (Nuclei and Nucleus) बताया "ददर्श नाभिं च वसुंधरायाः" (युद्ध काण्ड)। इससे उस समय की पृथ्वी की हिम-मयता (Glaciation) तथा सघनतामय सीमितता (Compactness) का प्रमाण मिलता है। कालिदास ने, जैसा कि पहले वर्णन किया जा चुका है इसी कारण हिमालय को पृथ्वी का मानदण्ड कहा है केवल भारत का नहीं - 'स्थितः प्रिथिव्यामिव मानदण्ड'।[2] वाल्मीकि जी ने सञ्जीवनी के सन्दर्भ में द्रोणागिरि या द्रोणाचल का कोई उल्लेख नहीं किया है।

चार महा औषधियों (Life Saving Herbs) अर्थात सञ्जीवनी, विशल्यकरणी, सुवर्णकरणी और संधानी से युक्त ऋषभ श्रिङ्ग सम्भवतः गन्धमादन की कैलाश को छूती समीपस्थ चोटी है जो सौगन्धिक वन (फूलों की घाटी) से बहुत ऊपर थी जिस पर औषधि प्रस्थ या महा औषधिक वन स्थित था। रामायण (युद्ध काण्ड सर्ग ७४) में इसे औषधिपर्वत - औषधि शिखर भी कहा गया है। शिव पुराण में इसे औषधिप्रस्थ कहा गया है।[3]

1. रामायण - किष्किन्धा काण्ड सर्ग ४२ एवं युद्ध काण्ड।
2. कुमारसम्भव सर्ग १-१।
3. शिव पुराण - रुद्र संहिता - अ. ११।

रामायण काल के दौरान पृथ्वी महाभारत काल से ज्यादा हिममय और सघन होने के कारण भूमि क्षेत्र सीमित रहा होगा। अमेरिका उस काल में पाताल अथवा दूसरी दुनियाँ माना जाता था, अतः दृश्य पृथ्वी का भाग नहीं था। पुराणों से तो यह पूरी तरह सिद्ध हो जाता है।

अलौकिक पर्वत (हेलङ्ग उरगम रहस्य): चीन की गलत फहमियाँ

कैलाश - हिमालय, गन्धमादन, हेमकूट और कूर्म एक प्रकार से उत्तरंचल के आदि वर्ष पर्वत रहे हैं। कालान्तर में नन्दादेवी प्रमुख पर्वत श्रेणी हो गई। दूसरे शब्दों में कहा जाय तो 'बेडु पाको बारा मास' ने जिस तरह उत्तराञ्चली गीत का स्थान ले लिया है, नन्दा देवी शिखर ने राज्य पर्वत का। रामायण (किष्किन्धाकाण्ड) तथा महाभारत (वन पर्व) में हरिद्वार से कैलाश तक भृगुतुङ्ग सहित और भी अन्य पर्वतों का उल्लेख है। लेकिन रामायण सहित अन्य पुराणों से सामूहिक रूप से यह निष्कर्ष निकलता है तथा सामान्य बुद्धि से भी यही पुष्टि होती है कि पौराणिक क्रोञ्च पर्वत और उस पर बना परशुराम और कार्तिकेय के यश का प्रतीक क्रोञ्चरन्ध्र - हंस द्वार कैलाश से भी आगे है और आज चीन में है। इसी रन्ध्र-विवर द्वार से पुष्कर - उत्तर समुद्र (आर्कटिक साइबेरिया क्षेत्र) यानी स्वर्ग से तीस साल पहले तक भी राज हंस मानसरोवर आते थे। पुराणों में बदरी वन को गन्धमादन क्षेत्र ही माना गया है इसीलिये इसे 'गन्धमादनेषु - गन्धमादन पर्वतेषु' सम्बोधन किया गया है। यही गन्धमादन है जहाँ पाण्डव लोग लगभग पाँच वर्ष यक्षराज कुबेर के आतिथ्य में रहे थे। इसी गन्धमादन पर पौराणिक सौगन्धिक वन आज भी अंग्रेजों की कृपा से फूलों की घाटी (Valley of Flowers) के नाम से प्रसिद्ध है। गन्ध मादन का अर्थ है 'गन्धेन मादयति इति अथवा 'सुगंधिर्गन्धमादन' (जो अपनी सुगन्धि से मद मस्त कर दे - जहाँ सुगन्ध ही सुगन्ध हो)। पाण्डवों के इस दीर्घ निवसन के ही कारण पाण्डुकेश्वर नाम सार्थक है जो कृष्ण से सम्बन्धित है। अपनी यात्रा की वापसी में आवास के दौरान रवांई - उत्तरकाशी में पाण्डवों ने भगवान कृष्ण की उपासना हेतु मन्दिरों की स्थापना की। रवांई - उत्तरकाशी की परम्पराओं में इसके साक्ष्य भी मौजूद हैं। रामायण के अध्ययन से भी

महाऔषधिकवन की पुष्टि गन्धमादन पर्वत पर ही होती है। यहीं रहकर पाण्डवों ने जम्बू द्वीप के विभिन्न वर्षों (Regions and Divisions) का भ्रमण विशेष रूप से मेरू और स्वर्ग द्वार उत्तरकुरु (रूस) की यात्रा की थी। वनपर्व की कथा के अनुसार इसी पर्वत की कैलाश सन्धि शिखर के आस-पास भीमसेन की अपने भाई हनुमान जी से भेंट हुई थी, जब द्रौपदी की प्रार्थना पर भीम एक विशेष कमल पुष्प की खोज में वहाँ तक पहुँच गये थे।

कैलाश - मानसरोवर आदिकाल से भारत का अङ्ग रहा है। भारत के राजनैतिक नेतृत्व की अज्ञानता एवं कमजोरी के कारण चीन आज जब चाहे भारत के किसी भी हिस्से को अपना बता देता है लेकिन वह बड़ी गलतफहमियों में है। पौराणिक इतिहास साक्षी है, कि चीन के कई भाग प्राचीन भारतीय राजाओं जैसे निषधराज नह्म आदि के अधीन थे। यहाँ तक कि 'चीन' नाम ही संस्कृत शब्द है सिल्क रूट - रेशम मार्ग (Silk route) की व्युत्पत्ति ही इस चीन यानी रेशम शब्द से हुई है। अतः अंग्रेजी में China कह देने मात्र से इतिहास नहीं बदल सकता।

कैलाश के बारे में पहले भी वर्णन किया जा चुका है। यह आर्य पूर्व आदि शिव धाम है और अनन्त काल से रहा है। पुराणों के अनुसार यहीं वेदव्यास जी ने तपस्या की थी। यहीं महा मुनि उपमन्यु का आश्रम है। यहीं सावर्णि द्विज ने तपस्या करके पुराण संहिता की रचना की। यहीं कैलाश पर कापेय शांशापायन ने अपने शिष्यों को पुराण संहिता का प्रवचन किया था तथा यहीं वायवीय पुराण संहिता का उत्तर भाग प्रवर्तित हुआ था। कैलाश पर याज्ञवल्क्य ने शिव की तपस्या की और योगशास्त्र तथा स्मृति की रचना की। भृगु ने तपस्या करके शिव के प्रसाद से शुक्राचार्य पुत्र प्राप्त किया था। पाण्डवों ने यहीं से चीन का भ्रमण करते हुये मेरू तथा जम्बूद्वीप की यात्रा की थी। ईसा की ८ वीं शताब्दी में आचार्य शंकर ने यहीं तपस्या की थी। फिर चीन किस इतिहास की बात कर रहा है। इतिहास के अनुसार पूरा पाकिस्तान भारत का है जो कल की ही बात है। क्या चीन उसे भारत को दिलाने का प्रस्ताव संयुक्त राष्ट्र संघ में रखेगा? भूगोल बदलने से इतिहास नहीं बदल सकता। क्यों नहीं

चीन अपने यहाँ रूस की ही तरह खुदाई करवा देता है, दूध का दूध, पानी का पानी हो जायेगा। आर्य संस्कृति के साक्ष्य स्वयं सब कुछ बता देंगे।

स्कन्द पुराण से भी गन्धमादन की अवस्थिति की पुष्टि होती है। स्कन्द के अनुसार गन्धमादन बदरिकाश्रम के दक्षिण में है जहाँ गरुड़ जी ने हरिदर्शन हेतु तपस्या की थी;

बदर्याश्रम दक्षिणे भागे गन्धमादन श्रृङ्गके,[१]
गरुडः तप आतेपे हरिवाहन काम्यया

गन्धमादन के पास ही हेमकूट पर्वत है जो जम्बू द्वीप और भारतवर्ष के पर्वतों (पहचान प्रतीक) में रहा है। हेमकूट के नाम से ही गुरु गोविन्द जी की तपस्थली हेमकुण्ड साहिब प्रसिद्ध हुई। इसी पर्वत पर जैगीषब्य ऋषि और उनके शिष्यों का आश्रम था। इस पर्वत पर, पौराणिक महाभारतीय कथाओं के अनुसार, ऋषि - मुनियों के मंत्रों की ध्वनि ही सुनाई देती थी उनके दर्शन नहीं होते थे। उत्तराञ्चल में मैनाक, श्वेत, मन्दार, निषध आदि जो पर्वत नाम हैं सभी मध्य जम्बू द्वीप - उत्तर - खण्ड के स्मृति चिन्हों के रूप में आर्यों द्वारा उन्हीं पर्वतों के नामों के आधार पर रखे गये हैं।

यह भी जानने योग्य है कि महाभारत एवं पुराणों में गन्धमादन और सौगन्धिक वन का उल्लेख केसराञ्चल वर्तमान कश्मीर - (काश्मीर) सहित पाकिस्तान - सिन्धु क्षेत्र और गान्धार के लिये भी हुआ है। क्या भूगोल बदल जाने से भी इस इतिहास को पाकिस्तान, अमेरिका या यूरोप बदल सकते हैं।

ऋषि - मुनियों ने कालान्तर में इस क्षेत्र में कई स्थानों पर निवास स्थान (वेश्म) बनाये और उनके मौलिक प्राकृत नामकरण किये जैसे उरगम यानी देव, गन्धर्व, किन्नरों का उद्गम स्थान अथवा उरङ्ग. गमः यानी शुभागमन - स्वागत। इसी तरह हेलङ्ग स्पष्टतः हेमन यानी स्वर्ण सदृश दीप्तिमान या हैमन यानी हिम, शीत से व्युत्पन्न है। यह नाम 'हेमतुङ्ग' संज्ञा का भी वोधक हो सकता है। आज इसका अपभ्रंश 'ह्यलङ्ग' हो गया है जो हमे 'टीरी' की याद दिलाता है।

---

१. स्कन्द पु. (बदरिकाश्रम - अ. ४)

दिव्य नदियाँ नव प्रतिबोध

प्रारम्भिक अभ्युदय काल से पर्वतों और नदियों का सम्बन्ध शरीर - रक्त वत रहा है जो स्वाभाविक भी है। प्रकृति ने इन की संयुक्त सृष्टि मानव विकास, ज्ञान अविबृद्धि और सभ्यता अभ्युदय तथा जीवन अस्तित्व के लिये ही किया। अतः जितने अलौकिक पर्वत थे उतनी ही दिव्य नदियाँ भी। गङ्गा - यमुना (प्राकृतिक - वैदिक उच्चारण जमुना) 'क्रमक काल' (Evolutionary Period) की आदि नदियाँ हैं। यमुना सम्भवतः गङ्गा से भी प्राचीन है। यमुना की उत्पत्ति काल के प्रारम्भ से मानी जा सकती है। यमुना विवस्वान सूर्य की पुत्री और यम की भगिनी है। अतः यह माना जा सकता है कि यमुना की उत्पत्ति सूर्य की उत्पत्ति के अनन्तर काल से ही जुड़ी हुई है।

वाल्मीकि ने[1] यमुना का उद्‌गम, यामुन पर्वत से बताया है। पाण्डवों ने भी अपनी यात्रा के दौरान यमुना को यामुन पुत्री ही[2] कहा है। कुछ पुराणों में यमुना का उद्‌गम कलिन्द पर्वत शिखर कहा गया है जिससे उसका नाम कालिन्दी हुआ जो भावनात्मक रूप से भगवान कृष्ण से जुड़ी है। कलिन्दी शिखर को आज अंग्रेजी के कहर ने 'कलेन्ड्र ट्रैक' (Kalendra Track) कर दिया है। फलस्वरूप प्राचीन ऐश्वर्य छुप गया। यही तो अंग्रेजों का ऐतिहासिक विकृति द्वारा सांस्कृतिक आक्रमण करना था।

भगवान कृष्ण भी बदरी स्थित नारायण के ही अवतार हैं, इसलिये कालिन्दी की पावनता और भी बढ़ जाती है। अभ्युदय काल (Evolutionary Period) की उषा के साथ यमुना के उत्पत्ति आख्यान को नकारना आसान नहीं है जो उत्तराञ्चल की दिव्य उषा के अलौकिक दैवी समन्वय को भी सिद्ध करता है। कलिन्द यानी सूर्य और यामुन यानी सूर्य पुत्री यमुना से सम्बन्धित पर्वत पर्याय हैं अतः कलिन्द से कालिन्दी और यामुन से यमुना एक ही नदी के नाम हैं।

---

1. रामायण (किष्किन्धा - सर्ग ४०)।
2. महाभारत (अरण्य - वन पर्व)।

उपर्युक्त सम्बन्ध में सभी पुराण कर्म पुराण के आख्यान की पुष्टि करते है। कूर्म (अ० ३) में यमुना के यश का इस तरह गायन किया गया है;

तपनस्य सुता देवी त्रिषु लोकेषु विश्रुता,
समागता महाभागा यमुना यत्र निम्नगा
येनैव निःसृता गङ्गा तेनैव यमुना गता
योजनानां सहस्त्रेषु कीर्तनात पापनाशिनी

(मार्कण्डेय ऋषि महाराज युधिष्ठिर से कहते हैं 'सूर्य पुत्री यमुना तीनों लोकों में 'पाप नाशिनी' नाम से विश्रुत है। महाभागा यमुना कृपा पूर्वक इस धरती पर अवतरित हुई और उसी पर्वतमाला से प्रवाहित होती है जहाँ से गङ्गा)।

गङ्गावतरण एवं आर्कटिकः स्वर्ग चार धारायें, मेरू एवं बाइबलीय संदर्भ

इस दुनियां में चाहे ना समझी के कारण, चाहे अज्ञानता के कारण, चाहे अन्धविश्वाशों के कारण परन्तु विशेष रूप से अर्धज्ञान के कारण कई बार कई चीजें वो नहीं होती जो हम समझते हैं या हमें दिखती हैं जैसे गङ्गाजल। गंगावतरण एवं आर्कटिक में H_2O है। इसी तरह गङ्गा दूषित (Polluted) नहीं है, गङ्गा में प्रदूषण अलग बात है। जैसे प्रकाश या सूर्य गंदगी पर पड़ते हुये भी दूषित नहीं हैं। इसी तरह गङ्गा प्रकाश और सूर्य की तरह पावन है, विशुद्ध करने वाली, प्रकाशित करने वाली। सब जहर पीने के बाद भी अमृत की तरह पवित्र। हमारे दूषित मस्तिष्क ने ही गङ्गा में कचड़ा डालकर उसे प्रदूषित किया है। इसी तरह के अज्ञान की वजह से भारतीय जनमानस ने प्रयाग में अदृश्य सरस्वती के कारण त्रिवेणी संगम माना है। बदरीनाथ में भी सरस्वती के तट पर वेदव्यास द्वारा वेदों या पुराणों की रचना की किंवदंतियाँ हैं, अथवा राम द्वारा रामेश्वर में शिव लिङ्ग की स्थापना, या स्वयं ही नल सेतु (लोक प्रचलित रामसेतु) के उत्पाट आदि की बातें हैं जो पुराण - इतिहास सम्मत नहीं है। अलकनन्दा की भी यही अकथ कथा है। अलकनन्दा, नदी

नहीं, अपितु स्वर्ग से अवतरित त्रिपथगा आदि देव गङ्गा की अलौकिक देव धारा है और भागीरथी इसी देव गङ्गा अलकनन्दा की कैलाश विन्दु सरोवर से प्रवाहित होने वाली उत्तरी धारा है जिसे त्रेता युग में राजा भगीरथ की घोर तपस्या के उपरान्त पितृ कार्य हेतु कैलाशनाथ शिव ने मुक्त किया था। भगीरथ जी की तपस्या से सम्बन्धित होने तथा फलस्वरूप प्रवाहित होने के कारण वह भागीरथी नाम से प्रसिद्ध हुई। इस प्रकार जहाँ अलकनन्दा त्रिपथगा आदि गङ्गा की देव धारा है, भागीरथी पितरों के तारण हेतु उसी अलकनन्दा की कर्मकाण्डिक लौकिक धारा।

केदार - बदरी दोनों ही स्थानों में सरस्वती नदियों के नामकरण का उल्लेख पुराणों में नहीं मिलता। लेकिन अलकनन्दा का दिव्य त्रिपथगा देवगङ्गा की स्वकीया धारा होने का प्रामाणिक वर्णन लगभग सभी पुराणों में है और इसमें कोई पुराण - ऐतिहासिक सन्देह नहीं है। (बदरीवन में सरस्वती बदरीनाथ के पास ही माणा गाँव के समीप बताई जाती है और केदारनाथ में भी पञ्च नदियों में से एक)।

यहाँ पर भागवत पुराण सहित अन्य पुराणों की रचना, स्थान और काल के विवाद में पड़े बिना वैदिक नदी सरस्वती के उद्गम - इतिहास और लुप्त होने का प्रामाणिक वृतांत सम्पूर्ण मन्थन के साथ अलग से आगे दिया गया है। तथापि देवगङ्गा के अवतरण और उसकी चार धाराओं के उद्गम के साथ एक धारा के भारत प्रवह का मौलिक पुराण - ऐतिहासिक वृतान्त एवं रहस्योद्घाटन करना यहाँ पर अतिआवश्यक है। गङ्गा के सम्बन्ध में जनमानस में आरूढ रूढ भ्रान्ति निवारण एवं ऋत स्थापन हेतु यहाँ पर उस आख्यान का स्पष्ट पुराण - ऐतिहासिक प्रस्तुतीकरण किया जाना समुचित है क्योंकि इसका सम्बन्ध उत्तराञ्चल से भी उतना ही है जितना पूरे भारतवर्ष से।

महाभारत सहित सभी पुराण (कुछ गोण मत भेदों को छोड़ कर) एकमत से अलकनन्दा को ही त्रिपथगा दिव्य गङ्गा की मेरू - ब्रह्म पुरी से भारत में प्रवाहित होने वाली मूल धारा मानते हैं। स्वर्ग (आर्कटिक) - विष्णुपाद से स्त्रोतस - गगनमण्डल को आप्लावित करती हुई गङ्गा ने मेरू विराजित

ब्रह्मपुरी स्थित ब्रह्मा जी के कमण्डल यानी ब्रह्म सरोवर में अवगाहन किया और वहाँ चार धाराओं में विभक्त होकर जम्बूद्वीप की चार दिशाओं के चार वर्षों से प्रवाहित होती हुई चार दिशा समुद्रों में समाहित हुई।

पौराणिक शास्त्रीय आख्यानों के अनुसार देव गङ्गा की अलकनन्दा धारा पूरे आवेग से पर्वतों को पार करती हुई मेरू के दक्षिण तरफ भारत की ओर प्रवाहित हुई। उसके प्रलयकारी आवेग को कैलाशाधिपति शिव ने कैलाश स्थित विन्दु सरोवर में प्रतिहत कर दिया, कुछेक के अनुसार अपनी जटाओं में, कुछ अन्य के अनुसार मानसरोवर में अवरुद्ध कर दिया। शान्त हुई अलकनन्दा भारतवर्ष से होते हुये दक्षिण सागर (वर्तमान हिन्द महासागर) से मिल गई और अन्ततः अंटार्कटिक (Antarctic) में समाहित हुई। कहने की आवश्यकता नहीं कि बंगाल की खाड़ी जहाँ गङ्गा समाविष्ट होती है, दक्षिण महासागर ही है। त्रेता युग में राजा भगीरथ की तपस्या से प्रसन्न होकर भगवान शिव ने उनके पूर्वजों के उपकारार्थ इसी विन्दु सरोवर से अलक नन्दा की एक धारा को मुक्त किया जो भगीरथ जी के सम्बन्ध के कारण भागीरथी कहलाई। पुराणों की बड़ी संख्या मानती है कि विन्दु सरोवर से अलकनन्दा की सात धाराओं का प्रसरण हुआ। महाभारत में भी इसीलिए उसे सप्तश्रोता कहा गया और पाण्डवों ने उसे इस नाम से सम्बोधित भी किया। अन्य कुछ पुराणों के अनुसार केवल एक ही धारा भगवान शिव ने मुक्त की थी जो भागीरथी कहलाई।

देव गङ्गा की शेष तीन धारायें थीं - सीता, सुचक्षु कुछ के अनुसार चक्षु और भद्रा। सीता धारा जम्बूद्वीप के पूर्व में स्थित भद्राश्व वर्ष से प्रवाहित होती हुई केशरांचल - गन्धमादन को पार करती पूर्व समुद्र में विसर्जित हुई। इस वर्णनन से उस भौगोलिक विस्तार का भी आभास मिलता है जिसे केशरांचल-गन्धमादन कहा गया है। ऐसा प्रतीत होता है कि उस प्राचीन काल में यह भूभाग वर्तमान अफगानिस्तान से काश्मीर तक विस्तृत था। उस आर्य काल में दिशा निर्धारण के सम्बन्ध में लेखक की 'भारत विश्व इतिहास' पुस्तक में विस्तार से चर्चा की जा चुकी है। प्राचीन काल में सूर्योदय की दिशा को पूर्व मानते हुए मेरू को केन्द्र में रखकर दिशा का निर्धारण किया जाता था न कि

आज की तरह उत्तर को आधार मान कर जैसा कि मानचित्र अध्ययन (Map reading) में किया जाता है। इस निर्धारण के आधार पर भारत मेरू (उराल) के दक्षिण में और ईरान - अफगानिस्तान पूर्व में अवस्थित थे। ईरान और अफगानिस्तान भद्राश्व वर्ष के भाग थे। एक स्वाभाविक निष्कर्ष इस विवरण से यह भी निकलता है कि गन्धमादन, गन्धर्व देश और उसकी राजधानी गान्धार एक ही व्युत्पत्ति परक स्त्रोत से जुड़े हैं। अतः कैलाश यानी बदरी स्थित गन्धमादन से उसकी भ्रांति और तज्जन्य विभ्रम नहीं होना चाहिए।

आज की स्थिति में वर्तमान पश्चिम समुद्र यानी अरब सागर को पूर्व समुद्र माना जा सकता है, यद्यपि इस सम्बन्ध में जबरदस्त मतभेद है। प्रश्न उठता है कि क्या उस आदि काल में अरब सागर (Arabian Sea) का अस्तित्व था या कोई अन्य सागर था क्योंकि हिमयुगों और प्रकृति प्रकोपों के परिणामस्वरूप कई अप्रत्याशित बदलाव पृथ्वी में हुये अथवा ये माना जाय कि सिन्धु नदी ही कभी समुद्र थी क्योंकि सिन्धु का अर्थ समुद्र और नदी दोनों है।

उपर्युक्त दिशा निर्धारण के अनुसार सुचक्षु (चक्षु) पश्चिम दिशा में केतुमाल वर्ष (वर्तमान चीन) से प्रवाहित होती हुई पश्चिम समुद्र (वर्तमान Pacific Ocean) में विलुप्त हुई। सुचक्षु जैसा कि प्रतीत होता है हिमयुगों के परिणाम स्वरूप कालान्तर में वर्तमान Oxus नदी और ह्वांग हो (Hwang Ho) में विभक्त हो गई और हिम खण्डों के गलन के फलस्वरूप अन्य नदियों और धाराओं की तरह इनका स्रोत (श्रोत) भी खिसक (Shift) गया। इसी धारा का अनुशरण करते हुए आर्य लोग आदिकाल में मध्य जम्बू द्वीप से मंगोलिया होते हुए चीन पहुँचे और इसी नदी के किनारे सर्व प्रथम अपने निवास बनाये और कृषि प्रारम्भ की।

भद्रा धारा, मेरू के उत्तर में उत्तरकुरु वर्ष (वर्तमान एशियाटिक रूस के कुछ भागों) से वहती हुई उत्तर समुद्र (आर्कटिक) में विसर्जित हुई। आर्य मानवों ने मध्य जम्बू द्वीप से इन्हीं चार गङ्गा धाराओं का अनुशरण करके चारों ओर अपना विस्तार किया। यही कारण है कि सर्व प्रथम सभ्यतायें नदी किनारों और वन सम्पदा से पूर्ण पर्वतों के आस पास फली - फूली, पली - बढ़ी।

गंगावतरण का आख्यान कुछ को छोड़कर अधिकांश पुराणों में है। आश्चर्यजनक ये है कि शिव पुराण में इसका अधिक वर्णन नहीं है। रामायण, महाभारत और पुराणों के आधार पर निःसन्देह यह कहा जा सकता है कि अलकनन्दा ही आदि गङ्ग धारा है। गङ्गावतरण का आख्यान सभी पुराणों में थोड़े बहुत अन्तर को छोड़कर एक सा है लेकिन भागवत पुराण में काफी विस्तृत है और अन्य पुराणों के आख्यान भागवत से मिलते जुलते हैं इसीलिए इस रहस्य को समझने के लिये यहाँ भागवत का उद्धरण दिया जा रहा है;[1]

"ततोनेकसहस्त्र कोटि विमानानीकसङ्कुल देवयानेनावतरन्तीन्दुमण्डलमावार्य ब्रह्म सदने निपतति। तत्र चतुर्धा भिद्यमाना चतुर्भिर्नामभि श्चतुर्दिशमभिस्पन्दन्ती नदनदीपतिमेवाभि निविशति सीतालकनन्दा चक्षु र्भद्रेति। सीता तु ब्रह्म सदनात्केसराचलादि गिरिशिखरेभ्योधोध प्रस्त्रवन्ती गन्धमादनमूर्धसु पतित्वान्तरेण भद्राश्ववर्षं प्राच्यां दिशि क्षार समुद्रमभिप्रविशति। एवं माल्यवच्छिखरान्निष्पतन्ती ततोऽनुपरवेगा केतुमालमभि चक्षुः प्रतीच्यां दिशि सरित्पतिम प्रविशति। भद्रा चोत्तरतो मेरू शिरसो निपतिता गिरिशिखराद्गिरिशिखरमतिहाय श्रृंगवतय श्रृङ्गादवस्यन्दमाना उत्तरांस्तुकुरूनभित उदीच्यां दिशि जलधिम भिप्रविशति। तथैवालकनन्दा दक्षिणेन ब्रह्म सदनाद्बहूनि गिरि कूटान्यतिक्रम्य हेमकूटाद्धैमकूटान्यतिरभसतररंहसा लुठयन्ती भारतमभि वर्षं दक्षिणस्यां दिशि जलधिमभिप्रविशति यस्यां स्नानार्थम चागच्छतः पुंसः पदे पदेश्वमेधराजसूयादीनाम फलं न दुर्लभम"।

भागवत और अन्य पुराणों में केवल यह फर्क है कि जहाँ लगभग सभी पुराणों ने गङ्गा का स्वर्ग से स्वर्णिम महामेरु पर विराजित ब्रह्मसदन (ब्रह्मपुरी) में अवतरण बताया है, भागवत पुराण में ब्रह्मसदन में गङ्गावतरण बताते हुए भी मेरू को सुरगिरि के साथ पुष्कर द्वीप में बताया गया है जबकि अन्य पुराणों में पुष्कर द्वीप में सुमेरु को विभिन्न नामों जैसे सोमगिरि, देवगिरि आदि से बताया गया है। इस विवाद में अन्य पुराण ही तथ्य परक लगते हैं। तथापि शिव पुराण - वायवीय संहिता[1] में भी मेरू की स्थिति का संकेत उत्तर समुद्र

1. भागवत - स्कन्ध ५, अ. १७।

से घिरे पुष्कर द्वीप में ही दिया गया है। लेकिन आदि पुराण पद्म पुराण में मेरू की स्थिति[2] उत्तरवर्ती अन्य पुराणों की तरह मध्य जम्बूद्वीप ही बताई गई है और सुमेरू की उत्तर समुद्र (पुष्कर द्वीप) में। रामायण में सुमेरू को उत्तर समुद्र स्थित सोमगिरि कहा गया है और मेरू को जम्बूद्वीप में ही अवस्थित बताया गया है।

कूर्म पुराण (अ० ४४) के अनुसार गङ्गा स्वर्ग में विष्णु पाद से विनिष्क्रान्त होकर क्षितिज को पार करती हुई मेरू स्थित ब्रह्मपुरी के ब्रह्मसरोवर में अवतरित हुई और चार धाराओं में विभक्त होकर चार दिशाओं में प्रवाहित हुई। सीता नाम की धारा पूर्व की ओर, सुचक्षु पश्चिम की ओर, भद्रा उत्तर की ओर और अलकनन्दा मेरू के दक्षिण दिशा की ओर प्रवाहित होती हुई 'सप्तभेदा' (सात धाराओं में बंट कर) भारत वर्ष में वहती हुई दक्षिण समुद्र से मिलीः

विष्णु पादाद विनिष्क्रान्ता प्लावयित्वेन्दु मण्डलम,
समन्ताद ब्रह्मणःपूर्यां गङ्गा पतति वै दिवः
सा तत्र पतिता दिक्षु चतुर्धा ह्यभवद द्विजाः,
सीता चालकनन्दा च सुचक्षुर्भद्र नामिका
पूर्वेण सीता शैलात तु शैलं यात्यन्तरिक्षतः,
ततश्च पूर्व वर्षेण भद्राश्वेनैति चार्णवम
तथैवालकनन्दा च दक्षिणादेत्य भारतम,
प्रयाति सागरं भित्वा सप्तभेदा द्विजोत्तमा
सुचक्षुः पश्चिमगिरीनतीत्य सकलांस्तथा,
पश्चिमं केतुमालाख्यं वर्षं गत्वैति चार्णवम
भद्रा तथोत्तर गिरीनुत्तरांश्च तथा कुरून,
अतीत्य चोत्तराम्भोधि समभ्येति महर्षयः

1. उत्तर-खण्ड - अ. ४० - ४१।
2. पद्मपुराण (उ. खण्ड अ. ३-५)।

कूर्म पुराण (अ० २०) में भगीरथ महाराज और भागीरथी का इस प्रकार उल्लेख हुआ हैः

येन भागीरथी गङ्गा तपः कृत्वावतारिता,
प्रसादात देवदेवस्य महादेवस्य धीमतः

अग्नि, मत्स्य और मार्कण्डेय पुराणों में भी गङ्गा की उपर्युक्त चार धाराओं के साथ साथ अलकनन्दा की सात धाराओं का वर्णन हुआ है। मत्स्य पुराण में उन सात धाराओं के रूट - पथ का भी विवरण दिया गया है। दूसरे पुराणों में भी इसी तरह का वर्णन है लेकिन गरुड़ पुराण में वर्णन का अभाव है।

विष्णु पुराण में[1] आदि देव गङ्गा की चार और अलक नन्दा की सात सरिताओं का वर्णन है। इस पुराण में कुर्म पुराण की ही तरह वर्णन है;

विष्णुपादविनिष्क्रान्ता प्लावयित्वेन्दुमण्डलम,
समन्ताद ब्रह्मणः पुर्यां गङ्गा पतति वै दिवः
सा तत्र पतिता दिक्षु चतुर्द्धा प्रतिपद्यते,
सीता चालकनन्दा च चक्षुर्भद्रा च वै क्रमात
पूर्वेण शैलात्सीता तु शैलं यात्यन्तरिक्षगा,
ततश्च पूर्व वर्षेण भद्राश्वे नैति सार्णवम
तथैवालकनन्दापि दक्षिणेनैत्य भारतम,
प्रयाति सागरं भूत्वा सप्तभेदा महामुने

ब्रह्मपुराण ने उपर्युक्त वर्णन की पुष्टि करते हुये एक नये आख्यान को जोड़ा है। गङ्गा की चार धाराओं का विवरण देते हुये इस पुराण में कहा गया है कि अलकनन्दा की धारा को बिन्दु सरोवर में रोकने के उपरान्त भगवान शिव ने उसे दो धाराओं में अवमुक्त किया एक राजा भगीरथ की भागीरथी और दूसरी गौतम ऋषि की प्रार्थना पर गौतमी गङ्गा अथवा गङ्गा गौतमी जो दक्षिण गङ्गा के नाम से त्र्यम्बकेश्वर में विख्यात गोदावरी है जहाँ हर १२ साल

1. विष्णु पुराण (द्वितीय अंश, अ. २)।

में कुम्भ पर्व होता है। ब्रह्म पुराण में यह भी उल्लेख किया गया है कि इस पृथ्वी पर गङ्गा की सात सरितायें प्रवाहित होती हैं।

शिव पुराण (कोटी रुद्र संहिता)[1] के अलावा वायवीय[2] संहिता (उत्तर खण्ड) में भी इसका उल्लेख है। इस उत्तर खण्ड में गङ्गा और भागीरथी को वैकल्पिक रूप से यानी पर्याय के रूप में प्रयोग किया गया है। रुद्र संहिता (अ० ११) में गङ्गावतरण तीर्थ का उल्लेख आया है जो हिम शिखर का वो स्थान है जहाँ ब्रह्म पुरी में अवतरण के बाद गङ्गा सबसे पहले अवतरित हुई थी। निश्चित ही यह स्थान बिन्दु सरोवर है। भगवान शिव उस तीर्थ पर तपस्या करना चाहते थे अतः उन्होंने अपने सभी जनों को उस स्थान से - जो कि पृष्ठ भाग में ही था - अलग रहने का आदेश दिया।

द्वितीय आदि पुराण पद्म पुराण ने (उत्तर खण्ड अ० २) में बदरीनाथ में बहने वाली अलकनन्दा को ही गङ्गा कहा है;

अलकनंदा यत्र गङ्गा तत्र स्नानं समाचरेत

महाभारत (उद्योग पर्व) में शिव भक्त भगवान परशुराम ने जिन्होंने कैलाश पर भगवान शिव का दीर्घ सानिध्य प्राप्त किया था, गङ्गा के साथ नर - नारायण तीर्थ का यशोगान इस प्रकार किया हैः

यतः प्रववृत्ते गङ्गा सिद्ध चारण सेविता,[3]
स निवासोभवद्विप्र विष्णोर्जिष्णोस्तथैव च

(सिद्ध - चारणों से पूजित गङ्गा जहाँ बहती है वही नारायण धाम है)

महाभारत (वनपर्व अ० ४१) में पुनः इसी बात को दोहराया गया हैः

नर नारायणो यौ तौ पुराण वृषि सत्तमौ
ताविभावभि जानीहि हृषीकेश धनंजयो

---

1. अ. २४-२६।
2. अ. ४०।
3. म. भारत (उद्योग पर्व अ. ६४)।

यन्न शक्यं सुरैर्द्रष्टुमृषिभिर्वा महात्मभिः,
यदाश्रम पदं पुण्यं बदरी नाम विश्रुतम
यतः प्रववृत्ते गङ्गा सिद्ध चारण सेविता,
स निवासोभवद्विप्र विष्णोर्जिष्णोस्तथैव च

कालान्तर में भागीरथी और अलकनन्दा एक दूसरे के पर्याय हो गये। पाण्डव अलकनन्दा को ही बदरीनाथ में भागीरथी नाम से भी सम्बोधित करते हैं (वनपर्व):

नर नारायण स्थानं भागीरथ्योपशोभितम,
हिरण्यशिखरं चौव तच्च विन्दुसरः शिवम

उद्धव जी को बदरि में तपस्या हेतु आमन्त्रित करते समय भगवान कृष्ण ने यही कहा (भागवत स्कन्ध ११ - अ० २६) अलकनन्दा मेरे चरणों से प्रभूत हुई है अतः बदरी में मेरे चरणों की सेवा करते हुये ही बहती है।

ऋग्वेद में भी अन्य नदियों के साथ गङ्गा की स्तुति की गई है लेकिन वैदिक साहित्य में सरस्वती को बहुत उच्च स्थान दिया गया है तथापि वेदों की यह गङ्गा आदि गङ्गा है, भागीरथी नहीं।

जब भारत के लोग अज्ञानी बाबा, गुरु - गुराइनों, महंत - महंतानियों, पुरोहित - पण्डों - कर्मकण्डियों, जोगी, स्वामिनियों के कहने पर अलकनन्दा के बजाय भागीरथी को आदि देव गङ्गा मानते हैं तो न केवल पाश्चात्य अपने मकसद में सफल हो जाते हैं अपितु भारतीयता और भारतीयों के पहचान शास्त्र महाभारत, रामायण और पुराण शास्त्रों को भी संदिग्ध बना देते हैं।

बाइबल के उत्पत्ति अध्याय (जनिसिस) में ईश्वर निर्मित उस आदि मानव जोड़े आदम (एडम) और ईव का संदर्भ है जो उस देव उद्यान (गार्डन ऑफ ईडन) में थे जिसका सिंचन देव लोक (पैरडाइस) से अवतारित देव नदी करती थी जो चार धाराओं में पृथ्वी पर प्रवाहित हुई। उन धाराओं के नाम हैं पाइसन, गिहोन, हिडेकल, यूफ्रट्स। यही गार्डन पैराणिक ब्रह्मपुरी और पैरडाइस आर्कटिक था।

पञ्च प्रयाग रहस्यः ११ रुद्र केदार कल्पना और उरगम

यह केवल उत्तराखण्ड राज्य की ही विशेषता है कि एक ही नदी पर क्रम से पाँच विशेष प्रयाग अवस्थित हैं। नदियाँ और भी कई हैं। भागीरथी पर भी प्रयाग हैं परन्तु अलकनन्दा के ही पाँच प्रयाग पवित्र माने गये हैं। यह भी स्वतः प्रमाण है कि अलकनन्दा ही आदि देव गङ्गा है।

बदरीनाथ से प्रारम्भ करें तो जोशीमठ से कुछ पहले विष्णु प्रयाग है जो धौली और अलकनन्दा का संगम है। धौली को अब विष्णु गङ्गा नाम भी दिया गया है। इस नाम का कोई प्रमाण उपलब्ध नहीं है अतः अंदाज लगाया जा सकता है कि क्या ये नाम आचार्य शंकर ने दिया था? जहाँ तक धौली नाम का सम्बन्ध है ये स्पष्टतः कोसी का अपभ्रंश प्रतीत होता है। पुराणों के अलावा कालिदास ने भी 'कुमारसम्भव' में उस क्षेत्र में महाँकोसी एवं कोसी का उल्लेख किया है। कोसी का स्थानीय 'धौली' नाम उसकी हिमीय धवलता के कारण चिरकाल से सार्थक प्रचलित रहा है।

दूसरा प्रयाग चमोली - कर्णप्रयाग के मध्य अलक नन्दा और मन्दाकिनी के संगम पर स्थित नन्दप्रयाग है। इस नदी के नाम के बारे में लोगों में ऊहापोह की भी स्थिति पैदा होती रही है। कई लोग इस नदी को काली और कई मन्दाकिनी समझते रहे हैं। लेकिन मन्दाकिनी और काली नदियाँ केदार घाटी क्षेत्र (वर्तमान रुद्रप्रयाग जनपद) में हैं। हिमालय - कैलाश से प्रवाहित होने वाली नदियों के नाम नन्दाकिनी - मन्दाकिनी होना स्वाभाविक है।

तीसरा प्रयाग है अलकनन्दा और विश्व प्रसिद्ध पिण्डारी ग्लेशियर से प्रवाहित होने वाली पिन्डर का संगम। इस संगम स्थान का नाम है कर्णप्रयाग। आम धारणा है कि दानवीर कर्ण ने यहीं संगम पर तपस्या की थी जिसका साक्ष्य संगम की चट्टान पर बना कर्णकुण्ड है। लेकिन महाभारत अथवा किसी भी पुराण इतिहास से पाण्डवों की तरह अङ्गराज कर्ण की उत्तराञ्चल या उत्तर खण्ड यात्रा प्रमाणित नहीं होती। अतः ज्यादा सम्भव है कि यहाँ कण्व ऋषि ने तपस्या की हो और कालान्तर में कण्वप्रयाग नाम का अपक्रम कर्णप्रयाग हो गया। कुछ लोगों का मानना है कि गढ़वाल राज परिवार के किसी

राजा के नाम से कर्णप्रयाग नाम अभिधेय हुआ। तथापि सातवीं शताब्दी ए डी से गढ़वाल राज परिवार का कोई भी राजा कर्णी या कर्ण नाम के किसी 'प्रत्यय' या 'उपसर्ग' से उत्पन्न हुआ ज्ञात नहीं होता। सम्भव है चंदपुर वर्तमान चाँदपुर गढ़ी के किसी राजा के नाम से यह नाम पड़ा हो। लेकिन पूरी सम्भावना कण्व ऋषि के नाम से ही लगती है। इस क्षेत्र में सप्तर्षियों की तपस्या का भी वर्णन है, अत्रि ऋषि का काफी वर्णन आया है अतः कण्व ऋषि के सम्बन्ध में सन्देह की कोई सम्भावना नहीं हो सकती खासतौर से तब, जब कि कोटद्वार के पास कण्वाश्रम की सम्भावना बहुत पहले ही व्यक्त की जा चुकी है।

दूरेत्य प्रकल्पना से (remotely) सम्भव है कि गढ़वाल के राजा कनकपाल जी के नाम से इस प्रयाग का प्रथमतः कनक प्रयाग नाम रहा हो जो कालान्तर में कर्णप्रयाग संक्षिप्त हुआ।

यहाँ यह भी स्पष्ट करना उचित होगा कि चंदपुर नामकारण कुमांऊ के चंद राजाओं के नाम से हुआ था जिन्होंने गढ़वाल पर कई बार आक्रमण किये लेकिन अंग्रेजी के कहर ने इसका अपकर्षण चाँदपुर किया। इस पर आगे कुमाऊं के इतिहास में विस्तृत प्रकाश डाला गया है।

रुद्रप्रयाग चौथा प्रयाग है। रुद्रप्रयाग नामकरण भगवान रुद्रनाथ के नाम से हुआ माना गया है।

ऐसा माना जाता है कि केदारखण्ड में ग्यारह (११) रुद्र केदार थे जिनमें से पाँच केदार प्रसिद्ध हैं। इन पाँच में से कल्पेश्वर (उरगम), रुद्रनाथ एवं तुङ्गनाथ (गोपेश्वर के पास) जनपद चमोली में हीं हैं। अतः रुद्रप्रयाग नामकरण कोटेश्वर (रुद्रनाथ) से माना जाता है जो पाँच से अलग है। यहाँ पर अलकनन्दा और मन्दाकिनी का संगम है। स्थानीय लोग पहले, लेकिन आज भी कभी-कभी मन्दाकिनी को काली नदी कहते हैं। काली नदी केदार घाटी की बड़ी नदियों में से एक है जिसका संगम मन्दाकिनी के साथ होता है। मन्दाकिनी वहाँ की सबसे बड़ी नदी है। काली नदी का एक ऐतिहासिक महत्व है इसीलिए आज भी लोग कालीपार कहते हैं जो टिहरी में आता है। काली और अलकनन्दा को

१८१५ में गढ़वाल राज्य के विभाजन के समय अंग्रेजों ने टिहरी रियासत की सीमा (Boundary) बनाया था। वैसे रुद्रप्रयाग बदरी - केदार यात्रा मार्ग का केन्द्र स्थान है। यहाँ से एक मार्ग सोनप्रयाग होते हुये केदारनाथ जाता है और दूसरा कर्णप्रयाग - चमोली - जोशीमठ होते हुए बदरीनारायण। सोनप्रयाग में केदार क्षेत्र की दो बड़ी नदियों सोन और मन्दाकिनी का संगम होता है लेकिन प्रयाग होते हुये भी इसका पवित्र पञ्च प्रयागों में स्थान नहीं है क्योंकि इसका संगम अलकनन्दा के साथ नहीं है। सोनप्रयाग से केदार क्षेत्र की सभी नदियों की संहति का नाम मन्दाकिनी है। अतः यह भी आश्चर्यजनक नहीं है कि भागीरथी के साथ भी जिन नदियों का संगम हुआ है जैसे टिहरी की प्रसिद्ध भिलंगना नदी, उनके प्रयागों को भी पञ्च पवित्र प्रयागों की तरह स्थान नहीं दिया गया है। अब बदरीनाथ यत्रा के लिए उखीमठ से गुप्तकाशी होते हुए चमोली जिले के मुख्यालय गोपेश्वर के रास्ते जोशीमठ जाया जा सकता है। इससे ६५-७० कि० मी० मार्ग कम हो गया है।

महाभारत वनपर्व में हेमकूट पर्वत से प्रवाहित होने वाली दो नदियों नन्दा और अपर नन्दा का उल्लेख आया है अतः कहा जा सकता है कि यही दो धारायें नन्दाकिनी (नन्दप्रयाग) और मन्दाकिनी (केदार क्षेत्र) में प्रवाहित हुई हैं। इस सन्दर्भ से नन्दा (यानी पुत्री) अर्थात हिमालय पुत्री नन्दा के विभिन्न आख्यान भी अभिगम्य हो जाते हैं।

पञ्च केदारों में अन्य केदार हैं मदमहेश्वर (ऊखीमठ) और केदारेश्वर - केदारनाथ। उरगम नाम भगवान कल्पेश्वर के उद्गम से भी जोड़ा जा सकता है जो कालान्तर में उर्गम कहा जाने लगा। रुद्रनाथ (जिला चमोली) भगवान शिव का मुख रूप है जिसे कल्पनातीत माना जाता है। कल्पेश्वर जटारूप लिङ्ग है जो शिव का विलक्षण स्वरूप है।

देव प्रयाग एवं आचार्य शंकरः एक दृष्टि

देव प्रयाग उत्तराञ्चल का अन्तिम यानि पाँचवाँ प्रयाग है, जहाँ त्रिपथगा आदि गङ्गा अलकनन्दा अपनी उत्तरी धारा भागीरथी से मिलकर पूर्णत्व प्राप्त करती है। इसीलिए इस रघुनाथ तीर्थ देवप्रयाग से यह देवनदी गङ्गा नाम से

जनमानस में अभिख्यात हुई है। इस देव गङ्गा को पहले यूनानियों ने और बाद में अंग्रेजों ने भी गंजीज (Ganges) नाम से विख्यात किया।

देव प्रयाग नाम निश्चित ही आठवीं सदी के अन्त या नवीं के प्रारम्भ में आचार्य शंकर का दिया प्रतीत होता है। सम्भवतः त्रिपथगा गङ्गा की अपनी ही दो देव धाराओं के सम्मिलन स्थल को इससे बेहत्तर और सार्थक नाम दे पाना मुश्किल था। कुछ क्षेत्रों में इन दो धाराओं को देवरानी और जेठानी कहा जाता है जो समुचित प्रतीत नहीं होता। यह बात सही होते हुये भी कि गङ्गा का जन्म देव कार्य के लिये हिमालय की ज्येष्ठ पुत्री के रूप में हुआ और भागीरथी गङ्गा की अनुजा मानी गई अतः दो वहिनों का यह सम्बन्ध देवरानी-जेठानी का नहीं माना जा सकता।

आचार्य शंकर ने उत्तराञ्चल का कुमाँऊ, हरिद्वार सहित कैलाश मानसरोवर तक व्यापक भ्रमण किया था। कैलाश पर उनकी तपस्या सर्व विदित है। विश्वास ये किया जाता है कि उनके कहने पर ही गढ़वाल के पाल राजाओं ने बदरीनाथ जी में मन्दिर बनाया था। उस समय गढ़वाल राज्य की राजधानी चंदपुर वर्तमान (चाँदपुर) थी जो बाद में देवलगढ़ हुई और ९ वीं - १० वीं शताब्दी ए डी के आस - पास श्रीनगर स्थानान्तरित हुई। इसीलिए गढ़वाल नरेश बदरी - केदार मन्दिर के संरक्षक बने और १८१५ में गढ़वाल राज्य के विभाजन और टिहरी रियासत राजा को दिये जाने के बाद भी राजा टिहरी संरक्षक बने रहे। टिहरी के प्रारम्भिक राजाओं के साथ कतिपय आश्चर्यजनक घटनाए जुड़ी होने के कारण उन्हें बोलांदा बदरी (बोलने वाले बदरी) भी कहा गया। नवीं शताब्दी के प्रारम्भ में आचार्य शंकर के समय भी गढ़वाल में कई गढ़नरेश थे जिनका एकीकरण १२ वीं सदी के आस पास किया गया। कुमायूं में उस समय कत्यूरी राजवंश का शासन था। आचार्य शंकर का जन्म ७८८ एडी के आस पास हुआ और उन्होंने ३२ वर्ष की आयु में संसार छोड़ दिया था। आचार्य ने यात्रा मार्ग के कई स्थानों का नामकरण किया जिनमें ज्योतिर्मठ वर्तमान जोशीमठ प्रमुख है जो उनके चार मठों में एक है। सम्भव है उत्तरकाशी नाम उन्हीं का दिया हो क्योंकि महाभारत - पुराणों में इन नामों का उल्लेख नहीं मिलता है।

जोशीमठ तथा चंदपुर का प्राचीन नाम तथा राजधानी होने का इतिहास आदि, आगे कुमायूं और गढ़वाल के इतिहास के अन्तर्गत विस्तार से दिया गया है।

रामायण और गङ्गा

रामायण और महाभारत काल के बीच एक हिमयुग (Ice age) का अन्तर प्रतीत होता है। रामायण काल में जैसा कि पहले भी कहा जा चुका है पृथ्वी अधिक हिममय अतः सघन थी। महाभारत काल तक काफी स्थिति बदल गई थी, बर्फ पिघल गई और भूमि भाग ज्यादा उपलब्ध हो गया था। यह इस बात से भी साबित होता है कि कैलाश से उत्तर कुरु तक का वर्णन करते हुये चीन और मध्य एशिया की सीमा के आस-पास रामायण में विशाल सूने मैदानों का जिक्र है लेकिन महाभारत काल में पाण्डवों को स्वर्गारोहण के समय रास्ते में विशाल बालुकार्णव (Desert) मिला था जिसे उन्हें पार करना पड़ा। यह रेगिस्तान हर तरह से आज का टकला मकान (Takla Makan) ही लगता है। हिम नदियों - हिम खण्डों (Glaciers) के पिघलने और प्राकृतिक प्रकोपों के कारण धरती में काफी उथल-पुथल हुई। नदियों के स्त्रोत बदल गये, नदियों-समुद्रों का पृथक्करण हो गया यहाँ तक कि द्वीपों का भी स्वरूप बदल गया। ग्लेशियर पिघलने के साथ-साथ गङ्गा का मूल स्त्रोत खिसककर कैलाश - अलकापुरी रह गया। यही वो सत्य - पथ अथवा स्वर्ग-पथ था जो अब उत्तराञ्चल में सतोपन्थ के नाम से जाना जाता है।

रामायण में,[1] आदि गंगा देव गङ्गा और भागीरथी के अवतरण को अलग - अलग निष्पादन के रूप में, लेकिन विस्तार से प्रस्तुत किया गया है जो कि पुराणों से भिन्न है। लेकिन विन्दु सरोवर से गङ्गा की सप्त धाराओं का विवरण रामायण में भी है। रामायण के अनुसार देव गंगा का अवतरण प्रथमतः देव कार्य के लिये ही हुआ था। दूसरी बार राजा भगीरथ गङ्गा की धारा को भागीरथी के रूप में लाये। पहली को वाल्मीकि जी ने त्रिपथगा कहा

1. बालकाण्ड - सर्ग ४४ एवं सर्ग ३५।

है दूसरी को भागीरथी। बालकाण्ड के अनुसार भगीरथ जी को आशीर्वाद देते हुए ब्रह्मा जी कहते हैं;

गङ्गा त्रिपथगा नाम दिव्या भागीरथीति च,
त्रीन पथो भावयंतीति तस्मात त्रिपथगा स्मृता

राजन, ये गङ्गा त्रिपथगा और दिव्य भागीरथी दो नामों से प्रसिद्ध होगी। प्रश्न है, ये त्रिपथगा गङ्गा कौन है, उत्तर है, यही अलकनन्दा है जिसे महाभारत और पुराणों ने बाद में निःसन्देह सिद्ध कर दिया।

मुनि विश्वामित्र राम - लक्ष्मण जी को जनकपुर जाते हुये गंगावतरण की कथा सुनाते हैं। जनकपुर जाने के लिये उन्हें वर्तमान पटना के पास गङ्गा और सोनभद्र नद (सोन नदी नहीं है), के संगम को पार करना पड़ा। तब राम ने उनसे गङ्गा के अवतरण की कथा पूछी थी। इसी सोन नद के किनारे पाटलीपुत्र से बहुत पहले ताड़का का निवास था। (कई विद्वान बालकाण्ड और उत्तर काण्ड को प्रक्षिप्त भी मानते हैं)। उत्तर काण्ड निश्चित ही प्रक्षिप्त है।

गङ्गा अवतरण की कथा सुनाते हुये, वाल्मीकि जी ने गङ्गा को हिमालय की ज्येष्ठ पुत्री का सम्बोधन किया है और उमा को छोटी। मुनि कहते हैं;

शैलेन्द्रो हिमवान राम धातूनामाकरो महान,
तस्य कन्याद्वयम राम रूपेणाप्रतिमं भुवि
या मेरूदुहिता राम तयोर्माता सुमध्यमा,
नाम्ना मनोमनोज्ञावै पत्नी हिमवत प्रिया
तस्यांगङ्गेयमभवत, ज्येष्ठा हिमवत सुता;
उमानामद्वितीयाभूत कन्या तस्यैव राघव
अथज्येष्ठामसुरासर्वे, देवकार्यचिकीर्षया,
शैलेन्द्रमवरयामासुर्गंगामत्रिपथगाम नदीम
ददौधर्मेण हिमवाँस्तनयां लोकपावनीम,
स्वछून्दपथगां गंगाम त्रैलोक्यहितकाम्यया
गंगामादाय ते गच्छनकृतार्थेनान्तरात्मना,

खंगताप्रथममतात गतिं गतिमतामवर
सुरलोकम समारूढ़ाविपापाजलवाहिनी।

गङ्गा - अवतरण शिव पुत्र कार्तिकेय - षडानन (देव सेना के सेनानी - सेनापति) के पालन - पोषण के लिए हुआ। (कुमार कार्तिकेय के जन्म के सम्बन्ध में विभिन्न आख्यान हैं परन्तु यहाँ इतना ही समझना आवश्यक है कि असुरों - दैत्यों के विनाश और देवों की रक्षा के लिये शिव पुत्र का जन्म और उनका देव सेना का सेनानी यानी सेनापति होना आवश्यक था)। अतः त्रिपथगा गङ्गा सुरलोक से क्षितिज को आप्लावित करती हुई हिमालय की पुत्री के रूप में इस पृथ्वी पर अवतरित हुई और यम दिशा में स्थित दक्षिण समुद्र में प्रवाहित होकर अन्टार्कटिक सागर से मिलकर दक्षिणी ध्रुव यानी पाताल लोक तक पवित्रीकरण करते हुये समाहित हुई। रामायण काल की यही गङ्गा पौराणिक काल में भारत में अलकनन्दा नाम से विख्यात हुई। इस आख्यान से भी उस युग में हिमालय का विस्तार विश्व की पूरी उत्तर दिशा में लगता है।

गङ्गा एक अलौकिक रूपक

उस आदि हिमीय युग में गंगावतरण का रूपक प्रस्तुतीकरण इस प्रकार किया जा सकता है। पुष्कर पृथ्वी पर आदि देव लोक था जहाँ देवताओं के अलावा त्रिदेवों के आलय एवं विष्णु का सिंहासन था। वहीं देवगिरि सुमेरु स्थित विष्णु पाद यानी उत्तर समुद्र से प्रवाहित होती हुई गङ्गा उत्तरध्रुव से मेरू तक के उत्तुंग ग्लेशरीय (Glacial) क्षितिज को आप्लावित करती हुई ब्रह्मपुरी स्थित ब्रह्मसरोवर (ब्रह्मा जी के कमण्डल) में अवस्थित होकर चार धाराओं में पृथ्वी पर प्रवाहित हुई और दक्षिण समुद्र (हिन्द महासागर) के माध्यम से अन्टार्कटिक महासागर एवं South Sea से मिलकर दक्षिणी ध्रुव - दक्षिण पथ यानी पाताल लोक तक पहुँची और इसप्रकार उसका त्रिपथगा नाम सार्थक हुआ। वस्तुतः आज के हिन्दमहासागर का मूल विस्तार यही है। उस हिम युग में तो यही स्थिति थी। जिस तरह पहली - दूसरी किसी 'आइस एज" (हिमयुग) में उत्तर सागर (Arctic) से टूट कर प्रशान्त सागर और नार्थ सी

(North Sea), पीला सागर आदि उत्पन्न हुए, दक्षिण सागर (Antarctic) से भी हिन्द महासागर, साउथ सी (South Sea) आदि बने होंगे।

उपर्युक्त शास्त्रीय विश्लेषण से गङ्गा के बारे में अनभिज्ञता के कारण उत्पन्न अबोध को बोधगम्य बनाने का प्रयत्न किया गया है। आम आदमी (Common Man) गङ्गा का विवर्धन शिव की जटा - जूट से ही समझता है। इसका रूपक भी समझना उचित है। हिमयुग में दुर्गम हिमाच्छादित कैलाश शिखर भगवान शिव का निवास और पृथ्वी पर शिव लोक माना गया है। उसी कैलाश पर्वत की हिम लड़ियों और लटकती हुई समवेत सघन हिम लटों को शिव का केश कलाप माना गया है। कैलाश पर्वत पर संकलित हिम की स्वच्छ स्वेत धवलता और आभा को भगवान शंकर का प्रतिदिन का राशि भूत (घनीभूत) अट्टहास माना जा सकता है और विन्दु सरोवर को उनका कमण्डल। इसी निर्मलता के कारण कैलाश को त्रिदश वनिता दर्पण (देवताओं की पत्नियों का दर्पण) भी कहा गया है। यही कैलाश शिव का निवास और उनका मस्तक माना गया। उस पर आच्छादित हिम गुल्म-गुम्फन उनका केशविन्यास जिससे गङ्गा निर्झरित होती है। तथापि आम धारणा इस पुराण शास्त्रीय विवेचन को ही स्वीकार करती है कि गङ्गा विष्णु पदी है और ब्रह्मा जी के कमण्डल में प्रतिष्ठित हुई जिसका मतलब है ब्रह्मपुरी स्थित ब्रह्म सरोवर में प्रतिष्ठित हुई और वहाँ से प्रवाहित होने पर शिव द्वारा कैलाश पर्वत पर बिन्दु सरोवर में अवस्थित की गई जहाँ से भगीरथ जी की तपस्या द्वारा भागीरथी प्रवाहित हुई और गङ्गा सप्त स्त्रोता नाम से भी विख्यात हुई।

भागीरथीः व्युत्पत्ति एवं सप्त श्रोता गङ्गा - अलकनन्दा

भागीरथी व्युत्पत्ति कथा अधिकांश पुराणों में है। कुछ पुराणों की कथा रामायण से मिलती जुलती है। तथापि रामायण की कथा अन्य पुराणों से काफी भिन्न भी है। कुछ पुराणों की तरह रामायण में भी यह उल्लेख है कि गङ्गा के वेग को रोकने के लिये भगवान शिव ने पहले उसे अपनी जटाओं में धारण किया और फिर बिन्दु सरोवर में विसर्जित किया। भगीरथ जी की तपस्या से

प्रसन्न होकर शिव ने विन्दु सरोवर से गङ्गा को सप्त श्रोतों (सात सरिताओं) में विमुक्त किया। उन धाराओं के नाम इस तरह दिये गये हैं - ह्लादिनी, पावनी नलिनी, सुचक्षु, सीता, सिन्धु और भागीरथी। बालकाण्ड में[1] इस तरह विवरण है;

विससर्ज ततो गङ्गां हरो विंदुसर प्रति
तस्यांविसृज्यमानायां सप्तस्त्रोतांसिजज्ञिरे
ह्लादिनी, पावनी, चौव, नलिनी च तथैव च
तिस्त्र प्राचीं दिशं जग्मुर्गङ्ग शिवजलाशुभा
सुचक्षुश्चौव सीता च सिंधुश्चौव महानदी
सप्तमी चान्वगात तासां भागीरथ रथं तदा

इनमें से सुचक्षु और सीता नाम की धाराओं का उल्लेख पुराणों में अलग तरह से आया है जिसका वर्णन किया जा चुका है। इस विवरण के अनुसार प्रथम तीन ह्लादिनी, पावनी, नलिनी पूर्व की ओर और शेष तीन पश्चिम दिशा की ओर प्रवाहित हुई। भागीरथी ने राजा भगीरथ का समुद्र तक अनुशरण किया।

रामायण काल की हिमालय की ज्येष्ठ पुत्री गङ्गा पौराणिक काल में भारत में अलकनन्दा नाम से विख्यात हुई। आदि त्रिपथगा गङ्गा की अलकनन्दा धारा से ही कैलाश स्थित यक्ष राज कुबेर की राजधानी भी अलकापुरी नाम से विश्रुत हुई। उत्तर पथ - मेरू (उराल) मध्य जम्बूद्वीप के हिमखण्डों के पिघल जाने के उपरान्त गङ्गा का मूल श्रोत प्रवर्तन (Shift) होते - होते कैलाश - अलकापुरी हो गया जहाँ विन्दु सरोवर या कुछ विद्वानों के अनुसार मानसरोवर अवस्थित है, अतः पौराणिकों ने उसे अलका की नन्दा (पुत्री) के रूप में भी प्रतिष्ठित कर दिया। इसीलिये कालिदास का यक्ष मेघ से कहता है:

तस्योत्सङ्गे प्रणयिन इव स्त्रस्त गङ्गा दुकूलाम,
न त्वं दृष्ट्वा न पुनरलकां ज्ञास्यसे काम चारिन...

---

1. बालकाण्ड-सर्ग ४३।

(हे स्वेच्छागति मेघ, कैलाश के मध्य में वसी हुई अलकापुरी तुम्हें उसी तरह दिखाई देगी जैसे कोई प्रेमिका अपने प्रेमी की गोद में लेटी हुई हो और उसके नीचे से वहती हुई गङ्गा जैसे उस प्रेमिका का खिसका हुआ दुपट्टा - शाल हो)।

पाण्डव लोग वनवास काल के समय जब बदरिकारण्य की यात्रा हेतु हरिद्वार (तब गङ्गा द्वार) पहुँचे तो लोमश ऋषि ने, जो उनके संग थे, साश्चर्य सम्बोधन किया (वनपर्व)[1]

"ऐषा गङ्गा सप्तविधा राजते भरतर्षभ"
(ये है सप्त स्त्रोता गङ्गा जो यहाँ विराजित हैं)

यहाँ भी ऐसा प्रतीत होता है कि वर्तमान हरिद्वार का महाभारत कालीन गङ्गाद्वार नाम आचार्य शंकर ने बदलवा कर हरिद्वार किया। क्योंकि यह नाम गोमुख-गंगोत्तरी (गंगोत्रि) के लिये ही सार्थक था तथा गोमुख-गंगोत्री का पुरातन अभिधान गङ्गाद्वार ही था।

आर्यत्व-हिमालय-गङ्गा-अलकनन्दा और पाश्चात्य दुर्भाव

पिछले करीब सवा सौ सालों विशेषतः (१८४०-१९६०) की अवधि के दौरान साहित्यिक रचनाओं और बनारस जैसे स्थानों में शास्त्रार्थ एवं संगमों के बावजूद अंग्रेजी के कहर ने संस्कृत को आमतौर पर पूजा - पाठ, ज्योतिष और कर्मकाण्ड की भाषा तक सीमित कर दिया था। संस्कृत ज्यादा से ज्यादा प्रवचन की भाषा बन कर रह गई जो तब आज की तरह व्यापार नहीं था। ऐसा भी नहीं कि उस अवधि के दौरान संस्कृत में रचनायें नहीं हुई थी। बहुत रचनायें हुई, बड़े ग्रंथ भी लिखे गये। स्वतन्त्रता संग्राम के दौरान पत्र - पत्रिकायें भी छपीं लेकिन संस्कृत के या संस्कृत - अंग्रेजी मिश्रित विद्वानों ने ऐसा कोई भूगोल - इतिहास सम्बन्धी (ऐतिहासिक - भौगोलिक) शास्त्रीय मन्थन या पौराणिक अन्वेषण नहीं किया जो आर्यत्व या भारतीय सनातनत्व को नये आयाम देता अथवा विस्मृत भारतीय या आर्य इतिहास को नये रूप में प्रभासित करता या भारतीय और आर्य भूगोल के नये पट उद्भासित

1. महाभारत - वनपर्व अ. १४०।

करता, जबकि पाश्चात्य यानी यूरोपियन्स विशेषरूप से तीन - ब्रिटिश, फ्रेंच और जर्मन इतिहासकार और भूगोलज्ञ आर्य इतिहास और भूगोल के सथ - साथ भारतीय इतिहास और भूगोल को विकृति की सीमा तक पहुँचाने में सफल हो गये।

अंग्रेजों ने इस स्थिति का सबसे ज्यादा फायदा उठाया। मैक्स मूलर के साथ-साथ ओबामा को हनुमान जी की प्रतिमा भेजने वाले जैसे चाटुकार भारतीय लेखकों एवं पण्डे, पुजारी, पुरोहित, कर्मकाण्डी किस्म के चापलूस रचनाकारों की मदद से पाश्चात्यों ने भारतीय मानुष को यह आश्वस्त करने में सफलता प्राप्त कर ली कि हिमालय सबसे युवा पर्वत श्रेणी है अतः पितरों के उद्धार के लिये लाई गई भागीरथी ही गङ्गा है जो कैलाशी शिव की जटा से स्त्रोतस् है। पाश्चात्य यह भी आश्वस्त करने में सफल रहे कि हिमालय भारत और तिब्बत सहित चीन एवं नेपाल को ही आवृत्त किये हुये है और यही उसकी सीमा है।

इस प्रकार अपने भारतीय चाटुकार इतिहास एवं भूगोल लेखकों की मदद से अंग्रेजों ने भारतीय मानुष्यों की दृष्टि, सोच और भाव इस विचार की ओर जाने ही नहीं दिया कि अगर हिमालय सबसे युवा पर्वत श्रेणी है तो भागीरथी आदि गङ्गा कैसे हो सकती है और कैलाश - हिमालय स्थित शिव भी आदि देव कैसे हो सकते हैं। इसका साफ मतलब हुआ कि त्रिपथगा आदि गङ्गा कोई और है। अतः पौराणिक इतिहास की यह बात समझने की जरूरत है कि हिमालय की ज्येष्ठ पुत्री आदि गङ्गा का उद्गम आदि सतयुगी स्वर्ग आर्कटिक से हुआ था जिसकी चार धाराओं में अलकनन्दा एक थी। देव गङ्गा और उसकी चार धाराओं का अस्तित्व बाइबल ने भी माना है।

विस्मय ये है कि इन भारतीय चाटुकारों के सहयोग से यूरोपियन्स भारतीय मानुष की सोच को हिमालय की संकुचित सीमा और भागीरथी पर ही केन्द्रित करने में सफल कैसे हो गये। सच यह है कि पाश्चात्य सही बात जानते थे लेकिन भयभीत थे कि अगर भारतीयों को या विश्व को गङ्गा का उद्गम आर्कटिक से होने और अलकनन्दा के गङ्गा की मूल धारा होने का आभास भी हो गया तो सारा इतिहास बदल जायेगा। उनकी विकृतियों का

अपना ही कच्चा चिठ्ठा खुल जायेगा। विश्व आर्यत्व और आर्य पितृत्व स्वतः सिद्ध हो जायेगा। पृथ्वी पर स्वर्ग और देवत्व की उपस्थिति सिद्ध हो जाने से यूरोपियनों द्वारा लिखा आर्य तथा मानव उद्भूति इतिहास ही पलट जाता। उनकी समस्त मान्यतायें ध्वस्त हो जाती। बाइबल से तो वैसे भी भारतीय पौराणिक - ऐतिहासिक शास्त्रों की पुष्टि हो रही थी यह बात नतो भारतीय मानस में, नाहीं यूरोपीय मानस में उतर पाई थी क्योंकि इस पर मन्थन करने की ओर किसी का ध्यान ही नहीं गया। लेकिन इस स्थिति में अंग्रेजों के पास भारतीय शास्त्रीय वर्चस्व मानने के अलावा अन्य कोई विकल्प नहीं रह जाता जो उन्हें बर्दाश्त नहीं था।

बाइबल में जिस देव गङ्गा का चार धाराओं में विभक्त होकर प्रवाहित होने का उल्लेख है वह निर्विवाद रूप से गङ्गा ही है। बाइबल में उल्लिखित पैरूडीज (Paradise) यानी स्वर्ग और देव उद्यान (Garden of Eden) की अवस्थिति सिद्ध करने के लिए भी अब और अधिक प्रमाण की जरूरत नहीं है। साथ ही आज पाश्चात्य कल्पना के विपरीत यह भी सिद्ध हो जाता है, जो कुछ भी हो रहा है कि आदि में सतयुग था और मनुष्य की यात्रा सत युग से कलि युग की ओर है न कि जैसा कि पाश्चात्य मानते हैं कलीयुग से सतयुग की ओर।

स्पष्टतः वेदों में जिस गङ्गा की स्तुति है वह निश्चित ही भागीरथी नहीं उससे से भी पहले की गङ्गा थी। भागीरथी राजा भगीरथ द्वारा त्रेतायुग के प्रारंभ या मध्य के आसपास लाई गई थी।

जहाँ तक हिमालय का सम्बन्ध है पाश्चात्यों ने सब की अज्ञानता का फायदा उठाते हुये वर्तमान राजनैतिक भूगोल के आधार पर हिमालय का सीमांकन किया है। जो एकदम गलत है। सच्चाई यह है कि हिमालय प्रकृति की अन्तर्भूत रचना है। उस प्रारम्भिक हिमयुग में प्रकृति के अवयव की तरह हिमालय की सृष्टि हुई थी जिसने पूरी उत्तर दिशा को घेरे हुए पृथ्वी की पूर्व और पश्चिम दिशा को जोड़ा हुआ था और दोनों दिशाओं के दोनों समुद्रों तक विस्तृत था। यही उत्तर दिशा देवलोक थी, इसी हिमालय की पुत्री थी गङ्गा। जिसे आज आर्कटिक कहते हैं, हिमयुगों में वहाँ तक सब हिमालय था। आर्कटिक और कैलाश ये सब हिमालय के ही अलग - अलग क्षेत्र थे। हिम

पिघलन और हिम नदियों के विलोपन से आज उसका स्वरूप कुछ भी हो गया हो परन्तु सत्यता और वास्तविकता का स्वरूप नहीं बदल सकता ठीक वैसे ही जैसे भूगोल बदलने से इतिहास नहीं बदल सकता। मनुष्य और उसके समुदायों ने अपने अपने स्वार्थों के लिये भले ही पृथ्वी और आकाश के कितने उप विभाजन कर दिये हों, सीमायें बना दी हों लेकिन सत्य का कोई विभाजन नहीं, क्योंकि वह असीमित है।

गङ्गोत्तरी-यमुनोत्तरी (गंगोत्रि-जमुनोत्रि): एक वचनीय अनिरुक्त

कैलाश विन्दुसरोवर से आदि गङ्गा अलक नन्दा के उत्तर की ओर प्रवाहित होने के कारण भागीरथी उसकी उत्तरी धारा अर्थात गङ्गा उत्तरी नाम से विश्रुत हुई। दोनों धारायें एक - दूसरी की अभिधेय भी हुई और गङ्गा भी कहलायीं। पुष्कर - स्वर्ग (उत्तरी ध्रुव - आर्कटिक) से मेरू - ब्रह्म सरोवर में प्रवाहित होने वाली आदि देव गङ्गा की चार धाराओं में से 'अलकनन्दा' एक है और दूसरी भागीरथी, कैलाश - विन्दु सरोवर से प्रवाहित होने वाली अलक नन्दा की उत्तरी धारा। आम तौर पर देवप्रयाग से दोनों की सम्मिलित धारा को जनमानस 'गङ्गा'' नाम से जानता है जो सामान्यतः आम लोगों के लिये स्वाभाविक ही है। अगर कहा जाय तो यहीं से उसका पूर्णत्व भी है।

भागीरथी गङ्गा उत्तरी होने के कारण गंगोत्तरी नाम से अभिख्यात हुई जो आम बोलचाल में गंगोत्री हो गयी और पौराणिक गङ्गा द्वार को उसकी आकृति के कारण लोग गोमुख कहने लगे। एक ही पर्वत श्रेणी और गङ्गा के समीपस्थ होने के कारण यमुना और उसका श्रोत भी यमुनोत्तरी नाम से प्रसिद्ध हुआ। मानवीय फितरत के परिणामस्वरूप दोनों का संक्षिप्तीकरण (Shortcut) गंगोत्रि - यमुनोत्रि हो गया। तथापि भागीरथी का गंगोत्तरी अभिधान स्वयं सिद्ध करता है कि उसके दक्षिण में अन्य धारा प्रवाहित होती है - यही अलकनन्दा है।

कुछ पुराणों में गङ्गा की दो और कुछ में तीन धाराओं का उल्लेख हुआ है - अलकनन्दा, भागीरथी और दक्षिण गङ्गा गोदावरी। रामायण के अलावा कुछ पुराणों में भी अलकनन्दा की सात सरिताओं का वर्णन है।

महाभारत काल में पाण्डवों ने गंगोत्तरी अथवा गंगाद्वार को हिमोत्तरी तथा यमुनोत्तरी को यामुन और हरिद्वार को गंगाद्वार सम्बोधन किया है जिससे प्रतीत होता है कि गंगोत्तरी और तदनुरूप यमुनोत्तरी एवं हरिद्वार नाम आचार्य शंकर ने दिये हैं क्योंकि रामायण में भी यमुना के स्त्रोत का यामुन ही नाम है। पुराणों में भी गङ्गोत्तरी - यमुनोत्तरी उल्लेख नहीं है। जगतगुरु ने हरिद्वार नाम रखा या हरद्वार ये सन्देहास्पद हो सकता है। तथापि, अगर उन्होंने हरिद्वार नाम रखा था तो निश्चित ही वो शैव नहीं थे और अपने स्त्रोत्रों में 'शिव' से उनका मन्तव्य अनन्त ब्रह्म (Creator) से था, वो ब्रह्म जो स्वयं ही स्वयं में स्थित है। लेकिन केदारनाथ में समाधिस्त होने से उनका शैव होना भी सिद्ध होता है।

अन्य निष्कर्ष यह भी निकाला जा सकता है कि गङ्गा की अलक नन्दा धारा मेरू से दक्षिण की ओर प्रवाहित हुई और भागीरथी तथा जमुना, अलक नन्दा के उत्तर की ओर प्रवाहित होती हैं अतः उन दोनों को 'उत्तरी' कहा गया। लेकिन कालान्तर में उनका त्रि प्रत्यय के साथ संक्षिप्तीकरण यानी गंगोत्रि अभिधान भी त्र्यम्बक शिव एवं त्रिपथगा से सम्बन्धित होने के कारण सार्थक हो गया। गङ्गा के साथ विशेषणात्मक त्रि प्रत्यय गङ्गा की तीन धाराओं अलक नन्दा, भागीरथी, दक्षिण गङ्गा गोदावरी के कारण भी अर्थपूर्ण है। यमुनोत्रि का त्रि प्रत्यय भी यमुना का सूर्य पुत्री होने के कारण पृथ्वी पर प्रवाहित होकर गङ्गा के संगम से पाताल लोक को आप्लावित करने से त्रिपथगा सार्थक हो गया। यमुना के साथ 'त्री' विशेषणात्मक प्रत्यय उसके तीन नामों यमुना, यामी, कालिन्दी से भी पूर्णार्थक है। सूर्य पुत्री और यम की अनुजा होने के कारण वह वरदायिनी, रक्षिका, पाप मोचिनी है। कर्म पुराण ने गङ्गा - यमुना वैभव का इस तरह गायन किया हः[1]

षष्टिर्धनुः सहस्त्राणि यानि रक्षन्ति जान्हवीम,
यमुनां रक्षति सदा सविता सप्त वाहनः

(साठ हजार योद्धा धनुष - वाण के साथ गङ्गा की रक्षा करते हैं और सप्तरश्मि - सप्त अश्वाधिपति सूर्य जमुना की)

---

1. कूर्म पु. (अ. ३४)।

गङ्गोत्री - यमुनोत्री के साथ प्रयुक्त त्री प्रत्यय भारतीय सनातन दर्शन में वर्णित जीवन और सृष्टि की तीन अवस्थाओं सृष्टि - स्थिति - प्रलय एवं सत - रज - तम का भी संकेत है।

ब्रह्मपुराण और शिव पुराण सहित कुछेक पुराणों के वृतान्त के आधार पर यह भी सार निकाला जा सकता है कि अलकनन्दा की ही एक धारा पौराणिक शास्त्रीय गोदावरी (गौतमी गङ्गा) क्योंकि दक्षिण में दक्षिण गङ्गा नाम से अभिख्यात है अतः उत्तर में भागीरथी का अभिधान भी आचार्य शंकर ने गङ्गा - उत्तरी समुचित समझा। गौतम ऋषि की तपस्या से प्रस्त्रवित गङ्गा गौतमी नासिक से आंध्र प्रदेश को प्रसरण करती है। नासिक में इसी के तट पर १२ ज्योतिर्लिंगों में से प्रसिद्ध 'त्रियम्बकेश्वर' हैं जहाँ हर बारहवें वर्ष कुम्भ स्नान होता है।

तथापि समुचित मन्थन के उपरान्त प्रामाणिक यही लगता है कि कैलाश से अलकनन्दा के उत्तर की ओर बहने के कारण भागीरथी का अभिख्यान गङ्गा - उत्तरी (गंगोत्तरी) हुआ। हिमयुग में ही नहीं अभी ५०-६० वर्ष पूर्व तक जब पृथ्वी पर ताप और गर्मी का इतना असर नहीं था अथवा प्रदूषण नहीं था और ओजोन परत सुरक्षित थी, गोमुख भी हिमाच्छादित था। अति दुर्गम, अगम्य और अभेद्य होने के कारण वहाँ की यात्रा के बारे में सोचना भी स्वप्नीय कल्पना थी। सब कुछ अदृश्य सा था। अतः गोमुख को ही भागीरथी गङ्गा का स्त्रोत समझा गया और आज भी आम तौर पर जनमानस यही समझता है। गोमुख' अपनी हिमीय नैसर्गिक बनावट के कारण ही इस नाम से प्रसिद्ध हुआ। लेकिन इसका प्राचीन नाम सार्थक रूप से गङ्गाद्वार था। अतः सम्भावनाओं की सम्भाव्यता के आधार पर कहा जा सकता है कि भगीरथ जी ने कैलाश पर नहीं अपितु इसी स्थान पर तपस्या की थी और यहीं भगवान शिव ने उन्हें दर्शन दिये थे। शिव द्वारा विन्दु सरोवर से गङ्गा की धारा विमुक्त करने पर भगीरथ जी को यहीं उसके प्रपात का प्रथम दर्शन हुआ था। आज गोमुख और उसके ग्लेशियर भी लुप्त हो रहे हैं और एक भयंकर त्रासदी का संकेत दे रहे हैं।

त्रिवेणी एवं अदृश्य सरस्वती मिथः शास्त्रीय सत्य

सरस्वती नदी और उसके ऋत की अनभिज्ञता के कारण त्रिवेणी के सम्बन्ध में भी गङ्गा की तरह कम भ्रांतियाँ और किंवदंतियाँ नहीं हैं। जनमानस ही नहीं बड़े - बड़े तथाकथित आधुनिक व्यवसायी पण्डित और स्वधर्मध्वजी प्रवचनकर्ता, व्यास, गुरु भी प्रयाग (इलाहबाद) में गङ्गा - यमुना और अदृश्य सरस्वती के संगम के कारण ही उसे त्रिवेणी कहते, मानते और प्रवचन करते हैं। धर्म के नाम पर इस देश में खोटा सिक्का भी चल रहा है और चलता रहा है जो इस घोर कलियुगी संक्रमण काल में बेतहासा चल रहा है। तथापि यह अज्ञानता की चरम सीमा, अंधविश्वासों की भयावह स्थिति और कर्मकाण्ड की चरम विकृति है। इसके पीछे भी अंग्रेजी का ही कहर रहा है जिसने संस्कृत (हमारी संस्कृति - साहित्य - इतिहास और धरोहर की भाषा, पहचान की भाषा) को ही हमसे छीन लिया और अंतस्थ से ही लुप्त कर दिया। इसके पीछे अंग्रेजों के सांस्कृतिक आक्रमण का खड़यंत्र (षड़यन्त्र) भी था जिसने हमारे इतिहास को ही विकृत और दूषित कर दिया तथा हमें सच जानने से वंचित कर दिया।

पौराणिक काल से होते आ रहे शास्त्रार्थ खत्म हो जाने के कारण कुक्करमुत्तों की तरह व्यापारी गुरुओं, सन्यासी - सन्यासिनियों, स्वामी और बाबा, व्यासों की बाढ़ ही आ गई है, जिनका सत्य, ज्ञान, धर्म से दूर - दूर का सम्बन्ध नहीं है, जो स्वयं सत्य को नहीं जानते, जनता कैसे और कहाँ से जाने। लेकिन नेताओं की तरह इन धर्म गुरुओं, बाबाओं, जोगियों ने जनता को सत्य समझने भी नहीं दिया। भय ये था और है कि जिस दिन जनता सत्य समझने लगेगी, धर्म का सही अर्थ समझने लगेगी, अपने ऋत इतिहास की तरह संविधान को समझने लगेगी उसी दिन देश में कायान्तरण (Transformation) हो जायेगा, धर्म व्यापार के साथ-साथ भ्रष्टाचार, दुराचार, अनाचार और शोषण स्वतः समाप्त हो जायेगा अन्यथा एक हजार रामदेव यादव, सौ अन्ना हजारे और ५५० केजरीवाल भी एक साथ पैदा हो जांय तो भी कुछ नहीं बदलेगा, रत्ती भर भी नहीं, बल्कि बढ़ेगा कई गुना।

सरस्वती पवित्र वैदिक नदी के रूप में पूजित थी। सरस्वती के यशोगान में ऋग्वेदीय ऋचायें प्रतिपादित की गई। सरस्वती के स्त्रोत, पथ एवं प्रवाह का

वर्णन महाभारत सहित पुराणों में एक सा ही है और ऐतिहासिक साक्ष्य भी तदनुसार ही हैं। फिर कर्मकाण्डियों, पण्डों, पुजारियों, बाबा - गुरुओं में इतना भयंकर व्यामोह कैसे? जनमानस में इतना बड़ा मिथ्याभाव कैसे?

अभी तक के वर्णन से इस बात में कोई संदेह नहीं कि आर्यजन बहुलता में ईरान होते हुये ही भारत आये और उन्होंने उत्तर - पश्चिम भारत में सिन्धु-सरस्वती तट पर वेश्म (निवास) बनाये और कालान्तर में इनकी संतति सारस्वत कहलाई। यही सारस्वत ब्राह्मणों के उदय की पृष्ठभूमि भी है।

सभी शास्त्रीय, पौराणिक, ऐतिहासिक प्रमाणों से यही सिद्ध होता है कि सरस्वती ब्रह्मावर्त क्षेत्र में बहते हुए पश्चिम दिशा की ओर प्रवाहित होती थी तथा पश्चिम समुद्र वर्तमान अरब सागर में मिलती थी। अरब सागर यानी पश्चिम सागर का कभी क्या स्थिति -विस्तार (Locational Wideness) रहा होगा कहना कठिन है। लेकिन पूर्व की ओर सरस्वती के बहने का कोई भी प्रमाण नहीं है, अतः प्रयाग में अदृश्य सरस्वती का होना भी मात्र अंधविश्वास और मिथक है क्योंकि सरस्वती का गंगा - यमुना से मिलने अथवा बंगाल की खाड़ी में प्रवाहित होने का कोई भी शास्त्रीय और ऐतिहासिक प्रमाण नहीं है। सरस्वती के लुप्त होने का रहस्य उसके श्रोत का वर्तमान हिमाचल प्रदेश की पर्वतीय चोटियों तक ही सीमित होना है। सरस्वती नदी का श्रोत (स्त्रोत) हिमालय के हिमाच्छादित तिब्बती ग्लेशियर नहीं थे, यही कारण है कि कालान्तर में लगभग १५००-१००० ईसा पूर्व पर्यावरणीय ऊष्मा के कारण हिमाचल की चोटियों पर उतनी मात्रा में वर्फ जमा न होने तथा ग्लेशियर सूख जाने के कारण सरस्वती नदी लुप्त हो गई तथा उसके प्रवाह पथ का काफी हिस्सा रेगिस्तान में परिवर्तित हो गया। सरस्वती नदी हिमाचल से निकल कर कुरुक्षेत्र, हरियाणा से पंजाब, राजस्थान के कुछ हिस्सों से प्रवाहित होते हुए वर्तमान पाकिस्तान के भी थोड़े से हिस्से को छूती हुई गुजरात के एक बड़े हिस्से से बहते हुये पश्चिम सागर वर्तमान अरब सागर में मिलती थी जिसकी पुष्टि महाभारत तथा अन्य पुराणों से पूरी तरह होती है।

श्रीमदभागवत सहित अन्य पुराणों से भी यद्यपि यही निष्कर्ष निकलता है तथापि महाभारत, आरण्यक पर्व (वन पर्व) इसका अकाट्य आधिकारिक विश्वशनीय

प्रमाण है। महाकवि कालिदास ने भी 'नदीमिवान्तः सलिलां सरस्वतीम्' (यानी अन्तः सलिला सरस्वती) लिख कर, रघुवंश महाकाव्य के तृतीय सर्ग में इतना संकेत तो दे ही दिया है कि, आज से २००० वर्ष पूर्व सरस्वती नदी का अस्तित्व नहीं था। वर्फ का संचय, घनत्व, आयतन, मोटाई, परत का ह्रास, हिम गलन तथा भू गर्भीय एवं प्राकृतिक परिवर्तनों के परिणामस्वरूप नदी का प्रवाह श्रोत ही सम्भवतः सूख गया था। अतः ये बात बहुत सटीक नहीं लगती कि सरस्वती भू गर्भीय जल में लुप्त हो गई। कुरुक्षेत्र की अति पवित्र नदी सरस्वती ही नहीं उसकी मुख्य धारा पवित्र दृषद्वती की भी यही दशा हुई। राजस्थान और गुजरात के एक बड़े भाग में फैले रेगिस्तान के पीछे सम्भवतः यह भी एक कारण है।

सरस्वती, दृषद्वती और वर्तमान पञ्चनद सामूहिक रूप से पौराणिक सप्तसिंधु के नाम से प्रसिद्ध थे। शिव पुराण (शत रुद्र संहिता) में सरस्वती और पुष्पभद्रा नदियों का संदर्भ पश्चिम समुद्र की प्रिय पत्नियों के रूप में आया है। पुष्पभद्रा, सम्भवतः दृषदवती की ही पर्यायवाची रही हो।

भृगु संहिता[1] में (जो मनु स्मृति के नाम से भी प्रचलित है) ब्रह्मावर्त की स्थिति का वर्णन इस प्रकार किया गया है:

सरस्वती दृशदवत्योर्देवनद्योर्यदन्तरम,
तं देवनिर्मितं देशं ब्रह्मावर्तं प्रचक्षते

सरस्वती और दृषदवती देव नदियों के मध्य में ब्रह्मावर्त स्थित था। भृगु संहिता (२/२१) के अनुसार कुरुक्षेत्र, शूरसेन (मथुरा), मत्स्य (पंजाब के एक हिस्से के साथ हिमाचल और हरियाणा का कुछ हिस्सा) ब्रह्मावर्त के इर्द-गिर्द बसे हुए थे

कुरुक्षेत्रं च मत्स्याश्च पञ्चालाःशूरसेनकाः
एष ब्रह्मर्षिदेशो वै ब्रह्मावर्तादनन्तरः

उपर्युक्त वर्णन से यद्यपि सरस्वती की स्थिति का निर्धारण हो जाता है फिर भी महाभारत (वन पर्व, अध्याय - ८१) के अनुसार कुरुक्षेत्र सरस्वती के दक्षिण और दृषद्वती के उत्तर में बसा हुआ था।

---

1. भृगु संहिता - प्रकरण २/१८।

दक्षिणेन सरस्वत्या उत्तरेण दृषद्वतीम,
ये वसन्ति कुरुक्षेत्रे ते वसन्ति त्रिविष्टपे

कूर्म पुराण (ऊपरि विभाग - अ० ३८) में सरस्वती की स्थिति कुरुक्षेत्र में बताई गई है:

पुण्या कनखले गंगा कुरुक्षेत्रे सरस्वती

कूर्म पुराण (ऊ. वि. अ. ३६) में सरस्वती नदी के प्लक्षप्रस्त्रवण तीर्थ में सुप्त अथवा लुप्त होने की अवस्था का भी वर्णन है:

सरस्वत्या विनशनं प्लक्षप्रस्त्रवणम् शुभम्

सरस्वती पश्चिम भारत की ओर बहती थी इसका स्पष्ट विवरण महाभारत, आरण्यक पर्व (वनपर्व) के अध्याय ६ में दिया गया है। अपने वनवास के प्रारम्भिक वर्षों में पाण्डवों ने द्वारका सहित पूरे देश तथा विभिन्न तीर्थों का भ्रमण किया और वापसी में बदरी जाने से पूर्व कुछ वर्ष पंजाब, राजस्थान, हिमाचल प्रदेश, केशराञ्चल (काश्मीर) में बिताये। द्वारका जाते हुए उन्होंने सरस्वती के किनारे निवास किया था।

ययुर्वने नैव वनं सततं पश्चिमां दिशम,[1]
ततः सरस्वतीकूले समेष्टु मरुधन्वसु

मध्य पूर्व एशिया के भ्रमण सहित बदरी वन गन्धमादन में करीब पाँच साल रहने के उपरान्त वापसी में पाण्डव यामुन पर्वत यानी यमुनोत्तरी तथा हिमोत्तरी अर्थात गंगोत्तरी से जोनसार - रवांई आदि होते हुये हिमाचल गये और सरस्वती के किनारे द्वैत वन में वनवास का बारहवां वर्ष बिताया[2]

ते द्वादशंवर्ष मथोपयान्तं वने विहर्तु करवः प्रतीताः,
ततश्च यात्वा मरुधन्वपार्श्वं सदा धनुर्वेदरति प्रधानाः
सरस्वतीमेत्य निवासकामा सरसातो द्वैत वनं प्रतीयुः,
सरस्वतीं प्रीतियुताश्चरंतः सुखं विजर्हुर्नरदेव पुत्राः

1. महाभारत (वन. अ. ६)
2. गरुड़ पु. (अ. २८)

भागवत पुराण, स्कन्ध (१ अ. ४) भी इस तथ्य की सत्यता के प्रमाण है कि वेद व्यास जी ने इस पुराण की रचना सरस्वती के किनारे कुरुक्षेत्र के आस पास की थी। गरुड़ पुराण[2] सहित अन्य पुराणों से यह सिद्ध है कि सरस्वती कुरुक्षेत्र से बहती थी। ब्रह्म पुराण और भागवत पुराण से इस बात में कोई संदेह नहीं रह जाता कि द्वारका के नजदीक, अरब सागर के पास प्रभास तीर्थ क्षेत्र की यह सबसे पवित्र नदी थी। वहीं इस नदी के तट पर यदुवंशी बालकों ने नशे की हालत में उपद्रव किया था, अपने वुजुर्गों का अपमान किया था, फलस्वरूप मूसल युद्ध हुआ और यदुवंश का अन्त। इसी तीर्थ से भगवान कृष्ण और बलराम जी ने अपनी इह लीला समाप्ति की लीला की थी (भागवत-स्कन्ध ११ अ० ३० तथा स्कन्ध ३ अ० ४)।

कालीदास ने मेघ दूत में ब्रह्मावर्त क्षेत्र में सरस्वती नदियों के पानी का बहुवचन उल्लेख करके 'कृत्वातासामभिगममपांसौम्यसारस्वतीनाम' तथा रघुवंश महाकाव्य के सर्ग (३) श्लोक (६) में 'नदीमिवान्तः सलिलां सरस्वती' यानी 'अन्तः सलिला सरस्वती' उल्लेख करके यह स्पष्ट संकेत दिया है कि २००० वर्ष पूर्व सरस्वती अस्तित्व में नहीं थी।

महाभारत के उपर्युक्त श्लोकों में बार बार 'मरु धन्व पार्श्वम' के उल्लेख से यह भी आभास होता है कि सरस्वती राजस्थान, गुजरात के मरुस्थलों के पास से बहती थी और प्राकृतिक प्रकोपों के फलस्वरूप मरुस्थलों से ही दब गई या किसी नदी में विलय हो गई परन्तु बाद वाली बात अभी भी पहेली ही है।

महाभारत वन पर्व (अ० १३, १२६, १३०) से सरस्वती के बहाव पथ का स्पष्ट ज्ञान होता है। साथ ही गुजरात में उसके किनारे बसे हुए प्रभास, विनशन एवं अन्य तीर्थों का शास्त्रीय प्रमाण मिलता है। वनवास के दिनों में देश की परिक्रमा करते हुए गुजरात पहुंचने पर लोमश ऋषि पांडवों से कहते हैं (वनपर्व अ० १३० / ३ - ८);

एषा सरस्वती पुण्या दिव्या चोधवती नदी[1]
एतद्विनशनं नाम सरस्वत्या विशांपते
द्वारं निषाद राष्ट्रस्य येषां द्वेशात्सरस्वती

1. महाभारत - वन १२६, १३०

प्रविष्टा पृथिवीं वीर मा निषाद हि मां विदुः
एष वै चमसोदेदो यत्र दृश्या सरस्वती
एतात्सिंधोर्महातीर्थं यत्रागस्त्य मरिंदम
लोपमुद्रा समागम्य भर्तारमवृणीत वै
एतत्प्रभासते तीर्थं प्रभासं भास्कर द्युते

यही सरस्वती नदी और उसका विनशन तीर्थ है, जो निषाद देश का द्वार है। सागर तट पर बना यह महातीर्थ है जहां लोप मुद्रा और अगस्त्य ऋषि वैवाहिक सूत्र में बंधे थे। यह प्रभास तीर्थ सूर्य की तरह प्रभासित होता है। शायद इसी कारण तीर्थ का नाम भी प्रभास हुआ।

उपर्युक्त वर्णन से ये बात निःसंदेह सिद्ध हो जाती है कि सरस्वती कभी भी पूर्व की ओर नहीं बही, अतः प्रयाग में उसका अदृश्य रूप से होने का भी प्रश्न नहीं है। अतैव अदृश्य सरस्वती की वजह से त्रिवेणी नाम की सार्थकता भी सिद्ध नहीं होती।

त्रिवेणी के सच और उसके रहस्य पर प्रकाश डालने से पहले हम प्रयाग का रहस्य आदि महाकाव्य रामायण तथा अन्य पुराणों से समझने का भी प्रयास करलें। रामायण तथा पुराणों में प्रयाग का उल्लेख गङ्गा - जमुना के संगम के रूप में ही हुआ है। आदि महाकाव्य रामायण में कहीं भी सरस्वती का संकेत नहीं है। रामायण (अयोध्याकाण्ड) में श्री राम, लक्ष्मण, सीता का श्रिंगवेरपुर से प्रयाग होते हुये वत्स देश (वर्तमान इलाहबाद) की ओर जाने का वर्णन है। वहां प्रयाग का वर्णन इस प्रकार किया गया है;

यत्र भागीरथीं गङ्गां यमुनाभिप्रवर्तते[1]
जग्मुस्तं देशमुद्दिश्य विगाह्य सुमहद वनम
नूनं प्राप्ताः स्म सम्भेदं गङ्गा यमुनयोर्वयम
तथा हि श्रूयते शब्दो वारिणोर्वारि घर्षज
धन्विनौ तौ सुखं गत्वा लम्बमाने दिवाकरे
गङ्गायमुनयोः संधौ प्रापतुर्निलयं मुने

1. रामायण - अयो. सर्ग ५४

श्रिंगवेरपुर से घने जगलों को पार करते हुए वो उस स्थान पर पहुंचे जहां यमुना, भागीरथी गङ्गा से मिलती हैं। नदियों की गर्जना और तरंगों के टकराव की प्रतिध्वनि के अन्दाज से श्री राम जी लक्ष्मण से बोले की हम निश्चित ही गङ्गा - यमुना के संगम के पास पहुंच गये हैं। सूर्यास्त हो रहा था अतः वो पास ही भारद्वाज मुनि के आश्रम में गए। मुनि ने स्थान की प्रशंसा करते हुए कहा;

अवकाशो विविक्तोयं महानद्योः समागमे
पुण्यश्च रमणीयश्च वासत्विह भवान सुखम

(दो महान नदियों का संगम यह स्थान अति पवित्र है तुम सुख पूर्वक यहां ठहरो)

कूर्म पुराण सहित कई पुराणों में प्रयाग का वर्णन है पर कहीं भी अदृश्य सरस्वती का जिक्र नहीं है। कूर्म पुराण (पूर्व विभाग, अ० ३५ - ३६) में प्रयाग का वर्णन इस प्रकार है:

गङ्गा यमुनयोर्मध्ये यस्तु कन्यां प्रयच्छति,
उत्तरान स कुरून गत्वा मोदते कालमक्षयम
गङ्गा यमुनयोर्मध्ये पृथिव्या जघनं स्मृतम,
प्रयागं राजशार्दूल त्रिषु लोकेषु विश्रुतम
गङ्गायमुनयोर्मध्ये कार्षाग्निं यस्तु साधयेत,
सा गतिस्त्यजतः प्राणान गङ्गायमुन संगमे

(तीनों लोको में विश्रुत 'गङ्गा - यमुना का यह संगम पृथ्वी की जंघा है)।

महाभारत - आरण्यक पर्व (वन पर्व, अ० ८३/६५ - ८०) से भी सिद्ध है कि प्रयाग गङ्गा और यमुना दो नदियों का ही संगम था। महाभारत ने भी उसे पृथ्वी का जघन बताया है:

तपनस्य सुता तत्र त्रिषु लोकेषु विश्रुत
यमुना गंगया सार्धं संगता लोकपावनी
गँगा यमुनोर्ममध्यं पृथिव्या जघनं स्मृतम

दश तीर्थ सहस्राणि षष्टि कोटिस्तथा परा
तदाप्नोति गँगा यमुन संगमे

इस प्रकार जब इस सत्य में कोई संदेह ही नहीं रह गया है कि प्रयाग केवल गङ्गा - जमुना का ही संगम है तो फिर त्रिवेणी का क्या रहस्य है?

महाभारत उद्योग पर्व में उस नदी का संकेत मिलता है जिसकी अदृश्य रूप से प्रयाग में उपस्थिति मानी जा सकती है। लेकिन आरण्यक पर्व (वन पर्व - अ० ८३/६५, ६६) से प्रयाग के त्रिवेणी होने का असली रहस्य खुल जाता है। मार्कण्डेय ऋषि युधिष्ठिर महाराज से विभिन्न तीर्थों एवं पवित्र स्थानों का वर्णन करते हुए प्रयाग के बारे में कहते हैं:

ततो गच्छेत राजेन्द्र प्रयाग ऋषि संस्तुतम
तत्र त्रीणि अग्नि कुण्डानि येषां मध्ये च जान्ह्वी
प्रयागादभि निष्क्रान्ता ----

(प्रयाग पहुंचने पर तुम्हें गंगा नदी तीन अग्नि कुण्डों के मध्य उनको गुम्फित कर वेणी बनाते हुये बहती हुई दृष्टि गोचर होगी)। बस यही पहला मुख्य रहस्य है 'त्रिवेणी' का, नकि अदृश्य सरस्वती की उपस्थिति, जैसा कि अज्ञानोत्पन्न अन्धविश्वास व्याप्त है। उद्योग पर्व (अ० १८७) में उस नदी का स्पष्ट संकेत है जो अदृश्य रूप से प्रयाग में बह रही है और त्रिवेणी नाम का दूसरा पुख्ता रहस्य हो सकती है। महाभारत, उद्योग पर्व में यह कथा विस्तार से दी गई है।[1]

कथा ये है कि काशीराज की तीन पुत्रियां थी। अम्बा, अम्बिका, अम्बालिका। बड़ी पुत्री अम्बा का राजा शल्य से प्रेम था और उनको चाहती थीं। लेकिन भीष्म ने उसका विवाह भी जबरन विचित्र वीर्य से करवा दिया, यद्यपि बाद में उसका मिलन शल्य से हो गया, पर इससे पूर्व वह भीष्म को राजी करवाने के लिए उनके गुरु परशुराम जी के पास गई। दोनों में युद्ध तक हो गया पर भीष्म को परशु जी हरा नहीं पाये। फिर अम्बा ने काशी के पास घोर तपस्या की। गङ्गा जी ने प्रकट हो कर कारण पूछा। अपने ही पुत्र के विनाश की ही बात

1. उद्योग पर्व (अ. १८७-१८८।

सुनकर गङ्गा जी ने अम्बा के विमोक्षण के लिये उसे इस तरह से अभिशप्त किया (अ० १८७/३४, ३७, ३८, ३९, ४०);

नदी भविष्यसि शुभे कुटिला वार्षिकोदका
दुस्तीर्था चानभिज्ञेया वार्षिकी नाष्ट मासिकी
सा वत्स भूमिं कौरव्य तीर्थ लोभात्ततस्ततः
पतिता परि धावन्ती पुनः काशिपतेः सुता
सा नदी वत्सभूम्यां तु प्रथिताम्बेति भारत
सा कन्या तपसा तेन भागार्धेन व्यजायत
नदी च राजन्वत्सेषु कन्या चौवाभवत्तदा

इस प्रकार अम्बा आधे शरीर से वत्स देश (वर्तमान इलाहबाद और आस पास का प्रखण्ड) में अदृस्य नदी के रूप में परिवर्तित होकर बहने लगी। शेष कथा के अनुसार आधे शरीर से उसने शिखण्डी के रूप में जन्म लिया और महाभारत युद्ध में भीष्म से बदला लिया। यही अदृश्य नदी का शास्त्रीय रहस्य है।

अगर आज हम त्रिवेणी का अस्तित्व अज्ञानी बाबा, गुरु - चेलों, पण्डे - पुरोहित - कर्मकण्डियों, जोगिनियों के कहने पर अदृश्य वैदिक सरस्वती की वजह से माने तो वर्तमान भारतीय वाङ्गमयता की पहचान के शास्त्र रामायण और महाभारत ही नहीं सभी पुराण भी झूठे हो जाते हैं।

सरस्वती की उत्पत्ति और प्रवाह पर आज से करीब नौ सौ वर्ष पूर्व गायत्री परिवार के स्व० आचार्य श्री राम जी ने भी एक गवेषणात्मक लेख लिखा था जो उनकी पत्रिका 'अखण्ड ज्योति' में प्रकाशित हुआ था। लेकिन इस तरह के ज्ञानमय अन्वेषी लेख पढ़ने की व्यवसायी पण्डे, पुरोहितों, बाबा - व्यास, पुजारियों को फुर्सत कहाँ।

शक्ति और शक्तिमान का पूर्णत्वः अपर्णा (नन्दा The Goddess)

शक्ति और शक्तिमान का एकत्व ही उसका पूर्णत्व है। नन्दाशक्ति की शक्ति का प्रभास तुलसीदास जी की इन पंक्तियों से होता है।

तब परिहरेहु सुखानेहुपर्णा, उमहि नाम तब भयेहु अपर्णा।

1. कुमारसम्भव - सर्ग - ५।

कालिदास ने कुमारसम्भव महाकाव्य (कुमार कार्तिकेय के जन्म की कथा) में शिव की उस स्वकीया शक्ति का इस तरह आलोकन किया;

स्वयंविशीर्ण द्रुमपर्णवृत्तिता परा हि काष्ठा तपसस्तया पुनः,[1]
तदप्यपाकीर्णमतः प्रियंवदां वदन्त्यपर्णेति च तां पुराविदः

(ईश्वरीय शिव शक्ति के साथ एकत्व की प्राप्ति के लिये स्वतः पतित शुष्क पत्तों से निर्वाह करना ही तपस्या की चरम सीमा है, लेकिन उन पत्तों का भी जिसने परित्याग कर दिया उस प्रियंवदा को हमारे पूर्वजों ने देवी अपर्णा के रूप में पूजा)

यही अपर्णा उत्तराञ्चल के जनमानस की बेटी है जिसे लोग उफ्रें, उफर्णि, नैना और नन्दा नाम से पुचकारते, बुलाते और पुकारते हैं। नन्दा देवी उनकी अपनी नन्दा (पुत्री) के रूप में पूरे उत्तराञ्चल को आलोकित और सम्मोहित करती है मानो वह हिमालय और (मेरु पुत्री) मेना की नहीं बल्कि उनकी अपनी ही पुत्री हो। उस आदि शक्ति का अपनी पुत्री के रूप में पालन पोषण पूजन करने से लोगों को वही आत्मिक और लौकिक सुख प्राप्त होता है जो यशुमति मय्या को 'कान्हा' की माखन चोरी से मिला और कौशल्या को राम के घुटुरुन चलने से। देवी नन्दा अपने नैना - नयना रूपों में जनमानस की आँखों की तारा - पुतली नहीं उनकी अपनी ही आँख है। वह उमा, पार्वती, काली, चण्डी, शक्ति आदि विभिन्न नाम रूपों से उत्तर - खण्ड में प्रतिष्ठित है। सम्भवतः देवी भगवती आद्या शक्ति के साथ इस तरह के लौकिक - अलौकिक अनिर्वचनीय सम्बन्धों की आत्मीयता का पूरे देश में उत्तराखण्ड ही अकेला प्रतिमान है।

नन्दापर्वत, नन्दा पत्ती या पाती, नन्दा - अष्टमी सब उसी को समर्पित हैं। नन्दा देवी राज - जात (Royal Journey of Nanda / नंदा देवी राजन्य यात्रा या शाही - राजसी यात्रा) अब सुविख्यात हो गई है। यहाँ तक कि नैनीताल, नैना डांडा (Hilltop), नैणी, नोना आदि भी उसी के नाम से प्रतिभासित होते हैं।

'नन्दा' कुमायूं एवं गढ़वाल के राजवंशों की प्रारम्भ से ही राजरानी - कुलदेवी रही। नन्दा राज - जात कब से प्रारम्भ हुआ इसका इतिहास शायद अज्ञात सा ही है। हो सकता है जब वर्तमान चमोली जनपद स्थित चंदपुर

(चाँदपुर) गढ़वाल राज्य की राजधानी थी अथवा तब से जब चाँदपुर गढ़ी का गढ़वाल राज्य के साथ विलय हुआ, कहना मुश्किल है। कुमाऊँ के चंद राजाओं और गढ़वाल के पाल राजाओं ने देवी नन्दा के कई मन्दिर बनवाये। चंद राज वंश की तो नन्दा, राज-राजेश्वरी कुलदेवी ही थी।

नन्दा नाम का अभ्युदय तो स्पष्टतः आदि गंगा अलकनन्दा के साथ ही उस आदि सतयुग में हो गया था। महाभारत में भी कैलाश - गंधमादान पर्वत श्रेणी के हेमकूट शिखर से नन्दा अपर नन्दा नदियों के प्रवाहित होने का उल्लेख आया है। पौराणिक शास्त्र भी नन्दा आख्यानों से भरे हैं। मत्स्य पुराण जो महापुराणों में सोलहवाँ है तथा 'स्कन्द पुराण' आदि, नन्दा के यशोगान को समर्पित हैं। स्कन्द उपपुराण में, जिसे 'नंदी पुराण' भी कहते हैं, स्कन्द कार्तिकेय ने नन्दा का भावनात्मक यशोगान किया है। इस सम्बन्ध में मस्य पुराण में उल्लेख है:

नन्दाया यत्र माहात्म्यं कार्तिकेयेन वर्ण्यते[1]
नन्दी पुराणं तल्लोकैराख्यातमिति कीर्तयते

(जिस पुराण में कार्तिकेय ने नन्दा का माहात्म्य वर्णनन किया है लोक में वही नन्दी पुराण से विख्यात है)

कुछ लेखकों ने[2] नन्दा - नैना नाम यूनान देश की देवी, नना (Nana) से अभ्युदित माना है। इसकी सम्भावना पर टिप्पणी किये बिना भी ये कहा जा सकता है कि यह उस पूर्वजीय एकता का प्रमाण है जो आर्यों ने विश्व में अपने प्रवास से स्थापित की थी। कहने की आवश्यकता नहीं कि विश्व में पनपी सभी सभ्यताओं मिश्र, यूनान, हिब्रू (यहूदी), ईसाइयत, रोमन, ईरान, सुमेर आदि में एक समय भारत की ही तरह प्राकृतिक शक्तियों का अनेक देवी देवताओं के रूप में पूजन होता था जो आर्य संस्कृति का ही अङ्ग थी। इस तरह नन्दा से भी अलकनन्दा की तरह आर्य संस्कृति के विस्तार का अंदाजा लगाया जा सकता है।

---

1. मत्स्य पु. - अ. ५३/६०।
2. Kumaon Himalaya (Temptations) - Shekhar Pathak and Sah.

प्रकरण – २

इतिहास

उत्तराखण्ड-उत्तराञ्चल वैचारिक सृष्टि

उत्तराखण्ड के इतिहास के सम्बन्ध में इतिहासकारों के अपने-अपने मत हैं। कुछ के अनुसार उत्तराखण्ड कभी उत्तरकौशल राज्य का और अन्य के अनुसार उत्तरकुरु का भाग था। ऐसा भी कुछ विद्वानों का मानना है कि उत्तराखण्ड निषध देश का भी क्षेत्र था। अन्य इतिहास लेखकों ने इसे किरात मण्डल कहा है और कुछ ने मौर्य साम्राज्य का भाग बताया है। इतिहासकारों का एक वर्ग यह भी मानता है कि गुप्तवंश के राजाओं का भी यहाँ राज्य रहा। दूसरा वर्ग मानता है कि कनिष्क और कुषाणो का भी कुछ समय तक उत्तराखण्ड में दखल रहा।

महाभारत में उपलब्ध संकेतों से यह प्रतीत होता है कि द्वापर युग में यहाँ किरात – कुणिन्दों का राज्य था। पाण्डवों की यात्रा के समय इस क्षेत्र पर किरात राज सुबाहू का शासन था और राज्य का नाम कुणिन्द राज्य था। इसका वर्णन आगे किया गया है। इसलिए इस तथ्य से इंकार नहीं किया जा सकता है कि किरात और कुणिन्द इस क्षेत्र की दो प्रबल जातियाँ थीं और उनके आपसी विवादों या आपसी बँटवारे के कारण किरात लोग वर्तमान कुमायुं मण्डल में चले गये जहाँ उन्होंने कार्तिकेयपुर बसाया जो कालान्तर में कत्यूर नाम से विख्यात हुआ। प्रचीन इतिहास भी इस बात का साक्षी है कि ईसा की पहली – दूसरी शताब्दी में गढ़वाल उत्तराखण्ड पर कुणिन्द राज

अमोघमूर्ति का शासन था। विद्वान इतिहासकार स्व० बदरी दत्त पाण्डे जी ने[1] अपनी पुस्तक में कुछ कत्यूरी शासकों के चक्रवर्ती होने का जिक्र किया है और कुछ का शासन अफगानिस्तान तक होने का उल्लेख किया है, लेकिन इसके कोई प्रमाण नहीं हैं। अतः ऐसा लगता है कि वह राजा अगर कोई था तो, अमोघमूर्ति कुणिन्द ही था जिसका शासन पूरे उत्तर भारत में था। वह बौद्ध था और उसके सिक्कों से पता चलता है कि उसकी उपाधि महाराजा थी। कालसी में प्राप्त स्तम्भों पर अशोक के फरमानों (edicts) तथा ह्वेन साङ्ग के वर्णन से प्रमाणित होता है कि कुमायूं मण्डल सहित इस क्षेत्र में बौद्ध दर्शन की गहरी पैठ थी। जो आचार्य शंकर के समय तक रही। अतः संभव है कालसी देहरादून के स्तंभों का सम्बन्ध अमोघामूर्ति से रहा हो।

कुमायूं मण्डल में प्राप्त पाषाण युगीन आवासों जैसे उड्यार (den) आदि से यहाँ की प्राचीन सभ्यता का अंदाजा लगाया जा सकता है। कुछ इतिहासकार कोल - भील को यहाँ का मूल निवासी मानते हैं और उन्हें द्रविड़ मूल का बताते हैं। सम्भवतः कोल लोग कालिकेय जाति के रहे हों जो मध्य जम्बूद्वीप (Central Asia) के निवासी थे। स्वर्ग (Arctic) में शस्त्रास्त्रों के प्रशिक्षण और प्राप्ति के लिये जाते हुये अर्जुन ने इन्हें परास्त किया था। इसके अलावा भी कई अन्य कारणों जैसे भोजन की तलाश आदि में ये लोग चीन होते हुये उत्तराखण्ड की पर्वतीय चोटियों पर बस गये। उत्तराखण्ड जैसा कि वर्णन किया जा चुका है उत्तर - खण्ड का अविभाज्य अङ्ग था लेकिन उत्तरकुरु का भाग कभी नहीं था। न हो सकता था।

कुमायूं : प्रभव एवं रहस्य - कूर्माञ्चल मिथ

मध्य काल के दौरान कुमायूं और गढ़वाल के राजाओं के बीच आमतौर पर सीमा विवाद को लेकर बार-बार फसाद, झगड़े यहाँ तक कि युद्ध होने के बावजूद गढ़वाल के राजा कुमायूं राज्य को बड़ा भाई मानते रहे। ऐसे भी राजा हुए जिन्होंने इस मान्यता का उल्लंघन नहीं होने दिया भले ही राजगद्दी

---

1. कुमाओं का इतिहास।

से वंचित हो गये। अतः यहाँ पर भी इतिहास का शुभारम्भ बड़े भाई से ही किया जा रहा है।

कुमाँऊ का आदि इतिहास रहस्यमय सा ही है। जहाँ कुमायूं नाम का उन्नयन अति रोचक है वहीं कुमांऊ के आदि राजवंश का मूल वर्तमान जोशीमठ होने के कारण भी कम आश्चर्यजनक नहीं है। सनातन उत्तर - खण्ड का इतिहास रहस्यमय होते हुये भी गढ़वाल का इतिहास केदार-खण्ड (बदरी-केदार, गंगोत्री - यमुनोत्री) से जुड़ा होने और हरिद्वार प्रवेशद्वार होने के कारण अज्ञात नहीं रह पाया। कुमायूं का इतिहास समृद्ध होने एवं गढ़वाल से कहीं ज्यादा मैदानी इलाकों से जुड़ा होने के वावजूद रहस्यमय बना रहा। लेकिन ये इतिहास जितना रहस्यमय है उतना ही रोचक भी और यह रोचकता कुमायूं नाम के प्रभव से ही महसूस होने लगती है।

किंवदंतियों के अनुसार कुमायूं नाम की उत्पत्ति पौराणिक कूर्म पर्वत से जुड़ी हुई है। विश्वास किया जाता है कि भगवान के द्वितीय अवतार यानी कूर्म अवतार के समय महाँ कच्छप (कूर्म) ने चम्पावत - पिथौरागढ़ क्षेत्र में चम्पावती नदी पर अवस्थित कूर्म पर्वत पर कुछ वर्षों विश्राम किया था जिसके फलस्वरूप कूर्म के शरीर का व्यक्त न्यास पर्वत पर अंकित हो गया यानी कूर्म अचल हो गया। यहीं से कूर्माञ्चल का उत्कर्ष हुआ जो कालान्तर में घनीभूत होकर कुमायूं हुआ। अगर यह किंवदन्ति सही है तो कुमांऊ के इतिहास की खोज कठिन ही नहीं असम्भव है क्योंकि यह इतिहास हमें सृष्टि के उस आदि काल (Evolutionary Period) में ले जाता है जहाँ न तो पौराणिक, ना हीं वैज्ञानिक पहुँच पाये हैं।

विद्वानों के एक वर्ग का मानना है कि कुमायूं नाम की उत्पत्ति मध्य काल में मुगल राजा अकबर के समय हुई थी। इनका मानना है कि कुमायूं नाम अपने पूर्व नाम कमोस अथवा कमौस या कमुस का अपभ्रंश है जिसे अकबर ने अपने राज्य का हिस्सा बना दिया था और अरबी - फारसी खास तौर से फारसी इतिहास और फरिस्ता जैसे लेखकों ने इसे कमायूं (Kamayun) नाम दिया जो समय की गति के साथ कुमायूं और आज कुमायूं हो गया।

तीसरी ऐतिहासिक मान्यता (जो ज्यादा प्रमाणित प्रतीत होती है) ये है कि कालीगङ्गा अथवा काली नदी घाटी के आसपास चारों तरफ का क्षेत्र कालीकामा के नाम से जाना जाता था जिसे फारसी भाषा एवं फारसी फरिस्ता इतिहास (Ferista or Farista history) में कमांयूं (Kamayun) कहा और लिखा गया। यही कमायूं नाम जनमानस में कुमायूं प्रचलित हुआ। अंग्रेजों ने इस नाम को कुमाओं (Kumaon) किया और लोक प्रचलन में टिहरी - टेहरी से टीरी की तरह कुमों भी कहा जाने लगा। लेकिन आज यह नाम कुमांऊ है।

पुराण शास्त्रीय परम्परा के विश्वासियों का मानना है कि इस प्रखण्ड का आदि नाम कूर्माञ्चल था जिसका वर्णन स्कन्द पुराण के मानस खण्ड में है। लेकिन यह कथन प्रमाणित नहीं होता। भारत में दो ही स्कन्द पुराण प्रचलित हैं; एक स्कन्द महा पुराण और दूसरा स्कन्द उप पुराण जो नन्दी पुराण से भी जाना जाता है। दोनों में से किसी में भी मानस खण्ड का उल्लेख नहीं है न कूर्माञ्चल का उल्लेख है। ऐसा प्रतीत होता है कि नौ वीं शताब्दी के प्रारम्भ में शंकराचार्य जी की यात्रा के उपरान्त कत्यूरी राजवंश ने केदारखण्ड की प्रतिकृति पर मानसखण्ड की रचना कारवाई थी। सम्भव है उसे स्कन्द पुराण का भाग या खिल (परिशिष्ट) बनाने की सोची गई हो जैसे हरिवंश को महाभारत का और उत्तर - काण्ड को रामायण का खिल बनाया गया है। लेकिन मानसखण्ड की रचना के बावजूद उसे किसी पुराण से जोड़ा न जा सका न छापा जा सका। सम्भव है कत्यूरी वंश में कलह एवं विघटन पैदा हो जाने से वंश के अपने अन्त पर आजाने और इसी बीच चंद राजवंश स्थापित हो जाने से यह महाकार्य अवरुद्ध हो गया। स्वतन्त्रता सेनानी और कुमायूं के प्रसिद्ध इतिहास लेखक स्व० बद्री दत्त पाण्डेजी का मानना है कि मानस खण्ड[1] की पाण्डुलिपि अंग्रेजों को प्राप्त हुई थी जिसमें कूर्माञ्चल का उल्लेख था लेकिन वह छप नहीं पाई। तथापि जनमानस में वह भाव आज भी अन्तर्हित है। ऐसा प्रतीत होता है कि कत्यूरी अपने आदि किरात - कुणिन्द राज्य (ब्रह्मपुर) की तरह, जिसकी राजधानी ज्योतिर्धाम (जोशीमठ) थी, कुमायूं राज्य

---

1. तदैव।

को भी कैलाश-मानसरोवर की सम्बद्धता के पौराणिक आध्यात्म से जोड़ कर कूर्माञ्चल नाम देना चाहते थे जो साकार नहीं हो पाया।

कूर्म पुराण में वर्तमान पिथौरागढ़ - चम्पावत सहित कुमायूं क्षेत्र का कैलाश - मानसरोवर से सम्बद्धता का काफी वर्णन प्रतीत होता है। जागेश्वर वर्णन और माहात्म्य तो बहुत विस्तार से कूर्म में है। सम्भवतः कत्यूरी कूर्म पुराण से प्रभावित रहे और उसकी रचना विस्तार में भी सहयोग दिया जिससे उन्हें कूर्माञ्चल नाम का भी प्रतिबोध हुआ।

एक पौराणिक मत ये भी है कि त्रेता युग के प्रारम्भ में तिब्बत सहित हिमालय क्षेत्र नैषध राज्य (राजा नल का राज्य) का हिस्सा था जिसमें कुमायूं और गढ़वाल का भी कुछ क्षेत्र सम्मिलित था। महाभारत और पुराणों में निषध पर्वत का वर्णन बहुत आया है जिसकी स्थिति उत्तर - खण्ड में कैलाश तथा चीनी क्षेत्र के मध्य में लगती है। महाभारत (आदि पर्व) में भी केदारखण्ड के साथ निषध राज का उल्लेख हुआ है।

तथापि महाभारत से इस बात में कोई सन्देह नहीं रह जाता कि उत्तराञ्चल से लेकर तिब्बत चीन तक उस काल में तुषार (तुखार), दरद, तंगण, किरात जाति का निवसन था लेकिन उत्तराञ्चल में दो जातियाँ कुणिन्द और किरात ही शक्तिशाली थे।

प्राचीन-मध्य कालीन इतिहास

कुमायूं एवं गढ़वाल में यह भी लोकवाद प्रचलित है कि यहाँ के मूल निवासियों के पूर्वज मनुष्येतरों (गन्धर्व, किन्नर, यक्ष, विद्याधरों) की सन्तति थे। नैपाल, तिब्बत की भी कुछ जातियाँ अपने को ऐसा ही मानती हैं। पौराणिक इतिहास शास्त्र प्रमाण के आधार पर जम्बूद्वीप के नौ वर्षों में से एक वर्ष किम्पुरुष वर्ष था जिसमें वर्तमान चीन, कोरिया सहित जापान आदि का क्षेत्र सम्मिलित रहा होगा। लेकिन प्रामाणिक रूप से बहुत कुछ कहना सम्भव नहीं है। यह तो अब सर्वमान्य सिद्ध हो ही गया है कि आर्य जन जो अतिमानवों की सन्तति थे, समस्त मानव जाति के आदि पूर्वज हैं, और मध्य जम्बूद्वीप

(मध्य एसिया) से ही मानवोद्भव हुआ था। कालान्तर में मध्य एशिया से न केवल आर्यों ने अपितु अफ्रीका - यूरोप से आये आर्य विश्रित एवं दास आदम जन जातियों ने भी शनैः शनैः विभिन्न स्थानों में प्रवास किया। ऐसा लगता है; जैसा कि इतिहासकार भी मानते हैं कि मध्य एशिया से आर्यों के आने के बाद वर्तमान मंगोलिया, तिब्बत और चीन की कुछ जन जातियों ने उत्तराञ्चल की पर्वतीय ऊंचाइयों पर निवसन करना प्रारम्भ किया।

लोक विश्वास, मिथक, किंवदंतियां और लोक वार्ता के अलावा भाषा, रूढ़ि, परम्परा, आचार - विचार - व्यवहार, विश्वास, लोक गीत, नृत्य आदि की समरूपता को देखते हुए कुमायूं और गढ़वाल की पूर्वजीय एकता प्रत्यक्ष एवं प्रमाणित है, जो कुछ अन्तर आया वह लगभग बारहवीं सदी के बाद ही आया, क्यों, इसका विवरण क्रमशः ज्ञात होगा।

विद्वानों के एक वर्ग ने कुमायूं के राजाओं की आदि वंशावली कत्यूरी राजाओं से मानी है। उनका मानना है कि कत्यूरी वंश का शासन भगवान बुद्ध (छठी शताब्दी बी सी) से कई सौ साल पहले स्थापित हो गया था और उनके आदि पूर्वज अयोध्या के राजवंशी थे। यह निष्कर्ष इन विद्वानों ने ललित शूर देव के पांडुकेश्वर शिलालेख 'परम भट्टारक महाराजाधिराज परमेश्वर श्री मल्ललितशूरदेव 'कुशली' के आधार पर निकाला। यह शिलालेख संस्कृत - पाली - प्राकृत का मिश्रण सा है। इस शिलालेख में उल्लिखित कुशली शब्द के अर्थ को इन विद्वानों ने बहुत अधिक तान कर अनर्थ किया है। इन्होंने कुशली का आशय कौशल वंशी श्री राम तनय राजा कुश से लिया है जो न तो प्रासंगिक है नहीं ऐतिहासिक। इस शिलालेख में 'कुशली' का अभिप्राय मंगलमय-मंगलकीर्ति (Auspicious, Benevolent, Glorious) से है न कि कौशल देश के राजा कुश से है।

दूसरे इतिहासकार मानते हैं कि कुमायूं में कत्यूरी सातवीं शताब्दी ए डी में आये थे लेकिन ये विचार भी तथ्यपरक नहीं हैं क्योंकि अन्य कई इतिहासकार मानते हैं कि सातवीं शताब्दी में चंद वंश की शुरुवात हो गई थी, लेकिन यह तर्कना भी सत्य से बहुत दूर है।

ऐतिहासिक विवेचनाः कत्यूरी वंश, शासन एवं ऐश्वर्य

कत्यूरी राज वंश स्वयं को सूर्य वंशी कहता था। अधिकतर विद्वान और इतिहासकार मानते हैं कि कत्यूरी राजाओं की पूर्वकालीन राजधानी भगवान वुद्ध के जन्म से भी १००० वर्ष पूर्व जोशीमठ थी। तब वो किरात जाति के थे। महाभारत (वनपर्व) से असंदिग्ध रूप से सिद्ध है कि पाण्डवों के समय गढ़वाल का काफी भाग और चमोली - रुद्रप्रयाग क्षेत्र किरात राज सुबाहू के आधिपत्य में था जो कुणिन्द राज्य के नाम से जाना जाता था। हर्ष वर्धन के समय सातवीं शताब्दी में चीनी यात्री ह्वेन साङ्ग (Hieun Tsang) भारत आया था। उसने करीब १४ साल भारत में रहकर अध्ययन के अलावा भारत का विस्तृत भ्रमण किया था। ह्वेन साङ्ग के वर्णन से ये निष्कर्ष निकालना सम्भव है कि गढ़वाल राज्य का एक भाग तब 'ब्रह्मपुर' राज्य के नाम से जाना जाता था जिसकी राजधानी लखनपुर थी। सम्भवतः वर्तमान जोशीमठ का आदि नाम ज्योतिर्धाम था जो शास्त्र सम्मत और सार्थक भी प्रतीत होता है। कहने की आवश्यकता नहीं कि अपना मठ स्थापित कर नौवीं सदी के प्रारम्भ में आचार्य शंकर (७८८-४२०) ने ज्योतिर्धाम को ज्योतिर्मठ नाम से अभिख्यात किया जिसका व्यतिक्रम आज जोशीमठ है।

ह्वेन साङ्ग ने लिखा है कि ब्रह्मपुर राज्य अलकनन्दा के किनारे है और वहाँ जाना बहुत कठिन है ह्वेन साङ्ग वर्तमान काशीपुर (तब गोविषाणपुर) तक आया था लेकिन दुर्गमता के कारण आगे नहीं आ पाया। उसके इस वर्णन से भी ब्रह्मपुर की पुष्टि होती है।

कत्यूरी लोग मूलतः किरात थे जो भगवान शिव को 'किरातेश्वर' मानते थे और शिव नन्दन कार्तिकेय को अपना इष्टदेव। ऐसा प्रतीत होता है कि ईसा पूर्व दशवीं शताब्दी के आस पास कुणिन्द राज्य आपसी कलह के कारण विभाजित हो गया और किरात समुदाय को ब्रह्मपुर राज्य आवंटित हुआ जिसकी राजधानी ज्योतिर्धाम (जोशीमठ) थी। पुराण और आदि मध्यकाल से आधुनिक इतिहास के अध्ययन से ये निष्कर्ष निकाला जा सकता है कि गढ़वाल क्षेत्र का पौराणिक आध्यात्मिक नाम केदार खण्ड था लेकिन किरात - कुणिन्दों

के आपसी कलह और राज्य के विभाजन के उपरान्त इस हिस्से के राज्य का नाम ब्रह्मपुर हुआ। स्वाभाविक ही आध्यात्मिक नाम केदारखण्ड ही रहा। केदारखण्ड का उल्लेख महाभारत (आदिपर्व - अ० २) में कतिपय बार हुआ है।

ब्रह्मपुर की दुर्गमताओं, प्राकृतिक प्रकोपों, सीमितता, आवागमन एवं संवाद की कठिनाइयों के कारण राज्य का विस्तार भी सम्भव नहीं हो रहा था। साथ ही दूसरे स्थानों के साथ व्यापार और आवश्यकताओं की पूर्ति का भी प्रश्न था। यह स्थान भौगोलिक रूप से दुरूह था। अतः किरात वंशियों ने अपनी मुख्य राजधानी आठवीं शताब्दी बी सी के आस पास कुमायूं स्थानान्तरित की और अपने इष्टदेव तथा अपने स्मृति चिन्ह के रूप में कार्तिकेयपुर की स्थापना की जो कालान्तर में कार्तिकपुर और तदुपरान्त कत्यूर नाम से विख्यात हुआ। तदनुसार किरात राजवंश का अभिधान भी कत्यूरी हो गया।

कत्यूरियों ने ब्रह्मपुर राज्य (गढ़वाल) की शासन सुविधा, प्रशासनिक कुशलता एवं क्षमता बनाये रखने हेतु जोशीमठ से राजधानी बदलकर तथा मध्य में होने के कारण लखनपुर वर्तमान चाँदपुर स्थापित की। लखनपुर नाम को बाद में कुमायूं के चंद वंशी राजाओं ने बदलकर चंदपुर किया। चंद राजाओं ने कई बार गढ़वाल पर आक्रमण किये। नाम कब बदला गया ये कहना कठिन है परंतु यह बदलाव ११ वीं से १२ वीं शताब्दी के बीच हुआ होगा क्योंकि इसी दौरान चंदों ने गढ़वाल पर सबसे पहले आक्रमण किये। बाद में अंग्रेजी कहर से इस नाम की विकृति चाँदपुर हुई। अंग्रेजों के 'आ' के डण्डे के बारे में पिछले खण्डों में बहुत विस्तार से लिखा जा चुका है।

उपर्युक्त इतिहास की पुष्टि विभिन्न स्थानों पर प्राप्त शिला लेखों से भी होती है। कत्यूरियों की वंशावली में उनके पूर्वजों के नाम जैसे देशट देव, इच्छट देव, पद्मट देव, खड़पत देव आदि किरात नाम ही प्रतीत होते हैं। अंग्रेज इतिहासकार और ऐटकिनसन गजेटियर के रचयिता ऐटकिन्सन (Atkinson) महोदय का कहना कि कत्यूरी लोग तुरुक्ष वंशी (Turux Descent) थे सही नहीं है। तुरुक्ष से माननीय ऐटकिन्सन साहब का तात्पर्य तुरुष्क वर्तमान मध्य

एशियाई देश तुर्कमेनिस्तान (पूर्व तुर्किस्तान) से ही लगता है जो उसका १४०० साल से भी पूर्व का प्राचीन नाम था। तुरुष्क लोग तुषार वंशी प्रतीत होते हैं क्योंकि तुषार, दरद, तंगण लोग चीन, मंगोलिया और उनकी मध्य एशिया से मिली सीमा तक फैले हुये थे जबकि कुणिन्द और किरात भारत के पर्वतीय क्षेत्रों, उत्तर - पूर्व भारत और तिब्बत आदि में ही थे। तुरुष्क किरात नहीं थे। तुरुष्क मूर्ति पूजा में विश्वास रखने वाले तथा बहु देव वादी थे जबकि किरात लोग शैव थे। भगवान कार्तिकेय के नाम से राजधानी का निर्माण और नामकरण (कार्तिकेयपुर) इसका स्वयं सिद्ध उदाहरण होने के साथ-साथ भगवान शिव का किरात रूप में अर्जुन से युद्ध तथा पाशुपतास्त्र देना भारतीय पौराणिक शास्त्र का अमिट आख्यान है। तुषार शब्द की व्युत्पत्ति हिमीय, अति ठण्डे मुल्क से ही है। आर्कटिक क्षेत्र से संबद्ध होने के साथ-साथ पर्वतीय श्रेणी का होने के कारण तुरुष्क (तुर्कमेनिस्तान) की आबोहवा काफी शीतमय है अतः उसका तुषार जाति से सम्बद्ध होना माना जा सकता है।

कुमाँऊ-गढ़वाल आदि तादात्म्यः अग्रज-अनुज सम्बन्ध

इस प्रकार कत्यूरियों के राजत्व काल में गढ़वाल और कुमायूं एक प्रशासकीय इकाई के रूप में एक ही राज्य व्यवस्था से जुड़े हुये थे और दोनों के मध्य समान प्रभुसत्ता (Common Kingship) थी। अतः कत्यूरियों के राजकाल में एक दूसरे पर कोई आक्रमण होने का भी प्रश्न नहीं था। यही कुमायूं का बड़ा भाई होने का इतिहास है और जैसा कि आगे वर्णन किया गया है चंद राज के दौरान गढ़वाल के राजा/राजकुमारों के समक्ष कई अवसर दोनों राज्यों का एक छत्र भूपाल होने के आये परन्तु उन्होंने कुमायूं को बड़ा भाई मानते हुए ऐसा करने से इन्कार कर दिया और राजगद्दी तक छोड़ दी। चंद राजा गढ़वाल के साथ युद्ध करते रहे। ज्यादातर आक्रमण सीमा विवाद को लेकर हुए। गढ़वाल ने भी आक्रमण किए लेकिन चंद राजाओं के समय कई बार ऐसे मौके आये जब वो भी पूरे गढ़वाल राज्य को हड़प सकते थे लेकिन वो भी अतीत के इतिहास को नहीं भुला पाये। तहस नहस करने के बावजूद भी एक दूसरे के राज्य को हड़पने की कोशिश दोनों में से किसी ने भी नहीं की। यहाँ तक कि बड़े सनकी किस्म के राजाओं ने भी ऐसा नहीं

किया। चंद राजाओं के शासन काल में दोनों राज्यों के बीच सीमा विवाद को लेकर या धन सम्पत्ति की लूट के लिए ही विवाद और युद्ध हुये तथापि राज्य हड़पना कभी किसी की मंशा नहीं रही क्योंकि दोनों इसके परिणाम जानते थे जिसमें सबसे कठिन था शासन चलाना।

कत्यूरी स्वयं को सूर्य वंशी कहते थे और चंद राजवंशी स्वयं को चन्द्र वंशी। कत्यूरियों ने आचार्य शंकर के समय तक यानी नौवीं शताब्दी के प्रारम्भ में करीब ८२५ ई. के आस पास तक कूर्माञ्चल में एकछत्र राज किया। इस सम्बन्ध में इतिहासकारों में मतभेद होते हुए भी यही सही लगता है। सातवीं सदी के आसपास से कत्यूरियों का पारिवारिक कलह, वैमनस्यता और दुश्मनी बढ़ती चली गई और आठवीं के अन्त तक राज्य का विभाजन होना प्रारम्भ हो गया। लेकिन कूर्माञ्चल के राजा वही कहलाये। गढ़वाल सातवीं शती के पहले ही स्वतन्त्र राज्य हो गया था। यद्यपि पोण्ड्र और गौड़ (वर्तमान बंगलादेश और बंगाल) के पाल राजाओं का आधिपत्य (suzerainty) नौवीं शताब्दी के मध्य तक बना रहा परन्तु कत्यूरी अलग - अलग अपने रजवाड़े और रियासतों का शासन चलाते रहे और इस प्रकार राज्य के कई मालिक बन गये। पालों ने आठवीं से नौवीं शताब्दी के मध्य तक करीब ८०-६० साल इस क्षेत्र पर दीर्घ कालीन आधिपत्य किया। यहाँ तक कि गढ़वाल के राजा भी आगे पाल नाम से ही जाने गये। उन्होंने पाल उपाधि धारण की या पाल वंशी ही राजा बना दिये गये, यह कहना कठिन है।

कत्यूरी राजा कार्तिकेयपुर में भी अपने आदि स्थान ब्रह्मपुर की प्रतिकृति-अनुकृति करना चाहते थे अतः उन्होंने कूर्माञ्चल में ब्रह्मपुर की तरह बदरीनाथ, लक्ष्मी नारायण मन्दिर, केदारनाथ, यहाँ तक कि वृद्ध केदार का भी न्यास किया। गरुड़ाश्रम (जिसे बाद में गरुड़ गङ्गा भी कहा गया) की अनुकृति पर गरुड़ स्थान की भी स्थापना की। यही नहीं आचार्य शंकर के सनातन धर्म स्थापना के साथ कत्यूरियों ने उत्तरकाशी और गुप्तकाशी की अनुकृति पर उत्तर वाराणसी की स्थापन परिकल्पना भी की थी जो पूरी नहीं हुई। द्रोणागिरि, नन्दा देवी पर्वत, कोसी - धौली नदी नामकरण उनके अपने मूल स्थान के प्रति आत्मीयता का चरम उत्कर्ष है। ये वो अकाट्य प्रमाण हैं

जो कत्यूरियों का ब्रह्मपुर का आदि निवासी किरात होना सिद्ध करते हैं जिन्होंने कुमायूं और गढ़वाल के एकीकृत संगठित राज्य (Unified Kingdom) को संहति दी। यहाँ तक कि गढ़वाल (ब्रह्मपुर) राज्य के अलग हो जाने और राजधानी लखनपुर (चाँदपुर) कत्यूरी प्रभुत्व में न रहने के कारण कत्यूरियों ने कुमाऊँ में लखनपुर नाम से किला निर्माण किया।

कहा जाता है कि नाग, शक, खस आदि जातियों ने भी अल्प काल के लिये उत्तराञ्चल में शासन किया लेकिन उन सबसे बहुत उथल-पुथल नहीं हुई। उत्तराञ्चल में नाग नाम से नागेश्वर, बेनी नाग, पिंगल नाग, फेनीनाग आदि मन्दिर अथवा नागनाथ, नागपुर, नागकोट, नाग गाँव, नागों, नगरासू, उरगम आदि स्थानों के साथ-साथ नाग अथवा सर्प पूजा की पृष्ठ भूमि में इतिहासकार ये अंदाजा लगाते हैं कि उत्तराञ्चल में नाग जाति एवं शक लोगों का कभी कुछ काल तक शासन रहा होगा। लेकिन यह भी सम्भव है कि सक लोगों ने ही नाग पूजा प्रचलित की हो और नाग जाति का कभी शासन न रहा हो।

उपर्युक्त दावा सही भी मान लिया जाय तब भी सच बात यही लगती है कि नाग एवं शक लोगों ने यहाँ राज नहीं किया अपितु इस क्षेत्र पर अप्रत्यक्ष आधिपत्य (Suzerainty) रखा। इस क्षेत्र पर हरेक के लिये शासन करना आसान भी नहीं था। खस कुल को शासन करने में सफलता मिलने का कारण उनका उत्तर - पूर्व का, पर्वतीय जन जाति का होना ही था। खसों के आक्रमण के समय मार काट हुई थी लेकिन सबसे अत्याचारी क्रूर शासन १७९० से १८१५ तक गुरखाओं का रहा जिसका वर्णन आगे किया गया है। आध्यात्मिक-धार्मिक क्षेत्र होने के कारण किसी भारतीय राजा ने इतनी मारकाट खून खराबा करने का यहाँ प्रयास नहीं किया, यहाँ तक कि पाल राजाओं ने भी नहीं, जितना कि चंद शासन काल में राजाओं और लोगों ने आपस में किया।

कत्यूर और कत्यूरी शासन कालः ऐतिहासिक परिकल्पना

कार्तिकेयपुर, कार्तिकपुर अथवा कत्यूर, कुमायूं के प्रसिद्ध तीर्थ बैजनाथ के पास गोमती नदी के तट पर वसा हुआ था। गढ़ देश से भी नजदीक होने

के कारण यहाँ से वर्तमान गढ़वाल राज्य की देखभाल करना आसान था। कत्यूरियों ने सर्वप्रथम गोमती नदी के आसपास ही वसना प्रारम्भ किया। गोमती- वैजनाथ क्षेत्र जो तेलीहाट - शैलीहाट के नाम से जाना जाता है ही पूरा कार्तिकेयपुर के अन्तर्गत था। गोमती - गरुड़ गङ्गा का बहुत बड़ा क्षेत्र मैदानी है। अंग्रेजी राज में यह इलाका मल्ला - तल्ला - विचला कत्यूर बना दिया गया। कत्यूर के पूर्व में सरयू (शारदा), पश्चिम में बारामण्डलस, दक्षिण में दानपुर, तथा उत्तर में गढ़वाल और पाली (पाली पछौं - पछाऊँ) अवस्थित थे। शनैः-शनैः कत्यूरियों ने अपने क्षेत्रीय मुख्यालयों का विस्तार-कहते हैं, विराट नगर तक किया। रनचूला एवं गोपाल कोट प्रशासनिक राजधानी थे। राजा लोग रनचूला कोट से शासन करते थे और सेना तथा राजकोष गोपाल कोट में रखा जाता था। आज के चमोली जनपद की सीमा से भी गरुड़ और कत्यूर बहुत दूर नहीं है।

बैजनाथ शिव मन्दिर जो कि गोमती के तट पर है, कहते हैं, वहाँ एक कोस (ढाई-तीन कि० मी०) विशाल सरोवर था जो अब लुप्त हो गया है। तल्ला कत्यूर स्थित बागीश्वर (बागेश्वर) जिसे स्वयम्भू तीर्थ माना जाता है गोमती के ही तट पर है। यह न केवल एक ऐतिहासिक धरोहर है अपितु कत्यूरी वंश और उनके राज का अविस्मरणीय स्मृति चिन्ह और स्मारक है। यहाँ विशाल ऐतिहासिक उत्तरायणी मेला लगता था जिसमें तिब्बत, गढ़वाल, मैदानी (देशी) क्षेत्रों के अलावा दानपुर, जोरहट सहित कुमायूं के व्यापारी और जनता खरीद - फरोख्त और व्यापार करने के लिये आती थी। कूर्म पुराण के अनुसार जागीश्वर (जागेश्वर) स्वयम्भू सतयुगी शिव तीर्थ है।

आज का काशीपुर अथवा उससे मिला हुआ क्षेत्र तब प्रसिद्ध तीर्थ नगर गोविषाणपुर के नाम से विख्यात था जहाँ चारों निष्ठाओं यानी शैव, वैष्णव, शाक्त और बौद्ध लोगों का सामुदायिक समन्वय था और सभी सौहार्द पूर्वक रहते थे। आठवीं शताब्दी एडी तक बौद्ध सम्प्रदाय उत्तराखण्ड में बहुत फैल चुका था। स्थिति ये थी कि आचार्य शंकर को नौवीं सदी के प्रारम्भ में बदरी-केदार धाम के लिये वैष्णव - शैव पुजारी नहीं मिल पाये। ह्वेन साङ्ग (Hieun Tsang Yuan Chwang) ६३० एडी में गान्धार पहुँचते हुये भारत आया और

करीब ६४५ में वापस गया। युआन च्वाङ्ग स्वयं गोविषाणपुर आया था। उसने भारत के अलावा कत्यूरी शासन का भी वर्णन किया है। ह्वेन ने लिखा है कि अलकनन्दा के तट पर स्थित ब्रह्मपुर भी उतना ही प्रसिद्ध था जितना गोविषाणपुर यद्यपि वह दुर्गमता के कारण वहाँ जा नहीं पाया। उसके वर्णन से ही ज्ञात होता है कि गौतम बुद्ध गोविषाण आये थे और प्रवचन किया था। इससे कत्यूर राज्य के वैभव और प्रसिद्धि का अंदाजा लगाया जा सकता है।

कत्यूरी उत्तराञ्चल के न केवल महान, दयावान, धार्मिक, उत्कृष्ट शासक थे अपितु बहुत प्रभावशाली राजा थे जिन्होंने सबसे लम्बे समय तक राज्य किया। कुछ लेखकों की राय में उनका शासन नैपाल - तिब्बत, हिमाचल - पंजाब की सीमा तक फैला हुआ था।

सबसे आश्चर्यजनक बात यह है कि इतना सब कुछ होते हुये भी, इतना बड़ा राज्य और वैभवशाली राजा होते हुए भी कत्यूरी वंश अथवा उनके इतिहास का वर्णन तों दूर उल्लेख भी भारतीय इतिहास में नहीं हुआ है। इन सब वर्णनों से भी स्पष्ट होता है कि कत्यूरी अयोध्या के नहीं थे। ये बात भी उतनी ही आश्चर्यजनक है कि पांडुकेश्वर - जोशीमठ (जिला चमोली) और गढ़वाल में शिला - लेख मिलने और गढ़वाल - चमोली से इतना गहरा सम्बन्ध होने के वावजूद भी कत्यूरियों की लोककथा, गाथा अथवा गीत और कहानियाँ इन क्षेत्रों में प्रचलित नहीं हुई। पाण्डुकेश्वर अभिलेखों से स्पष्ट होता है कि ब्रह्मपुर राज्य का पूरा कामकाज कार्तिकेयपुर से ही संचालित होता था अतः गढ़वाल में कत्यूरियों की स्मृति धूमिल होने लगी। कत्यूरियों के आपसी कलह तथा टूटन की शुरुआत के साथ ही सातवीं सदी के पूर्व ही गढ़वाल के अलग राज्य हो जाने के बाद शनैः शनैः कत्यूरी गढ़वाल से पूरी तरह विलुप्त हो गये। लेकिन ये भी कम आश्चर्यजनक नहीं है कि चंद वंश का भी जिसने करीब दशवीं शताब्दी से अठारहवीं शताब्दी के अन्त तक कुमायूं पर राज्य किया और दिल्ली के सुल्तानों की भी मदद की तथा उनकी ओर से लड़ाइयाँ लड़ी, इतिहास में कहीं उल्लेख नहीं आया।

लगता है पाल और खस के अलावा भारतीय राजाओं ने इस पर्वतीय अञ्चल पर ध्यान नहीं दिया और इसकी दुरूहता के कारण लड़ाइयाँ लड़ना भी उचित नहीं समझा। अन्य महत्वपूर्ण कारण था इसका आध्यात्मिक - धार्मिक स्थान होना जिससे यहाँ शांति बनी रही। नाग वंशियों ने यहाँ कितना शासन किया ये कहना भी कठिन है। बाहरी ताकतों में गोरखा और अंग्रेजों ने जरूर अत्याचार, शोषण और क्रूरता की लेकिन अन्य आक्रमणकारियों जैसे शकों ने ऐसा कुछ नहीं किया। सकों ने यहाँ कितना शासन किया ये कहना भी कठिन ही है क्योंकि नाग वंशी और शकों का शासन अल्पकालिक ही रहा होगा। खस और गोरखा वंश का शासन अलग-अलग अवधियों में २० - २५ वर्ष ही रहा। इसका वर्णन आगे किया गया है। शक लोग काफी शक्तिशाली थे लेकिन उन्होंने शीघ्र ही पूरी तरह भारतीय संस्कृति अपना ली थी अतः सम्भव है नाग पूजा तथा तत्सम्बन्धी नाम एवं मन्दिर उन्हीं की दी हुई संस्कृति का अङ्ग हो और नाग जाति ने यहाँ कभी आक्रमण या राज ही न किया हो।

कत्यूरी राजा ललितशूर देव को पाण्डुकेश्वर शिलालेख में 'परम भट्टारक एवं महाराजाधिराज' उपाधि से विभूषित किया गया है। महाराजाधिराज उपाधि इतिहास में छठी शताब्दी के अन्त और सातवीं के प्रारम्भ में थानेश्वर के राजाओं की रही है। प्रभाकर वर्धन (हर्षवर्धन के पिता श्री) की उपाधि महाराजाधिराज थी। उनकी मृत्यु सन् ६०५ में हुई थी। हर्षवर्धन की भी यही उपाधि थी। परम भट्टारक का अर्थ है 'महामहिम', श्रद्धास्पद, विद्वान नृपति। ह्वेन साङ्ग का मध्य सातवीं शताब्दी ए डी से कुछ वर्ष पहले कत्यूरी राज्य (कूर्माञ्चल) का भ्रमण और काशीपुर (गोविषाणपुर) का इतना अनुपम वर्णन करना साफ तौर पर सिद्ध करता है कि कत्यूरी राजवंश सातवीं शताब्दी तक तो अस्तित्व में था ही। साथ ही छठी शताब्दी बीसी में भगवान बुद्ध का गोविषाण में प्रवचन करना यह प्रमाणित करता है कि तब तक कत्यूरी राज्य पूरी तरह स्थापित ही नहीं अपितु पूर्ण वैभवता प्राप्त कर चुका था। इससे यह निष्कर्ष निकालना कठिन नहीं है कि ईसा पूर्व छठी शताब्दी से कम से कम २०० - ३०० वर्ष पहले कूर्माञ्चल में कत्यूरी वंश का राज प्रारम्भ हो चुका था। आगे पाण्डुकेश्वर अभिलेख शीर्षक में इसका और विस्तार किया गया है।

पौंड्र-गौड़ (बंग देशीय) पाल वंश और उत्तराखण्ड

आदि मध्यकालीन इतिहास से सिद्ध होता है कि आठवीं शताब्दी के उत्तरार्ध में केदारखण्ड कूर्माञ्चल सहित उत्तराखण्ड पर पूर्वी भारत यानी पौंड्र - गौड़ देश (वर्तमान बंगलादेश और बंगाल) के पाल राजाओं का आधिपत्य हो गया था जो करीब-करीब ६० वर्ष तक रहा। पाल वंशी राजा स्वयं कट्टर बौद्ध थे। कहावत ही है कि पाल वंश के संस्थापक महाप्रतापी गोपाल के पुत्र धरम पाल का घोड़ा बंगाल की खाड़ी से केदारखण्ड सहित पूरे उत्तर भारत और अफगानिस्तान तक दौड़ा था। उसे उत्तर पथ स्वामी की उपाधि से सम्बोधित किया जाता था। धर्म पाल ने सन् ७८० से ८१० तक शासन किया। धर्म पाल के बाद उसके सुयोग्य पुत्र देव पाल ने सन् ८१५ से ८६५ तक शासन किया। देव पाल भी बंगाल के समुद्र से अरब सागर और हिमालय से विन्ध्य तथा नैपाल से कामाख्या - प्रगज्योतिश तक का एक छत्र सम्राट था। पाल शासन के दौरान पूरा उत्तराखण्ड बौद्ध धर्म से प्रभावित हो गया।

पाण्डुकेश्वर शिलालेखः एक स्मृति और साक्ष्य

आचार्य शंकर (७८८-८२०) की यही मजबूरी थी कि उन्हें बदरी - केदार के लिये सुदूर दक्षिण अर्थात केरल और कर्नाटक से (जहाँ बौद्ध मत का कोई असर नहीं था) पुजारी (रावल) लाने पड़े और उनकी सेवा तथा मदद के लिये भट्टारी-भट्ट लोगों को भी वृत्ति पर नियुक्त करना पड़ा जो कालान्तर में यहीं वस (बस) गये। आचार्य को उत्तराञ्चल-कूर्माञ्चल में कोई वैष्णव-शैव सम्भवतः नहीं मिला।

पाण्डुकेश्वर सहित अन्य शिला लेखों में यह उत्कीर्तन किया गया है कि ललित शूर देव कुशली सहित अन्य कत्यूरी राजाओं ने काफी भूमि दान में दी थी, देव स्थान और धर्मशालाऐं बनवाई आदि। पाण्डुकेश्वर लेख के अनुसार ललितशूर जी ने गरुड़ाश्रम के (जो कालान्तर में गरुड गङ्गा कहलाया), विद्वत पुरुष नारायण भट्टारक को गोरुन्नसारी गाँव सहित तपोवन के आसपास बहुत

सारी भूमि दान में दे दी। इस शिलालेख से अभिज्ञात होता है कि नारायण भट्टारक जी उन्हीं आदि भट्टारियों में से थे जिन्हें शंकराचार्य जी ने नियुक्त किया था और उनके निवसन की व्यवस्था कत्यूरी राजा ललितशूर देव जी कर रहे थे। इस शिला लेख से ये प्रमाण भी मिलता है कि पाल राजा कत्यूरियों के आधीन हो गये (Suzerain) थे शासन कत्यूरियों के हाथ में था। इस शिलालेख में नारायण नाम के साथ 'भट्टारक' और राजा ललितशूर का नाम आने से यह भी प्रमाण मिलता है कि कत्यूरी शासन आचार्य शंकर तक तो था ही उसके बाद भी लगभग ईसवी सन् ८२५ - ८५० के आसपास तक रहा और उनके अन्तिम प्रभावशाली - यशस्वी राजा ललित शूर देव 'कुशली' यानी मंगलकीर्ति कल्याणमय-वैभवशाली ललित शूर देव थे।

बंगला प्रभाव

पाल राजाओं के लम्बे आधिपत्य का उत्तराञ्चल की संस्कृति पर जबर्दस्त प्रभाव पड़ा। उत्तराञ्चल की भाषा पर भी उसका प्रभाव स्पष्ट परिलक्षित है। कभी टिहरी से प्रकाशित महीधर शर्मा धर्माधिकारी जी के प्रसिद्ध पंचाङ्ग में भारतीय महीनों के दिनों की गणना के लिए जिसे पर्वतीय क्षेत्रों में (गति) कहा जाता है, 'बं' संकेत (यानी बंगला) दिया जाता था। बोल चाल की भाषा में भात, गोरू - बाछूर, बोजी (बंगला बोदी), चि, छ, छन, छयो (बंगला - छेंन, छि, छीलो), दीदी, ददा (बंगला दादा), दादा (बंगला दादू), मी - मि (बंगला आमि) आदि कई शब्द उत्तराञ्चल की भाषा और शब्दावली के अङ्ग बन गये हैं। कई शब्द स्थानीय ध्वनि में लुप्त हो गए या उनकी स्थानीय शब्दकोशीय परिणति हो गई। उत्तराखण्ड पाल राजाओं के समय बौद्ध अभिमत से अभिभूत हो गया था जिसे जगतगुरु शंकर ने नौंवीं शताब्दी के प्रारम्भ में अभिभावित किया।

कत्यूरी वंशावलीः विस्तार और ह्रास

जैसा कि उल्लेख किया जा चुका है, कत्यूरी विघटन के वावजूद उनके वंशज चंद राज के समय भी छोटे छोटे रजवाड़ों के स्वामी - शासक बने रहे। कत्यूरी

वंशज आज भी सम्भवतः काली कुमाओं, डोटी, अस्कोट, बारामण्डल, दानपुर, सल्ट, पाली, और द्वारहाट आदि स्थानों में बसे हुए हैं। कई इतिहासकारों का दृढ़ मत है कि कत्यूरी ईसा से १००० वर्ष पूर्व अयोध्या से ही जोशीमठ आए थे और उनके प्रथम पूर्वज वासुदेव जी ने ही, जिन्हें 'गिरिराज चक्र चूड़ामणि' का सुयश प्राप्त था, जोशीमठ स्थित भगवान वासुदेव मन्दिर बनवाया था। उनके पुत्र कनकदेव जी थे। उनके ही वंशज शालीवाहन देव जोशीमठ से कुमायूं आये और कार्तिकेयपुर वसाया। कुछ लेखकों के अनुसार कत्यूरियों ने जिस नगर को वसाया उसका नाम कार्तिकपुर था, कुछ अन्य के अनुसार करवीरपुर था। लेकिन जैसा कि पहले बताया जा चुका है, कार्तिकपुर ही इतिहास सम्मत लगता है। इसप्रकार कत्यूरियों के वंश द्योतक (Cardinal Ancestor) शालिवाहनदेव जी थे। विश्वास किया जाता है कि उन्होंने भगवान कार्तिकेय का मन्दिर भी बनवाया था। ये भी माना जाता है कि कत्यूरी शैव थे और बाद में बौद्ध मत से भी प्रभावित हो गये थे अतः भगवान बुद्ध स्वयं गोविषाण आए थे।

कत्यूरी वंश के महाराजाओं में प्रमुख थे सोलनादित्य, इच्छट देव, देशट देव, क्रञ्चल देव आदि। कूर्माञ्चल में, ऐसा माना जाता है कि, कत्यूरी काल में उनके आठ से भी अधिक राजा गिरिराज चक्र चूड़ामणि थे जिनके नाम बागीश्वर (वर्तमान बागेश्वर) मन्दिर में उत्कीर्ण थे यथा वसन्त देव, भू देव देव, वासन्तीदेव, खरपत देव, पद्मट देव, देव पाल देव। पद्मट देव जी के बारे में कहा जाता है कि उन्होंने कत्यूरी राज को कुमायूं से बाहर भी विस्तारित किया था।

ये माना जाता है कि कालान्तर में कत्यूरी अपने नाम के साथ मल्ल के अलावा पाल, साही भी जोड़ने लगे थे जो कि मल्ल की ही शाखा मानी गई। मल्लों ने बाद में नेपाल के साथ शादी-व्याह सम्बन्ध स्थापित किए और उन्हीं के साथ समवेत भी हो गये।

कत्यूरी राजाओं की प्रसिद्ध उपाधियाँ थी - महाराजाधिराज, परम भट्टारक, परमेश्वर, महाराज लेकिन ऐसा माना जाता है कि कुछेक राजा चक्रवर्ती भी थे।

कालान्तर में कत्यूरी राजा वैष्णव भी हो गये। कत्यूरी दानदाता, परोपकारी, धार्मिक और बुद्धिमान राजा थे जिन्होंने बहुत सी भूमि दान में दे दी थी।

लेंकिन इस महान वंश के उत्तराधिकारी बाद में क्रूर, पतित, भ्रष्ट, लालची, दुराचारी और कामुक हो गए थे जिसके कारण आपसी झगड़े, झंझट, विवाद और पारिवारिक विघटन होने लगा। कत्यूरियों ने अपनी अलग-अलग जागीरें बनाना प्रारम्भ कर दिया और पूरा राज परिवार टुकड़ों में बंटने लगा। कत्यूरियों का अधःपतन राजा धामदेव से प्रारम्भ हुआ। इन्हीं धाम देव के नाम से धामपुर (बिजनौर के पास या मुरादाबाद - नजीबाबाद रेलवे लाइन पर स्थित) कस्बे का नामकरण हुआ था। कत्यूरियों का अन्त वीर देव के साथ हुआ जिसने अपनी ही मामी तिलोत्तमा से व्याह किया। कुमायूं का लोकगीत 'तिले धारो बोला' आज भी इसका साक्षी है।

उपर्युक्त यशोगान के बावजूद कूर्माञ्चल के कत्यूरी राज परिवार के वर्तमान वंशज अपने को अलग-अलग पूर्वजों की सन्तति मानते हैं यथा शालिवाहन देव, आसान्ति देव, ब्रह्म देव, त्रिलोक पाल, निरञ्जन मल्ल, अर्जुन साही आदि।

यह भी कितना आश्चर्यजनक है कि चंद वंशी लोग कत्यूरी कन्याओं से व्याह तो करते थे लेकिन अपनी कन्यायें कत्यूरियों में नहीं देते थे। जाहिर है वो कत्यूरियों को सूर्यवंशी नहीं बल्कि किरात ही मानते थे।

आयोध्या तन्तु का एक अनुत्तरित प्रश्न

यह तर्क कि कत्यूरियों के आदि राजा वासुदेव जी अयोध्या से जोशीमठ आये थे और उन्होंने भगवान राम के बजाय भगवान वासुदेव के मन्दिर की स्थापना की, अत्यधिक विभ्रान्ति पूर्ण है। दूसरा यह कि अगर कत्यूरी लोग श्रीराम पुत्र कुश के वंशज थे तो जोशीमठ में उनके द्वारा वासुदेव मन्दिर की स्थापना और भी अविश्वसनीय लगती है। तीसरा ये कि कत्यूरी शैव थे जिसका प्रमाण उनके द्वारा कूर्माञ्चल में कार्तिकेय जी के नाम से राजधानी का निर्माण करना है अतः राजा वासुदेव जी का वासुदेव मन्दिर की स्थापना करना परस्पर विरोधी लगता है। अन्त में यह बात कि चंद लोग कत्यूरी कन्याओं से विवाह करते थे लेकिन अपनी कन्यायें उन्हें नहीं देते थे, कत्यूरियों का अयोध्या का मूल सूर्य वंशी होने में संदेह पैदा करता है तथा किरात वंशी होने की पुष्टि

करता है। प्रश्न है कि क्या जोशीमठ का वासुदेव मन्दिर इतना पुरातन है, अथवा मन्दिर की स्थापना आचार्य शंकर के समकालीन है?

कत्यूरी विघटन

कत्यूरियों के आपसी कलह और पारिवारिक विग्रह पालों के आधिपत्य के उपरान्त खुल कर सामने आ गये। प्रभावशाली कत्यूरी राज्य केन्द्रीय शक्ति और सत्ता केन्द्र के अभाव में टूटने लगा और विघटन का प्रारम्भ हो गया। राज्य में अराजकता आ गई। पालों के आधिपत्य के साथ गढ़वाल पर उनकी पकड़ खत्म ही हो गई थी। गढ़वाल का मुख्य राजवंश स्वयं को पाल लिखने लगा अथवा पाल वंशी ही वहाँ के राजा हो गये थे ये कहना सम्भव नहीं है। लेकिन ऐतिहासिक सत्य ये है कि गढ़वाल राज परिवार अपने नाम के साथ पाल लिखता था जो तब तक चलता रहा जब तक उन्हें १५ वीं शताब्दी में दिल्ली सल्तनत से 'शाह' की उपाधि नहीं मिल गई। आठवीं शती के अन्त यानी गुरु शंकर के आने से पूर्व ही गढ़वाल राज्य पूरी तरह स्वतन्त्र राज्य था। इसका वृहद वर्णन गढ़वाल के इतिहास के अन्तर्गत किया गया है।

ऐसा लगता है कि गुरु शंकर के भ्रमण के समय तक ललितशूर देव जी शासन् चलाते रहे। साथ ही कत्यूरियों के वियोजन और विपाटन के कारण कूर्माञ्चल में कई छोटे - छोटे स्वतन्त्र रजवाड़े - रियासतें - जागीरें (Estates and Principalities) बनती गई। धामदेव और वीरदेव जिनकी वजह से कत्यूरियों का अधः पतन हुआ, ललितशूर देव जी के बाद ही अलग-अलग रजवाड़ों के स्वामी हो गये थे। कत्यूरी राज्य का केन्द्रीय शक्ति और सत्ता के स्त्रोत के रूप में दशवीं शती के प्रारम्भिक वर्षों तक पूरी तरह अन्त हो गया लेकिन उनके वंशज अलग अलग छोटी रियासतों - जागीरों पर अधिकार किये रहे और चंद राज के दौरान भी काफी समय तक उनमें से कुछ अपनी गद्दी बचाने में सफल रहे लेकिन उनकी आभा चंद राज वंशियों के सामने दब गई थी।

आज भी कत्यूरिओं के वंशज कुमायूं में सल्ट, अस्कोट आदि कई अन्य क्षेत्रों में विस्तारित हैं।

प्रकरण – ३

चंद राजवंश

वंश उदयन और अभ्युदय रहस्य

उत्तराखण्ड के अधिकांश इतिहासकार मानते हैं कि चंद राजवंशी शनैः शनैः कूर्मांचल की राजगद्दी पर आसीन हुये लेकिन वो द्रुत गति से अल्प काल में ही सुदृढ़ राज्य की स्थापना करने में सफल और सक्षम रहे। कत्यूरी विघटन (Katyuri Disintegration) और केंद्रीय सत्ता के अभाव में अराजकता उत्पन्न होने के कारण जनमानस की विक्षप्तता का भी उन्हें लाभ मिला। चंदों ने लगभग दशवीं शताब्दी के प्रारम्भ से सन् १७६० तक यानी नेपाली-गोरखा शासन की स्थापना तक राज्य किया। चंद स्वयं को चन्द्रवंशी (Lunar Dynastic) कहते थे जबकि कत्यूरी सूर्य वंशी (Solar Dynastic)। गढ़ देश के गढ़ नरेशों का बारहवीं शताब्दी के आस पास गढ़वाल राज्य के साथ एकीकरण के बावजूद कुमायूं के कोट शासक और गढ़पति चंद शासन काल में भी कई वर्षों तक अपनी स्वतन्त्र सत्ता बनाये रखने में सफल रहे।

चंद कब आये और कब उन्होंने कूर्मांचल की सत्ता संभाली इस पर उत्तराखण्ड के विद्वानों में गहरा मतभेद है। कुछ का मानना है कि चंद सन् ७०० में आ गये थे[1] जबकि दूसरों का मानना है कि चंद नौवीं शताब्दी के अन्त या दशवीं के मध्य में आये। समस्त विवादों एवं गुत्थियों के बावजूद भी सामान्यतः सभी साक्ष्य यही प्रमाणित करते हैं कि चंदवंशियों का शासन

1. कुमाओं का इतिहास - स्व. बदरीदत्त पाण्डे।

दशवीं शताब्दी के प्रारम्भ या मध्य से पहले नहीं हो सकता क्योंकि ऐतिहासिक साक्ष्यों के आधार पर ऐसा सम्भव नहीं था। उत्तरांचली इतिहासकार विद्वानों एक बड़ा वर्ग उन्हें कन्नौज का चन्द्रवंशी तथा दूसरा कालिंजर (महोबा) का मानता है। लेकिन लेखकों का तीसरा उतना ही बड़ा वर्ग उन्हें झूंसी (इलाहाबाद के पास) का चन्द्रवंशी मानता है। चौथा वो वर्ग है जो उन्हें झाँसी का बुन्देला (बुन्देलखण्ड का) चन्द्रवंशी मानता है। तथापि सभी दो बातों पर सहमत हैं - एक तो ये कि चंद लोग चन्द्रवंशी थे और दूसरा ये कि वो चंदेल थे। अतः कूर्माञ्चल में उनके अभ्युदय और राज से पहले चंदों के पूर्वजत्व वंशानुक्रमण (Ancestry and Descent) की सम्भावनाओं को जानना ज्यादा दिलचस्प, आकर्षक और आवश्यक है।

इतिहास से हमें ज्ञात होता है कि ईसा की छठवीं (6th century AD) के उत्तरार्ध में कन्नौज में हूण प्रतिरोधी मौखरी वंश का शासन था। हर्षवर्धन की अनुजा राज्यश्री मौखरी राजा ग्रहवर्मन को ब्याही गई थी जिसकी हत्या गौड़ राजा शशांक ने की। अतः हर्ष कन्नौज का राजा हुआ और उसने सन् ६४७ तक राज्य किया। हर्ष की मृत्यु के उपरान्त कोई शक्तिशाली केन्द्रीय सत्ता न रहने के कारण अराजकता और अव्यवस्था उत्पन्न हो जाने के परिणामस्वरूप कई राजे - रजवाड़े पैदा हो गये लेकिन राजा यशोवर्मन नें अन्ततः कनौज पर अधिकार कर लिया। यशोवर्मन वही राजा था जिसके दरवार के प्रसिद्ध कवि भवभूति और वाक्पतिराज थे। भवभूति की कृतियाँ उत्तर- रामचरित, महावीर चरित और मालतीमाधव प्रसिद्ध हैं। यशोवर्मन द्वारा गौड़ राजा को मारने के उपरांत वाक्पतिराज ने प्रसिद्ध 'गौड़वाहो' (गौड़ राजा की हत्या - वाहो प्राकृत शब्द है) काव्य की रचना की थी जिसने यशोवर्मन को अमर बना दिया। हर्ष की तरह वर्मन के भी चीन के साथ बहुत अच्छे सम्बन्ध थे। हर्ष के सम्बन्ध में तो कहा जाता है कि वह चीनी मामलों का विशेषज्ञ था और उसे चीन के अन्दरूनी मामलों तक की जानकारी थी। यशोवर्मन ने सन् ७४० तक राज किया।

तत्पश्चात ही गुर्जर - प्रतिहारों ने कन्नौज पर अधिकार कर लिया और नौवीं सदी के प्रारम्भिक वर्षों तक भी कन्नौज में चन्देल राज नहीं था। इतिहास से साफ ज्ञात होता है कि प्रारम्भ में चन्देल भी प्रतिहारों के सामन्त

(Feudatories) थे और स्वयं को चन्द्रात्रेय का वंशज बताते थे। तथ्य तो यही बताते हैं कि चन्देल वंश के संस्थापक हर्षदेव जी ने नौवीं शताब्दी के अन्त में बुन्देलखण्ड के जेजाभुक्ति में चन्देल राज्य की स्थापना की जिसकी राजधानी खजुराहो थी। उस समय बुन्देलखण्ड प्रतिहार राज्य का अंग था। इतिहास से पता चलता है कि हर्षदेव जी के स्वनामधन्य पुत्र यशोवर्मन (द्वितीय) ने प्रतिहारों के विरुद्ध विगुल बजाकर बुन्देलखण्ड को स्वतन्त्र राज्य घोषित करते हुये महोबा को राजधानी बनाया। उसने कालिञ्जर के प्रसिद्ध पर्वतीय किले को भी जीता। चन्देलों ने १० वीं सदी में लुटेरे महमूद गजनी का, जिसने कालिञ्जर के किले को भी लूटा था, मुकाबला किया। इस वंश के आखिरी राजा परमाल को १३ वीं सदी में कुतबुडद्दीन ऐबक ने पराजित किया। इस से अधिक जानना हमारे लिये यहाँ प्रासंगिक नहीं है।

ऐतिहासिक चित्रण से चन्देल ही कूर्माञ्चल के चंदो के विवरण से मेल खाते हैं। अतः स्पष्ट है कि अगर चंद लोग झाँसी, झूंसी या कालिञ्जर के चन्देल थे तो उनकी कूर्माञ्चल में सन् ९२५ से पूर्व आने की कोई सम्भावना नहीं हो सकती। एक बात अति महत्वपूर्ण समझने योग्य ये है कि स्थानीय इतिहासकारों ने चंदों को चन्द्रवंशी कहा है जिससे उनका तात्पर्य lunar dynasty से है। लेखक ने भी ऊपर वर्णन में उन्हें ऐसा ही लिखा है लेकिन वास्तविकता ये लगती है कि चंद लोग Lunar Dynasty से चन्द्र वंशी नहीं थे अपितु अपने पूर्वज चन्द्रात्रेय के अभिधान से चंदवंशी थे जो चंद और चन्देल दो नामों से अभिविश्रुत हुये। सम्भवतः उन्होंने कत्यूरियों की प्रतिद्वंद्विता में, जो स्वयं को सूर्यवंशी कहते थे, अपनी चन्द्र वंशोत्पन्न अभिज्ञा करवाई।

हम सब के आदरणीय प्रसिद्ध इतिहास लेखक स्व० बदरी दत्त जी पाण्डे ने अपनी अनुपम कृति 'कुमाओं का इतिहास' में चंद शासन का प्रारम्भ ७०० एडी माना है। कुछ लोगों ने चंदों को जयचन्द का वंशज भी बताया है लेकिन उपर्युक्त तथ्य इतिहास से कतई मेल नहीं खाते क्योंकि जैयचन्द का वंश चंदवंश नहीं बल्कि राठौड़ वंश था और वह ११ वीं शताब्दी में था। तथापि कन्नौज में चंदवंश शासन इतिहास से भी प्रमाणित नहीं होता अतः कूर्माञ्चल के चंद कन्नौजिया हो ही नहीं सकते।

दूसरी बात यह भी स्पष्ट होती है कि चंदों ने आक्रमण द्वारा कूर्माञ्चल का राज अधिगत नहीं किया था अपितु कत्यूरी विघटन से उत्पन्न राजघराने की कूटनीति, आपसी वैमनस्यता, राजमहलीय शतरंजी चाल, चाटुकारों की दुरभिसन्धि और अन्य भद्र लोगों की जनता के प्रति चिन्ता के कारण चंदों के किसी वंशज को राज चलाने के लिये आमंत्रित किया गया था। कुछ लेखकों का मानना है कि उस समय क्योंकि चन्देलों की तूती बोल रही थी इसलिये उनको ही राज करने के लिये बुलाया गया। राजगद्दी खाली होने और बिना रक्तपात और संघर्ष से प्राप्त होने के कारण चंदों को कूर्माञ्चल प्रयाण करने में कोई आपत्ति नहीं हुई। जिन्हें राज चलाने के लिये लाया गया था उन्हीं चंद लोगों ने वैवाहिक सम्बन्धों में बंध कर क्रमशः पूरे कूर्माञ्चल के राज का अधिग्रहण कर लिया। चंद राजा बहुत सक्षम और धुरीय शक्ति सिद्ध हुए जिन्होनें विखण्डित होते हुए राज्य को द्रुत गति से संगठित कर एक सूत्रता प्रदान की।

चंदों के सामने कूर्माञ्चल की बहुत चुनौतियाँ थी इसलिये प्रारम्भ में गढ़वाल के साथ उन्होंने कोई छेड़-छाड़ भी नहीं की लेकिन स्थिर हो जाने के बाद उन्होंने गढ़वाल के साथ कई लड़ाइयाँ की, दोनों राज्यों के बीच कई युद्ध हुये, जिससे उत्पन्न वैमनस्यता का कालान्तर तक बहुत बुरा असर रहा। भले ही गढ़वाल एक स्वतन्त्र राज्य था लेकिन कत्यूरियों के समय गढ़वाल और कुमायूं के मध्य जो मौलिक सौहार्द, आत्मीय एकत्व और भावनात्मक सहअस्तित्व था वह चंदों के राज में बहुत हद तक खत्म सा ही हो गया।

पुनर्मन्थनः 'चंद' इतिहास का दूसरा विश्वसनीय पहलू

उपर्युक्त ऐतिहासिक विवेचन के अलावा कूर्माञ्चल में चंद उद्भूति का एक और मन्थनीय इतिहास है। कई इतिहासकार - लेखक मानते हैं कि सातवीं सदी के प्रारम्भ में जब कत्यूरियों का पारिवारिक कलह सार्वजनिक होने लगा और उनके दुराचार बढ़ने लगे तो चन्देल राजवंश के सोमचंद ने सन् ७०० के आसपास तदनुसार शक संवत् ६२२/विक्रम ७५७ में कार्तिकपुर रजवाड़े के क्षेत्रीय राजा को पराजित कर चम्पावती नाम से एक रजवाड़ा

स्थापित किया और कूर्माञ्चल का पहला चंदवंशी शासक बना। कहा जाता है कि सोमचंद कालिञ्जर के चन्देल राजा खड़क सिंह का वंशज था लेकिन इनका परिवार प्रतिष्ठानपुर के पास झूंसी में वस गया था। प्रतिष्ठानपुर ईसा पूर्व चौथी सदी तक भी वत्स राज्य (वर्तमान इलाहबाद क्षेत्र) की राजधानी था। कुछ लोग सोमचंद के वजाय इस कहानी को थोहर चंद से जोड़ते हैं लेकिन यह तथ्यात्मक प्रतीत नहीं होता। थोहर चंद बहुत बाद में कूर्माञ्चल के एक राजा हुये थे।

दूसरा मत यह है कि सोमचंद, मनकोटी के शासक सत्यचंद का भानजा था और यही उसके कूर्माञ्चल आने का कारण था। कत्यूरियों ने क्योंकि वोहरा समुदाय की शक्ति और अधिकारों पर जबरदस्त आघात किया था अतः वो लोग कत्यूरियों से बहुत नाराज हो गये थे और बदला लेने पर आमादा थे। उनको यह एक मौका मिल गया और दूर की सोचकर उन्होंने सोमचंद की शादी कत्यूरी कन्या से करवा दी और उनके विनाश के बीज बो दिये।

तथापि अन्तिम सम्भावित और ऐतिहासिक सम्भावना (Preponderance of Probability) यही लगती है कि कत्यूरी शासन के अन्तिम दिनों में जब कत्यूरी राज का निवर्तक (Iiquidator) धामदेव अथवा ब्रह्मदेव या वीरदेव अलग से कालीकुमाओं रजवाड़े पर शासन चला रहा था उसी समय झूंसी के राजकुमार सोमचंद बदरीनाथ की यात्रा पर आये और ब्रह्म या वीरदेव ने इस सुअवसर का लाभ उठाते हुए अपनी एकमात्र कन्या का विवाह सोमचंद से कर दिया और काफी जमीन भी दान - दहेज के रूप में दी। उसी भूमि पर सोमदेव ने एक कोट यानी किला और महल बनवाया। यही स्थान चम्पावत में राजबुङ्गा नाम से प्रसिद्ध हुआ और यहीं से कुमायूं में चंदवंश के बीजारोपण की शुरुआत हुई। इत्तफाक से इसी तरह का मिलता जुलता वाकया गढ़वाल राजवंश के साथ भी हुआ जिससे उनका मूल वंश इतिहास ही बदल गया जिसका विवरण गढ़वाल के इतिहास के अन्तर्गत दिया गाया है।

सोमचंद बहुत ही योग्य प्रशासक, दयालु, दूरदर्शी और परोपकारी था जिसने एक मजबूत राज्य की नींव डाली और आगे के लिये एक प्रभावशाली चंद राज्य की स्थापना के बीज बो दिये। यह घटना करीब सातवीं सदी की है।

कार्की लोग, ऐसा माना जाता है कि, सोमचंद के बाद ही कुमायूं में आये। सोमचंद ने सबसे पहले कूर्मांञ्चल के चार प्रभावशाली समुदायों - कार्की, वोहरा, तड़ागी और चौधरियों में से चार मुखिया नियुक्त किए और शासन पर पकड़ मजबूत की और स्थानीय खस वंशी रावत राजा को परास्त किया। चंद शासन के समय जोशी समुदाय बहुत शक्तिशाली था और अधिकारी समुदाय के लोग आम तौर पर प्रशासकीय पदों पर थे। सम्भवतः कालान्तर में अधिकारी जाति के उद्भव की यही पृष्ठभूमि भी बनी।

इस तरह सोमचंद को ईसवी सन् ७०० के आस पास यद्यपि कूर्मांञ्चल में चंदवंश का संस्थापक और प्रथम राजा माना जाता है, लेकिन चंदवंश का संस्थापक और प्रथम राजा होते हुये भी सोमचंद कूर्मांञ्चल का राजा नहीं था, केवल एक रजवाड़े का ही शासक था। अभी भी कत्यूरी राजा ही राज्य के राजा और वास्तविक शासक थे। दशवीं शताब्दी के प्रारम्भ में चंदवंशी राजा कूर्मांञ्चल की राजगद्दी पर पूरी तरह आसीन हुये यद्यपि कत्यूरी भी कुछ रजवाड़ों - जागीरों के स्वतन्त्र स्वामी बने रहे। तथापि कूर्मांञ्चल के राजा अब चंदवंशी ही कहलाने लगे। सम्भवतः चंदवंश के २३ वें उत्तराधिकारी राजा थोहरचंद कूर्मांञ्चल की राजगद्दी के पहले एक छत्र महाराजा हुये।

सोमचंद के बाद प्रमुख राजा हुये आत्मचंद, इन्द्रचन्द, संसारचंद, वीणाचन्द और वीरचंद आदि। तेइसवें राजा थोहर चंद कुमायूं की राजगद्दी के पूरी तरह पहले महाराजाधिराज हुये। आगे इस पुस्तक में हमने उन्हीं राजाओं का वर्णन किया है जिनकी ऐतिहासिक और निर्णायक भूमिका रही है या जो गढ़वाल और कुमायूं दोनों के इतिहास के लिये प्रकाशस्तम्भ अथवा कुचिन्ह रहे हैं।

खस एवं अन्य वंशः ऐतिहासिक प्रबोध - प्रमेय

चंदवंश का विस्तार वर्णन करने से पहले यहाँ पर खस वंश का उल्लेख करना आवश्यक है। खश वंश का न केवल एक इतिहास रहा है अपितु उत्तराञ्चल में एक अवधि तक उनका राज भी रहा है। चंद लोगों से पहले भी कूर्मांञ्चल के राजवाड़ों में खस जाति का राज्य था। वहाँ के रावत राजा काफी प्रभावशाली थे। तथापि कूर्मांञ्चल सहित उत्तराञ्चल के इतिहास में खस जाति के आक्रमण का उल्लेख काफी विभ्रांत रहा है।

महाभारत में खस जाति और राजाओं का उल्लेख है जिन्होंने महाभारत के युद्ध में भाग लिया। उन्हें पर्वतीय राजा अथवा पर्वतीय जातियाँ भी कहा गया है। इसका तात्पर्य है, खस जाति महाभारत युद्ध से भी प्राचीन है। कुछ इतिहासकार खस जाति को मध्य जम्बूद्वीप (मध्य एशिया) की जन जाति का बताते हैं। अन्य इतिहासकार उन्हें कसीट (Kassite) मूल का बताते हैं जो भारतीय इतिहास के अनुरूप नहीं है क्योंकि कसीट लोगों का उल्लेख पहली बार ईसवी पूर्व १६०० - १२०० में बेबीलोन की प्रजातियों में आया है जो महाभारत से बहुत बाद की बात है। पुराणों में भी विभिन्न सन्दर्भों में खश अथवा खस जाति के अलावा खश देश का भी उल्लेख आया है जिसे भारत के उत्तर में पर्वतीय देश बताया गया है। लेकिन ये भी ध्यान देने योग्य है कि आज भी रूस में खकासिया स्थान है। ऐसा लगता है जैसे कसीट और खकासिया का सम्बन्ध खस जाति से हो।

स्थानीय इतिहासकार उल्लेख करते हैं कि खस जाति ने कत्यूरियों के समय भी आक्रमण किया था और कुछ क्षेत्रों को हथिया लिया था। खस लोग लड़ाकू और वीर लेकिन क्रूर थे। इतिहासकार चंदों के समय भी खस आक्रमण और उनके द्वारा कुछ क्षेत्रों में आधिपत्य स्थापित करने का उल्लेख करते हैं। तथापि चंदों ने पुनः उन क्षेत्रों को अधिगत कर लिया और खस राजाओं को पूरी तरह अपने अधीन कर लिया था।

भारतीय इतिहासज्ञों के अनुसार खस जाति चीन, तिब्बत, नेपाल, उत्तर - पूर्व (North East), असम, और काश्मीर में फैली हुई थी। इतिहासकारों का ये भी मानना है कि १३ वीं सदी ई. पु. में खास लोग उत्तर - पूर्व से आए और बंगाल - बिहार होते हुए नेपाल में घुसे, आक्रमण किया और जीता। अतः इस ज्ञात इतिहास से निष्कर्ष निकाला जा सकता है कि खस लोगों ने इस दौरान भी कुमायूं और गढ़वाल पर आक्रमण किया। लेकिन ये निश्चित रूप से कह पाना सम्भव नहीं है कि खश वंश ने कितने समय तक किस-किस क्षेत्र पर राज्य किया। अलबत्ता ये सही है कि उनका राज्य अल्पकालिक ही था।

इतिहास से सिद्ध होता है कि काम्बोज (कम्बोडिया - Kampuchea) की खमेर रुझ (Khmer Rouge) भी खस जाति के ही थे। चीनी ऐतिहासिक वर्णन

से विशेषतः ज्ञात होता है कि खमेर राज्य की स्थापना भारतीय ब्राह्मण कौण्डिन्य (Kaundinya) ने की थी जिसने ईसा की तीसरी शताब्दी में स्थानीय जनजाति की रानी को जीतकर उससे विवाह कर लिया था। ये लोग असंस्कृत जनजाति के थे। राजा ने उन्हें धीरे धीरे सभ्य एवं सुसंस्कृत किया। तत्पश्चात उन्होंने अपना विस्तार अन्य देशों में किया। ये लोग अपने को भारतीय खस जाति का कहते थे जिसे अंग्रेजी के कहर ने Khmer कर दिया।

'दो अर्थशास्त्री हों या दो इतिहासकार, उनके तीन मत होंने लाजमी हैं। न केवल कत्यूरियों और चंदों बल्कि उत्तराञ्चल - कूर्माञ्चल के विभिन्न समुदायों (Races) वंशों (Dynasties) के राजत्व के सम्बन्ध में भी इतिहासकारों में काफी मत वैभिन्य है। कुछ इतिहासकार मानते हैं कि मल समुदाय ने भी कूर्माञ्चल के कुछ हिस्सों में समय - समय पर राज किया था। अन्य इतिहासकारों का मानना है कि हूंण (हुणियाँ) लोगों ने भी ऊँचे पर्वतीय इलाकों में राज किया। मलों की सम्भावना से इसलिये भी इनकार नहीं किया जा सकता, क्योंकि उनका राज कुमाऊ से मिले डोटी पर था जो कई बार कुमायूं राज्य में मिला दिया गया और कई बार स्वतन्त्र राज्य रहा। डोटी से चंदों के वैवाहिक सम्बन्ध भी थे। हूंण, मंगोलियायी और उनसे मिलती-जुलती चीन - जापान - सुदूर पूर्व की प्रजातियाँ उत्तर कालीन आर्यों की समकालीन जन जातियां थी। सम्भवतः ये लोग प्राचीन कालिकेय, निवातकवच, पोलोम और तुषारों के (यानी अति शीतार्त, हिमीय प्रदेशों के निवासी, जिनका वैदिक उच्चारण तुखार है), अन्वय (Descendants) थे, जैसे अफ्रीका और यूरोप के कुछ भागों के दैत्य - दानवों के। हूंण लोग चीन - तिब्बत होते हुये उत्तराञ्चल में आए, ऐसी सम्भावना की जा सकती है। मल जाति भी पाल, सेन, मित्र आदि अन्य जातियों की तरह पूर्वजों के नाम के प्रत्यय (Suffix) से उत्पन्न है। मल जाति, मल्ल जाति से भिन्न है। प्रारम्भ में मल लोग डोटी और उससे मिले क्षेत्र तक ही सीमित थे जबकि मल्ल राज्य गोरखपुर से मिले नेपाल के कुछ भागों सहित एक बृहत क्षेत्र में था जिसे प्राचीन इतिहास में मल्ल देश कहा गया है। मल्ल का अर्थ है बलिष्ठ, वीर, पहलवान। इसी से मल्ल युद्ध की व्युत्पत्ति हुई। महाभारत में मल्ल देश के राजाओं को मल्ल प्रभु (प्रभुर्मल्लो मल्लाय) आया है। फिर भी मल और हूंणों का ऐतिहासिक प्रभाव ना के बराबर रहा।

हूणों - मंगोलियाइयों के वंशज कई प्रजातियों (Diversified Taxonomic Categories) के रूप में आज भी उत्तराञ्चल में हैं। कूर्माञ्चल का तिब्बत, नैपाल और मैदानी इलाकों से सीधा सम्बन्ध था लेकिन गढ़वाल की स्थिति कुछ अलग थी, अतः गढ़वाल पर इनका कोई खास असर नहीं हुआ। तथापि खूंखार आक्रमणों के वावजूद कूर्माञ्चल के राजाओं ने उन्हें पर्वत श्रृंगों से आगे बढ़ने नहीं दिया।

कूर्माञ्चल की भौगोलिक और भौतिक स्थिति जहाँ वरदान सिद्ध हुई वहीं उसे आक्रमणों का शिकार भी बनाया।

चंदवंश प्रकर्ष - राजा और राजत्व

चंदवंश के २९ वें राजा ज्ञान चंद बहुत प्रसिद्ध हुये। वह गरुड़ ज्ञान चंद के नाम से प्रतिष्ठित तो थे ही, उन्होंने सबसे लम्बे समय तक, ४५ वर्ष (१३७४ - १४१९) राज्य किया। उनके शासन के दौरान रोहिल्लाओं (रुहेलखण्ड के शासक) ने तराई - भावर को, जिसे माल कहा जाता था और जो कत्यूरियों के समय से हमेशा कुमायूं के राजाओं के मातहत रहा, अपने अधीन कर लिया। राजा ज्ञानचन्द दिल्ली के तुगलक सुल्तान से अपने पक्ष में फरमान लेकर आए और तराई - भावर पुनः वापस ले लिया। कहा जाता है कि उन्होंने चोंच पर साँप पकड़कर उड़ते हुए गरुड़ को मार डाला था जिससे सुल्तान बहुत खुश हुआ और उन्हें गरुड़ की उपाधि दी। तब से वह गरुड़ ज्ञानचन्द के नाम से प्रख्यात हो गये। दुर्भाग्य यह था कि समय बीतने पर ज्ञानचंद जी भ्रष्ट हो गये, जनता का शोषण और दमन उनके राज्य में बहुत बढ़ गया। लोगों को उन्होंने बहुत दुःख दिये और ज्यादितियां की। इन सब के पश्चाताप के रूप में ३४ वें राजा विक्रमचंद ने बहुत से परोपकारी, धार्मिक और प्रजा कल्याण के कार्य किए लेकिन बाद में वह स्वयं ही दुराचारी और भ्रष्ट हो गए अतः उनके भतीजे ने उनका वध कर दिया।

भारतीचन्द जो विक्रम चंद के भतीजे थे, कुमायूं के ३५ वें राजा हुए। वह वीर और सदाचारी थे। उन्होने मल शाही (यानी कालीकुमाओं पर डोटी के शासकों का शासन) और बमशाही (यानी सोर और सीरा पर डोटी अथवा

नेपाली शासकों का शासन) का प्रतिरोध किया और डोटी के शासक को पराजित कर १२ साल तक अपने अधीन रखा।

रतनचंद, जो भारती चंद के सुयोग्य पुत्र थे ३६ वें राजा हुये। उनके राजत्व काल में डोटी राज वंश के खिलाफ बगावत हो गई और नागमल ने सत्ता हथियाकर रतन चंद के विरुद्ध षडयन्त्र किया लेकिन रतन ने उसे मार कर जुमला, थल और वजाँग छीन लिया। इन तीनों रियासतों द्वारा कुमायूं की अधीनता स्वीकार करने से कुमायूं राज्य और शक्तिशाली हो गया। सोर - सीरा और डोटी के भी कुमायूं की अधीनता स्वीकार करने और कुमायूं में मिल जाने के कारण पर्वतीय राज्यों में कुमायूं राज्य की धाक हो गई।

स्वनामधन्य कीर्तिचंद ३७ वें राजा हुए। उन्होंने चौभेंसी, सालम, फलदाकोट, ऊचाकोट, धनिया कोट, कोटोली, छखाता, कोटा, बारामण्डल, पालीपछाउं और विसौत पर अधिकार करके राज्य का काफी विस्तार किया। गढ़वाल के कुछ हिस्सों पर भी उन्होंने अधिकार किया लेकिन बाद में कर वसूली करके छोड़ दिया। कौडोर - बौरारो के शासकों ने रात के अंधेरे में कीर्ति की सेना को लूटा जिसमें कीर्ति की सेना के काफी जवान मारे गये। कीर्तिचंद ने बदला लेने के लिये कौडोर - बौरारो दोनों स्थानों पर कत्लेआम करवा दिया और उनको बर्बाद कर दिया लेकिन दोनों स्थानों का पुनर्निर्माण करवा कर वहाँ कैरा और वोहरा लोगों को बसा दिया। राजा ने कत्यूरियों से सल्ट का मनीला किला एवं महल ले लिया। पाली के कत्यूरियों ने लखनपुर किले में राजा से संधि की जिसके परिणामस्वरूप राजा ने न केवल किला और महल वापस कर दिये बल्कि उन्हें जमींदार भी बना दिया। अपने विजय अभियान में राजा कीर्ति को फलदाकोट में वहाँ के कत्यूरी राजा के मारे जाने के बावजूद जबरदस्त लड़ाई लड़नी पड़ी क्योंकि जनता चुप नहीं बैठी फलस्वरूप बड़ा जनसंहार हुआ। विजय यात्रा में राजा कीर्ति कोटा, कुटोली, ध्यानिरो को फतह करते हुए चम्पावत पहुँचा और उसके बाद माल यानी तराई - भावर गया जहाँ उसने जसपुर के पास अपने नाम से कीर्तिपुर वसाया। कत्यूर, दानपुर, असकोट, सीराकोट को छोड़ कर पूरा कुमायूं राज्य राजा के आधिपत्य में आ गया।

मानिकचंद १६ वीं शताब्दी के मध्य में ४० वें राजा के रूप में गद्दी पर बैठा। वह बहुत साहसी और बात का पक्का था। एटकिन्सन (Atkinson) के अनुसार उसकी वीरता, बहादुरी और महानता की प्रशंसा मुस्लिम नबाबों - शाहों ने भी की। ऐसा प्रसिद्ध है कि सन् १५४५ में जब शेरशाह सूरी के द्वितीय पुत्र इसलाम शाह ने पिता की गद्दी संभाली तों वारिसाना के लिये परिवार और भाइयों में आपस में घमासान छिड़ गया। खवास खाँ जो गद्दी के ऊपर हक जता रहा था डर के मारे राजा मानिक की शरण में कुमायूं भाग गया। इसलाम शाह ने राजा मानिक को खवास खाँ वापस करने का हुक्म दिया। मानिकचंद जी ने जबाब में लिखा 'दिल्लीश्वरो वा जगदीश्वरो वा न दाष्यामि शरणागतं कदापि' (दिल्ली का सुल्तान क्या, भगवान भी हो मैं शरणागत को वापस नहीं करूँगा)। सुल्तान की समझ में नहीं आया क्या करे और उसने कुछ करने की हिम्मत भी नहीं की।

भीष्मचंद ४१ वें राजा के समय तक चम्पावत राजधानी थी। भीष्म के समय तक राज्य का बहुत विस्तार हो गया था। चम्पावत से जो एक किनारे था, इतने बड़े राज का शासन चलाना कठिन हो रहा था अतः राजा ने खगमर कोट को राजधानी बनाया और नगर भी बसाया। भीष्म के समय डोटी, पाली, स्यूनरा में विद्रोह हुआ। जब भीष्मचंद अपने कोट में सो रहे थे तो रामनगर के सरदार ने उनकी हत्या कर दी। भीष्म की कोई औलाद नहीं थी अतः उसने ३६ वें राजा ताराचंद के पुत्र कल्याण चंद को गोद लिया हुआ था जिसे बचपन में प्यार से बालो कहते थे।

यही बालक बालो कल्याणचंद के नाम से ४२ वाँ राजा हुआ। भीष्मचंद के समय उठे उपद्रव को नीति पूर्वक नियंत्रित करने के लिये बालो ने डोटी से समझौता किया और पाली तथा स्यूनरा से बदला लिया। बहुत मार - काट हुई और बालो ने खटौली और रामगढ़ जीत लिये। खसिया खोला पहाड़ी पर राजा ने एक नगर वसाया। यहीं से कटारमल देवता के वर्तनों की सफाई - धुलाई के लिये भिल्मोड़ा घास ले जायी जाती थी।

अल्मोड़ा नामकरणः भिल्मोड़ा - किल्मोड़ा

धीरे धीरे भिल्मोड़ा के साथ अल्मोड़ा घास भी पैदा हुई। अम्लीय (Citric) होंने के कारण दोनों से वर्तनों की सफाई बहुत अच्छी होती है। ये जंगली उपज है और उत्तराञ्चल के पर्वतीय इलाकों में बहुतायत में पाई जाती है। भिल्मोड़ा के छोटे-छोटे झाड़ीदार पौधे होते हैं जबकि अल्मोड़ा एक से दो फीट ऊँचा पत्तीदार पौधा होता है जिसके पत्ते लोग राई, पालक आदि के साथ नमक मिलाकर बड़े चाव से खाते हैं। इसी के साथ तीसरा नाम जुड़ गया, किल्मोड़ा जो कि काँटेदार होता है और चार - छः फीट ऊँचा झाड़ी दार पौधा होता है जिसके फल फालसे की तरह लगते हैं और पकने पर मीठे तथा स्वादिष्ट होते हैं। हल्के सरसों के तेल के साथ नमक मिलाकर खाने से ये बहुत ही जायकेदार हो जाते हैं। कालान्तर में अल्मोड़ा - भिल्मोड़ा - किल्मोड़ा प्रसिद्ध हो गये। इसी अल्मोड़ा पौधे से जुड़ा है अल्मोड़ा शहर का ना .।

खसिया खोला पहाड़ी क्षेत्र में लकड़ी और पानी की बहुतायत होने के कारण कल्याण चंद ने नेलपोखरा (वर्तमान पल्टन बाजार) क्षेत्र में १६ वीं शताब्दी के मध्य में (१५५५ - ६५ ए डी के आस पास) एक महल बनवाया जो अल्मोड़ा नाम से विख्यात हुआ। यही अल्मोड़ा की नींव का इतिहास है। राजा कल्याण ने मनकोटी के राजा को हराया जिसका गंगोली के कुछ इलाकों में शासन था। मनकोटी के दीवान तब उप्रेती हुआ करते थे लेकिन बाद में पन्त होंने लगे। बालो कल्याण चंद की पत्नी डोटी के शासक की बहन थी इसलिए बालो को सोर रियासत दहेज में प्राप्त हुई। दानपुर की सभी रियासतों को जीतकर दाणू लोगों से भी राजा ने जमीन लेली और रौतेलाओं में बाँट दी तथा उन्हें सेनानायक भी बना दिया।

महान राजा और रुद्रपुर के संस्थापक, राजा रुद्रचन्द जो कल्याण चंद के पुत्र थे, राज्य के ४५ वें राजा हुए जिन्होंने २९ वर्ष (१५६८-९७) तक राज्य किया। अकबर उस समय दिल्ली मुगल सल्तनत का शाहंशाह था। लखनऊ में अकबर के क्षेत्रीय शासक (Governor) और काठ - गोला (शाहजहाँपुर) के नबाब हुसैन टुकुराया ने रुद्रचन्द से तराई - भावर छीन लिया। टुकुरया बहुत निर्दयी और क्रूर था। उसने कुमायूं और तराई भावर के बहुत से मंदिर तुड़वा

दिये। एक बार घनघोर बारिश के कारण वह कुछ नहीं कर पाया अतः उसने दूसरी बार आक्रमण किया लेकिन अकबर द्वारा बुला लिया गया और दिल्ली में उसका इंतकाल हो गया। राजा रुद्र ने तराई भावर में अपनी सत्ता कायम कर दी लेकिन मुगल सेना तीसरी बार आ धमकी, लेकिन इस बार एक नई शर्त रखी गई। तराई भावर के भाग्य का निर्णय करने हेतु राजा रुद्र और मुगल फौजदार के बीच द्वंद यानी मल्ल युद्ध रखा गया। मुगल फौजदार रुद्र जी से पराजित हो गया। अकबर ने रुद्र को लाहोर बुलाया और नागोर के युद्ध में भेजा जहाँ से रुद्र विजयी होकर लौटे। खुश होकर अकबर ने राजा रुद्र चंद के पक्ष में तराई भावर पर (जो ८४ माल के नाम से जाना जाता था क्योंकि यह क्षेत्र ८४ कोस यानी करीब २१० मील या ३०० से ज्यादा कि. मी. था) शासन करने का फरमान जारी किया। राजा रुद्र ने बीरबल महाराज को अपना पुरोहित बनाया। उन्होंने तराई में रोज-रोज के झगड़ों को देखते हुए रुद्रपुर में न केवल किला बनाया अपितु नगर की भी स्थापना की और महल भी बनवाया। सीरा के शासक हरिमल की बहन रुद्र की माता थी। हरिमल्ल ने सीरा रुद्र के सुपुर्द करने से मना कर दिया फलस्वरूप दोनों के बीच लम्बा घमासान चला। अन्ततः रुद्र ने सीरा जीत लिया। रुद्र ने गढ़वाल पर भी चढ़ाई की और बधान गढ़ को अपना निशाना बनाया। गढ़वाल के राजा ने प्रतिरोध किया जिसमें गढ़वाल की मदद विलुप्त होती कत्यूर वंशी रियासती राजा सुकालदेव ने की। चंद सेना के नायक पुरुष पन्त मारे गये। रुद्र ने बदले में सुकाल देव को मारकर कत्यूर में उनकी रियासत छीन ली। राजा रुद्र प्रतापी, विद्वान और परोपकारी थे।

कूर्मांञ्चल के ४६ वें राजा लक्ष्मीचंद, रुद्रचंद के छोटे पुत्र थे। सबसे बड़ा पुत्र नेत्र हीन था लेकिन उसकी छठी इन्द्री (6th sense) का, कहते हैं जबाब नहीं था। नेत्र हीन होने के बावजूद वह आम प्रशासन खास तौर से जमीनी मामले, बन्दोवस्त, मालगुजारी, माप - तौल और स्वामित्व का कार्य देखता था। जो लोग राजा के लिए नेग यानी दस्तूर और पारम्परिक भेंट उगाही आदि का कार्य देखते थे वो नेगी कहे जाते थे। राजा के नेत्रहीन बड़े भाई शक्ति सिंह ने कृषि को बहुत लाभकारी बनवा दिया। फल और सब्जी पैदा करने की नई संस्कृति स्थापित की।

राजा लखमीचन्द ने गढ़वाल पर पहले सात बार आक्रमण किया और सातों बार हारा। राज्य की जनता ने उसका मजाक उड़ाया और उसके किले को स्याल बुंगा तथा राजा लखमी की 'लखुली - बिराली कह कर हंसी उड़ाई।

परेशान राजा ने देवी - देवताओं को खुश करने के लिये तन्त्र - मन्त्र का सहारा लिया और कई मन्दिर बनवाये अथवा जीर्णोद्धार किया जिनमें बागीश्वर तथा अल्मोड़ा के लक्ष्मी नारायण मन्दिर भी सम्मिलित हैं। तत्पश्चात् राजा ने आठवीं बार गढ़वाल पर आक्रमण किया। कहा जाता है कि युद्ध को जाते समय राजा ने रास्ते में जगह-जगह लकड़ी और घास के ढेर लगवा दिये ताकि जीत कर लौटते हुए जश्न मनाये। उस समय गढ़वाल सेना के सेना नायक खतड्डुवा जी थे। इस बार भी लूट पाट के अलावा राजा के हाथ कुछ नहीं लगा लेकिन अपयश को जीत के रूप में प्रदर्शन के लिए राजा ने रास्ते में रखी घास और लकड़ियाँ जलवा कर दीपावली मनाई। तभी से 'भेल्लो रे भेल्लो, भेल्लो खतड्डुवा' प्रसिद्ध हो गया और कुमायूं में यह परम्परा १६७० - ८० तक बनी रही। लक्ष्मीचंद ने उप्रेतियों से जमीन लेकर पंतों में बंटवा दी। दुःखी होकर, कहते हैं, एक उप्रेती ने यात्रा करते हुये अगले जन्म में पंतों से बदला लेने के लिये आत्मघात कर लिया। लक्ष्मीचंद ने २४ वर्ष राज किया और १६२१ में टीबी से मर गया। राजा की चार वैध सन्तान थी यथा दिलीपचंद, त्रिमालचंद, नारायणचंद और नीला गुसांई। अवैध संताने कहते हैं काफी थी।

लक्ष्मीचंद के पुत्र ४७ वें राजा दिलीपचंद ने पन्त लोगों को काफी परेशान किया, उन्हें सभी राजकीय पदों से हटा दिया और उनके मुखियाओं को मार डाला। किंवदंति है राजा दिलीप वही उप्रेती था जिसने अगले जन्म में पन्त लोगों से बदला लेने के लिये आत्मघात किया था। जो किला आज पिथौरागढ़ कहा जाता है वह दिलीपचन्द के समय ही बनाया गया था। दिलीप के दो मक्कार सलाहकार थे जिनका नाम था शकराम कार्की और पीरू गुसांई। दिलीप ने तीन साल ही शासन किया और टीबी से मृत्यु हो गई।

दिलीप का पुत्र विजय चंद बालक ही था कि राजा बना दिया गया। शक राम कार्की और पीरू गुसांई दो मक्कारों के साथ सोर का विनायक भट्ट भी

शामिल हो गया। ये तीन राज्य का शासन चलाने लगे। इन्होंने राजा को ऐयाश बना दिया - हरम और रनिवास का गुलाम। विजय पूरी तरह इन तीनों के प्रभाव में था। विजय के एक चाचा नीला गुसांई ने इन धूर्तों का विरोध करने का साहस किया तो उसे अन्धा बना दिया गया, कई गुसांई मार दिये गये ताकि कोई राजगद्दी पर दावा न कर सके। विजय चंद के दूसरे चाचा नारायणचंद डोटी और तीसरे त्रिमालचंद, जो बाद में राजा भी बने, गढ़वाल भाग गये।

अन्धा बनाये गये नीलू गुसांई के पुत्र को चुपके से एक तिवारी (तेवारी) पुरोहित ब्राह्मण के सुपुर्द कर दिया गया जिनका नाम धर्माकर था। उनकी पत्नी ने उस बालक का पोषण किया। इस बालक को बचपन में प्यार से 'बाजा' नाम से पुकारा जाता था और इसी नाम से वह बड़ा हो गया। ऊपर कहे गये तीन धूर्तों ने बालक विजय चंद को भी मार डाला जिसने दो साल भी राज नहीं किया था। यह षडयन्त्र सार्वजनिक हो गया। जनता में थू - थू होने लगी। त्रिमालचंद और नारायणचंद को तुरन्त गद्दी संभालने के लिये बुलाया गया। त्रिमालचंद सबसे छोटे होते हुए भी क्योंकि पहले पहुँच गये थे अतः उन्हें राजगद्दी पर आसीन किया गया।

इस प्रकार लक्ष्मीचंद के तीसरे पुत्र और दिलीपचंद के सबसे छोटे भाई त्रिमालचंद राजा बने। उनकी कोई सन्तान और वारिस नहीं था। त्रिमाल के शासन सम्भालने के बाद तीन धूर्तों में से शकराम कार्की मार दिया गया, विनायक भट्ट की आँखें फोड़ दी गई और पीरू गुसांई ने सम्भवतः प्रयाग में जाकर आत्मघात कर लिया।

त्रिमालचंद का वारिस और पुत्र न होने के कारण अब राजगद्दी के लिये राजा की जरूरत हुई। अतः राजाओं की रिश्तेदारी - नातेदारी, सगे - सम्बन्धियों में खोज की गई। इस खोज में लक्ष्मीचंद के नाती यानी धूर्तों द्वारा अन्धे किये गये दिलीपचंद के पुत्र नीला गुसांई के पुत्र 'बाजा' का पता चल गया जिसका पोषण तिवारी गुरु की भार्या कर रही थी।

गुसांई सम्बोधन राजा के उन शेष पुत्रों को किया जाता था जो राजगद्दी पर नहीं बैठते थे और वो राजबर - राजदार यानी राजसी माने जाते थे।

बाजा' और कोई नहीं, अपितु कूर्माञ्चल का पचासवाँ महान राजा, बाजपुर का संस्थापक बाज बहादुरचंद था जिसने सन् १६३८ से १६७८ तक शासन किया। गद्दी पर बैठते समय वह बाजचन्द के नाम से जाना जाता था। लेकिन कहा जाता है कि १७ वीं शताब्दी के मध्य के आसपास गढ़वाल युद्ध में वीरता दिखाने के कारण शाहजहाँ ने उसे 'बहादुर' का खिताब दिया था और महाराजाधिराज की उपाधि दी थी। यह भी कहा जाता है कि १६६० के आसपास चार भाइयों में शाहजहाँ की वारिसी (उत्तराधिकार) की लड़ाई के समय औरंगजेब और बाज के बीच वैमनस्य उत्पन्न हो गया था। बाज बहादुर ने औरंगजेब के सबसे बड़े भाई दाराशिकोह के साहबजादे सुलेमानशेख को शरण दे दी थी। उस समय तराई - भावर छिनने की नौबत आ गयी थी लेकिन बाज किसी तरह औरंगजेब को ये समझाने में सफल हो गया कि शरण उसने नहीं गढ़वाल नरेश ने दी थी और इस तरह तराई पर बाज बहादुर अपना शासन यथावत बनाये रखने में सफल हो गया। लेकिन उसे अब तराई की रक्षा की चिन्ता होने लगी अतः उसने वहाँ की सुरक्षा बढ़ाने के साथ-साथ तराई में एक किला तथा महल बनवाया और बड़ी फौज रखी और सेना में मेवाती मुसलमानों को भी भर्ती किया।

बाज बहादुर ने बधानगढ़ तथा लोहबा गढ़ पर एकसाथ चढ़ाई की और नन्दा देवी की मूर्ति उठाकर ले आया। हूंण और तिब्बतियों ने जब कैलाश - मानसरोवर जाने वाले यात्रियों को परेशान और तंग किया तो उसने स्वयं कैलाश की यात्रा की और उन्हें ठिकाने लगाया, यहाँ तक कि उनके पारम्परिक भुगतान बन्द करवा दिये और तिब्बत पर चढ़ाई कर तकलाखाल का किला छीन लिया। हुणियों के इकरारनामा देने पर ही उसे वापस किया। उसने सांवली के सांवलिया बिष्टों को बंगारस्यूं के रावतों से मिलवाया जिनके पूर्वज कत्यूरी राज्य के अपवर्तन पर गढ़वाल प्रवास कर गये थे और पातली - पतली दून में रह रहे थे। उसके राज्य के दौरान गढ़वाल से अस्वाल और डंगवाल पाली आ गये और बाज बहादुर की मदद की। उसके समय में सल्ट के मनीला किला में रह रहे कत्यूरियों ने राजा गढ़वाल की मदद की थी जिसका खामियाजा उन्हें बहुत बुरी तरह भुगतना पड़ा। बाज ने किले को तबाह कर

उनका पीछा किया और अपने राज्य से बाहर कर दिया। इस प्रकार उसने चंद राज्य से कत्यूरियों के अन्तिम अवशेष को भी उखाड़ फेंका। उसने नगीना तक धावा बोला और तराई के लुटेरों की पूरी सम्पत्ति ले ली। राज्य की तीनों दिशाओं में शासन की धाक जमाने के बाद वह सोर की तरफ बढ़ा, डोटी के राजा से मिलकर ब्रह्मदेव मण्डी और कालाघाट का किला जीता, राजा को फाँसी दी अथवा मार गिराया और व्यांस को जीतते हुए गंगोली होकर वापस आया। उसने कई मन्दिर नई तरह से बनवाये और जहाँ तीर्थों में मन्दिर नहीं थे वहाँ मन्दिर बनवाये जिनमें पीनाथ, भीमेश्वर, कटारमल, बदरीनाथ (जि. अल्मोड़ा) और भवानी देवी मन्दिर तथा महारुद्र देवालय प्रमुख हैं। क्योंकि उसका पालन - पोषण तिवारी परिवार ने किया था अतः बाज ने तिवारियों को भी पुरोहिताई के वही अधिकर दिलवाये जो पाण्डे और पंतों को थे।

बाज बहादुर का पुत्र उद्योतचंद राज्य का ५१ वाँ राजा हुआ। बाज के समय ही पिता - पुत्र में खट - पट हो गई थी अतः बाज ने उद्योत से सब अधिकार वापस लेकर उसे गंगोली भेज दिया था। बाज के देहान्त के उपरान्त उद्योत को बुलवाया गया और वह उद्योतचंद के नाम से गद्दी पर बैठा। सन् १६७८ में गद्दी पर बैठते ही उसने बधानगढ़ी पर आक्रमण किया। यद्यपि उसका सेना नायक मारा गया लेकिन गढ़ पर उसका अधिकार हो गया।

सन् १६७९ में उसने गढ़वाल पर आक्रमण किया और गणाई होते हुए लोहबा और चंदपुर (वर्तमान चाँदपुर) को लूटा। उद्योत के इरादों को भाँपते हुए सन् १६८० में राजा गढ़वाल और डोटी ने एक दूसरे की मदद करने का समझौता किया। इस इकरारनामें के बाद डोटी ने चम्पावत पर अधिकार कर लिया और गढ़वाल ने द्वारहाट - द्रोणागिरि को हस्तगत कर लिया लेकिन दो साल तक युद्ध चलने के बाद कुमायूं सेना अन्त में विजयी रही। इस पर डोटी के रैका राजा ने कालीकुमाओं पर धावा बोला लेकिन कुमाओं सेना ने उसे खदेड़ कर अजमेरगढ़ किले पर अधिकार कर लिया। उद्योत ने खैरगढ़ किले पर भी धावा बोला और डोटी के शासक को खदेड़ा। उसने कई देवी - देवता मन्दिर बनवाये।

ज्ञानचन्द राज्य के ५२ वें राजा हुए। इससे पूर्व राजमुकुट धारण करते ही चंद राजा डोटी पर आक्रमण करते थे लेकिन बाद में उन्होंने इसे उलट दिया

और गढ़वाल पर आक्रमण करने लगे। ज्ञानचंद भी बधानगढ़ को लूटते हुए थराली पहुँचा और बर्बाद कर दिया। सन् १६९९ में वह नन्दा देवी की स्वर्ण प्रतिमा उठा ले आया और कुमाओं के नन्दादेवी मन्दिर में स्थापित कर दी। सन् १७०० में उसने मल्ला सल्लाण की सावली, खतली, सेंजधार पट्टियों को लूटा। राजा गढ़वाल ने बदले में पाली परगने की गिंवार और चौकोट पट्टियों को बर्बाद कर दिया। इस तनाव में दोनों राज्यों के सीमावर्ती क्षेत्र रौंद दिये गये फलस्वरूप वहाँ से लोग इधर - उधर भाग गये।

सन् १७०३ में ज्ञानचन्द ने मेहलचोंरी के पास राजा गढ़वाल को परास्त कर श्रीनगर तक उसका पीछा किया। तब राजा गढ़वाल को अलकनन्दा के उस पार भागना पड़ा। सन् १७०४ में उसने डोटी पार धावा बोला और पुनः १७०७ में गढ़वाल पर आक्रमण किया। इस समय उसने बिचला चौकोट की जूनियागढ़ी पर अधिकार किया और देवालीखाल - पण्डुवाखाल होते हुए वापसी में चाँदपुर को लूटा और किले को तबाह कर दिया। जूनियागढ़ी के पुनर्निर्माण के बाद उसने दुबारा उसे नष्ट किया। संभव है लखनपुर का नाम चंदपुर (जो अंग्रेजी के कहर से चांदपुर हो गया) इसी समय पड़ा हो।

जगतचंद ५३ वें राजा, ने १७०९ में पिन्डारी मार्ग (रूट) से गढ़वाल पार आक्रमण किया। वह लोहबा होते हुए श्रीनगर पहुँचा। राजा गढ़वाल या तो अलकनन्दा के पार या देहरादून कहीं छिप गये।

जगत ने लूट का माल अपने सैनिकों में बाँट दिया और श्रीनगर एक ब्राह्मण को दान में दे दिया। जगत ने औरंगजेब के पुत्र मुअज्जम की 'बहादुरशाही' की ताजपोशी के समय दिल्ली दरबार में बहुत से उपहार भेजे थे।

जगत के राज्य काल में चंद राज्य का वैभव और खुशहाली चरम सीमा पर था। लोग खुश और सुखी थे। वह जनप्रिय राजा था जिसे लोक कल्याण की चिन्ता रहती थी। उसने जुआ और जुआरी बुरी तरह दबा दिए, उन पर कर भी लगा दिया। उसने एक शक्तिशाली राज्य का निर्माण किया। सन् १७१० में उसने पुनः बधान को लूटा और गढ़वाल राज्य से छुटकारा पाने की मंशा से श्रीनगर के श्रीयन्त्र पर संकल्प कर के श्रीनगर एक ब्राह्मण को दान में

दे दिया ताकि न राज रहे न राजा। राजा जगतचंद पागल भी नहीं था लेकिन उसका ये कृत्य औरों को पागल बनाने वाला था। बाद में ब्राह्मण ने ही श्रीनगर राजा गढ़वाल को वापस कर दिया अथवा राजा ने याचना से वापस ले लिया पता नहीं। जगतचंद अपने ही राज्य में मार दिया गया, क्यों - कैसे, किसी को पता नहीं।

देवीचन्द, चन्दवंश के ५४ वें राजा हुए। उसने भी गढ़वाल पर आक्रमण किया, राजा को पराजित किया, लूटपाट की और वापस आ गया। राजा गढ़वाल के विरुद्ध देवीचन्द की मदद करने की वजह से गैड़ा बिष्टों की तूती बोलती थी। शायद जोशियों का स्थान भी दूसरा हो गया था। राजा गढ़वाल ने भी रणचूलाकोट पर आक्रमण किया लेकिन देवी के सामने टिक नहीं पाये। देवीचन्द ने पुनः १७२३ में गढ़वाल पर धावा बोला, वहाँ के राजकाज को अस्त-व्यस्त कर दिया, श्रीनगर की 'श्री' को लूटा और देहरादून के रास्ते तराई होते हुये वापस आ गया।

चापलूसों ने देवी को बर्बाद कर दिया। वो उसे विक्रमादित्य कहने लगे। उसने कर्जे की राशि पर ध्यान दिये वगैर सब कर्जा माफ कर दिया, लोगों को खैरात बाँटी और फिजूल खर्च करने लगा। मखनुओं ने इसे सतयुग की वापसी बताकर राजा को पागल - उन्मत्त बना दिया। राजा देवी ने उस ब्राह्मण से श्रीनगर वापस माँगा जिसको पहले जगतचंद ने श्रीनगर दान में दे दिया था। सफलता न मिलने पर राजा देवीचन्द ने जबरन श्रीनगर लेना चाहा लेकिन उसे इसबार ऐसी पटखनी मिली कि वह भाग खड़ा हुआ। दरबारी चाटुकारों ने उसे खूब लूटा। उसने दिल्ली के सुल्तान को हटाने के लिये षडयंत्र करने वाले बागियों का भी साथ दिया और जब देवी पर उल्टा आक्रमण हुआ तो वह भाग गया। बाद में वह सनकी सा हो गया अतः डोटी और गढ़वाल के राजा एक हो गये और कुमायूं पर आक्रमण कर दिया लेकिन देवी ने भी लोहबा और चाँदपुर को खूब लूटा। अन्ततः वह अपने महल में ही ऐयाशी करते हुए उन्हीं चाटुकारों द्वारा मारा गया। देवीचन्द का कोई वारिस नहीं था।

अब फिर वही सवाल आया राज्य का उत्तराधिकारी कौन हो। जब तक कोई उत्तराधिकारी नहीं मिला यही चाटुकार और धूर्त शासन चलाते रहे और

पञ्च लोग चन्दवंश का रक्त सम्बन्ध ढूँढते रहे। गैड़ाबिष्ट अपनी राजनीति चलाते रहे लेकिन जन पञ्चों ने कठेड़ (रोहिलखण्ड) के राजा नरपतसिंह के पुत्र अजीत सिंह को राजा बनाने का निर्णय ले लिया। अजीत की माता यानी नरपत सिंह की पत्नी कुमायूं के पूर्व राजा ज्ञानचंद की, जिनका वर्णन ऊपर किया जा चुका है, पुत्री थी।

अजीत सिंह राजा अजीतचंद के नाम से गद्दीनसीं हुआ लेकिन वह गैड़ाबिष्ट और चाटुकारों के हाथ की कठपुतली बन गया। गैड़ों की हुकूमत से राज्य चल रहा था। उनकी ज्यादतियाँ और लूट चरम पर पहुँच गई। उन्होंने षड़यंत्र द्वारा राजा अजीतचंद को मरवा डाला। ये गुण्डा राज, नादिरशाही की तरह गुंड़ागर्दी के नाम से जाना जाता है। इस गुट की अब पीपली के राजा और नरपत सिंह के दूसरे पुत्र को गद्दीनसीं करने की चाल थी ताकि वो भी पहले की तरह उनके हाथ की कठपुतली बना रहे लेकिन राजा नरपतसिंह ने साफ इनकार कर दिया। अतः लोक पंचों ने पुनः अपना दायित्व निभाते हुये कल्याणसिंह को राज्य चलाने के लिए बुलाया।

कल्याण सिंह राजा उद्योतचंद के पुत्र थे जो अपने भाई राजा ज्ञानचंद के भय से डोटी के जंगलों में भटकते रहे। वह अशिक्षित होते हुये भी राज सिंहासन पर बैठाये गये।

इस प्रकार कल्याणसिंह ने राजा कल्याण चंद के नाम से लगभग १७२६ – ४८ के बीच शासन किया। चाटुकार – मखनू – चालाकों ने कल्याण के साथ भी वही चाल चलने की कोशिश की – डाल्ली, उपहार, भेंट लेकर राजा की खुशामद और चापलूसी। लेकिन कल्याण को उनके बारे में पता चल गया था। अतः उसने उन शरारती और षड़यंत्रकारियों को मरवा डाला। बदले में और भी कई बिष्ट, रौतेला, और उनके खास मुखिया यहाँ तक कि चंद भी मारे गये। तथापि दूसरे चाटुकारों ने राजा को घेर ही लिया और उसे कुसलाह देने लगे। एक बार कहा जाता है कि, किसी ब्राह्मण ने कोई शरारत की थी और राजा ने कई ब्राह्मणों को अन्धा करवा दिया था। कई जमींदार भी मारे गये। कल्याण की एक कन्या सिरमौर (नाहन) के राजकुमार को ब्याही जा रही थी। गढ़वाल के राजा प्रदीप ने बारात के आने – जाने पर कुछ प्रतिबन्ध लगाये तो

कल्याण ने सुरक्षा के लिये अपनी सेना भेज दी। अतः प्रदीप को समझौता करना पड़ा। कल्याणचन्द ने कई तरह से अपने पापों का प्रायश्चित किया जैसे मारे गये लोगों के परिवार या वारिस को रोजगार, धन, जमीन देना। बाद में वह स्वयं मनमौजी, बेलागम, व्यभिचारी और फिजूल खर्च हो गया। रूहेलखण्ड के नबाबों (रोहिल्ला) ने फायदा उठाकर दो बार कुमायूं पर आक्रमण किया, अल्मोड़ा को तहस - नहस किया, सम्पत्ति और दौलत लूटी, मन्दिर तोड़े। कल्याणचंद भाग कर लोहबा में छिप गया और गढ़वाल के राजा से मदद मांगी। दूसरी बार कुमायूं के लोग और फौज बहादुरी से लड़ी और रोहिल्लाओं को खदेड़ डाला। दिल्ली दरवार के फरमान पर रूहेल्ला कुमायुं से अलग रहे। अन्त में कल्याण चक्षु पीड़ा से ग्रसित हो गया और उसने विन्सर महादेव की शरण ले ली। कल्याण का पुत्र दीपचंद मंदबुद्धि था अतः राजा ने उसे महान नीतिज्ञ, कूटनीतिज्ञ, स्वनाम धन्य, योग्य पिता हर्षदेव जोशी जी के सुयोग्य पुत्र शिव देव जोशी जी की संरक्षकता में छोड़ दिया।

तथापि दीपचंद कूर्मान्चल में चंदवंश के सत्तावनवें उत्तराधिकारी हुये। दीप काल में जोशी लोगों के समादेश ही राजाज्ञा होती थी। पण्डे, पुजारी, कर्मकाण्डियों की खूब चली जैसे आज पूरे देश में चल रही है। दीप चंद के समय कुमायूं की फौज पानीपत की तीसरी लड़ाई (सन् १७६१) में मराठाओं के विरुद्ध बहादुरी से लड़ी थी। सेना का नेतृत्व हरि राम और उप नायक बीरबल नेगी कर रहे थे। अहमदशाह अब्दाली के हाथों मराठों की पराजय हुई। कुमायूं के अलावा रोहिलखण्ड, नजीबाबाद और सहारनपुर के नबाबों की फौज भी मराठों के खिलाफ लड़ी थी।

शिव देव जी जोशी के पुत्र हर्ष देव जोशी को अब नजीबाबाद का प्रशासक बना दिया गया। दीप चंद मंदबुद्धि होने के कारण सरल सौम्य स्वभाव था। अतः समस्त राजन्य शक्ति शिव देव जी के हाथ थी और अन्तर्निहित रूप से हर्ष देव जी के भी। शिव देव जी जन सम्पर्क विद्या में प्रवीण थे। अधिकतर नवाबों से उनके घनिष्ठ सम्बन्ध थे। यही गुण हर्ष देव जी में अनुवंशिक थे। अल्मोड़ा में जैकृष्ण (जयकृष्ण) जोशी जी शिव देव जी के प्रतिनिधि थे। उस समय कुमायूं सेना को डोगरा, नागरकोटिया, गुलेरिया आदि विभिन्न जाति के

लोगों को भर्ती करके सम्पृक्त (blend) किया गया। अतः सभी तरफ पूरी तरह शांति रही। नतीजा ये हुआ कि बाहर से लोग तराई - भावर और कुमायूं में वसन करने लगे। तराई में खेती खूब फली फूली। लोग खुशहाल थे। उनको अपनी उपज का १/६ कर के रूप में देना होता था वो भी दुर्भिक्ष, सूखा आदि अन्य विपत्ति के समय राज्य सहायता के रूप में उनको वापस मिल जाता था। अतः अल्पकाल में ही तराई भावर लोगों से भर सा गया।

उस समय प्रशासकीय अधिकार महरों - मेहरों (सम्भवतः वर्तमान मेहरा - मेहता) के हाथ में थी अतः फरत्यालों में असन्तोष बढ़ने लगा और वो अपने में से किसी को प्रधान आमात्य पद की माँग करने लगे। फरत्यालों के प्रमुख अमरसिंह ने विद्रोह किया लेकिन शिव देव जी द्वारा कुचल दिया गया। दुर्भाग्य ये कि शिव देव जी और जय कृष्ण जी के बीच भी गलत फहमी पैदा ही नहीं हुई बहुत बढ़ गई। जैकृष्ण जी ने फरत्यालों के साथ मिलकर गढ़वाल नरेश प्रदीप शाह को कुमाओं पर आक्रमण करने के लिये पूरी तरह तैयार कर दिया। अतः राजा प्रदीप ने जूनियागढ़ी में अपना डेरा जमा दिया। राजा दीपचंद तथा शिवदेव जी ने नैथाना गढ़ी में डेरा जमाया और जसपुर कब्जे में कर लिया। लेकिन दोनों राजाओं को सद्बुद्धि उत्पन्न हुई और समझौता हो गया।

रामनगर को दोनों राज्यों के बीच सीमा मानने को छोड़कर गढ़वाल की अधिकांश शर्तें मान ली गई। सीमा विवाद दोनों राज्यों के बीच सबसे उलझा हुआ विषय रहा। गढ़वाल सदैव रामनगर को सीमा बनाने और मानने पर जोर देता रहा लेकिन कुमायूं ऐसा मानने के लिये कभी तैयार नहीं हुआ। कुमायूं राज्य की मंशा पर गढ़वाल को संदेह हो गया अतः उसने पुनः हमला कर दिया लेकिन हार गया साथ ही अपने सेनानायक नरपत सिंह गुलेरिया को भी खो दिया। दोनों तरफ बहुत मानव क्षति हुई। उसके बाद पुनः शान्ति हुई। दोनों राजाओं ने पगड़ी बदल की और दोनों राज्यों के बीच दीर्घ कालिक शान्ति रही। कोई झगड़ा नहीं हुआ।

दुर्भाग्यवश एक तरफ शान्ति हुई तो दूसरी तरफ कुमायूं में आंतरिक उद्वेग, असंतोष, ईर्ष्या और समुदायों के बीच आपसी वैमनस्यता और द्वेष बहुत बढ़ गया। जोशी लोग आपस में दुश्मनों की तरह लड़ने लगे, एक दूसरे

को फाँसी पर लटकाने लगे, कई विरोधी सरयू नदी में डुबो दिये गये, कइयों के साथ निर्दय व्यवहार हुआ, कई पर्वतों की चोटियों से गिराये गये, कइयों के साथ क्रूरता की गई। अन्ततः दिल्ली दरबार की दखल से शिव देव जी के पक्ष में स्थिति सामान्य हुई लेकिन जनता शिवदेव जी की जान के पीछे पड़ी हुई थी क्योंकि उन्होंने बहुत से विरोधी और कई दुश्मन पैदा कर दिये थे। इस खेल में फरत्यालों ने अपना राजनैतिक खेल खेला। शिवदेव जी अपने कर्मो का प्रायश्चित कर रहे थे, लेकिन एक दिन काशीपुर में जब वो पूजा में ध्यानस्थ थे, उनकी हत्या कर दी गई। जैकृष्ण जी विक्षिप्त हो गये और मार दिये गये।

सौभाग्यवश अपने समय में गढ़वाल के चाणक्य और कुमायूं के मैकियाविली (Machiavelli) हर्षदेव जी जोशी जीवित रह गये।

चंदवंश के अन्त का प्रारम्भ और परिविह्वलता

इस विन्दु से चंदवंश के अन्त की शुरुआत (Beginning of the end) हो गई। दीपचंद की सुलझी हुई ज्येष्ठ राजमहिषी का इन्तकाल हो गया। दीपचंद महल की कूट शतरंजी चालों में व्यस्त रहने लगा। कुचक्र आम हो गये। दीपचंद स्वयं ऐसे ही एक कुचक्र का शिकार हो गया और लगभग सन् १७७७ के आसपास निर्दयतापूर्वक अपने दो पुत्रों के साथ सीराकोट में मारा गया। बहुत से हकदार गद्दी के लिये आए लेकिन दीपचन्द की द्वितीय रानी ने अपने पुत्र मोहनसिंह के नाम पर शासन अपने हाथ में ले लिया।

यथा समय मोहनसिंह चंदवंश के विनिपातक (Liquidator) के रूप में मोहनचंद के नाम से कुमायूं की राजगद्दी पर बैठा। मोहनचंद कई बार गद्दी पर बैठा और हटाया गया। पहली बार वह करीब १७७७ से १७७६ तक गद्दी पर बैठा। काशीपुर के शासक नन्द राम के साथ मिलकर उसने कई षड़यन्त्र किये गुप्त योजनायें बनाई तथा छल और धोखा किया फलस्वरूप मैदानी इलाकों की शक्ति कुमायूं के राजा के हाथ से नन्दराम के हाथ चली गई। तराई पहले ही नवाबों के हाथ चली गई थी और कुछ पर पठानों का भी अधिकार हो गया था। नन्दराम ब्राह्मणों, किसानों और क्षत्रिय - राजपूतों को लूटने में लगा हुआ था। सर्वत्र त्रस्तता, अभाव और विनिपात का माहौल था। लोग कुमायूं के

मैदानी इलाकों को छोड़कर यत्र-तत्र वसने लगे। नन्दराम ने अवध के नबाब को पटा लिया और क्षेत्र में उसका प्रतिनिधि बन गया। उसने नबाब के नाम पर रुद्रपुर भी हस्तगत कर लिया। जोशी लोगों की सबसे ज्यादा शामत थी। मोहनचंद और नन्दराम मिलकर शिवदेव जोशी जी के सम्बन्धियों को परेशान करने और हानि पहुँचाने लगे। उनके पुत्र हर्षदेव जी कारागार में डाल दिये थे। हर्षदेव जी के प्रमुख सहयोगी लक्ष्मीपति जोशी को मोहनचंद ने किसी बहाने से बुलाया लेकिन बाद में वो देवदारु वन में मृत पाये गये।

राजा गढ़वाल ललितशाह ने इसे मोहनचंद पर चढ़ाई करने का उचित समय जानकर सेनापति प्रेम पति खण्डूड़ी के नेतृत्व में धावा बोल दिया। हर्षदेव जी ने कारावास से ही गढ़ नरेश की मदद करने की पूरी कोशिश की। मोहनचन्द हर्षदेव जी की कुशाग्र कूटनीति जानता था, अतः उसने उन्हें खुश करके अपनी तरफ करने के उद्देश्य से मुक्त कर दिया। लेकिन जोशी जी गढ़ नरेश ललित जी से वचन वद्ध थे कि जीत होने पर गढ़वाल के राजकुमार को ही कुमायूं की राजगद्दी पर आसीन किया जायेगा।

गढ़ सेना ने लोहबा की ओर से द्वारहाट पर चढ़ाई की। कुमायूं सेना पराजित हुई। मोहनचन्द भाग खड़ा हुव और आखिर में रामपुर नबाब के यहाँ शरण ली। वहाँ उसकी मुलाकात अपने चचेरे भाई लाल सिंह से हुई।

राजा ललित शाह के द्वितीय पुत्र प्रद्युम्न कुमायूं की राजगद्दी पर प्रद्युम्नचंद के नाम से सिंघासनारूढ़ हुये। उन्हें राजा दीपचंद (मोहनचन्द के पिता) का गोद लिया हुआ पुत्र माना गया। प्रद्युम्न ने करीब १७७९ से १७८६ तक कुमायूं पर शासन किया। माना ये जाता है कि राजा ललित और राजा दीप के बीच सचमुच में भाई चारा था। तराई में मलेरिया अथवा घर्म (घाम) लगने से ललित शाह बीमार हुये और उनकी मृत्यु हो गई।

पिता की मृत्यु के बाद उनके ज्येष्ठ पुत्र जैकृत (जय कृत) शाह गढ़वाल की राजगद्दी पर बैठे। कुमायूं में प्रद्युम्न ने जोशियों को विशेष स्थान और शक्ति दी जिसे जैकृत ने पसन्द नहीं किया। जयकृत बड़े होने के कारण आशा कर रहे थे और चाहते थे कि प्रद्युम्न उनकी सलाह पर चले और उनके मातहत

कार्य करे यानी कुमायूं राज्य गढ़वाल के अधीनस्थ रहे। लेकिन प्रद्युम्न ने यह कहते हुये मना कर दिया कि कुमायूं हमेशा बड़े भाई की तरह माना गया अतः राजा कोई भी हो बड़े का सम्मान कुमायूं राज्य को ही मिलेगा। अतः प्रद्युम्न कनिष्ठ होते हुये भी बड़े और विस्तीर्ण राज्य की गरिमा और गौरव को बनाये रखने के उद्देश्य से उसी तरह व्यवहार करने लगे। इससे ऐसा भी लगता है कि प्रद्युम्न जी को दोनों राज्यों का आदि पुरातन इतिहास भी पता था।

नीतिकुशल हर्षदेव जी जन और राज सम्पर्क में माहिर थे। उन्होंने सभी नबाबों से सम्पर्क बनाये रखा ताकि मोहनचंद को कहीं से भी मदद न मिल सके। उसी दौरान रामपुर के नबाब ने काशीपुर को लूटा। हर्षदेव जी ने आक्रमण करने की तैयारी की लेकिन तब तक दोनों के बीच समझौता हो गया जिसके अन्तर्गत नबाब रामपुर ने स्वीकार किया कि फिर कभी कुमायूं की ओर नजर नहीं उठायेगा।

इधर गढ़वाल के चाटुकार, दरबारी और मखनू, चापलूस बड़े भाई की तरह आदर न देने और गढ़वाल राज्यको बड़ा न मानने के लिये प्रद्युम्न चंद के खिलाफ जयकृत को भड़का रहे थे तो कुमायूं के खुराफाती षड़यन्त्रकारी भी प्रद्युम्न द्वारा जोशियों को वेजा तरजीह देने के खिलाफ जय कृत को भड़का रहे थे। जयकृत कुमाओं में जोशियों की राजनीति से ऊब चुके थे और समझ रहे थे कि वहाँ शान्ति स्थापना बिना इस राजनीति को खत्म किये सम्भव नहीं थी। क्योंकि प्रद्युम्न के विचार बिल्कुल अलग थे इसलिये दोनों में खाई बढ़ती गई।

इसी बीच मोहनचंद प्रयाग गया। वहाँ नागा साधुओं और उनके महंतों को भारी धन और लाभ का लालच देकर कुमायूं पर आक्रमण करने के लिए भड़काया। ऐसा कहा जाता है कि करीब दो - ढाई हजार साधू और महन्त बदरी यात्रा के बहाने आये और आक्रमण हेतु कुमायूं पहुँच गये। क्योंकि बात खुल गई अतः हर्षदेव जी तुरन्त ही नागा साधुओं को समझाने - बुझाने हेतु पहुंच गये और लालच भी दिया पर वो नहीं माने। अतः युद्ध हुआ, कई नागा और महन्त मारे गये, शेष मैदान छोड़ गये।

गढ़वाल के उद्दीपक, उत्तेजकों के उद्दीपन एवं उत्तेजन पर राजा जयकृत शाह ने भी बिना सोचे समझे कुमायूं पर आक्रमण कर दिया। कुशल दूरदर्शी हर्ष देव जी ये कल्पना कर चुके थे अतः पूरी तैयारी में थे। जयकृत पराजित हुये और जंगल से भागते हुये मारे गये। कुमायूं सेना ने लूट की मस्ती में मन्दिरों सहित पुरातन राजधानी देवलगढ़ को लूटा और जगह - जगह लूट करते हुये श्रीनगर पहुँची जहाँ सेना ने चारों तरफ लूट - खसोट की। यह घटना राज्य के इतिहास में 'जोश्याणा' के नाम से जानी जाती है। तथापि यह उतनी बर्बर, शर्मनाक और क्रूर नहीं थी जितनी गोरख्योल - गुरख्याली या गोरख्याली के समय थी।

हर्षदेव जी के कई शत्रु पैदा हो गये। इसी दौरान उनके भाई जयानन्द जी का भी देहान्त हो गया। लोग उनसे बदला लेने के चक्कर में भी रहने लगे।

जैकृत की मृत्यु के बाद उनके छोटे भाई (ललितशाह जी के तीसरे पुत्र) पराक्रम शाह गद्दी पर बैठे। क्योंकि पराक्रम सुयोग्य नहीं पाये गये अतः प्रतिनिधि - पञ्चों ने प्रद्युम्न को ही दोनों राज्यों का राजा नियुक्त किया और इसप्रकार वह प्रद्युम्न चंदशाह हो गये। मोहनचंद ने मौके का फायदा उठाया और पराक्रम के साथ मिलकर प्रद्युम्न के खिलाफ घेराबन्दी करने लगा। उसने युद्ध के लिये काशीपुर के दीवान नन्दराम से फौज मांगी। उधर पराक्रम शाह और मोहन का भाई लाल सिंह जो रामपुर के नबाब के यहाँ रहता था अपनी - अपनी सेना लेकर आये। ये करीब १७८६ के आसपास की बात है। सभी पाली के आसपास इकठ्ठा हुए। हर्षदेव जी अपनी फौज के साथ नैथानागढ़ी पहुँचे और लोगों के आश्वासन के अनुसार मदद का इंतजार करने लगे लेकिन प्रद्युम्न के अलावा कोई मदद नहीं आई। फलस्वरूप जोशी जी मात खा गये और भागे। मोहनचंद ने वध करने के उद्देश्य से उनका पीछा किया लेकिन व्यर्थ। अब प्रद्युम्न भी गढ़वाल भाग गये और कुमायूं की राज गद्दी और राज्य से बेदखल कर दिये गये। सात साल के बाद वह पुनः प्रद्युम्न चंद से प्रद्युम्न शाह हो गये। मोहनचंद पुनः कुमाऊँ की राज गद्दी पर आसीन हुआ।

लेकिन फिर भी मोहनचंद १७८६ के आसपास से १७८८ के आसपास तक ही राज्य कर पाया। उम्मीद ये थी कि इतने पापड़ बेलने, जीवन के कटु

और खट्टे - मीठे अनुभवों, शत्रु - मित्र की पहचान तथा अपना - पराया जान लेने के बाद मोहनचंद ने कुछ सीखा होगा। वह आदमी बन गया होगा। वह एक सुयोग्य शासक और विशाल हृदय राजा साबित होगा पर ऐसा नहीं हुआ। उल्टे वह और भी क्रूर, दमनकारी और फिजूल खर्च तानाशाह हो गया और जनता पर ज्यादतियां करने लगा। खजाना पहले ही से खाली था। जोशियों और उनके चहेतों को लूटने के साथ। साथ उसने मेहर (मेहरा) और फरत्यालों को भी नहीं छोड़ा। यहाँ तक कि महिलाओं और बच्चों को भी परेशान किया। अनाप - सनाप कर लगाये।

मोहनचंद जब इस तरह लूट और ऐयाशी में ऋण करके घी पी रहा था हर्षदेव जी जोशी सहायता के लिए गढ़वाल में केम्प किये हुये थे। प्रद्युम्न के सत्ता से बाहर होने के कारण कोई सहायता नहीं मिल सकी। तथापि जोशी जी ने अपनी सेना तैयार की। कुमायूंनी सैनिकों के अलावा उन्होंने मुस्लिम और ठाकुरों को भी भर्ती किया और कुमायूं को जीतने के लिये कूच किया। सितौली के पास घमासान हुआ। मोहन का लड़का विशन सिंह मारा गया जिसके कारण मोहन की सेना में भगदड़ मच गई। भागने की कोशिश में मोहन और भाई लाल सिंह दोनों पकड़े गये और बंदी बनाये गये। मोहनचंद मारा गया। पुरानी मित्रता के कारण जोशी जी ने लाल सिंह को मुक्त कर दिया। लाल ने मोहनचन्द के दूसरे पुत्र को साथ लेकर रामपुर रियासत में पनाह ली। इस प्रकार चंद वंश का सूर्य अपने अस्त पर था।

अब हर्षदेव जी कुमायूं के सर्वेसर्वा हो गये। उन्होंने प्रद्युम्न को राज करने के लिये बुलाया लेकिन उन्होंने मना कर दिया। हर्षदेव जी राज चलाते रहे लेकिन वह इसका परिणाम भी समझते थे अतः वह चंदवंशियों का रक्त सम्बन्धी ढूँढते रहे। अन्त में ५१ वें राजा उद्योतचंद के रक्त सम्बन्धी शिव सिंह मिल गये।

शिव सिंह, कुमायूं की राजगद्दी पर शिवचंद के नाम से आसीन हुए। शिव चंद का होना न होना एक ही बात थी। वास्तविक राज काज और राजशक्ति, हर्ष देव जी के ही हाथों में थी। शिवचंद ने एक साल से भी कम समय तक राज किया लेकिन हर्ष देव जोशी जी १७६० तक, जब तक कि, गोरखाओं ने

कुमाओं का राज्य न हथिया लिया वहाँ के हीरो बने रहे। कुमायूं के इतिहास में इस काल को जोश्याल से जाना गया।

इसी बीच लालसिंह ने रामपुर के नबाब की सहायता से कुमाओं पर धावा बोल दिया। ऐसे अचानक आक्रमण के लिए हर्षदेव जी तैयार नहीं थे। भीमताल के पास दोनों सेनाओं में भिड़ंत हुई। कुमाओं सेनानायक, गदाधर जोशी जी मारे गये। लालसिंह ने उनका सर काट कर अल्मोड़ा में एक पेड़ से लटका दिया। कुमायूं सेना में भगदड़ मच गई। हर्षदेव जी गढ़वाल की ओर भागे। लालसिंह ने उनका पीछा किया लेकिन हर्ष देव जी ने उल्कागढ़ के पास उसको चुनौती दी। दोनों के बीच जबरदस्त टक्कर हुई। लालसिंह पास के गाँव में कहीं छिप गया। इस लड़ाई में कई मुस्लिम सिपाही मारे गये। इसी बीच लालसिंह की सहायता के लिये गढ़वाल के राजा पराक्रम की भेजी सेना पहुँच गई अतः हर्षदेव जी को भागना पड़ा। राजा शिव चंद भी उनके साथ भागा था लेकिन उसका फिर कभी पता न चल सका और राजा की मृत्यु एक रहस्य बनकर रह गई।

राजा पराक्रम शाह ने भी कुमायूं की गद्दी लेने से इनकार कर दिया लेकिन वह हर्ष जोशी जी और जोशियों के भी खिलाफ थे अतः पराक्रम ने मोहनचंद के द्वितीय पुत्र महेद्रसिंह का, जो अपने चाचा लालसिंह के साथ रामपुर में रहता था, कुमायूं के राजा के रूप में राजतिलक कर दिया।

भाग्य की विडम्बनाः कुमायूं के रजत युग का अन्त

महेंद्र सिंह राजा महेन्द्रचंद के नाम से कुमाओं का राजा हुआ। कत्यूरी युग उत्तराञ्चल का स्वर्णयुग था। चंद काल कुमाओं का रजत युग। यही रजत युग अब अपने अन्त की आखिरी सीढ़ी पर था। मोहनचंद, चन्दवंश का आखिरी राजा हुआ जो लगभग १७८६ के प्रारम्भ में गद्दी पर बैठा और १७६० में गोरखाओं द्वारा राज्य छीनने तक गद्दीनसीं रहा। महेन्द्र के राज्यकाल में चाचा लाल सिंह ने बहुत अत्याचार किये। जोशी समुदाय का जीना मुश्किल कर दिया, उनकी सम्पत्ति जब्त करने के अलावा उनका दमन किया, देश निकाला, कारावास और फाँसी पर लटकवा दिया। कहा जाता है कि हर्षदेव जी को राजा

प्रद्युम्न ने पैडलस्यूं में कुछ जमीन दी थी लेकिन पराक्रम उन्हें पकड़ कर कैद करने की फिराक में था अतः जोशी जी ने बरेली के नबाब से गुहार लगाई जिसने उन्हे कुमायूं वापस दिलाने का आश्वासन दिया लेकिन इसी बीच नेपाल के राजा रन बहादुर शाह ने कुमायूं को नेपाल राज्य में सम्मिलित करने और कुमायूं पर अधिकार करने की गरज से १७६० में आक्रमण कर दिया। तब भी जोशी जी नेपाल के शाह से इस तरह का 'लाल मोहरिया फरमान' (शाही आदेश) लेकर आगये कि 'हर्षदेव लड़ाई में नेपाल की मदद करेंगे और विजय के लिये युद्ध करेंगे, नेपाल का आधिपत्य हो जाने पर कुमायूं राज्य का शासन हर्षदेव को दे दिया जायेगा'।

१७६० के युद्ध में नेपाल के हाथों सदैव के लिये चंदों की हार हुई। गोरखा राज और नेपाल शासन १८१५ - १६ तक रहा जब अंग्रेजों ने नेपालियों को हरा कर १६४७ तक राज किया।

चंद राजः मूल्याँकन

वंश व्यतिक्रम (Discontinuance of Iineage) के अपशकुन ने चंदों को ग्रसित किये रखा लेकिन उनका नैतिक, चारित्रिक कालुष्य और चालबाजियाँ उनके पतन के बहुत बड़े कारण रहे, जो वर्तमान सरकारों, नेताओं के अलावा जनता को भी एक सबक हो सकते है। गाय (गउ माता) चंदों का राज चिन्ह और राज्य प्रतीक थी। सिक्कों के अलावा राज्य ध्वज, मुहर पर भी गाय अंकित थी। उत्तराञ्चल में अभी तक प्रचलित पधान (प्रधान) प्रणाली उन्हीं की देन है। चंद राज में पंचायत और पञ्चों का बहुत महत्व था। वंश क्रम विछिन्न होने पर वही राजा की नियुक्ति करते थे। आज उसी का बड़ा रूप लोकतन्त्र और पंचायती राज है। भूमि बंदोवस्त और मालगुजारी दस्तावेज (भूमि व्यवस्था और भूमिकर अभिलेख), सम्भरण व्यवस्था (Maintenance System) उन्होंने ही चालू किया। कुछ दैवी विपत्तियों अथवा राजकोषीय संकट को छोड़कर भूमि कर शास्त्रीय षष्ठांश व्यवस्था (आय का १/६ भाग) पर आधारित थी। चंद राजा (कुछ को छोड़कर) आमतौर पर धार्मिक और परोपकारी थे लेकिन गढ़वाल और कुमायूं के सम्बन्ध उनके समय अपकर्ष (Deterioration) की सीमा पर पहुँच गये थे।

चंद कालीन मुख्य रजवाड़े (Principalities) रियासतें (Estates)

चंद राज्य के समय कुछ नये रजवाड़े बने कुछ कत्यूरी काल से चले आ रहे थे, कुछ छोटे कुछ बड़े, जिन्हें अब रियासत (Estate) और जमींदारी (Principalities) कहा जाता है। इन में प्रमुख थे - कत्यूर, अस्कोट, गंगोली, जोहर, वारामण्डल, सोर, सीरा, चम्पावत, दानपुर, सल्ट, कालीकुमाओं, दर्मा, भोट, व्यांस, चौदांस, धानीरो, चौभेंसी, चौगरखा, उच्यूर, विसौत, ज्यूनारो - स्यूनारो, फलदाकोट, लखनपुर, राम्गढ़, मनकोटि। अस्कोट का राजवंश आज भी अपना राजन्य बनाये हुये है। पुरातन 'डोटी' के कारण ही उत्तराखण्ड के उत्तरारंचल क्षेत्र में वहाँ के रहने वालों को डोटियाल कहा जाता है।

प्रसिद्ध कोट-बुङ्गा-गढ़

ऐतिहासिक अन्वेषण से यह निष्कर्ष निकाला जा सकता है कि अधिकांश कोट - बुङ्गा अर्थात गढ़ - किला, चंद काल के समय निर्मित हुये थे। गढ़वाल की तरह कुमाओं में भी गढ़ थे लेकिन कोट - बुंगों की संख्या अधिक थी। कोट संस्कृत शब्द है, जिसका अर्थ है - गढ़/गढ़ी (Fortress) यानी कोट्ट अर्थात किला (Fort) का छोटा रूप। अलावा इसके सुरक्षित आवास - रिहायस अर्थ भी है। गढ़वाल में कोटों की संख्या बहुत कम थी। सन १७८० तक कूर्माञ्चल में ६० के आसपास कोट, गढ़ - गढ़ी - बुङ्गा थे जिनमें प्रमुख हैं;

अस्कोट, सीराकोट, वोनकोट, रनचूला कोट, उदयपुर कोट, दुनिकोट, फल्दाकोट, धनिया कोट, मनकोट, ऊचाकोट, स्युनारकोट, विसौतकोट, लखनपुर कोट, दानपुरकोट, खगमरकोट, जमन कोट, पडयार कोट, कटोलगढ़, विजयपुर गढ़, राम गढ़, नैथानागढ़ी, राजबूङ्गा, उज्जैन किला, रुद्रपुर किला, काशीपुर किला, बाजपुर किला, किला लाल मण्डी, कत्यूर किला।

शिव एवं देवी मन्दिर

कत्यूरियों की तुलना में चंद राजाओं ने ही अधिकतर देवी मन्दिर बनवाये। कत्यूरियों ने विष्णु मन्दिरों के साथ-साथ शिव मन्दिर ही अधिक बनवाये लेकिन चंदों ने ज्यादातर देवी और शिव मन्दिर ही बनवाये। दोनों ही वंश धार्मिक और दयालु थे लेकिन कत्यूरी महामना, उदारचेता थे। सन् १७७०

तक कुमाओं में ३५० से भी ज्यादा मन्दिर थे। यद्यपि विष्णु, सूर्य की तरह शिव और देवी के भी १००० नाम हैं, तथापि शिव और देवी के कुछ मन्दिरों के नाम ऐसे हैं जो पाठकों को नवीन लगेंगे।

शिव के मन्दिरों में बैजनाथ धाम, पातालभुवनेश्वर, जागीश्वर, बागीश्वर (जागेश्वर - वागेश्वर) के अलावा चित्रेश्वर, मोटेश्वर, गर्गेश्वर, खोचरनाथ, दुःशाशनेश्वर, काशयेश्वर, तडाकेश्वर, मल्लदेश्वर, दिप्तेश्वर, पीनाथ, घण्टेश्वर, आदि कई प्रमुख मन्दिर हैं।

देवी स्थानो में नन्दा, नयना - नैना, श्यामा, वाराही, वैष्णवी, दुर्गा और पिथौरागढ़ स्थित पुन्यागिरी (जिसे जनमानस पुण्या गिरि से जानता है), के अलावा श्याही, श्याई देवी, उल्का, हिंगुला, कोतवी, झुलादे और वानणी देवी आदि अनेक देवी मन्दिर हैं।

देवताओं में, छिपुला देवता, गवीला, कालबिष्ट, एड़ी, ग्वाल-गोलू देवता आदि हैं। नाग मन्दिरों में आठ गाँव नाग, कालीनाग, बेनी नाग, पिंगल नाग, फेनीनाग और धौली नाग आदि हैं।

वर्ग-वंश-कुल-अंशक समुदाय (Races, Castes Clan etc.)

इतिहासकार मानते हैं कि कूर्माञ्चल में चौबे तथा पाण्डे सोमचंद के रजवाड़े के समय ही आ गये थे। तेवाड़ी (वर्तमान तिवारी) सौराष्ट्र (गुजरात) से आये। जोशी मुख्यतः ज्योतिषी पुरोहित थे जो गुजरात, महाराष्ट्र से आये लेकिन बाद में राजकीय रूप से सबसे जादा शक्तिशाली हो गये। पन्त लोग कोंकण से आये। कोंकण के ब्राह्मण उच्च कोटि के माने गये हैं। पौराणिक रूप से ब्राह्मण वंश आदित्य परशुराम जी की माता रेणुका वहीं की ब्राह्मण कन्या थी इसीलिये वह कोंकणी अभिधा से भी अभिख्यात है। पन्त चौथानी ब्राह्मण थे जिनका चंद राज में बहुत सम्मान था। उपाध्याय, पाण्डे, चौबे कन्नौज से आये। उपाध्यायों का स्थान नेपाल में भी राज पुरोहित के रूप में था। चंद राज में उपाध्याय जनप्रिय थे क्योंकि वो किसी राजनीति या गुटबाजी में नहीं थे। वैदिक संस्कृति में आचार्य के बाद उपाध्याय का सर्वश्रेष्ठ स्थान है। यहाँ तक कि जैन दर्शन के पञ्च परमेश्वरों में उनका स्थान है और प्रथम नमन किया

जाता है। नेपाल राज वंश उपाध्यायों को गुरु पुरोहित मानने के अलावा जोशी, पाण्डे, उप्रेती, पटनी, पुनेठा तथा भट्ट लोगों का भी सम्मान करता था और उन्हें शासन में उच्च पदों पर आसीन किया हुआ था। चौथानी से सम्भवतः तात्पर्य चार प्रमुख स्थान प्राप्त ब्राह्मणों से था।

मध्य एशियाई जन जातियों के झुंडों के आक्रमण के फल स्वरूप ६ वीं शताब्दी के बाद काफी तादात में उत्तर - पश्चिम भरत से उत्तराञ्चल के पर्वतीय क्षेत्र में अभिनिष्क्रमण हुआ। सौराष्ट्र, गुजरात, महाराष्ट्र, कोंकण की ओर से अधिकांश लोग कुमायूं में और राजस्थान - पंजाब - सिन्ध की ओर से गढ़वाल में वस गये। वर्तमान सिन्धी भाषा प्राचीन सैन्धवी और गन्धर्व (गान्धार) देश में प्रचलित गन्धर्वी का मिला जुला अपभ्रंश है।

अधिकारी समुदाय के लोग प्रशासकीय - अधिकारी पदों पर नियुक्त थे। सम्भवतः इसीलिये अधिकारी एक जाति वर्ग के रूप में अन्वित हो गये। दो प्रमुख जाति वंशों, जिन्होंने कूर्माञ्चल राज की नीति का संतुलन बनाये रखा वो हैं फर्त्याल और महर (वर्तमान महरा - मेहरा)। फलस्वरूप उन्होंने हर राजा के राज का सुख भोगा।

कुमायूं में जैसे चौथानी ब्राह्मण हैं, गढ़वाल में चौथुकिया हैं। इसका एक निहितार्थ है कि ये लोग विभिन्न स्थानों यानी देश के चारों ओर से आये थे। इससे भी दोनों क्षेत्रों के मध्य पारम्परिक सूत्रता का अभिज्ञान होता है। इसके अलावा गढ़वाल में बाराथानी (बारहथानी जो बारहस्थानी का अपभ्रंश है) और गाङ्गेय (गङ्गाड़ी) तथा सरूला ब्राह्मण भी हैं। इसका विस्तृत वर्णन गढ़वाल के इतिहास में किया गया है। कुमायूं में इसका रूप बड़ी - छोटी धोती है। कुमायूं में पाण्डे वंश के सबसे अधिक गोत्र हैं जबकि जोशी सम्भवतः दूसरे नम्बर पर हैं।

कुमायूं में मुसलमान और रूपकुण्ड शव रहस्य

मुसलमान लोग गढ़वाल में १७ वीं शताब्दी में औरङ्गजेब के समय बसने प्रारम्भ हुये थे। मुसलमान उस समय दाराशिकोह के पुत्र सुलेमान शिकोह के साथ आये थे। जबकि कुमायूं में आक्रमणकारी के रूप में १४ वीं शताब्दी से आ गये थे लेकिन उन्होंने बसना १७ वीं शताब्दी में राजा बाजबहादुर चंद की

हुकूमत के समय से किया। राजा ने ही पहली बार सेना में लम्बे - तगड़े पठान और मुसलमान भर्ती किये, साथ ही ऊँची कद - काठी के मेवाती भी। गढ़वाल अथवा गोरखाओं के साथ लड़ाई के दौरान मारे गये इन्हीं लोगों के शव सम्भवतः रूपकुण्ड में हैं। तेज चैनल और IBN - ७ की खोज तथा आशंकाओं का एक सम्भावित उत्तर यह भी है।

प्रकरण ४

उत्तराखण्ड एवं गोरखा (गुरखा) आक्रमण

सीमाक्षेत्र रूहेलखण्डः एक वृत्त

रूहेलखण्ड का नाम कठेड़ था और वहाँ के लोगों को कठेड़िया कहा जाता था। कहानी ये है कि दाउद खाँ ने, जो कि रोहिल्ला मुसलमान था, बांकोली गाँव के एक गरीब जाट लड़के को गोद लिया और उसका नाम अली रखा। उसके बाद दाउद कठेड़ के नबाब के यहाँ नौकरी करने लगा और उसका विश्वसनीय बन गया। नबाब ने उसे सेना में अधिकारी बना दिया। अब क्या था, दाउद ने नबाब का कत्ल कर दिया और स्वयं नवाब (अंग्रेजी का कहर Nabob) बन गया। उसने कुछ समय के बाद ही बरेली की आँवला रियासत (अब जिला) जीत ली और अपनी रियासत का विस्तार करने में लग गया। इसी दाउद खाँ ने कथेड़ का नामकरण रोहिलखण्ड (Rohilkhand) किया जो आज रूहेलखण्ड है और वहाँ के लोग रोहिला कहलाये। दाउद खाँ ने पूरा रोहिलखण्ड अपने कब्जे में कर लिया और रामपुर का नवाब बन गया। दाउद ने बांकुली के जाट से गोद लिया पुत्र अली को आंवले का नबाब बना दिया जो अली मोहमद खाँ के नाम से जाना गया। स्व. बदरीदत्त जी ने अपनी इतिहास पुस्तक में इसका यूँ चित्र उपस्थित किया है;

वैसी से ऐसी करी, देखो प्रभु के ठाट[1]
आंवले को राजा भयो, बांकुली को जाट

नैपाल एक बिम्ब

बहुत से विचारक मानते हैं कि प्राचीन काल में शाक्य वंश जिसमें बुद्ध का जन्म हुआ था, से भी पहले नैपाल में आभीर, किरात और खस वंशों का भी शासन रहा। महाभारत से भी किरात और खस का संकेत मिलता है। सम्भवतः गोरखाली और नैपाली के भेद के पीछे यह भी एक कारण है। बंगाल के दार्जिलिंग पर्वतीय जन स्वयं को गोरखा और अपनी भाषा को गोरखाली कहते हैं। इसीलिये उन्होंने गोरखालैण्ड की ही माँग की थी। सिक्किम - नेपाल के कुछ इलाकों के आदि निवासी अपने को यक्ष सन्तति मानते हैं और आज भी उनकी भाषा 'यख' नाम से जानी जाती है। पौराणिक इतिहास के अनुसार जनक वंश के आदि राजा निमि - मिथि का राज्य नेपाल तक फैला हुआ था। जनक वंश का शासन हजारों साल रहा। जनकपुर आज भी नैपाल में ही है जो बिहार की सीमा से जुड़ा हुआ है। तत्पश्चात, भगवान बुद्ध के भी बहुत पहले से, नेपाल में लिच्छवियों का राज्य रहा। शाक्य वंश का अधिकार नैपाल के एक ही क्षेत्र में था, जिसकी राजधानी कपिलवस्तु थी। ईसा पूर्व पांचवीं सदी में अजातशत्रु ने लिच्छवियों को पराजित किया लेकिन पहली - दूसरी शताब्दी इसवीं में लिच्छवियों ने नैपाल में अपने को पुनःस्थापित किया। नैपाल, ४ - ५वीं शताब्दी बाद में गुप्त राजाओं की अधीनता में भी रहा। कुछ समय तक कहा जाता है कि नैपाल, वैश्य - ठाकुरी वंश के राजपूत राजा अंशु वर्मन के अधीन भी रहा।

ऐतिहासिक साक्ष्य बताते हैं कि सातवीं शताब्दी में नैपाल को करीब १५० साल तक तिब्बत के जनजातीय राजा की अधीनता स्वीकार करनी पड़ी और नैपाली राजा को अपनी पुत्री का विवाह तिब्बती गेम्पो राजा से करना पड़ा। करीब नौ वीं शताब्दी के प्रारम्भ में तिब्बत में एक क्रूर - निर्दयी राजा ज्ञानधर्म का राज्य हो गया। उसकी अमानवीयता के कारण तिब्बत में बगावत फैल गई

---

1. तदैव

और राज्य का अन्त हो गया। नेपाल ने स्थिति का लाभ उठाया और अपनी स्वतंत्रता घोषित कर दी। इसी खुशी में सन् ८७६ ए. डी. से नैपाल में एक नये संवत् का प्रारम्भ हुआ जिसे नैपाली संवत् कहा जाता है।

नैपाल में ११ वीं शताब्दी में सामन्ती राजा बहुत शक्तिशाली हो गये थे अतः नैपाल को चार भागों पूर्व, पश्चिम, उत्तर, दक्षिण में विभाजित करना पड़ा जिनकी राजधानी क्रमशः ललितपाटन, कटमाण्डू, (प्राचीन किरान्ति या कान्तिपुर), भाटगाँव और बेनपा बनाई गई। सम्भवतया ये निष्कर्ष निकाला जा सकता है कि किरान्ति नाम किरातों से ही जुड़ा हुआ है। ११वीं शताब्दी के अन्त के करीब, तिरहुत के कर्नाटक राजा नन्यादेव ने नैपाल पर अधिकार किया। तिरहुत आजादी के बाद बिहार का कमिशनरी बनाया गया और अब झारखण्ड में है। तेरहवीं शताब्दी के प्रारम्भ में मल्ल वंश के संस्थापक अरिमल्ल देव ने नैपाल पर अधिकार कर लिया लेकिन १३ वीं शताब्दी की समाप्ति से पूर्व ही खस कुल ने नैपाल पर आक्रमण कर उसे बर्बाद कर दिया लेकिन उनका शासन अल्पकालिक ही था। शायद उसी समय खस वंशियों ने गढ़वाल और कुमायूं पर भी आक्रमण किया और कुछ क्षेत्रों पर कुछ समय शासन भी किया।

चौदहवीं शताब्दी के प्रारम्भ में नन्यादेव के वंशज तिरहुत के राजा हरिसिम्हा (हरि सिंह - अंग्रेजी का कहर हरिसिम्हा) ने मुसलमानों खासतौर से गयासुद्दीन तुगलक के भय से नैपाल भागकर आसानी से वहाँ अपना आधिपत्य कायम कर दिया और मल्ल राज को एक क्षेत्र में सीमित कर दिया। सौ साल बाद करीब १५ वीं शताब्दी के प्रारम्भ में यक्ष मल्ल ने नैपाल की गद्दी पर अधिकार कर लिया और एकछत्र राजा बन गया। यह भी सम्भव है कि जिस यक्ष वंश और यख भाषा का हमने पहले जिक्र किया है उसका उद्भव यक्ष मल्ल से ही हुआ हो। विधि की विडम्बना कि यक्ष मल्ल के पुत्रों में कलह और राज घरानों की खींच - तान पैदा हो जाने के कारण यक्षमल्ल को अपना राज्य चार हिस्सों-तीन पुत्रों और एक पुत्री में विभाजित करना पड़ा।

अधिक से अधिक हड़पने की चाह और लालच ने आपसी वैमनस्यता को जन्म दिया। पारिवारिक विग्रह और वैमनष्यता खुलकर सामने आने लगे जिसने अराजकता और अव्यवस्था (Chaos and Anarchy) पैदा कर दी फलस्वरूप १७६८ में सप्त गण्डकी घाटी की एक छोटी सी 'गुरखा' रियासत के क्षत्रिय - राजपूत राजा प्रिथि नारायण ने जो बाद में पृथ्वी नारायण से प्रसिद्ध हुये, नैपाल की राज शक्ति पर पूर्ण अधिकार कर लिया। इस तरह नैपाल में गुरखा (गोरखा) शक्ति का उदय हुआ। गढ़वाल के राजपरिवार की तरह नैपाल के राजपरिवार को भी दिल्ली सल्तनत की बादशाहत ने शाह के खिताब से नवाजा और तब से नैपाल राज वंश के राजा शाह उपाधि से ही जाने गये।

सन् १७४० में अपने पिता नर भूपाल शाह की मृत्यु के बाद पृथ्वी नारायण गुरखा रजवाड़े (Principality) की गद्दी पर बैठे थे और सन् १७७५ में अपने पिता प्रिथि नारायण शाह की मृत्यु पर प्रताप शाह नैपाल की गद्दी पर। प्रताप शाह थोड़े ही समय राज कर पाये और उनकी मृत्यु हो गई। उनका पुत्र रण बहादुर छोटा ही था कि १७७८ में गद्दी पर बैठा दिया गया। अतः उसकी माता प्रशासक/अभिभावक (Regent) बनी लेकिन बहादुर शाह ने उसका कत्ल कर दिया और राज्य की समस्त शक्तियों और अधिकारों को हस्तगत कर लिया। राजा के रूप में उसने राज्य का विस्तार किया और डोटी सहित कई रजवाड़ों को नैपाल में मिला दिया। बहादुर शाह ने एक सशक्त केन्द्रीय नैपाल राज्य शक्ति की स्थापना की जिसका सभी इकाइयों पर नियन्त्रण था।

नैपाल इससे पहले कई स्वशासित इकाइयों में विभक्त था, यथा डोटी, आछम, ललितपाटन, भाटगाँव, जुमला और कटमाण्डू। वर्तमान काठमाण्डू सम्भवतः किरात वंशोत्पन्न किरान्ति कुल ने स्थापित किया था और उसका प्राचीन नाम किरान्ति पुर था जो कालान्तर में कान्तिपुर और विदेशियों के आक्रमण के बाद विकृत होकर कटमाण्डू और अंग्रेजी के कहर से काठमाण्डू हो गया। अंग्रेजी भाषा ने नामों के मूल रूप और स्वरूप को बदल कर विकृत ही नहीं किया नष्ट कर दिया।

इस प्रकार रण बहादुर शाह वैधानिक राजा और बहादुर शाह वास्तविक राजा हुये जिन्होंने मिलकर १७६० एवं १७६१ में कुमायूं और गढ़वाल पर आक्रमण किया। राजा पृथ्वी नारायण के वंशजों ने २१ वीं सदी के प्रारम्भ तक, जब नैपाल में लोक तन्त्र की स्थापना हुई, वहाँ राज किया।

कुमायूं : गोरखा आक्रमण - राज एवं गोरख्यौल

स्थानीय भाषा में गोरव्यौल का मतलब गुरखाओं (गोरखाओं) की गदर यानि उनके द्वारा की गई ज्यादतियों, क्रूरताओं, दमन और पशुत्व की सीमा तक की गई अमानवीयताओं से है। कुमायूं में खूनी गोरखा राज्य शासन की स्थापना चंदों के चारित्रिक - नैतिक पतन, आपसी विग्रह, शक्तिशाली केन्द्रीय सत्ता शून्यता से उत्पन्न सामाजिक अराजकता और तज्जन्य अव्यवस्था तथा लोगों के आपसी विघटन के कारण हुई। चंदों के विनाश के पीछे जैसा कि पहले बताया जा चुका है उनके निहित स्वार्थों के कारण उत्पन्न पारिवारिक विघटन, कर्तव्यनिष्ठ सेवाभावोत्पन्न लोक सेवा का लोप, राज्य के प्रति संवेदनात्मक भक्ति का अभाव, कुशासन या दुः शासन एवं दरवारियों तथा राजाओं की हवश, कामुकता और भोग थे जैसा कि आज के भारत में है। कत्यूरी पहले ही उत्पाट हो चुके थे। नैपाल को आक्रमण करने का इससे अच्छा मौका नहीं था। अन्तः निर्मित (In Built) वैज्ञानिक नियम के अनुसार प्रकृति में शून्यता रह नहीं सकती अतः गोरखाओं ने उस शून्यता को भरा। इस स्थिति में उन्हें आक्रमण द्वारा कुमाओं का अभिग्रहण करने में कोई कठिनाई नहीं हुई।

नैपाल को कुमाऊँ और गढ़वाल की अन्दरखाने तक की बातें पता थी। हर्षदेव जोशी ने नैपाल का साथ दिया था और वो आक्रमण के समय मौजूद थे। उनको नैपाल राज्य की ओर से आश्वासन था कि नेपाल की विजय के साथ ही उन्हें कुमायूं में लालमोहरिया प्रतिनिधि बनाया जायेगा। एटकिनसन जिसने हमेशा हर्ष देव की प्रशंसा की थी, उनकी इस चाल को कुकृत्य, पतित स्वार्थ और देशद्रोह बताया। लाल मोहर नेपाली राजशाही मोहर है जिसका अर्थ राजमहलीय स्वीकृति है।

नैपाली सेना ने सन् १७६० के प्रारम्भ में कुमायूं पर आक्रमण करने के लिए डोटी से कूच किया। सेना का नेतृत्व बहादुर शाह, काजी जगजीत पाण्डे, अमर सिंह थापा और सूरज सिंह थापा कर रहे थे। नैपाली सेना की एक टुकड़ी ने सोर और दूसरी ने विसुंग को घेरा। कुमायूं के अन्तिम चंद शासक महेन्द्र चंद और चाचा लालसिंह ने टक्कर ली। महेन्द्र ने गंगोली की तरफ से आती हुई अमरसिंह थापा की टुकड़ी को परास्त कर दिया लेकिन काली कुमायूं में नैपाली सेना ने लालसिंह को पराजित कर दिया फलस्वरूप लाल भाग खड़ा हुआ। महेन्द्र अकेला पड़ गया। उसकी कुमायूं को बचाने की सभी उम्मीदें खत्म हो गई अतः वह भी भाग गया। अब कोई प्रतिरोध न रहने के कारण नैपाली सेना ने १७६० में बिना और अधिक खून खराबे के अल्मोड़ा पर कब्जा कर लिया। उत्तराञ्चली इतिहास के पृष्ठों में यह तिथि विक्रम संवत् १८४७ के चौत्र मास की कृष्ण पक्ष की पड़वा (प्रतिपदा) है।

महेन्द्र और लालसिंह पुनः सम्भवतः रुद्रपुर के पास मिले और कुमायूं का राज्य वापस लेने तथा गोरखाओं को मार भगाने की एक और कोशिश की लेकिन असफल रहे। हर्ष देव जी जब कुमायूं के काजी (प्रशासक) जगजीत पाण्डे के साथ गढ़वाल पर आक्रमण की योजना बना ही रहे थे कि तभी नैपाल पर चीन के आक्रमण के कारण नैपाली सेना को वापस आने के आदेश मिल गये। यहाँ तक आदेश थे कि अगर गढ़वाल का कोई हिस्सा हस्तगत कर लिया हो तो उसे वापस कर दिया जाय। कुमायूं के बारे में भी यही आदेश थे लेकिन तब तक गुरखा कुमायूं पर अधिकार कर चुके थे। गढ़वाल नरेश पराक्रम ने इसे समस्या का अन्त समझकर कुमायूं में नैपाली सेना प्रमुख अमर सिंह थापा को हर्ष देव के खिलाफ भड़काने में सफलता प्राप्त कर ली फलतः हर्षदेव जी कैद कर लिये गये।

जब नैपाली सेना वापस कूच करते हुये रास्ते में ही थी कि उन्हें चीन के साथ युद्ध खत्म होने और समझौता हो जाने के संदेश के साथ वापस कुमायूं जाने का आदेश मिला। इस बीच अमर सिंह कुमायूं का काजी (मुख्य प्रशासक) नियुक्त हुआ और जगजीत पाण्डे नैपाल वापस बुला लिये गये। अतः हर्षदेव जी की सभी आशाओं पर पानी फिर गया और अब जेल से भागने के अलावा

कोई रास्ता नहीं सूझा और वो भाग भी गये। हर्षदेव जी कहा जाता है कि जोहर की तरफ किसी आश्रय की उम्मीद से गये थे लेकिन कहते हैं कि लालसिंह और महेन्द्र चंद को खबर मिल गई और वो जोशी जी को मारने की फिराक में रहे। उन्होंने अपने रिस्तेदारों से इसके लिये सम्पर्क किया क्योंकि उनका स्वयं कुमायूं आना खतरे से खाली नहीं था। जोशी जी उड़ती चिड़िया के पंख पकड़ने वाले, नाग को बिना दूध पिलाये और बुलडाग (Bulldog) को पुचकार कर ही वश में करने वाले थे अतः उन्हें अपने बेपेंदे के विरोधियों को सम्मोहित करना कोई बड़ी बात नहीं थी।

कुमायूं में लालसिंह - महेन्द्र ग्रुप के खास आदमियों में पद्म सिंह था जिसे कुमाओं राज्य वापस दिलवाने के बहाने जोशी जी राजा गढ़वाल के पास ले गये। राजा प्रद्युम्न पहले ही कुमायूं की राजनीति और जातिगत चालबाजी से ऊब चुके थे अतः उन्होंने कोई दिलचस्पी नहीं दिखाई और आक्रमण होने की स्थिति में अपने ही हिसाब से गोरखाओं से निपटना तय कर लिया। अतः पदम सिंह वापस आ गया लेकिन जोशी जी गोरखाओं के विरुद्ध चक्रव्यूह रचना में राजा की सहायता के लिये श्रीनगर ही रुक गये।

काली कुमायूं के मेहर - महर लोगों ने लाल और महेन्द्र की कोई मदद नहीं की अतः दोनों नेपालियों से बदला लेने में विफल रहे। इसी बीच रोहिलखण्ड के नबाबों में आपसी झगड़े पैदा हो गये। नबाब अवध और कम्पनी सरकार को बीच में पड़ना पड़ा। हर्षदेव जी को बुलावा गया। वह गढ़वाल के राजा से सेना लेकर आये। झगड़ा समाप्त हुआ और हर्षदेव जी लखनऊ चले गये। उसके बाद काफी समय बनारस में कम्पनी सरकार के राजनैतिक प्रतिनिधि (Political Agent) के साथ रहे जिसने उनको जेब खर्च निर्धारित करवाया और मोहरा बनाकर रखा। जोशी जी को उसने जितने आश्वासन दिये ज्यादातर झूठे निकले। गोरखाओं की ज्यादतियों, क्रूरताओं, पशुत्व की खबरें उन्हें मिल ही रही थी।

गोरखा, एक के बाद दूसरा किला, कोट, रियासत छीनते चले गये। उन्होंने लालसिंह और महेन्द्र का पीछा भी किया लेकिन दोनों सम्भवतः बरेली भाग

गये। इसी बीच आगरा और अवध के नबाब ने गोरखाओं को कुमायूं छोड़ने का फरमान जारी कर दिया था लेकिन कम्पनी सरकार के स्थाई अधिकारी (Resident Officer) ने दोनों के बीच सुलह करा दी। नबाब आसफ्फुद्दोला और कुछ समय बाद राजनैतिक प्रतिनिधि (Political Aagent) श्री चेरी की हत्या हो जाने के कारण जोशी जी अनाथ हो गये। इसी बीच नैपाल के राजकुमार गीर्वाण युद्ध विक्रम शाह ने अपने पिता राजा रणबहादुर को सत्ताच्युत कर दिया। राजा रण बहादुर झक्की खप्ती किस्म का था। जब जोशी जी बनारस में थे तो राजा भी वहाँ आया था। दोनों में मित्रता हुई। राजा ने गद्दी वापस प्राप्त करने हेतु जोशी जी से मदद चाही। लेकिन जोशी जी को इसी दौरान कांगड़ा के राजा संसार चन्द ने बुला लिया। कांगड़ा जाते हुये जोशी जी हरिद्वार में बीमार पड़ गये। अतः उन्होंने अपने पुत्र जय नारायण (जैनरायण) को राजा रण की गद्दी वापस दिलाने में मदद के लिये पत्र लिखा। जयनारायण जी को धोखा हुआ। उनकी तैयारी की शिकायत लोगों ने उस समय कुमायूं के काजी भक्ति थापा से कर दी जिसने उन्हें नैपाल जेल में भेजवा दिया। हर्षदेव जी भी कांगड़ा चले गये। वहाँ उनकी मुलाकात अपने पुराने दुश्मन रामपुर के सत्ताच्युत नबाब गुलाम मोहमद खान से हुई।

इसी बीच गोरखाओं ने कांगड़ा पर आक्रमण कर दिया था। जोशी जी ने पंजाब के महाराजा रणजीत सिंह जी से मदद मांगी। महाराजा रणजीत ने मदद की, गोरखाओं को भगाया, लेकिन कांगड़ा अपने अधीन कर लिया और संसार चंद को दोयम राजा का दर्जा दिया। जोशी जी ने गुत्थी सुलझाने के लिये अंग्रेज सेना अधिकारियों से बात की लेकिन कोई नतीजा नहीं निकला।

हताश जोशी जी अपने भतीजे राम नरायण को संसारचंद के पास छोड़कर सन्यास की राह पर हरिद्वार गङ्गा तट की ओर चल पड़े।

नैपाल राजमहल की कूटनीति और नैपाल की राजनीति का 'कु' अथवा 'सु' प्रभाव कुमायूं शासन पर भी पड़ता था। कुमायूं में जैसे फरत्याल और मेहर सत्ता के दो प्रबल प्रतिपक्षी थे उसी तरह नेपाल में चोंतरा (चोंथरा - चोंथ्रा) और थापा थे। चोंतरा शब्द कालान्तर में कुमायूं - गढ़वाली शब्दकोश का ही भाग बन गया। चोंरी - चोंथरी, चोंथ्रा अथवा चोंथरा का मतलब है

ऊँचा, उठा हुआ स्थान (चबूतरा) आदि। चोंतरा पहले से सुशिक्षित, सभ्य थे और अपने को उच्च समझते थे जबकि थापा अपनी मेहनत और बल से समय के साथ विकसित हो रहा समुदाय था। इस सत्ता संतुलन में कभी-कभी राणाओं की भी चल जाती थी। नैपाल की राजनीति में जो समुदाय सत्ता में होता था उसी के अनुसार कुमायूं के सेना नायक (सुब्बा) और शासक (काजी) की नियुक्ति होती थी। जितनी तेजी से या जल्दी - जल्दी वहाँ परिवर्तन होता था उतनी ही तेजी से यहाँ।

नैपाल के प्रशासक भीमसेन थापा ने राजा गीर्वाण को जेब में डाला हुआ था। अतः थापा लोगों की तूती बोलने लगी। राजा से ज्यादा थापा भीम के आदेश चलने लगे अतः उसे काजी यानी जनरल भी कहा जाने लगा। थापा बहुत ही निर्दयी, क्रूर, दारुण और कठोर हृदय था। अपने विरोधियों के अलावा भी उसने आम लोगों का कत्ल करवाया। उसके शासन काल के दौरान १७६३ में नरशाह को कुमायूं का काजी बनाया गया जो उतना ही हृदय हीन, निष्ठुर और दुष्ट था। उसने कई उन नैपाली सैनिकों को मरवा डाला जिन्होंने कुमायूं लड़कियों से शादी की थी और वहीं वस गये थे। दमनकारी कालू पाण्डे उस समय सुब्बा (सेना का मुखिया) था। इन दोनों को नैपाल वापस बुलाया गया और अमरसिंह थापा तथा भक्ति थापा पुनः नियुक्त किए गये लेकिन नैपाल में सत्ता परिवर्तन के साथ ही फिर वापस बुला लिए गये और उनकी जगह प्रबल राणा तथा जैकृष्ण थापा नियुक्त हुए। बमशाह और रुद्रबीर शाह उनके सहायक नियुक्त किये गये।

गोरखाओं की नीति दमनकारी और पाशविक थी। ब्राह्मण कृषकों यहाँ तक कि छोटी जोतों पर भी उन्होंने असहनीय कर लगाये। नये राजा गीर्वाण को उपहार और भेंट देने के नाम पर उन्होंने पूरे कुमायूं से कर वसूली की। राजा रण बहादुर थापाओं को बाहर का रास्ता दिखाना चाहते थे लेकिन वो लोग गीर्वाण की अभिभावक छोटी रानी से मिल गये। हर्षदेव जी के पुत्र जैनरायण (जय नारायण) को अनावश्यक ही जेल में ठूँसा हुआ था। राजा ने दिखावे का सन्यास लिया हुआ था और कभी देवपाटन कभी ललितपुर कभी काशी वास करने लगा लेकिन राजत्व का मोह, लालच उससे नहीं छूट सका। राजा सनकी

तो था ही, उसने अपनी तबियत ठीक न कर पाने के कारण कई वैद्यों को फाँसी चढ़वा दिया। कभी देवी-देवताओं पर गुस्सा निकाला और उनकी मूर्तियाँ तोड़ देता अथवा तुड़वा देता।

सन् १८०३ में गढ़वाल में महाविनाशकारी भूकम्प आया। सन् १८०६ में थापा समुदाय की राजशक्ति चोंतरियाओं ने छीन ली। परिणामस्वरूप कुमायूं का प्रशासक ऋतुध्वज थापा हटा दिया गया, कहते हैं उसे फाँसी दे दी गई। बमशाह चौंतरिया कुमायूं के प्रशासक बने और गोरखा शासन के अन्त १८१५ तक रहे। गुरखा लोग मालगुजारी भी जमीन की गुणवत्ता अच्छी, बुरी, मध्यम, बहुत अच्छी, निकृष्ट के अनुसार उगाते थे। प्रशासक और अधिकारी जनता को दोनों हाथों से लूटते थे। खजाना खाली था। सैनिकों को भी तनखाह देने के लिये धन नहीं होता था। एक समय नैपाल का गोरखा राज देहरादून, नाहन, तराई - भावर, सहारनपुर, शिमला से कांगड़ा सीमा तथा दार्जिलिंग पर भी था लेकिन उन्होंने सबसे ज्यादा अत्याचार कुमायूं और उससे भी जादा घृणित अत्याचार गढ़वाल पर किये।

कुमायूं में अपने सैनिकों और सेवकों को नकद के वजाय वस्तु रूप में भुगतान करने के लिये उन्होंने जनता से उपज, अनाज, बर्तन, कपड़े तक की उगाही की। उन्होंने आमतौर हर हुकम को नकद या वस्तुपरक तनखा उगाही के लिये निश्चित क्षेत्र आवंटित कर दिया था। इसका भी कोई नियम, व्यवस्था, कानून, सिद्धांत नहीं था। शासन स्वेच्छाचारी और निरंकुश था। यहाँ तक कि आदमी की भी वस्तुपरक या मौद्रिक कीमत थी। उन्हें कहीं भी दासों और नौकरों की तरह बेचा और खरीदा जाता था और उस उगाही से कर्मचारियों का वेतन भुगतान किया जाता था।

उनका न्याय का तरीका बर्बर एवं आदम कालीन था जो हजार साल से भी पहले इंग्लैण्ड में था। दोषारोपित व्यक्ति की निर्दोषता सिद्ध करने के लिये उसके हाथ में जलता कोयला या आग रखी जाती थी अथवा उसे पानी में डुबो दिया जाता था। इसके अलावा तेल की उबलती कढ़ाई में हाथ डुबवाया जाता था आदि। अगर व्यक्ति डूब गया, जल गया तो अपराधी और सजा का भोगी होता था।

गढ़वाल में गोरखाओं का जबरदस्त विरोध हुआ था इसलिये उन्होंने वहाँ बहुत नाइन्साफी, घात-विघात और क्रूरता की यद्यपि कुमायूं में भी कम नहीं। फल खाने के बाद वो पेड़ ही काट देते थे। लोगों के बर्तन, मवेशी, घरेलू सामान - वस्तुयें भी उठा लेते थे। अंग्रेजों के समय जो बेतहाशा बेगार (Forced Labour) था वह गोरखाओं की ही विरासत थी। मालिकों को घर से बाहर ढकेलने के बाद घर की तलाशी लेते थे। आदमियों को काटना उनके लिये मूली गाजर की तरह था। सेनाधिकारी सैनिकों को अपना दास समझते थे जैसे आज भारत के पुलिस अधिकारी सिपाही को, सिपाही जनता को और नौकरशाह चपरासी और जनता को समझते हैं। शास्त्र और गाय की पवित्रता नैपाल तक ही सीमित थी, कुमायूं में उन्होंने सब मटियामेट कर दिया यहाँ तक कि उपाध्याओं को छोड़कर, जो कि नैपाल के राजगुरु थे, उन्होंने पुजारी - पुरोहितों को भी नहीं बख्शा जो कि आमतौर पर जोशी, पन्त, तिवारी थे। गोरखाओं ने अपना ही इलाज करने वाले वैद्यों को भी सताया। एक बार उनकी हुकूमत ने १२०० - १४०० पधानों (प्रधानों) को वार्ता के बहाने बुलाया और कत्ल कर दिया। कुमायूं, गढ़वाली बनाम नैपाली सैनिकों के बीच जबरदस्त भेद-भाव किया और उनके आपसी मिलाप पर सख्त पावन्दी लगादी। शासकों, अधिकारियों की अस्थाई - तदर्थ नियुक्ति होने के कारण वो लूट - खसोट को ही पहला कर्तव्य समझते थे। स्वतन्त्रता के बाद जैसा भारत में हुआ, गोरखा अधिकारी भी रातों रात अमीर होने की होड़ में रहते थे। नैपाली राजा और शासन कुमाऊँ और गढ़वाल की जनता के कष्टों के प्रति बहरा और नैपाली शासन उनके दुःखों के प्रति वैसे ही अन्धा हो गया था जैसे २१ वीं शताब्दी की मुक्त व्यापार जन्य (Liberalised) भारत की केन्द्र सरकार और लाइसेन्स मुक्त (Delicenced) राज्य सरकारें जनता के प्रति तथा रोगी नेता, अनियन्त्रित कर्मचारी, विलासी पूंजीपति और भोगी जोगी, बाबा, गुरु देश के प्रति।

गुरु रामराय जी की परीक्षा और गोरखा अधर्म

गोरखाओं की हार के पीछे उनका यही जाहिलपना, अशिक्षा और अज्ञानता थी। वो बुद्धि से पैदल थे अतः अंग्रेजों की चतुरता और समझ के

सामने टिक भी नहीं पाये। मानुषता की सब हदें तब पार हुई जब गोरखाओं के समक्ष अपनी निर्दोषता साबित करने के लिये देहरादून के महन्त गुरु राम राय जी को परीक्षा रूप में उबलते हुए तेल के कड़ाहे में हाथ डालना पड़ा था। स्वाभाविक ही उनके हाथ जल गये और वो दोषी ठहराये गये और सजा दी गई। गोरखा राज में फाँसी आम थी लेकिन अंग भंग कर नमक - मिर्च छिड़कना भी इसी तरह आम हो गया था। महिलाओं और दलितों की सबसे ज्यादा दुर्दशा थी। जघन्यतापूर्वक लोगों का दमन हुआ। सम्पत्ति और धन छीनना, लूटना और डकैती दिन दहाड़े होती थी पर दलितों को छोटे अपराध की भी भयानक सजा दी जाती थी।

गोरखाओं के अन्त की शुरुआत और पतन

नैपाली गोरखाओं के अन्त की शुरुआत तब हुई जब उन्होंने विभिन्न स्थानों पर अंग्रेजों की सीमा - सरहद और क्षेत्र (Territory) में घुस पैठ करनी चालू की और उनके इलाकों को हड़पना शूरू किया। अंग्रेजों ने नैपाल शासन से इस घुसपैठ और अपने क्षेत्र में लोगों की लूट-खसोट को बन्द करने के लिये दीर्घ पत्र व्यवहार किया। लेकिन कोई असर नहीं हुआ। कम्पनी और नैपाली राज के बीच वैमनस्यता की खाई बढ़ने लगी। फिर भी नैपाल आज के तालिबान, अलकायदा, ईरान, उ० कोरिया, पाकिस्तान, चीन की तरह आग में घी डाल कर अग्नि प्रज्वलित करने में लगा रहा। शिकायतों, प्रत्यावेदनों और वार्ताओं का दौर १८१२ तक चलता रहा, लेकिन साथ ही, कहा जाता है कि, गोरखाओं ने गोरखपुर, तिरहुत, सारन, बरेली आदि स्थानों पर कम्पनी के क्षेत्र अपने राज्य में मिला दिये। कम्पनी सरकार के गवर्नर जनरल वारेन हेस्टिंग्ज (Warren Hastings) ने उन क्षेत्रों को ब्रिटिश अधिकार में लेने के आदेश दे दिए।

तथापि वास्तविक लड़ाई तब शूरू हुई जब नैपाल राज ने राजा पल्या के एक भूभाग को छीन लिया और कुवों - तालाबों में जहर मिला दिया ताकि अंग्रेज पियें तो मर जाँय। फिर तो गोरों ने सेना के चार डिवीजन बनाये और देहरादून, गोरखपुर, नाह्न, काठमाण्डू रवाना किये। इस कवायद में सबसे पहले सन् १८१४ में देहरादून अंग्रेजों के कब्जे में आया, उसके बाद नाह्न।

देहरादून पर अधिकार करने से पहले अंग्रेजों को नालापानी के समीप गोरखाओं से बड़ी खौफनाक लड़ाई लड़नी पड़ी। बलभद्र थापा, नैपाली सेनानायक थे। गोरखा संख्या में कम थे लेकिन बहुत बहादुरी से लड़े। नैपाली सेनाधिकारी भयमुक्त लड़ रहे थे। अन्त में सेना नायक बलभद्र हाथ में खुकरी लिये अपने शेष सैनिकों के साथ किले से बाहर निकला। ब्रिटिश सेना के व्यूह का भेदन करते हुऐ वह कहीं पहाड़ी पर अदृश्य हो गये। इस युद्ध को नेपाल सेना ने धर्म युद्ध की तरह लड़ा। उन्होंने न तो तालाब, कुओं में जहर मिलाया न जहरीले अस्त्रों का प्रयोग किया।

फिर १८१४ में ही गोरों ने कुमायूं को हस्तगत करने की योजना बनाई। पहले उन्होंने मुख्य प्रशासक बमशाह और उनके भाई सेना नायक हस्तिदल को जाल में फँसाने की कोशिश की लेकिन सफल न होने पर अन्ततः शक्ति का ही प्रयोग किया। अंग्रेजों ने विजय की स्थिति में किसी भी चंद राजा के राज्याधिकार को पहले ही नकार दिया था। लालसिंह का, जो गद्दी हड़पने की फिराक में था, प्रवेश अंग्रेज़ों ने प्रतिबन्धित कर दिया था। नैपाल को भी अंग्रेजों की मंशा का पता चला और उन्होंने पूरी तैयारी कर ली। अंग्रेजों ने पहले कुमायूं में गोरखाओं की ज्यादतियों, शोषण, निरंकुशता आदि के खिलाफ पूरा प्रचार किया, लोगों को सुशासन का आश्वासन देकर विश्वास में लिया। पठान सैनिक भी गोरखा सेना छोड़कर गोरों के साथ आ गये। नैपाली सैनिकों और अधिकारियों ने ब्रटानियों को बहुत साफ बता दिया था कि देशद्रोह करने या पीठ दिखाने से बेहत्तर नैपाली सैनिक अन्त तक देश के लिये लड़कर - मरना पसंद करेंगे। भारतीय सेना के सैनिक आज इसी आचरण के साक्षात प्रतिविम्ब हैं।

हर्षदेव जी जोशी भी राजा रणबहादुर की तरह अध्यात्म से ज्यादा भौतिक सुख के लालची थे। वह स्थिति का लाभ उठाकर सत्ता के गलियारों तक पहुँचना चाहते थे। जोशी जी यद्यपि ७० वर्ष पार कर चुके थे फिर भी वह ब्रिटिश राजनैतिक प्रतिनिधि (Political Agent) तथा सेना के कप्तान से मिले। अंग्रेज एक प्राण में तीन शरीर थे - बहुत कूटनीतिक, चालाक, और धूर्त (Diplomatic, Clever, Cunning)। वह हर्ष देव जी को यथायोग्य प्रतिफल देने

का वायदा करते रहे। विनाश काल आने पर महापुरुषों की बुद्धि भी मलिन हो जाती है। हर्षदेव जी के साथ यही हुआ। जोशी जी ने तुरन्त लोगों को एकत्रित किया और ब्रटानियों की सहायता के लिये कुमायूं सेना बना डाली। उन्होंने इधर - उधर - सर्वत्र पत्र लिखे जो बाद में अंग्रेजों के लिये बहुत लाभदायक साबित हुये।

तथापि अंग्रेज नेपालियों की देशभक्ति समझ गये थे अतः अपने ही बल बूते लड़ना चाहते थे। अंग्रेजों ने जनवरी १८१५ में कुमायूं पर धावा बोलने की योजना बनाई। सामरिक दृष्टि से उन्होंने डोट्री के गद्दीच्युत राजा की मदद ली और कुमाओं को घेर लिया। एक टुकड़ी पीलीभीत और दूसरी काशीपुर की ओर से राजधानी अल्मोड़ा की ओर चली, रुद्रपुर में भी एक टुकड़ी छोड़ दी और मुरादाबाद से अपना कार्यालय काशीपुर स्थानान्तरित कर दिया। अंग्रेजों ने कालीकुमाओं और बड़ाखोड़ा किले से भी आक्रमण करने का निश्चय किया। ब्रिटिश सेना के चिलकिया पहुँचने पर गोरखों ने पोस्ट खाली कर दी। फिर तिकुली में भी यही हुआ, गोरखा जा चुके थे और नैपाली सेना के स्थानीय सिपाही ब्रिटिश सेना में भर्ती होने लगे। स्थानीय जनता का बहुत सहयोग अंग्रेजों को मिला। फिर अंग्रेजों ने कोटागढ़ी पर अधिकार किया और कुछ भिड़न्त के बाद लोगलिया दर्रा भी उनके हाथ लगा। सन् १८१५ की फरवरी के अन्तिम सप्ताह में गोरों ने चौमुदेवी - चौमुखिया पर अधिकार कर लिया। मार्च के अन्त में रानीखेत के पास कूमपुर पर जबर्दस्त भिड़न्त हुई परन्तु अंग्रेजी सेना के पठान और रोहिला सैनिकों ने गोरखाओं को मार भगाया। गुरखाओं ने किले में आग लगा दी और अल्मोड़ा की ओर कूच कर गये।

हर्षदेव जी चंद राजाओं खास तौर से लालसिंह से ऊब चुके थे अतः पूरी तरह गोरों का साथ दे रहे थे। उन्होंने आम जनता को भी गोरखों के खिलाफ भड़काया। सितौली पहुँचते - पहुँचते बहुत सारे नैपाली सिपाही गोरों की सेना में आ गये। लोग गोरखों की क्रूरता से आग बबूला थे और खुल कर गोरों का साथ दे रहे थे। यद्यपि अंग्रेज भी उतने ही शोषक, दमनकारी और पतित साबित हुये। लेकिन आम आदमी की बुद्धि इतनी ही होती है कि वो केवल वर्तमान में ही अपना भविष्य देखता है, वो भी, केवल वो वर्तमान, जो सामने

चल रहा हो। इतिहास में हमेशा यही हुआ और यही होगा। कुमायूं से भी एक टुकड़ी अल्मोड़ा पर अधिकार के लिये चल रही थी। अंग्रेजों ने चिलकिया और बिलारी पर अधिकार कर लिया। अंग्रेजों की एक सैन्य टुकड़ी कानदेव पहाड़ियों से होते हुये कुमायूं की प्राचीन राजधानी चम्पावत पहुँची जिसे गुरखा कमांडर कालीधर ने रोकने की कोशिश की लेकिन पराजित हो गया। इस बीच गोरखा सेना नें कटोलगढ़ पर अधिकार कर लिया। ब्रिटिश सेना का नेतृत्व कर्नल गार्डनर और कैप. हरसे कर रहे थे। काली नदी पार कर डोटी और वाछम के रास्ते नैपाली सेना के साथ सेनापति हस्तिदल अल्मोड़ा न पहुँच सके अतः गोरों ने सामरिक दृष्टि से ज्यादा से ज्यादा सम्पर्क पुल तोड़ डाले। मार्च १८१५ के मध्य में अंग्रेजों ने डोटी पर धावा बोला। उनकी तरफ से पदच्युत राजा पृथ्वीपत शाह भी लड़े। ब्रह्मदेव की मण्डी के पास गोरखा पूरी ताकत से लड़े लेकिन उन्हें पीछे हटना पड़ा। अंग्रेजों की भारी क्षति हुई अतः उन्होने डोटी पर आगे आक्रमण का इरादा छोड़ दिया। अंग्रेज काली नदी के किनारे की रक्षा करते रह गये और सेनापति हस्तिदल कुसुम घाट के पास से काली नदी पार करने में सफल हो गये और कुमायूं पर फौज ने डेरा जमाया। दिगौली में गोरों की हार हुई और कैप. हरसे चुटैल हुये और कैद कर लिये गये। ब्रिटिश परेशान हो गये थे। हस्तिदल, कहा जाता है कि बहुत ही समझदार वीर बहादुर रणनीति कुशल था। हस्तिदल के नेतृत्व में नैपाली सेना का आत्मबल बहुत ऊँचा था जैसा भारतीय सेना का जन. मानेक शाह या जन. करियप्पा के समय।

इसी बीच गोरों की सेना ने रुद्रपुर होते हुये काशीपुर से भीमताल आते हुए बड़ाखोड़ा एवं छखाता गढ़ी पर कब्जा कर लिया। कैप. हरसे की घटना के बाद लार्ड हेस्टिंग्ज ने प्रशिक्षित २००० सैनिकों की टुकड़ी तोपों के साथ भेजी जिसका नेतृत्व मेज. पैटन और कैप. फेथफुल कर रहे थे। उस टुकड़ी में कई गढ़वाली सैनिक भी थे। कर्न. निकोलस मुख्य सैन्य कमांडर थे। कुमायूं सेना की बहादुरी से अंग्रेज स्तब्ध थे। हस्तिदल अल्मोड़ा पहुँच गया लेकिन नैपाली सेना की हालत खस्ता थी। उनके पास राशन नहीं था, अध भूखे अध-नंगे, लड़ने के लिये खुकरी। नैपाल आर्मी अशिक्षित थी। भय के मारे

लोग अल्मोड़ा से दूर भाग या छिप गये थे इसलिये सेना की हालत और खराब हो गई क्योंकि न कहीं छापा मार सकते थे, न लूट कर सकते थे। खाने का कोई सहारा नहीं रह गया था। फिर भी गोरखा सैनिक अन्तिम साँस और खून की बूँद तक लड़े। वो देश भक्ति के प्रतिमान बने और अपना अनुकरणीय चरित्र छोड़ गये।

इसी बीच अंग्रेजों के हाथ नैपाली सैनिकों द्वारा अपने परिवारों को लिखे दुःख भरे पत्र लगे। इन पत्रों में उन्होंने अपनी दुर्दशा और अंदरूनी हालात लिखे थे। अब गोरों को नैपाल और नेपाली सेना की असलियत का पता चल गया। नैपाल के पास सैनिक कम हो रहे थे लेकिन राजा और प्रशासक कोई सत्वर कार्यवाही नहीं कर रहे थे। कुमायूं और गढ़वाल में लोगों ने नैपाली सेना में भर्ती होना बंद कर दिया था। कुमायूं के प्रशासक बम शाह ने नासमझी में उस थोड़ी सी सेना को भी विभक्त करवा दिया। एक सैन्य बल को उसने पीछे से अंग्रेजों पर आक्रमण करने के लिये अपने भाई सेनापति हस्तिदल के साथ गणनाथ की तरफ भेज दिया और दूसरी इकाई को कटारमल के पास अंग्रेजों पर आक्रमण करने के लिये लालमण्डी पर रखा। सन् १८१५ की २१-२२ अप्रैल को ब्रिटिश सेना कमांडरों को इस योजना का पता लग गया और उन्होंने गणनाथ पर अपनी सेना हस्तिदल के पहुँचने से पहले ही भेज दी। जैसे ही २३ अप्रैल को हस्तिदल पहुँचा ब्रिटिश सेना ने अंधाधुंध गोलीवारी शूरू कर दी। उस गोलीबारी में सेनापति हस्तिदल चोंतरा का प्राणान्त हो गया और उसके साथ ही एक पटाक्षेप। नैपाली सेना में भगदड़ मच गई। पूरी साज सज्जा अस्त - व्यस्त हो गई। दोनों ओर बहुत नुक्सान हुआ फिर भी नैपाल की तुलना में माना जाता है गोरों का नुक्सान कम हुआ।

इस सफलता से उत्साहित होकर कर्न. निकोलस, ब्रिटिश सेना कमांडर ने, अपनी सेना के साथ अल्मोड़ा विजय के लिये कूच किया। गोरी सेना ने, सितोली में ठहरी नैपाली सेना का पीछा किया।

अंग्रेजों ने कलमटिया में केम्प कर रही चामू भण्डारी की सैन्य इकाई की सम्पर्क व्यवस्था छिन्न कर दी। चारों ओर से नैपाली सेना को खदेड़ा और वो अल्मोड़ा की तरफ भागने लगी जहाँ गोरी सेना ने उनका पीछा किया।

हीराडुंगरी में २५ अप्रैल की रात को गोरखा सेना ने गोरों पर जबरदस्त हमला किया और काफी हिस्सा वापस ले लिया। चामू भण्डारी की टुकड़ी ने हाथ में खुकरी लेकर गोरी सेना पर कहर बरपाया। कहते हैं कि वो नग्न ताण्डव का दृश्य था। पूरी रात युद्ध हुआ। कई गोरे आफीसर मारे गये। इतिहासकार कहते हैं कि ऐसा लगा था कि गोरी सेना हार जायेगी। इधर - उधर बिखरे गोर्खा सैनिक वहीं एकत्रित हो गये। कर्न. निकोलस और कर्न. गार्डनर ने मोर्चा संभाला और गोर्खा आक्रमण विफल कर दिया। रात में डेरा (Camp) के पास आग लगी और चारों तरफ फैल गई। हाहाकार मच गया। महाभारत युद्ध की तरह शत्रु - मित्र का पता ही नहीं लग रहा था। किस ओर कितने आहत हुये या मरे अथवा किसका ज्यादा नुक्सान हुआ, ये आंकलन सम्भव नहीं था पर इतिहासकार मानते हैं कि दोनों ओर के कुल १५००-२००० के आसपास सैनिक मारे गये, गोरखों का नुक्सान ज्यादा हुआ लेकिन उनकी वीरता, रोष और युद्धत्व कल्पना से परे था।

गोरखा शासन का अन्तः ब्रिटिश राज की स्थापना

सन् १८१५ की २५ अप्रैल को ही राजधानी अल्मोड़ा के लालमण्डी किले से कुछ ही दूर गोरों ने अपनी तोपें लगाई और गढ़ पर भारी गोलाबारी की। फलस्वरूप लालगढ़ किले की दीवार सुबह होने तक ढह गई। स्वाभाविक ही नैपाल सेना में भगदड़ और हाहाकार मच गया। इसी बीच कुमायूं के प्रशासक और जन. हस्तिदल के बड़े भाई बम शाह चोंतरा का पत्र गोरी सेना को मिला कि नैपाल सेना थोड़े ही दिन में कुमायूं छोड़ने को तैयार है। बमशाह ही नहीं नैपाल सेना भी हस्तिदल के मारे जाने से टूट गई थी। जनाब गार्डनर की २५ अप्रैल को चोंतरा जी से समझौता वार्ता हुई। यह सहमति हुई कि गोरखा सेना नैपाल वापस चली जायेगी और बरतानी साज-सामान सहित उनकी सुरक्षित रवानगी की व्यवस्था करेंगे। अप्रैल २७, १८१५ को समझौते पर कम्पनी की ओर से राजनैतिक प्रतिनिधि जनाब ई. गार्डनर ने और नैपाल की ओर से बमशाह और चामू भण्डारी ने हस्ताक्षर किये। उसी दिन गोरखों ने किला खाली किया और गोरों ने उसमें प्रवेश किया। नैपाल शासन और आर्मी

में कार्यरत सभी कुमायूं और गढ़वाली कर्मचारियों ने अपने त्याग पत्र दे दिये।

२८ अप्रैल को अंग्रेजों ने किले में बमशाह एवं अन्य नैपाली अधिकारियों के सममान में १६ गनों की सलामी दी और २६ अप्रैल को अंग्रेज नैपाली केम्प में उनको विदाई और शुभ कामनायें देने गये। नैपाली अधिकारी युद्ध बन्द कराने और सैनिकों को नैपाल वापस जाने के आदेश के साथ नाहन भी गये।

इस प्रकार कुमायूं राज्य का पुनः अधिग्रहण हुआ लेकिन इस बार अंग्रेजों द्वारा। दि. २७ - ४ - १८१५ को राजधानी अल्मोड़ा किला पर अंग्रेजों का अधिकार होते ही कुमायूं उनके अधीन हो गया। दि. ३० अप्रैल से नैपाली शासन और आर्मी ने नैपाल मार्च करना प्रारम्भ किया और मध्य मई १८१५ तक गढ़वाल और कुमायूं से सभी स्थान पूरी तरह खाली कर दिये। इससे पहले ३० अप्रैल को अंग्रेजों ने कुमायूं के लोगों को अपने घरों पर वापस आने और सामान्य कार्य प्रारम्भ करने का फरमान निकाला। अंग्रेजों ने बदकिस्मती से अगस्त १६४७ तक राज किया। लोगों ने इस आशा के साथ कि अच्छा होगा पर और भी बुरा हुआ या जो हुआ उससे कम बुरा नहीं हुआ।

दुर्भाग्यवश, हर्षदेव जी, छींका टूटने की इंतजार में सब कुछ छोड़कर, अपने भतीजे जो कि कांगड़ा में था और दो पुत्रों जिनमें से एक जेल में था, करीब मध्य जुलाई १८१५ में स्वर्ग सिधार गये और इसी के साथ इतिहास के एक अविश्वसनीय अध्याय की इतिश्री हुई। जोशी जी का पुत्र बाद में जेल से मुक्त हो गया था।

नैपाल शासन-एक नजर

कुमायूं में नैपाली कुशासन का मूल्यांकन गढ़वाल में उनके दुःशासन का अध्ययन करने के उपरान्त पाठकों पर छोड़ा जा रहा है। उनके शासन में दो तरह के राजा थे। पहला बम राजा जो नैपाल राज्य के मातहत रियासतों के मालिक थे, सामान्यतः मुख्य प्रशासक को भी बमशाह (आज का IAS साहब)

कहा जाता था। दूसरा रैका राजा - परिवार में बड़े भाई के राजा या शासक होने पर उसे रैका राजा कहा जाता था।

कुमायूं में नैपाल शासन ने दो बार भूमि बंदोवस्त किया था। पहली बार १७९१ - ९२ में और दूसरी बार १८०५ में। उन्होंने चंदों की शास्त्रीय कर और मालगुजारी व्यवस्था को समाप्त कर दिया। वर्तमान भूमि अधिग्रहण अधिनियम (Land Acquisition Act) की तरह उनका भूमि अधिग्रहण, मालगुजारी और कर व्यवस्था पूरी तरह शोषण आधारित थी जिसका उद्देश्य जनता का उत्पीड़न तथा लूट और अपना भण्डारण था। सन् १८०५ के भूमि बंदोवस्त को रायबन्दी (Raibandi) भी कहते हैं। इसके अन्तर्गत नैपाली शासन ने कई सहूलियतें और विमुक्तियाँ (Exemptions) रद्द कर दिये, मुक्त स्वामित्व की जमीन (Free hold land) जब्त कर दी। बगावती ब्राह्मणों से अतिरिक्त वसूली की। रिहायसी कर (Inhabitancy Tax) के अलावा क्षेत्रानुसार जमीन के गुण - धर्म (Fertility and Quality) के मद्देनजर अलग - अलग कर और मालगुजारी की वसूलियां निर्धारित कीं।

आज कुमायूं और गढ़वाल में प्रचलित नाली - बिसी, भूमि पैमायश और मापन व्यवस्था उन्हीं की देन है। वैसे 'बिसी' शब्द की व्युत्पत्ति गुप्त काल विशेषतः गुप्त विक्रमादित्य के समय प्रचलित 'विस और बिस' शब्द से लगती है जिसका मतलब है खण्ड या भाग। इसका विस्तृत रूप जनपद अथवा क्षेत्र भी था। इसी से विश्वा प्रचलित हुआ। जिसका परम आकार विश्व है।

प्रकरण – ५

गढ़वाल विहंगमः प्राचीन–अर्वाचीन

किरात राज्य से पाल वंश

गढ़वाल के इतिहास को समझने से पूर्व कुमायूं के इतिहास को समझना अति आवश्यक था। यद्यपि दोनों इतिहास संश्लिष्ट हैं तथापि गढ़वाल के इतिहास को संवेदनात्मक रूप से समझने के लिये ज्येष्ठ इतिहास को पहले समझना आवश्यक था। गढ़वाल के प्राचीन इतिहास का समावेश काफी हद तक पूर्व के प्रकारणों में समाविष्ट है। महाभारत आधारित पौराणिक इतिहास से, जैसा कि वर्णन किया जा चुका है स्पष्ट परिलक्षित होता है कि गढ़वाल प्रखण्ड का एक भाग कुणिन्द राज्य था और पाण्डवों के आगमन के समय यहाँ किरात राज सुबाहु का शासन था। यह सच है कि धार्मिक - आध्यात्मिक दृष्टि से यह भाग केदार खण्ड के नाम से भी अभिख्यात था जैसा कि महाभारत[1] से व्यञ्जित होता है। स्कन्द एवं अन्य पुराणों के अन्तर्भाव से (Kabbalistically) केदारखण्ड का विस्तार हरि - हर क्षेत्र तक था जैसा कि नाम से ही अभिव्यक्त होता है। आज यही क्षेत्र हरिद्वार के नाम से अभिज्ञात है जिसके सुष्ठु अभिज्ञान का औचित्य 'हरि - हर द्वार' ही है।

---

1. म. भा. आदि. २/२०-२६

महाभारत के बाद लेकिन भगवान महाबीर और बुद्ध से काफी पहले यही कुणिन्द राज्य ब्रह्मपुर राज्य से अभिहित हुआ। जिसकी राजधानी ज्योतिर्धाम (ज्योतिर्मठ - जोशीमठ) थी। इसका विस्तीर्ण ऊपर कुमायूं के इतिहास के अन्तर्गत पहले भी किया जा चुका है। जोशीमठ से किरात कुल ने क्यों और किन स्थितियों में प्रवास किया और वर्तमान कुमायूं में कार्तिकेयपुर नाम से राजधानी का विनिर्माण किया तथा कत्यूरी अभिधान हुआ, इसका भी विस्तार ऊपर दिया जा चुका है। समस्त मन्थन के बाद इस सम्भावना से भी नकारा नहीं जासकता कि कुमायूं नाम की व्युत्पत्ति कार्तिकेयपुर - कार्तिकपुर - कत्यूर से हुई हो जिसका व्यतिक्रम 'काली कामाँ ' और परिवर्तन 'काली कुमायूं' एवं संक्षेपण 'कुमायूं' हुआ। अगर तिहाई से टेहरी - टिहरि और टीरी हो सकता है या महोदय नगर से कान्यकुब्ज और फिर कन्नौज हो सकता है या उज्जयिनी से उज्जैन हो सकता है तो कुमायूं नाम में भी ये सम्भावना हो सकती है। पटना (पाटलीपुत्र) उत्कल-उड़ीसा (ओडीसा), भिलसा (विदिशा) जैसे कई नामों का यही व्यतिक्रम हुआ है।

ब्रह्मपुर की अनुकृति - प्रतिकृति उन्होंने कार्तिकेयपुर में भी की। काली नदी आदि नाम उसके कई उदाहरण हैं। सम्भव है बद्रीनाथ में जिसे लोग सरस्वती नदी कहते हैं या केदार में जो सरस्वती प्रवाहित होती है उनका प्राचीन नाम शारदा हो क्योंकि वैदिक सरस्वती अथवा व्यास जी से जुड़ी सरस्वती नदी का बदरीनाथ में होना न तो पौराणिक, न शास्त्रीय न ऐतिहासिक दृष्टि से ही सिद्ध होता है। इसी अनुकृति की परम्परा में कत्यूरियों द्वारा कुमांऊ में शारदा नदी का नामकारण सम्भव है। शारदा भी सरस्वती का पर्याय होने के कारण कालान्तर में आचार्य शंकर या गढ़देश के किसी राजा ने अव्यक्त अन्तर्निहित भाव से (Cabalistically) बदरी - केदार में सरस्वती अभिख्यान किया हो। अन्य अनुकृतियों का विवरण पहले ही विस्तार से कुमांऊ में कत्यूरी इतिहास के अन्तर्गत दिया जा चुका है। कार्तिकेयपुर प्रवास के साथ कत्यूरियों ने प्रशासनिक कार्यक्षमता और सुविधा की दृष्टि से मध्य स्थान लखनपुर (चंदकालीन चंदपुर वर्तमान चाँदपुर गढ़ी) को ब्रह्मपुर की राजधानी

बनाया। कत्यूरियों और चंदों के राज्यकाल और शासन के बारे में सविस्तार लिखा जा चुका है।

कुमाँऊ और गढ़वाल की इसी मौलिक संसक्ति ने चंद काल में समस्त विवादों, हमलों और लूट - खसोट के वावजूद भी एक दूसरे के राज्य को अवसर - सुअवसर - कुअवसर मिलने पर भी नहीं हड़पा और अपने - अपने स्वतन्त्र राज्य शासन चलाए।

कुछ विद्वान इतिहासकार मानते हैं कि मौर्य साम्राज्य के उपरान्त कुछ समय उत्तरांचल में शक, कुषाण, नाग वंश शासन रहा। सशक्त प्रमाण न होते हुए भी अगर ऐसा मान भी लिया जाय तो इन सभी की स्वामिता (Suzerainty) रही होगी शासन नहीं। मात्र नाग नामों से नाग वंश के शासन का अनुमान लगाना भी युक्ति संगत नहीं है क्योंकि शक, कुषाण भी नाग पूजक हो सकते हैं और हो गये थे।

एक ऐतिहासिक निष्कर्ष स्पष्ट रूप से निकाला जा सकता है कि करीब - करीब ईसवी सन् की सातवीं शताब्दी के प्रारम्भ तक दोनों स्थानों (कुमायूं गढ़वाल) में असंदिग्ध रूप से किरात - कत्यूरियों का एकछत्र राज्य था।

एक तो बाहरी लोगों को यहाँ शासन करना दुरूह था दूसरा आध्यात्मिक सनातनता का आदि स्थान होने के कारण गुरखों और गोरों के अलावा उत्तराञ्चल में हिंसा और रक्तपात किसी ने नहीं किया यहाँ तक कि मुसलमानों - मुगलों ने भी नहीं और न यहाँ के प्रशासन में बहुत दखलंदाजी ही की। रोहिल्लों ने भी कभी - कभी ही तराई - भावर में ऐसा किया। तथापि चंद काल में दोनों राज्यों के राजा और प्रजा ही आपस में छोटी - छोटी बातों को लेकर रक्त पात करते रहे।

कत्यूरी कलह एवं विग्रह के उपरांत गढ़वाल राज्य सातवीं इ. बाद के आसपास अपना अलग स्वतन्त्र अस्तित्व बनाने में सफल रहा। कत्यूरी अपने ही राज्य को संगठित नहीं रख पा रहे थे सुसंगठित रखना तो दूर की बात है और सातवीं शताब्दी के अन्त तक राज्य का विघटन होना भी प्रारम्भ हो

गया था। ऐतिहासिक प्रमाण बताते हैं कि दोनों राज्यों में ८वीं - ९वीं शताब्दी के दौरान करीब ९० से अधिक वर्षों तक पोंड्र - गौड़ वंग - बंग यानी वर्तमान बंगलादेश और बंगाल) के पाल वंशी राजाओं का आधिपत्य (Rule) रहा।

गढ़वाल राजवंशः अनुक्रम - उद्भाव (Descent and Origin)

बहुसंख्यक स्थानीय इतिहासज्ञ गढ़वाल के राजसी वंश (Royal Dynasty) का उद्भावन मालवा (वर्तमान मध्य प्रदेश) के परमार कुल से मानते हैं जिसका परिवर्त कालान्तर में पँवार हुआ और १५ वीं शताब्दी से सल्तनत काल में दी गई 'शाह उपाधि' जन्य शाह वंश से। परमार कुल से गढ़ नरेश वंश का प्रभाव ऐतिहासिक रूप से पूरी तरह संदिग्ध है। इतिहासकारों ने परमार राज वंश की ऐतिहासिक उत्पत्ति की खोज आठवीं सदी के अन्त से की है। ये सही हो सकता है जैसा कि भारत के प्रसिद्ध इतिहासकार डा० आर सी[1] मजूमदार भी अपनी रचना 'पुरातन भारत' (Ancient India) में कहते हैं कि 'परमार लोग बाद में पवार या पँवार राजपूत नाम से जाने गये'। लेकिन डा० मजूमदार के अनुसार "Immediately to the west of kalachuris were, the parmaras ruling in Malava. The Parmaras came to be known as Pavar Rajputs in later days and a story was, told of their origin from a fire and pit in mount Abu. But according to the earlier records the Parmar rulers were born in the family of the Rashtrakutas (around the close of third quarter of 8th century). This is more probable and as it seems Upendra, alias Krishnaraja, the founder of Parmar dynasty was originally the governor of Malava appointed by the Rashtrakuta emperor Govind III (794&813 AD) after he had conquered the province from Nagabhatta IIA The family remained loyal to the Rashtrakutas and lost possession of Malava When it was conquered by the Pratiharas who were in possession of it till at least 946 AD"। दूसरी ओर उत्तरांचल के इतिहासकार आम तौर पर यह मानते हैं कि ईसा की सातवीं शताब्दी के आसपास सम्भवतः राजा कनकपाल जी ब्रह्मपुर (गढ़वाल) के पहले स्वतन्त्र राजा हो गये थे।

भारत के इतिहासकारों का दूसरा वर्ग पूरे विश्वास के साथ ये मानता है कि परमार वंश कभी प्रतिहार राज्य का अंग था और प्रतिहारों के अवशेषों

1. Dr. Rc Majumdar - Ancient India.

पर ही उन्होंने अपने स्वतन्त्र राज्य की स्थापना की थी तथा धारा नगरी को अपनी राजधानी बनाया। दशवीं शताब्दी के उत्तरार्ध में राजा मुंज इस वंश के प्रथम महाराजा हुये और इग्यारहवीं सदी के प्रारम्भ में स्वनामधन्य राजा भोज दूसरे महान राजा।

अतैव गढ़वाल राजवंश का उद्‌भव मालवा के परमारों से खोजना अथवा मानना किसी भी ठोस ऐतिहासिक प्रमाण पर आधारित नहीं है, खास तौर से तब, जब कि गढ़वाल राजवंश के राजा प्रारम्भ से ही अपने नाम को 'पाल' अभिधान से प्रत्ययित (Suffix) करते रहे हैं और ईसा की ७ वीं शताब्दी में प्रथम राजा कनक पाल से १२ वीं तक यह क्रम अटूट रहा। सन् १२०० - १५०० के बीच दो - तीन राजाओं को छोड़कर शेष सब ने 'पाल' प्रत्यय भूषण से ही अपने नाम को भूषित किया। सन् १५०० में उन्हें दिल्ली सल्तनत काल में 'शाह' उपाधि से नवाजा गया। अठारहवीं सदी (शती) के अन्त में नैपाल के क्षत्रिय राजाओं ने भी शाह उपाधि धारण की या उन्हें भी दिल्ली दरबार से प्राप्त हुई?

इतिहासकारों में यहाँ थोड़ा सा मतभेद है कि गढ़वाल राजवंश को शाह की उपाधि सैय्यद काल (१४१४-१४५१) में मिली या लोधी हुकूमत (१४५१- १५२६) के समय बहलोल लोधी (१४५१-८८) ने दी। पूरे विश्लेषण के बाद सैय्यद ही सही लगता है क्योंकि लोधी स्वयं अपने लिए भी शाह उपाधि का प्रयोग नहीं करते थे जबकि सैय्यद आमतौर पर करते थे जैसे मुबारक शाह, मुहम्मद शाह, अला - उददीन आलम शाह आदि। शाह का अर्थ अरबी - फारसी में राजा (King) होता है और शाहँशाह का महाराजा, अंग्रेजी में (King Emperor)। इस प्रकार सैय्यद लोगों ने शाह का खिताब बाँटकर अपनी ताकत, वैभव और शक्ति का ही प्रदर्शन नहीं किया अपितु भारत के सभी राजाओं के ऊपर अपनी श्रेष्ठता (Superiority) का भी इजहार किया। संस्कृत में यही सम्राज (सम्यक राजते यानी सम्राट है) जिसका अर्थ है "शास्ति यश्चाज्ञया राज्ञः स सम्राट" राजा भी जिसकी आज्ञा से राज चलाता है - जिसकी आज्ञा को राजा भी मानता है - वह सम्राट है- अरबी फारसी में शाहंशाह यानि शाहों का भी शाह।

गढ़वाल राजवंश के राजा बलभद्र १५ वीं शताब्दी के उत्तरार्ध में पहले शाह यानी बलभद्र शाह और राजा मानवेन्द्र अन्तिम शाह हुए। संविधान बनते ही टिहरी रियासत के भारत में विलय और उत्तर प्रदेश का अलग जनपद बनने पर १६४६ में मानवेन्द्र शाह आधिकारिक रूप से शाह उपाधि से वंचित हो गये यद्यपि बोलचाल में शाह नाम से ही सम्बोधित किए जाते रहे और सच यह है कि शाह शब्द उनके नाम का ही भाग बन गया था।

उपाधि खत्म हुई पर नाम बन गई। जो तब राजा थे अब नेता हो गये। आभीर कृष्ण कालेज ए.के. कालेज जैसे राजपूत लोधे विद्यालय आर. एल. कालेज हो गये। कुछ नहीं बदला केवल मुखौटा बदला। सेवानिवृत्ति भी हो गई पर भू. पू. लिखा जाने लगा। भोगवाद ने आदमी की इतनी ही पहचान बनाकर छोड़ दी। एक शायर ने दो टूक लेकिन सटीक व्यंग किया है;

अब तो दरवाजे से अपने नाम की तख्ती हटा,
लफ्ज नङ्गे हो गये, शोहरत भि गाली हो गई '४

निःसन्देह, अगर प्रथम राजा कनक जी का नाम कनक पाल था और शाह का खिताब १५ वीं शताब्दी में मिला तो, गौड़ - पोण्ड्र पाल वंश के आधिपत्य की ऐतिहासिकता स्वयं सिद्ध हो जाती है। कुमायूं में कत्यूरी विघटन चल रहा था, गढ़वाल स्वतन्त्र राज्य हो गया। पालों के आधिपत्य के कारण सुप्रचलित बौद्ध दर्शन को और भी बल मिला। बंगला प्रभाव और बौद्ध दर्शन के प्रतिभाव का विवरण कुमांऊ के इतिहास के अन्तर्गत विस्तार से दिया जा चुका है। आचार्य शंकर के प्रबोध प्रभासन ने बौद्ध प्रभाव का उच्छेद किया।

केवल कत्यूरी काल में ही नहीं चंद काल में भी गढ़वाल राज वंश के राजाओं का अभिधान पाल प्रत्ययाविभूषित ही था जो गोपाल और धर्मपाल की तरह उनकी संज्ञा के साथ ही प्रकल्पित था जातिवाचक नहीं।

इतिहास मन्थन और ऋत् उद्भावन

यह स्थानीय ऐतिहासिक मान्यता सत्य के समीपस्थ लगती है कि ११ - १२ वीं सदी के किसी पाल राजा ने अपनी पुत्री का विवाह बदरी यात्रा

पर आये, मालवा के परमार राजकुमार से कर दी और अपना वंशज न होने या तिरष्कृत - वहिष्कृत वंशज होने के कारण मालवा कुमार को राजगद्दी पर अभिषिक्त कर दिया। तदुपरान्त गढ़देश राजवंशावली परमार और बाद में पवार अभिख्यात हुई। यही ऋत् विश्वसनीय है। इसी तरह की स्थिति कुमांऊ में उत्पन्न हुई थी जिसका उल्लेख कुमायूं के 'चंद वंश इतिहास' में किया जा चुका है। तथापि पारम्परिक राजसी प्रभाव इतना प्रबल था कि आने वाली पीढ़ी के अधिकतर राजकुमार - राजाओं ने भी अपने नाम को 'पाल' अविधा से ही पूर्णता दी।

श्रीनगरः एक वैशिष्ठ्य और गढ़वाल परिकल्पना

पालवंश के प्रारम्भिक काल में कत्यूरियों से प्राप्त लखनपुर (उत्तरकालीन चंदपुर वर्तमान चाँदपुर) ही राजधानी रही, लेकिन चंद शासन के दौरान आक्रमणों के भय एवं एक किनारे होने से उत्पन्न प्रशासकीय असुविधाओं के कारण 'देवलगढ़' राजधानी बनाई गई। सम्भवतः १० वीं शताब्दी के अन्त या ११ वीं के मध्य तक राजधानी श्रीनगर स्थापित की गई। वहाँ गङ्गा के किनारे वैदिक विधि से एक श्रीयन्त्र स्थापित किया गया। इसी से श्रीनगर नाम प्रसिद्ध हुआ। कत्यूरियों के समय श्रीनगर सम्भवतः 'श्रीपुर' नाम से जाना जाता था। इस श्रीयन्त्र के पीछे एक दर्शन, एक आध्यात्मिक भावना थी, लेकिन चंदों के आक्रमण और लूट ने उस पवित्रता को ध्वस्त कर दिया फिर भी उनकी लूट कम नहीं हुई। राजधानी बनाते समय अलौकिक परिकल्पना के तहत वैदिक रीति से वहाँ गङ्गा तट पर श्रीयन्त्र की स्थापना की गई और इसी के साथ उसका श्रीनगर नामाभिधान हुआ था।

स्वेन साङ्ग (Hiuen Tsang) ने अलकनन्दा पर स्थित ब्रह्मपुर राज्य की दूरी गोविशाणपुर (काशीपुर) से करीब १०० मील बताई है। उस समय की पगडण्डियों (Short Cuts) और राज्य की भौगोलिक सीमाओं के आधार पर गढ़वाल यहाँ तक कि लखनपुर की भी यही दूरी रही होगी। तथापि केदारखण्ड की आध्यात्मिकता यथावत रही।

चौदहवीं शताब्दी तक गढ़ देश में लगभग ७० गढ़ - गढ़ी - कोट थे जिन पर छोटे-छोटे गढ़पतियों का आधिपत्य था जिन्हें गढ़वाले राजा कहा जाता था। माना जाता है कि १४ वीं शताब्दी में ब्रह्मपुर राज्य के राजा अजय पाल ने अपनी बुद्धिमत्ता, शक्ति और प्रशानिक कुशाग्रता से सभी गढ़पतियों को अधिकृ त एवं एकीकृत किया और केन्द्रीय शक्ति की स्थापना करके गढों की संख्या सामरिक आवश्यकता तक सीमित करदी। गढ़वाले से 'गढ़वाल' नामकरण की यही गुह्यता है इससे गढ़ों की पहचान बनी रही।

पाल राजन्योद्भवः एक सिंहावलोकन

गढ़वाल के राजसी वंशानुक्रम (Genealogy) में कुछ विद्वानों ने पाल राजन्योद्भव (Genesis of Pal Kingship) राजा सोमपाल से मानी है जिनकी राजधानी भिलङ्ग (वर्तमान टिहरी जनपद) थी। लेकिन यह खोज सत्य से बहुत दूर ही प्रतीत होती है। अधिकतर विद्वानों ने पाल वंश का उदयन सातवीं शताब्दी में राजा कनक पाल से मानी है। तथापि परिस्थितिजन्य साक्ष्य से प्रतीत यही होता है कि गढ़वाल के राजा कत्यूरियों के ही रक्त सम्बन्धी थे और मूलतः किरात या कुणिंद थे लेकिन पोण्ड्र - गौड़ पाल राज प्रभाव के कारण उन्होंने स्वयं को 'पाल' अभिख्या से अभिशब्दित किया। बारहवीं शताब्दी तक ये क्रम अविराम चला। बारहवीं से पंद्रहवीं शताब्दी के मध्य अपवादों के अपवर्जन के साथ यही क्रम रहा। पन्द्रहवीं शताब्दी में सम्भवतः राजा बलभद्र पाल पहले राजा थे जिन्हें शाह की उपाधि से नवाजा गया और वह राजा बलभद्र शाह हुए। उस विन्दु से 'शाह' अभिख्यान की अनवरतता चलती रही। वंशावली क्रमण से यह निष्कर्ष निकाला जा सकता है कि शंकराचार्य जी के समय सिगल पाल जी गढ़ देश के राजा थे जिनसे आचार्य शंकर ने बदरी मन्दिर निर्माण करवाने में मदद ली थी।

गढ़ - कुमायूं संघर्ष एक परिविह्वल कथा

गढ़वाल - कुमायूं संघर्ष चंदों की देन थी। चंद राज के दौरान दोनों राज्यों के मध्य कई आपसी लड़ाइयाँ लड़ीं गई, कुछ भयानक भी। फिर भी आपत्ति

और विपत्ति के समय दोनों राज्यों के राजा और प्रजा एक दूसरे के पूरक बने रहे प्रतियोगी नहीं। कभी-कभी खून-खराबे के वावजूद, अवसर मिलने पर भी एक दूसरे के राज्य को शक्ति या शान्ति से भी हड़पने की कोशिश नहीं की। राजा और प्रजा अपनी मौलिक आत्मीय एकता को कभी नहीं भूले। दोनों के बीच पुरातन भाईचारा बना रहा। गढ़वाल ने कुमांऊ को बड़ा भाई ही माना। समय - समय पर लूट - पाट के वावजूद राजाओं में समझौते हुए और एक दूसरे का छीना हुआ इलाका वापस किया। दोनों के मध्य सीमा विवाद अधिकतर बना रहा और संघर्ष के मूल में यही मुख्य कारण भी था। ईसवी की पन्द्रहवीं शताब्दी से अठारवीं के बीच ही २५ से ज्यादा लड़ाइयाँ लड़ी गई। उससे पहले इत्तफाक से ही संघर्ष हुए थे।

यहाँ ऐतिहासिक महत्व की मुख्य - मुख्य लड़ाइयों का ही विवरण दिया जा रह है। इन विवरणों से IBN - ७ और 'तेज' चौनल द्वारा रूपकुण्ड में बिखरे शवों के रहस्य और तज्जन्य निहित प्रश्नो के उत्तर मिलने भी सम्भव हैं।

चंद राजा कीर्तिचंद ने १५ वीं शताब्दी में बारहस्यूं तक गढ़वाल राज्य का इलाका जीत लिया था लेकिन वापस कर दिया। सोलहवीं सदी के मध्य में सीरा के मल्ल राजा हरिमल्ल ने गढ़वाल, कुमायूं और नैपाल का हिस्सा छीन लिया था लेकिन राजा रुपचन्द ने उसे परास्त किया और इलाका वापस ले लिया। सोलहवीं शताब्दी के मध्य के आसपास ही राजा रुद्रचन्द ने बधानगढ़ पर आक्रमण किया और राजा गढ़वाल द्वारा पराजित हुआ। इस युद्ध में चंद सेना नायक पुरुषपन्त मारे गये।

सोलहवीं - सत्रहवीं शताब्दी में राजा लक्ष्मीचंद ने पहले सात बार गढ़वाल पर आक्रमण किया और सात बार ही पराजित हुआ। जनता ने राजा का 'लखुली - बिराली' नाम रख कर मखोल उड़ाया। उसके किले का नाम भी 'स्याल बुङ्गा' रख दिया। काफी तन्त्र - मन्त्र, जादू - टोना करने के बाद राजा ने आठवीं बार आक्रमण किया और जीतकर वापसी में दीवाली मनाने के उद्देश्य से रास्ते में जगह - जगह घास और लकड़ी के ढेर लगवा दिये।

उसने कई जगह लूट - पाट तो की, लेकिन पराजित होकर वापस आया। कहा जाता है कि इस लड़ाई में गढ़वाल सेनापति खतड़ुवा मारे गये। अतः लोगों को अपनी जीत का प्रदर्शन कराने के उद्देशय से उसने घास - लकड़ी के ढेरों में आग लगवाई। तब से कुमांऊ में परम्परागत गत रूप से, यहाँ तक कि स्वतन्त्रता के बाद भी कई वर्षों तक दीवाली मनाते समय "भेल्लो रे भेल्लो, भैल्लो खतड़ुवा" गाया जाता रहा।

बाजबहादुर चंद ने लोहबा और बधान गढ़ों पर आक्रमण किया और जूनागढ़ के किले को हस्तगत कर लिया। वह नन्दा देवी की मूर्ति उठाकर ले आया और कई कामगारों एवं सेवकों को भी साथ लेकर आया। बाद में राजा गढ़वाल ने किला वापस ले लिया। बाजबहादुर ने भोट के रास्ते तिब्बत पर आक्रमण किया और तिब्बतियों से मानसरोवर - कैलाश जाने वाले यात्रियों - पर्यटकों के हित में कई शर्तें मनवाई। तदुपरान्त बहुत बड़ी सेना लेकर उसने पिन्डारी के रास्ते गढ़वाल पर चढ़ाई की और साथ ही राम गङ्गा के रास्ते एक सैन्य बल लोहबा रवाना किया। सांवली - बगारस्यूँ के लोगों ने बाजबहादुर का साथ दिया। बहुत खून - खराबा हुआ और वह श्रीनगर तक जा धमका। गढ़ राजा और बाज के बीच समझौता हुआ जिसके अन्तर्गत गढ़ नरेश को हर्जाने के रूप में क्षतिपूर्ति के साथ - साथ उपहार और भेंट देनी पड़ी। ये एक वो समय था जब पिन्डारी के रास्ते रूपकुण्ड के आस पास बहुत लोग मारे गये। बाज बहादुर की सेना में लम्बे - तगड़े मेवातियों के अलावा हृष्ट - पुष्ट पठान और मुसलमान भी भर्ती किये गये थे। सम्भव है जो शव आज वहाँ हैं इन्ही लोगों के हों। तेज चौनल और IBN - ७ की उत्सुकता का एक जबाब यह भी हो सकता है।

बाजबहादुर और उसके पुत्र उद्योत चंद के बीच यद्यपि मनमुटाव रहता था लेकिन उद्योत ने भी गढ़वाल को नहीं छोड़ा और सत्रहवीं शताब्दी में आक्रमण कर दिया और न केवल बधान गढ़ को छीना अपितु चाँदपुर गढ़ को बुरी तरह लूटा। गढ़वाल के राजा ने भी डोटी के राजा से मेल करके द्रोणागिरि - द्वारहाट पर अधिकार कर लिया और डोटी ने चम्पावत ले लिया। शीत युद्ध करीब दो साल तक चला और अन्त में कुमायूं सेना विजयी रही।

राजा ज्ञानचन्द ने १७ वीं शताब्दि और १८ वीं के प्रारम्भ में कई बार गढ़वाल पर आक्रमण किये। उसने बधान को लूटा और नन्दा देवी की स्वर्ण प्रतिमा उठा ले गया और कुमांऊ के नन्दा देवी मन्दिर में स्थापित की। सत्रहवीं शताब्दि के लगभग अन्त में उसने पूरे बधान को तहस नहश करते हुये थराली तक लूटा। इस सनक में उसने सल्लाण को भी लूटा। प्रतिक्रिया स्वरूप राजा गढ़वाल ने पाली और चौकोट को लूटा और बर्बाद कर दिया। बदले की इस आग ने दोनों राज्यों की सीमा से लगे लोगों को दरिद्र बना दिया और वो सड़क पर आ गये। इस लड़ाई में गैरसेण के समीप मेहलचोंरी के पास युद्ध में गढ़वाल सेना पराजित हुई और कुमांऊनी सेना ने लूट करते हुए श्रीनगर पर धावा बोल दिया। माना जाता है कि राजा गढ़वाल श्रीनगर छोड़कर गङ्गा पार चले गये। ज्ञानचन्द थराली होते हुए रूपकुण्ड पिन्डारी के रास्ते वापस आया। दोनों सेनाओं के बीच जगह। जगह भयानक युद्ध हुआ जिसमें सैनिकों के अलावा अनगिनत लोग रास्ते में मारे गये। शायद वहाँ जो शव अभी पड़े हुए हैं वही शव हो सकते हैं। तेज चौनल और IBN - ७ की उत्सुकता का दूसरा जबाब।

अठारवीं सदी के प्रारम्भ में ज्ञानचंद ने पुनः आक्रमण किया और जूनागढ़ी किला ले लिया। वापसी में उसने चाँदपुर गढ़ी, पण्डुवाखाल और देवालीखाल को नष्ट - भ्रष्ट कर दिया। चाँदपुर का तो उसने बेहाल कर दिया था।

राजा ज्ञान चंद ने अठारवीं सदी के प्रारम्भिक वर्षों में भी पिन्डारी - रूप कुण्ड के रास्ते लोहबा होते हुए गढ़वाल पर आक्रमण किया और लूट - पाट करते हुये श्रीनगर पहुँचा। रास्ते में उसके द्वारा की गई जन क्षति को देखते हुऐ और खून खराबा रोकने के उद्देश्य से कहते हैं कि राजा गढ़वाल अलक नन्दा के पार छिप गये या देहरादून में अज्ञात हो गये थे। राजा की अनुपस्थिति में ज्ञानचन्द ने श्रीनगर एक ब्राह्मण को दान में दे दिया। IBN - ७ तथा तेज चौनल के प्रश्न का तीसरा सम्भावित उत्तर।

वर्ष १७१० के करीब ज्ञान चंद ने पुनः आक्रमण किया और बधान को लूटते हुए हमेशा का झगड़ा मिटाने के लिये श्रीनगर जा धमका। राजा की अनुपस्थिति में वहाँ का श्रीयन्त्र भी एक ब्राह्मण को संकल्प कराकर, दान में दे दिया। वह सनकी किस्म का व्यक्ति था लेकिन उस के काल में चंद समृद्धि और लोगों की खुशहाली चरम पर थी। उसका अन्त संदेहास्पद स्थितियों में हुआ।

कहा जाता है कि राजा देवीचन्द ने न केवल आक्रमण किया अपितु गढ़वाल राज्य को ही एक ब्राह्मण को दान में दे दिया। स्वभावतः राजा गढ़वाल ने राज्य ब्राह्मण से वापस ले लिया। लेकिन देवीचन्द ने पुनः गढ़वाल पर आक्रमण किया और राजा को परास्त कर दिया। गैड़ा बिष्टों ने देवीचन्द का साथ दिया था अतः वो भी उसके साथ कुमांऊ आ गये जहाँ उनको एक सम्मानित स्थान दिया गया। उसके राज्य काल में कुमायूं में अकूत सम्पत्ति हो गई थी और राजा उससे बौरा गया था। राजा गढ़वाल ने जब रनचूला कोट पर आक्रमण किया तो देवीचंद ने उन्हें हरा दिया था। उसने १७२३ के आसपास पुनः गढ़वाल पर आक्रमण किया और श्रीनगर तक विध्वंस करते हुए देहरादून में भी लूट पाट और बर्बादी की तथा तराई के रास्ते वापस आया। उसने पहले जिस ब्राह्मण को गढ़वाल दान किया था उसी से इस आक्रमण के दौरान वापस माँगा और न मिलने पर जबरन श्रीनगर को हथियाने लगा लेकिन काफी पिटाई होने के कारण लेने में असमर्थ रहा, फिर भी लूटपाट करते हुये देहरादून - तराई के रास्ते वापस भागा। चाटुकारों ने उसकी सम्पत्ति को खूब लूटा।

अठारहवीं सती के मध्य के आसपास राजा दीपचंद के शासन काल में दोनों राज्यों के बीच अनावश्यक ही राजमहलीय राजनीति (Palatial Politics) के चलते छोटी-छोटी बातों से उत्पन्न संदेहों को लेकर एक लम्बी और खूँखार लड़ाई चली। एक ऐसी ही लड़ाई में गढ़वाल सेनाधिपति नरपत सिंह जी गुलेरिया मारे गये, कई सैनिक पकड़े और मारे गये। हर सैनिक के पकड़े या मारे जाने पर इनाम दिया गया जिसके चलते हाहाकार मच गया। लोग इनाम के लालच में जबरदस्ती एक दूसरे को मारने लगे। आखिर में लोगों में सद्बुद्धि

उत्पन्न हुई और ये मार काट बन्द हुई लेकिन कहते हैं कि राजा गढ़वाल ललितशाह और उनके पिता श्री इतने दुःखी हुए कि उन्होंने बदला लेने का मन बना लिया। ललित जी ने तो कहा जाता है कि बदला लेने तक आभूषण भी त्याग दिये। कुदरत की कृपा रही कि किसी तरह दोनों में सहमति बनी और शान्तिमय वातावरण में समझौता हुआ। इस मामले को दोनों राजाओं और राज्यों के सम्मान को बनाये रखते हुए चतुरता से सुलझाने में हर्ष देव जी के पिता श्री शिव देव जी जोशी का बहुत बड़ा हाथ था। इसी तरह एक अन्य युद्ध भी मात्र मेहर और परत्यालों के बीच की राजनीति और शिवदेव जोशी एवं जैदेव जी जोशी के आपसी झगड़े के चलते हुआ। जैदेव जी एवं परत्यालों के उकसाने पर राजा गढ़वाल ने जूनागढ़ी पर धावा बोल दिया और रामगङ्गा को दोनों राज्यों के बीच की स्थायी सीमा बनाने पर अड़ गये। दीपचंद ने नैथानागढ़ पर अपनी सेना और शिवदेव जी के साथ डेरा जमाया और जसपुर पर अधिकार कर लिया। बहुत बड़ा खून खराबा होने से पहले ही दोनों राजाओं को सद्‌बुद्धि उत्पन्न हुई और समझौता हो गया जिसके अंतर्गत रामगंगा को सीमा मानने के अलावा गढ़वाल की सभी शर्तें मान ली गई। इसके बाद दोनों राज्यों के बीच सारे विवाद समाप्त हो गये और स्थाई शान्ति हो गई।

सम्भव है इन्हीं आक्रमणों के समय या इसी तरह के किसी पूर्व आक्रमण के दौरान गढ़देश की पुरातन राजधानी लखनपुर का नाम चंदपुर हुआ जो राजधानी देवलगढ़ स्थानान्तरित होने के बाद भी एक शक्तिशाली गढ़ राज्य बना रहा। बाद में अंग्रेजी के कहर से यह नाम चाँदपुर हुआ। कत्यूरियों के समय वर्तमान श्रीनगर सम्भवतः श्रीपुर नाम से जाना जाता था।

इतिहास का स्वर्णिम पृष्ठः एक आत्मिक भावन

रत्नमण्डित अक्षरों में लिखे गये इतिहास के वो स्वर्णिम पृष्ठ दोनों राज्यों की कल्पनातीत आत्मभावना की परिणति हैं जो तीन सहस्त्र वर्ष पूर्व से भी पहले स्थापित हो चुकी थी। अठारहवीं सदी के तृतीय चरण के दौरान मोहनचंद और महेन्द्र चंद के शासन काल में ऐसा भी वक्त आया जब गढ़वाल

के राजकुमार प्रद्युम्न और पराक्रम कुमायूं के सहज सहमत राजा हो सकते थे और दोनों राज्यों के एक छत्र अधिपति। लेकिन दोनों ने ही ऐसा करने से इनकार कर दिया।

मोहनचंद के शासन काल में लोग पिटे पिटाये, मायूस, दुःखी थे। उन्हें घुटन हो गई थी। श्री हर्षवेव जी गढ़वाल और डोटी के राजाओं को कुमांऊ की जनता के बगावती तेवरों की सूचना बराबर पत्रों द्वारा देते रहे। गढ़वाल नरेश प्रदीप्त शाह (ललित जी के पिता श्री) को हर्षदेव जी के पिता शिव देव जी पर बहुत भरोसा था और नये राजा ललित जी को हर्षदेव जी पर। हर्ष देव जी के कौशल से मोहन बहुत घबराता था। मोहन चंद को पता था कि हर्षदेव जी केवल चतुर चाणक्य ही नहीं बीर योद्धा भी थे। घटनाक्रम कुछ ऐसा हुआ कि मोहनचंद ने हर्षदेव जी को जेल में डाल दिया। सुनते ही ललित शाह ने कुमांऊ पर धावा बोल दिया। लोहबा के रास्ते वो द्वारहाट पहुँचे। सेना का नेतृत्व सेनाप्रमुख प्रेमपति खण्डूड़ी कर रहे थे। नरेश प्रदीप्त भी पीछे से आये। हर्ष देव जी ने विजय की स्थिति में गढ़वाल के राजकुमार को कुमांऊ की गद्दी पर बैठाने का पूरा इन्तजाम कर दिया था। मोहन को हर्षदेव जी की योजना का पता ही नहीं था लेकिन उनकी सहानुभूति प्राप्त करने के साथ-साथ कुशलता और बुद्धि का लाभ उठाने के उद्देश्य से और कुछ परिस्थितिवश भी मोहन ने उन्हें जेल से छोड़ दिया। मोहन चंद ने राजा गढ़वाल को पिछली 'अयुद्ध सन्धि' (No War Pact) की याद दिलाई लेकिन व्यर्थ। हर्ष देव जी ने बाहर से यही दिखावा किया कि वो मोहन के साथ हैं, युद्ध में कुमायूं सेना की पराजय हुई और कई सैनिक बगावत कर गढ़वाल सेना में आ गये। इधर मोहन एक स्थान से दूसरे स्थान पनाह के लिये भागा। उधर गढ़वाल के राजा ललित के द्वितीय पुत्र राजकुमार प्रद्युम्न १७७६ में प्रद्युम्न चंद के नाम से कुमांऊ की गद्दी पर बैठ गये। सम्भवतः तराई के घाम-मलेरिया से राजा ललितशाह का देहान्त हो जाने के कारण उनके ज्येष्ठ पुत्र जैकृत (जय कृत) गढ़वाल की राजगद्दी पर बैठे।

प्रद्युम्न उस समय अगर चाहते तो दोनों राज्यों के अधिपति बन सकते थे। लेकिन उन्होंने कुमायूं को हमेशा बड़ा भाई माना और उसी तरह से

सम्मान दिया। कुमायूं राज्य की उस महिमा एवं गरिमा को प्रद्युम्न अन्तिम समय तक बनाये रखे। इस बात को लेकर उनकी अपने बड़े भाई जैकृत से भी अनबन हो गई। जैकृत चाहते थे कि प्रद्युम्न उनको बड़ा भाई होने के नाते बड़े राज्य की भी इज्जत दे और उनका आदेश माने लेकिन प्रद्युम्न कभी भी जैकृत का आदेश राजकीय मामलों में मानने के लिये तैयार नहीं हुए। उनका मानना था कि बड़ा भाई और बड़ा राज्य दोनों अलग-अलग बातें हैं। इधर मक्कार और चाटुकार बराबर जैकृत के कान भरते रहे और प्रद्युम्न के खिलाफ भड़काते रहे। उधर मख्खनबाज लोग गद्दीच्युत महेन्द्रचंद को प्रद्युम्न पर आक्रमण करने के लिये उकसाते रहे। हर्षदेव जी महल की राजनीति समझ रहे थे और उसके अंजाम भी। अतः वो जैकृत के सम्पर्क में बने रहे, उसको उपहार भेजते रहे और इधर कुमायूं सेना को किसी भी अनहोनी का सामना करने के लिये तैयार करते रहे। जैकृत ने कभी भी हर्षदेव जी पर विश्वास नहीं किया और सन्देह ही करता रहा। इसी सन्देह में उसने अचानक कुमायूं पर आक्रमण कर दिया। कुमायूं सेना गढ़वाल को पराजित करने के लिए तैयार थी। हमले में जैकृत पराजित होकर जान बचाने जंगलों में भागे और मारे गये। कुमायूं सेना बहुत प्रोत्साहित और उत्तेजित थी। उस उमंग में वह रास्ते में लूट पाट और आग लगाती हुई श्रीनगर पहुँची। रास्ते में उन्होंने पूर्व राजधानि देवलगढ़ को बर्बाद कर दिया। श्रीनगर के आस पास भी नग्न ताण्डव किया। बहुत लोग मारे गये। राजा ही जब मार दिया गया तो और क्या? इस अघट - घटना को उ़त्तराञ्चल के इतिहास में 'जोश्याणा' नाम से जाना जाता है। प्रद्युम्न अगर चाहते तो दोनों राज्यों के एकीकृत साम्राज्य का महाराजा हो सकते थे।

राजा ललित के तृतीय पुत्र पराक्रम शाह गढ़वाल की गद्दी चाहते थे लेकिन न तो वह योग्य थे और न उनमें वो क्षमता और कुब्बत थी। अतः पञ्चों के निर्णय का सम्मान करते हुए प्रद्युम्न कुछ समय तक दोनों राज्यों की गद्दी सम्भालने के लिए तैयार हुए लेकिन कुमायूं की गद्दी हर्षदेव जी को सौपकर वह गढ़वाल चले आये। मोहनचंद इसी सुअवसर की तलाश में था। उसने पराक्रम से मिलकर अपने भाई लाल सिंह और काशीपुर के शासक नन्द राम

की सहायता से जोशी जी को पराजित कर दिया। प्रद्युम्न भी हर्षदेव जोशी जी की मदद करने आये परन्तु जोशी जी के साथ ही भाग खड़े हुए। प्रद्युम्न की दुविधा से दोनों जगहों के लोगों का विश्वास उससे उठ गया अतः किसी ने भी मदद नहीं की। मोहनचंद ने हर्षदेव जी को मार डालने के लिए उनका पीछा किया लेकिन असफलत रहा। मोहन गद्दी पर बैठा और उसके साथ ही प्रद्युम्न का १७७९ से चला आ रहा शासन भी १७८६ में कुमायूं से हमेशा के लिये खत्म हो गया।

प्रद्युम्न के राजकाज से अनन्यमनस्क हो जाने के कारण गढ़वाल का राज्य पराक्रम शाह ही देखने लगे। मोहनचंद ने पराक्रम के साथ एक समझौता भी कर लिया। लेकिन इसके वावजूद हर्षदेव जी ने पुनः मोहन को पराजित कर दिया और प्रद्युम्न को राजा बनने के लिये सादर आमंत्रित किया। लेकिन प्रद्युम्न ने बिल्कुल ही मना कर दिया। पुनः १७८९ में मोहन ने हर्ष जी को हरा दिया। उस समय कुमायूं की स्थिति ऐसी थी कि अगर पराक्रम भी चाहते तो कूमाँऊ के अविवादास्पद राजा हो सकते थे। लेकिन उसने भी अपने भाई के पद चिन्हों पर चल कर धर्माचरण किया और मोहनचंद के पुत्र महेन्द्र को ही आखिरी चंद राजा के रूप में गद्दी पर बैठाया। सन् १७९० में गुरखों ने चंद वंश का हमेशा के लिए खात्मा कर दिया।

इस प्रकार ऐसे कई अवसर आये जब गढ़वाल के राजकुमार दोनों राज्यों की जनता की सहमति से, बिना युद्ध के कुमायूं के राजा हो सकते थे। इसी तरह कुमायूं के राजाओं के समक्ष भी कई ऐसे अवसर आये जब वो गढ़वाल का राज्य युद्ध के दौरान या युद्ध से हथिया सकते थे लेकिन किसी ने ऐसा नहीं किया। कहीं न कहीं वही अव्यक्त भाव उन्हें झकझोर देता था।

गढ़वालः गोख्याणी, गोख्याली, ग्वरख्याली ताण्डव

अनौपचारिक (Informal) भाषा में इन तीनों शब्दों का स्थानीय उच्चारण विभेद के साथ एक ही अर्थ है गुरखाओं की नादिरशाही यानी उनके निकृष्ट, नारकिक कृत्य, शोषण, ज्यादतियाँ एवं पाशविकता। सन् १७९० में कुमायूं की

फतह के बाद गुर्खा १७९१ में गढ़वाल विजय की ओर बढ़े। लंगूरगढ़ में उनको जबर्दस्त विरोध का सामना करना पड़ा यहाँ तक कि विजय न मिलने के कारण उन्हें नैपाल शासन से मदद मांगनी पड़ी। इससे पहले कि मदद आती उन्हें चीन द्वारा नैपाल पर आक्रमण का संदेश और वापस आने का आदेश मिला साथ ही गढ़वाल राजा को वापस करने और कुमायूं हर्षदेव जी की देख रेख में देने का भी हुक्म मिला। इतिहास साक्षी है कि कुमायूं की अपेक्षा गढ़वाल में गोरखाओं को जबरदस्त टक्कर मिली इसीलिये उन्होंने वहाँ निहायत अमानवीय ज्यादतियाँ कीं।

हर्षदेव जी के खिलाफ कुमायूं के सेनापति अमरसिंह को समझाने में राजकुमार पराक्रम शाह सफल हो गये थे अतः वो जेल भेज दिये गये और कुमायूं का राज्य न पा सके। कुछ लोगों का मानना है कि नैपाल को प्रतिवर्ष भेंट देने की शर्त के साथ 'अयुद्ध सन्धि' (No War Pact) के लिये राजकुमार प्रद्युम्न पहले ही सहमत हो गये थे लेकिन ऐतिहासिक घटना क्रम से इस तर्कना का बहुत औचित्य समझ में नहीं आता। इस बीच कुछ वर्षों गढ़वाल में शान्ति रही।

सन् १८०३ में गढ़वाल में विनाशकारी भूकम्प आया जो १७९५ - ३९ के भूकम्प से भयंकर था। इस भूकम्प में सैकड़ों लोग मारे गये। सैकड़ों घर बर्बाद हो गये। यहाँ तक कहा जाता है कि राजा का महल भी उससे अछूता नहीं रहा। ठीक उसी समय सन् १८०३ यानी विक्रमादित्याब्द १८६० में नैपाल ने गढ़वाल पर आक्रमण कर दिया जिससे उनकी बर्बरता, हृदयहीनता, क्रूरता और अमानवीयता का अन्दाजा लगाया जा सकता है। वर्ष १७९१ में लंगूरगढ़ में हुए प्रतिरोध की याद उन्हें थी अतः इस बार वो पूरी तैयारी के साथ आये। इस बार एक बड़ी सेना थी जिसका नायकत्व वही सेनानायक हस्तिदल चोंतरिया कर रहे थे, साथ में थे उनके भाई बमशाह और सेनापति अमरसिंह।

नोट : विक्रम संवत् गुप्त वंशी चन्द्रगुप्त द्वितीय विक्रमादित्य के नाम से नहीं बल्कि शुंग वंशी विक्रमादित्य के नाम से प्रचलित है जिसने/ ५७ ईसवी पूर्व यवनो (यूनानियों) को मार भगाया था।

गढ़वाल के तीनों राजकुमारों जो २० से २८ साल के थे - प्रद्युम्न, पराक्रम और सबसे छोटे प्रीतम - ने अपनी पूरी ताकत से चुनौती का मुकाबला किया। कहते हैं ज्योतिषियों ने उनकी हार की भविष्यवाणी कर दी थी। गुज्जर राजा रामदयाल की मदद से उन्होंने एक सेना तैयार की। देहरादून के खुड़्बुड़ा मुहल्ला में जबरदस्त मुठ भेड़ हुई। सबसे बड़े भाई जयकृत पहले ही मार दिये गये थे। शेष तीनों भाई जान की बाजी लगाये हुए थे लेकिन सबसे पहले लड़ते हुए बड़े भाई प्रद्युम्न बीर गति को प्राप्त हो गये। फिर क्या था गोरखों ने सबसे छोटे हताश प्रीतम को जेल डाल दिया। पराक्रम शाह किसी तरह बच निकले और हर्षदेव जी के मित्र कांगड़ा के राजा संसार चंद के यहाँ शरण ली। अमरसिंह थापा और पुत्र रणजोड़ गढ़वाल के प्रशासक और उप प्रशासक बने।

नैपाल महल की राजनीति में चोंतरिया और थापाओं के बीच सत्ता परिवर्तन के अनुसार कुमांऊ और गढ़वाल का शासन भी चलता था। इत्तफाक से कभी वहाँ की गुटबाजी में राणाओं का भी मौका आ जाता था। अमरसिंह थापा गढ़वाल भेजे गये जबकि बमशाह अमर सिंह चोंतरिया १८०६ में कुमायूं के सुब्बा यानी प्रशासक बनाये गये और भाई हस्तिदल सेना पति। दोनों अन्तिम समय १८१५ तक कुमांऊ में रहे।

जैसा कि अब तक ज्ञात हो चुका है, हर्षदेव जी जोशी की सभी आशाओं पर पानी फिर जाने से वह सन्यासी का सा जीवन विताने लग गये। वो भ्रमण करते रहते थे। इसी दौरान जोशी जी कनखल पहुँचे। वहाँ वो गढ़वाल के लोगों के साथ हो रहे गोरखा शासन के पशुत्व के चश्मदीद गवाह थे। उनकी ज्यादतियों की बर्बरता को देखकर जोशी जी थर्रा उठे। वो किंकर्तव्यविमूढ़ थे। खुलकर कुछ कर भी नहीं सकते थे क्योंकि गढ़वाल के राजकुमार के अलावा उनका पुत्र भी नैपाल की जेल में था। उनके मित्र राजा रणबहादुर शाह भी यायावरी कर रहे थे, उनको भी गद्दीच्युत कर दिया गया था। हरिद्वार में गोरखों ने चौकी - केन्द्र बनाया हुआ था जहाँ से सैकड़ों गढ़वाली पुरुष और स्त्रियों को १० से २० रुपये में देश-विदेश बेचा जाता था। जुर्माना भरने के लिए भी उन्हें बेचा और खरीदा जाता था। परिवार के परिवार इसी तरह बेचे गये। हर्षदेव जी ने ये सारी बातें कम्पनी सरकार के राजनैतिक प्रतिनिधि, नवाबों और दूसरे राजाओं के सामने रखी।

गोरखाओं का न्याय आज के अफगानी, तालिबानी किस्म का था, बहशी और आदम युगी। देहरादून के महन्त गुरूराम राय जी को उन्होने कत्ल के इल्जाम में सन्तप्त किया था। उबलते हुये तेल के कड़ाहे में हाथ डलवाने के अलावा उन पर जुर्माना भी किया था। इसके अलावा विष पान, पानी या तालाब में डुबोना, गर्म लोहे की सरिया हाथ में पकड़ना आदि उनके अन्य कुछ न्याय के तरीके थे। इसी तरह के तरीके प्रथम सहस्त्राब्दी (First Millennium) के इङ्ग्लेण्ड में भी थे। इसके अलावा 'हरिवंश' शास्त्र (जिसे कुछ लोग पुराण भी कहते हैं लेकिन जो पुराण है नहीं), की शपथ लेकर भी सत्यता का आंकलन किया जाता था। हरिवंश की नेपाल में वही पवित्रता है जो गीता की भारत में। हरिवंश न तो महापुराणों में है न उप पुराणों में। इसे कालान्तर में महाभारत का उसी तरह 'खिल' (परिशिष्ट - Annex) माना गया जैसे उत्तरकाण्ड को रामायण का (जोकि वाल्मीकिकृत नहीं है)।

गुरखों ने हिमांचल प्रदेश का भी काफी कुछ हिस्सा कब्जा लिया था जिसका प्रशानिक केन्द्र (नाहन) था।

गोरखा बनाम अंग्रेजः विरोध-संघर्ष तथा अन्त

इतिहासकार मानते हैं कि उन दिनों गुरखा आमतौर पर अनपढ़ थे इसलिये जाहिल और गँवारू व्यवहार करते थे। अंग्रेजों के साथ भी आत्म श्लाघा और अहंकार का प्रदर्शन करते रहे। उन्होंने अंग्रेजों के इलाके और भूमि हड़प ली। गुरखाओं को समझाने और नेपाली राज के साथ पत्राचार का कोई नतीजा नहीं निकला। अंग्रेजों को मारने के लिये उन्होंने पानी में भी जहर मिला दिया। अब अंग्रेजों के सब्र का बाँध टूट गया। उन्होंने गुरखों को चारों तरफ से घेर लिया जिसमें देहरादून - हिमाचल और नहान सम्मिलित थे। नालापानी के किले पर जबरदस्त मुठभेड़ हुई। नैपाली सेना नायक बलभंद्र थापा ने ब्रिटिश कमांडर कर्न. मोर्वी की इज्जत उतार दी थी। यह युद्ध करीब एक माह चला। चार सौ नैपाली सेनिकों की टुकड़ी बहुत बहादुरी से लड़ी। कई मायनों में यह एक धर्म युद्ध सा ही था। बलभद्र कुछ सैनिकों के साथ भाग निकला। जो टुकड़ी उनकी मदद के लिये आई थी उसे अंग्रेजों ने मार

डाला। देहरादून, ३० नवम्बर १८१४ को अंग्रेजों के हाथ आया और नहान २४ दिसम्बर १८१४ को। कुमायूं २७ अप्रैल १८१५ को अंग्रेजों के अधिकार में आया था और ३ मई से विधिवत अंग्रेजों ने अपना शासन कुमांऊ में स्थापित कर दिया। इसके बाद ही गढ़वाल भी अंग्रेजों के आधिपत्य में आ गया। गढ़वाल पर अधिकार करने में उनका कोई प्रतिरोध नहीं हुआ और वो सीधे श्रीनगर आ धमके। नैथानागढ़ गुरखों ने स्वतः खाली कर दिया था। लोहबा में लोगों ने पानी काट दिया। दूसरी जगहों पर लोगों ने गोरखाओं का सामान बाहर फेंक दिया। ऐसा भी कहा जाता है कि लोहबा में उस समय हर्षदेव जी भी मौजूद थे। नेपाल और अंग्रेजों के बीच कई मुद्दों पर असहमति बरकरार थी खास तौर से तराई के इलाकों को अंग्रेजी राज में मिलाने के सम्बन्ध में। एक दो बार दोनों आमने-सामने भी हो गये। सभी मामलों का निपटारा करीब नवम्बर १८१५ तक हो पाया तब कुमायूं तथा गढ़वाल का अंग्रेजों ने पूरी तरह अधिग्रहण कर लिया। इस बात पर इतिहासकारों में कोई मतभेद नहीं है कि गुरखाओं की उपर्युक्त सभी हारों का एक मात्र कारण उनका अशिक्षित तथा अज्ञानी होना तथा जाहिल - गंवारूपन था साथ ही अंग्रेजों का शिक्षित, प्रशिक्षित (Trained) अतः समझदार होना। गोरखाओं की क्रूरता और अमानवीयता के पीछे भी उनका अशिक्षाजन्य जंगलीपना ही था।

गढ़वाल राज्य विभाजन और टिहरी रियासत अभिनव

सन् १७९१ के प्रथम गुरखा आक्रमण के समय पराक्रम शाह गढ़वाल के राजा थे। सन् १८०३ में दूसरे आक्रमण के समय प्रद्युम्न शाह थे। अंग्रेजों द्वारा १८१५ में गढ़वाल राज्य का आधिपत्य लेते समय सुदर्शन शाह राजा थे। इस प्रकार सुदर्शन शाह गढ़वाल राज्य के अन्तिम और टिहरी रियासत के प्रथम राजा हुए। गढ़वाल राज्य में देहरादून, रवाईं सहित हिमाचल का भी कुछ हिस्सा था। इतिहासकार मानते हैं कि गोरखा शासन के समय राजा सुदर्शन शाह घनघोर निराशा में देहरादून में अपना समय व्यतीत कर रहे थे। कुण्ठा की उस घड़ी में कुछ वर्ष पूर्व ही उन्होंने गोरखा शासन से मुक्ति और अपना राज वापस मिल जाने की एवज में देहरादून जो कि तब एक परगना था, अंग्रेजों को देना तै कर लिया

था। लेकिन जीत के बाद अंग्रेजों ने अपनी आदत के अनुसार राजा के साथ वही धोखा किया जो वो हमेशा से ही दूसरों के साथ करते आये थे। राजा सुदर्शन की पीठ पर भी उन्होंने अपनी नीचता की हद तक पीछे से छुरा भोंका। राजा को राज मिला लेकिन बंटा हुआ, विभक्त।

चंदों के समय से (कुछ मायनों में कत्यूरियों के अन्तिम दिनों से) हम इसीलिए आपस में लड़ते रहे कि अन्ततः सात समुद्र पार से आकर कोई हमारे ऊपर शासन करे। शायद सभी लोग बीसवीं सदी के मध्य तक एक मायाविन निरंकुश (Sophisticated Despot) से प्रशासित होने की ही (वाञ्छा) कर रहे थे। भाग्य की विडम्बना ये कि वो आज भी अपनी भोगवादी संस्कृति के आक्रमण से शासन कर ही रहा है। स्वतंत्र भारत के लोग अगर शारीरिक- भौतिक दास नहीं तो मानसिक और भौतिकवादी दास तो बने ही हुए हैं। ये वही अंग्रेज हैं जिनके पुरखों की शब्दावली में भी कभी "कोहिनूर" नहीं था लेकिन आज भी कोहिनूर हीरे को अपना बता रहे हैं।

गढ़वाल राज्य अंग्रेजों द्वारा वांछित युद्ध व्यय, ७०००००/- (सात लाख रुपये) की राशि अदा करने में असमर्थ रहा अतः उन्होंने सन्धि का उल्लंघन करते हुए फिरौती माँगी और राजा की चमड़ी से दमड़ी (Pound of Flesh) के रूप में गढ़वाल राज्य का विभाजन कर दिया मानो १८१५ में ही १६४७ के विभाजन का भी संकेत दे दिया हो। इस विभाजन के साथ ही महागङ्गा अलकनन्दा और महानदी काली को दो भागों की सीमा बनाया गया। सच ये है कि युद्ध व्यय मात्र एक बहाना था। अंग्रेज गढ़वाल की माली स्थिति जानते थे अतः उन्होंने ये चाल चली। वो राजा को पूरा गढ़वाल राज्य कतई नहीं देना चाहते थे। अतः सात लाख रुपया भुगतान करने की शर्त रखी। राजा की असमर्थता का लाभ उठाते हुए उन्होंने गढ़वाल राज्य का विभाजन कर दिया। अंग्रेजों ने देहरादून और कुमांऊ अपने पास रख लिए। गढ़वाल का अलकनन्दा का पूरा उत्तरी भाग अंग्रेजों ने अपने पास रखा और श्रीनगर के उस पार का दक्षिणी हिस्सा और रुद्रप्रयाग की सीमा से काली नदी के पार का हिस्सा राजा को दिया। यह हिस्सा राज्य का तिहाई था। यह तिहाई राजा की रियासत बनी।

इस प्रकार अंग्रेजों ने राज्य का एक तिहाई (one third) राजा को दिया और शेष दो तिहाई अपने अधिकार में रखा। इसी 'तिहाई' का स्वरसंक्रम समय के साथ टिहरी - टेहरी हुआ और आज कभी-कभी टीरी भी। बहुत समय तक रुद्रप्रयाग - चमोली के लोग टिहरी को 'कालीपार' ही कहते रहे। राजा ने श्रीनगर से अपनी राजधानी वर्तमान नरेन्द्रनगर नामक स्थान पर स्थानान्तरित की और बहुत बाद में टिहरी स्थापित की। आज वह टिहरी भी डूब गई है। यही टिहरी रियासत की कहानी है। प्रारम्भ में रवांई को रियासत में सम्मिलित नहीं किया था पर बाद में उसे सम्मिलित कर दिया गया।

टिहरी नाम वृत्त

'टिहरी' अभिधान का कोई पुराण - इतिहास साक्ष्य नहीं है। अतः सम्भावनाओं की सम्भाव्यता (Preponderance of Probability) के आधार पर कहा जा सकता है कि तिहाई - तिहाई कहते। कहते इसका 'तिहरी' अपभ्रंश हुआ। यही तिहरी अंग्रेजी में 'टिहरी' बना, क्योंकि अंग्रेजी में 'त' को टी लिखा गया अतः Tihari नाम प्रचलित हुआ। इस प्रकार सही नाम टिहरी ही है, टेहरी नहीं। क्योंकि कुछ लोग तिहाई या तिहरी की 'ति' को अंग्रेजी में Te लिखने लगे तो टेहरी नाम भी एक अपभ्रंश बन गया। अपभ्रंश की हद यह है कि आज यह नाम टीरी भी कहा जाने लगा है जैसे कुमायूँ - कुमों।

तत्कालीन प्रशासनिक व्यवस्था में गढ़वाल कुमायूं की तहसील बनी और देहरादून सहारनपुर की। कुमायूं के चंद वंशियों की तरह अंग्रेजों ने टिहरी रियासत और राजा - राजकुमारों के सभी विशेषाधिकार और विशेष सुविधायें (Prerogatives and Privileges) खत्म कर दिये। नैपाल जेल से छूटने के बाद प्रीतम शाह ने उज्र की लेकिन उनके प्रत्यावेदन निरस्त कर दिये गये तथापि उन्हें वाणिज्य - व्यवसाय करने की इस शर्त पर छूट दी गई कि बिना अंग्रेजों की अनुमति के राजा न तो रियासत की किसी भी चल - अचल सम्पत्ति को बेच सकेगा न गिर्वी रख सकेगा। आवश्यकता पड़ने पर मदद का आश्वासन जरूर दिया।

ब्रिटिश राज के प्रारम्भिक वर्षों में उत्तराञ्चल को दो इकाइयों में विभक्त किया गया था - कुमांऊ और टिहरी रियासत। गढ़वाल तब कुमांऊ की तहसील बनी लेकिन टिहरी एक स्वतन्त्र स्वशासित रियासत थी। बाद में देहरादून को सहारनपुर से अलग करके जिला बनाया गया और १८४० में गढ़वाल तहसील को भी पौड़ी गढ़वाल जिला बनाया गया। तत्पश्चात कुमांऊ से अल्मोड़ा और नैनीताल रेखांकित किये गये। स्वतन्त्रता के बाद टिहरी रियासत का भारत में विलय हुआ और १९४९ में वह उ० प्र० का स्वतन्त्र जिला बना।

विलय से पूर्व राजा मानवेन्द्र शाह टिहरी रियासत (म्जिंजम) के राजा थे। उनसे पूर्व क्रमशः राजा नरेन्द्र, राजा कीर्ति, राजा प्रताप, राजा भवानी, एवं राजा सुदर्शन शाह थे। इसका पहले प्रतिभास किया जा चुका है।

गढ़-गढ़ी-कोट-किला

गढ़वाल, जैसा कि नाम से ही अभिज्ञात है कई असम (Heterogenous) गढ़-गढ़ी का समुपेत-समूह (Conglomeration) था। इनमें कोट (Fortresses) भी सम्मिलित थे। ऐतिहासिक साक्ष्यों के आधार पर गढ़ - गढ़ी - कोट की संख्या सत्तर (७०) से भी अधिक थी। स्पष्टतः ये गढ़-गढ़ी पुरातन कत्यूरी काल से थे जिनका ऐक्य आधिपत्य ईसा की चौदहवीं शताब्दि में राजा अजय पाल ने किया। इन गढ़-गढ़ी की इतनी संख्या और प्राचीनता भी इस सत्य का संकेत हैं कि प्राचीन काल में वहाँ कई जाति कुलों जैसे किरात, कुणिंद, तुषार, दरद आदि का राज था, कुछ बहुमत में कुछ अल्प मत में थे। कुछ विद्वानों का मानना है कि अजय पाल ने एकीकृत कर इनकी संख्या सामरिक दृष्टि से सीमित कर दी थी। कुछ मुख्य-मुख्य नाम इस प्रकार हैं:

चाँदपुर गढ़ी, बधान गढ़ी, लोहबा गढ़ी, रानीगढ़, देवलगढ़, अजमेर गढ़, लंगूर गढ़, बहादुरगढ़, दशौली गढ़, गढ़कोट, नवासू गढ़, जौनपुरगढ़, नागपुर गढ़, कोट, चोंदकोट, चूलाकोट, श्रीकोट, भिलङ्ग गढ़, कोटली गढ़, चीला गढ़, रैका गढ़ आदि।

गढ़वाल के सभी गढ़ों का विलय पूरी तरह गढ़वाल राज्य में हो गया था और उनका अपना स्वतन्त्र अस्तित्व नहीं रहा। कुछ समय तक गढ़पति राजा के प्रतिनिधि के रूप में कार्य करते भी रहे लेकिन १८०३ में गुरखा शासन के साथ वह भी समाप्त हो गया। गढ़वाल के एक गढ़ राजवंश को छोड़कर किसी गढ़ राजा के वंशजों का पता नहीं है। जबकि कुमाओं में ऐसा नहीं था। कुमांऊ में कई रियासतें अपना स्वतन्त्र अस्तित्व बनाये रखने में सफल रही। असकोट आज भी अपनी गरिमा बनाये हुये है। गढ़वाल में जिला चमोली की चाँदपुर गढ़ी के कुंवर ही आज अपना अस्तित्व बनाये हुये हैं और कांसवा ग्राम में रहते हैं। चाँदपुर गढ़ का अपना पौराणिक वैभव तो था ही, नन्दा देवी राज जात आवर्तन से इस गढ़ का राजन्य भी बना हुआ है।

एक मूल्याँकन जो बाकी है

उत्तराञ्चल के इतिहास ने अपने पन्नों में अभी भी स्व० हर्ष देव जी जोशी का मूल्याँकन नहीं किया है। इतिहासकारों को अभी भी उनके स्थान का निर्धारण करना शेष है। उन्हें उत्तराञ्चल का चाणक्य कहा जाय या मैकियाविल्ली (Machiavelli), नीतिज्ञ, देशभक्त, विश्वासघाती, कूटनीतिज्ञ या सभी का संहरण। लेखक की राय में वह एक चतुर अवसरवादी कूटनीतिज्ञ और राजमहली शतरंज के मंजे हुये खिलाड़ी थे।

कुल, वंश, वर्ण समुदाय, जाति, वर्ग श्रेणी
Races, Clain, Castes, and Communities

भारत में जाति-उपजातियों, कुल-कबीलों, वर्ण-श्रेणियों एवं वंश-कुलों के उद्भव और क्रमिक विकास पर बहुत लिखा जा सकता है जो उतना ही विवादास्पद भी हो सकता है। संक्षेप में जिस तरह ब्राह्मणों ने अपना उद्भव वैदिक ऋषियों से माना है, क्षत्रियों ने सूर्य और चन्द्र से। इसीलिये वो अपने को सूर्य वंशी (Solar Dynastic) और चन्द्र वंशी (Lunar dynastic) कहते हैं। इन्हीं दो से भारतीय सनातनता की चेतना और आत्मा राम-कृष्ण तथा धर्म एवं संस्कृति के प्रकाश स्तम्भ रामायण-महाभारत जुड़े हैं।

तथापि भारतीय सनातन वैदिक वाङ्गमय परम्परागत चारों वर्णो की सृष्टि अभेद रूप से एक ही विराट् - विराज् से मानता है, इसलिये चारों एक ही आर्य समुदाय के हैं। सामवेद 'पुरुष सूक्त' स्पष्ट रूप से कहता है;

ब्राह्मणोस्य मुखमासीत बाहू राजन्य कृतः[१]
उरुभ्यां तद वैश्यः पादौ शूद्रो अजायतः

अगर ये कहा जाय कि शूद्र वर्ण का उद्भव विराज के चरणों से हुआ इसलिए वो निम्न कोटि के हैं तो उसी सामवेद सूक्त के अनुसार पृथ्वी उसी विराज के पैरों से प्रकल्पित है;

पदभ्यां भूमिर्दिशः श्रोत्रात्तथा लोकां अकल्पयन

प्रश्न ये है कि क्या पृथ्वी भी अछूत, अस्पृश्य और नीच है। क्या ऐसा मानने से पृथ्वी पर शेष तीन वर्ण के मनुष्य जीवन की कल्पना की जा सकती है? गीता में स्वयं भगवान कृष्ण ने चार वर्णों की उत्पत्ति अपने ही द्वारा गुण और कर्मों के आधार पर बताई है, जन्म के नहीं;

चातुरवर्णमया सृष्टं गुण कर्म विभागशः[२]

स्वयं मनु महाराज ने जन्म से सब को शूद्र कहा है और कर्म से ही द्विज;

जन्मना जायते शूद्र कर्मणा द्विज उच्यते[३]

महाभारत साक्षी है कि उस समय अस्पृश्यता नहीं थी। महाराज युधिष्ठिर के राजसूय और अश्वमेध यज्ञों में चारों वर्णों के लोग संयुक्त होते थे। महावीर और बुद्ध के समय कर्मकाण्ड की चरमता के वावजूद अस्पृश्यता नहीं थी। धर्म ग्रन्थों के अनुसार 'सोमसद साध्यों के पिता और मरीचि पुत्र अग्निष्वात देवताओं के पिता माने गये। अत्रि पुत्र बर्हिषद को दैत्य, दानवों, यक्ष, गंधर्व, उरग, राक्षस (रक्षस), सुपर्ण, किन्नरों का पिता कहा गया है। भृगु पुत्र सोमपा ब्राह्मणों के पितर कहे गये, अंगिरस पुत्र हाविरभज क्षत्रियों के, पुलसत्य पुत्र

---

1. सामवेद - पुरुष सूक्त
2. गीता अ० ४।१३
3. मनुस्मृति

आज्यपा वेश्यों के और वशिष्ठ पुत्र सुकालिन शूद्रों के, फिर भेद कहाँ है? सब मनु की सन्तान होने से भी मानव हैं। सम्भवतः आज्यपा जी ही कालान्तर में 'अग्रसेन जी' के रूप में पूज्य हुए जिनकी अग्रवाल वैश्य लोग महाराज अग्रज के रूप में आराधना करते हैं - अग्रेज यानी अग्रजन्म, अग्रजात- आदि पूर्वज। अन्य पुराणों के अलावा भागवत का नवम स्कन्ध उन उदाहरणों से भरा पड़ा है कि कैसे ब्राह्मण वर्ण का अवरोहण (Descent) अन्य वर्णों में हुआ और अन्य वर्णो का आरोहण (Ascent) अपने से उच्च वर्ण में। पौलसत्य पौत्र रावण का राक्षसत्व और विश्वामित्र जी का ब्राह्मणत्व इसके बहुत ही ज्ञात उदाहरण हैं। ये ही उदाहरण काफी हैं कि जाति-कुल-वर्ण निर्धारण में जन्म का कोई स्थान नहीं था और सनातन वैदिक आर्य संस्कृति सदैव से ही वसुधैव कुटुम्बकम् पर आधारित थी। दूसरे उदाहरण तो आँख खोलने वाले हैं जैसे निषादराज केवट का भगवान का मित्र होना और वनवासी (Tribal) सबरी के जूठे बेर खाना।

यूनानी दार्शनिक गुरु प्लेटो ने भी चार वर्णो के स्थान पर चार गुणों का सिद्धान्त प्रतिपादित किया यथा स्वर्ण, रजत, कांस्य और अयस (Iron) जो स्पष्टतः यूनान पर आर्य संस्कृति का ही प्रभाव है। इनमें से पहले तीन क्रीडा क्षेत्र में आज भी विद्यमान और प्रचलित हैं।

ब्रह्मा जी के मानसपुत्रों, प्रजापतियों और विराज - विराट (स्वायम्भुव मनु) से समस्त योनियों प्राणियों का उद्भव माना गया है। मुख्यतः ब्रह्मा जी के मानस पुत्र मरीचि के पुत्र कश्यप एवं दक्ष कन्याओं से ही दैत्य, दानव, आदित्य, नाग, पशु - पक्षी, सरीसृप, स्तनपाई, जल - नभ - स्थल - उभय चर, अण्डज - जरायुज का और स्वायम्भुव मनु से मानवों का जन्म माना गया है। कालान्तर में वेदों के पठन - पाठन के साथ जुड़े समुदाय को श्रोत्रिय ब्राह्मण कहा गया जो आज बहुत कम रह गये हैं। उ० प्र० में कहीं कहीं हैं। यही आदि एक वेदी ब्राह्मण थे जिनका उल्लेख महाभारत और विदुर नीति में भी है। वेदों का व्यास होने पर द्विवेदी - दुबे, त्रिवेदी - त्रिपाठी - तिवारी और चतुर्वेदी - चौबे समुदाय बने। शुक्ल यजुर्वेद को मानने वाले शुक्ला हुए। इन सबके साथ-साथ स्मृतियों को भी मानने वाले मिश्र हुए। वैदिक हवन करने,

कराने वाले अग्निहोत्री और दीक्षा देने वाले दीक्षित कहलाए। इन सबको वेद पढ़ाने वाले आचार्य और उपाध्याय हुये। उपाध्यायों से ही विभिन्न काराऐं से प्रस्फुटित शाखायें बंद्योपाध्याय (बनर्जी), चट्टोपाध्याय (चटर्जी) गंगोपाध्याय (गांगुली), मुखोपाध्याय (मुखर्जी - मुकर्जी) हुई। आचार्य और उपाध्यायों का समाज और गुरुकुल दोनों जगह विशिष्ट एवं पूज्य स्थान था। इसीलिये जिन-जैन दर्शन के 'णमोंकार बीज मन्त्र' में प्रथम पञ्च परमेश्वरों अर्थात् अर्हन्तों, सिद्धों के साथ आचार्य और उपाध्यायों को भी नमस्कार किया गया है। इस तरह समाज में कर्म और गुणों से कुल समुदाय विकसित हुये।

लेकिन ये विकास रुका नहीं। चार वर्णों में भी एक वर्ण का पिता और दूसरे वर्ण की माता से उत्पन्न सन्तति की अलग परम्परा और पारिवारिक पहचान बनी जो १६ विभिन्न जातियों में विकसित हुई। स्मृतियों और धर्मशास्त्रों के अभ्युदय के साथ ब्राह्मणों का शाखा विभाजन हुआ। द्विज के अलावा कुछ विप्र कहलाये। आर्यों के सरस्वती के कनारे वसने के साथ उनकी सन्तति सारस्वत कहलाई और गङ्गा के किनारे वसने के साथ गाङ्गेय, गांगुली (गंगोपाध्याय)

कालान्तर में पाँचवाँ वर्ण, कायस्थों का हुआ जो अपने को चित्रगुप्त की सन्तति मानते हैं। गरुड़पुराण में उनको चित्रगुप्त की सभा - दरबार के राज दरबारियों (Courtiers) की तरह माना गया है जो काय में स्थित होते हुये भी यानी शरीरी होते हुये भी अदृश्य रहते हैं। इसी तरह वर्णों - कुलों - वंशों की संकरता (Inter Varn, Inter Clan, Inter Race Marriages & Other Linkages) से जाति - उपजाति और गोत्रों का भी क्रमिक विकास हुआ जो वैदिक ऋषियों से सञ्जात गोत्रों से भिन्न हुये। ऐसे ही छठवें वर्ण का विकास हुआ जो ब्राह्मण और क्षत्रियों के बीच में माने जाते हैं इनमें त्यागी और भूमिहार आदि समुदाय हैं। आज एक सातवाँ वर्ण जनजाति (Tribes) भी हो गया है और आठवां पिछड़ी जाति वर्ग का। नौवां जाटों का माना जा सकता है जो क्षत्रियों और वैश्यों के बीच का कहा जाता है।

स्मृतियों, वेदों, ब्राह्मण ग्रन्थों, धर्मसूत्रों, शास्त्रों की शाखा - प्रशाखाओं के अभ्युदय से दक्षिणात्यों में भी विभिन्न जातियों - उप जातियों और गोत्रों का

जन्म हुआ। वैष्णव, गौतम, वशिष्ठ, अत्रि, शास्त्री, जैन - बौद्ध आदि जातियों की उत्पत्ति के भी यही कारण हैं। पुरातन इक्ष्वाकु, ककुस्थ, कैकेय, हैहय, पौरव, कौरव, पल्लव, अन्धक। वृष्णि, शुङ्ग, चेल, चोल, सातवाहन, आभीर, आन्ध्र, चालुक्य, काकतेय, राष्ट्रकूट, लिच्छवी आदि जातियाँ खत्म हुई नई - नई का विकास हुआ। चाहमान वंश से ही चस्वाण और चौहान विकीर्ण हुए जैसे पाण्ड्य वंश से पाण्डेय - पाण्डया और पाण्डेयन। महाराष्ट्र - गुजरात के जादव यदु वंशी क्षत्रिय (चंद्रवंशी) यादव हैं, लेकिन ब्रज क्षेत्र में वही जादों हैं। ऐसे ही परमार से पँवार और पवार विस्तृति हुई। इस क्रमबद्धता में सबसे आश्चर्यजनक है क्षत्रिय कुलोद्भव तीर्थंकर महाबीर और सूर्यवंशी क्षत्रिय आदि जिन अवतार ऋषभ (वृषभ देव) जी के अनुयायियों का जैन वैश्य होना तथा शाक्य क्षत्रिय भगवान बुद्ध के अनुयायियों का एशिया में बौद्ध रूप में विस्तृत होना।

जैसे अदिति से आदित्य, दिति से दैत्य, दनु से दानव आदि मातृक (Matriarchic) वंशज हुये इसी तरह इतिहास में भी हुए। लेकिन अधिकतर पितृक (Patriarchic) ही हुए जैसे पुरु से पौरव, यदु से यादव, कुरु से कौरव जो अपने पूर्वज राजा दुष्यन्त कुमार भरत के वंशज होने के कारण भारत भी कहलाये, पाण्डु से पाण्डव। इतिहास में कई भोज और विक्रमादित्य हुए। लेकिन भोज वंशी मुख्यतः चंद्रवंशी हुये जो या तो विदर्भ में थे या शूरसेन राज्य (कंस और कृष्ण के पूर्वज)। मालवा और कन्नौज के भोज राजाओं से भी कई भोज और उनकी उपजातियाँ प्रवर्तित हुई।

इस क्रमिक विकास में ज्योतिषी समुदाय जोशी हुआ तो पूजा पाठ करने वाले पुजारी और पुरोहित कहलाये। विद्वानों को भट्ट या भट्टारी अथवा भट्टारक और पण्डित से सम्बोधन किया गया और वो भी जातियाँ बन गई। ये भी गुण - कर्म आधारित वर्गीकरण था। इस तरह की जातियाँ उत्तराञ्चल में ही नहीं उत्तर -पश्चिम भारत में बहुतायत में हैं जिससे यह सम्बन्ध स्थापन भी होता है कि उत्तराञ्चल में कालान्तर में उत्तर - पश्चिम भारत से बड़ी संख्या में प्रवास हुआ जिसका वर्णन आगे है। कश्मीर के पण्डित सचमुच विद्वता के कारण ही पण्डित कहे गये। गढ़वाल के बाराथानी (बारह स्थानी) ब्राह्मण स्वयं

को १२ पौराणिक वैदिक ऋषियों से उत्पन्न गोत्र का मानते हैं। यह भी सम्भव है कि बाराथानी (बारह स्थानी) ब्राह्मण और चौथुकिया तथा चौथानी ब्राह्मण देश के विभिन्न स्थानों - प्रभागों से (यानी चारों ओर से) आये होने के कारण इन नामों से जाने जाते हों अथवा उनके अर्घ्य के अर्घ हों जैसे उ. प्र. में २०, १८, १२ विश्वा ब्राह्मण। भट्ट वर्ग दक्षिण में भट्टारी और भट्टारक तथा महाभट्टारक संज्ञा से भी जाना जाता है।

प्राचीन भारत अर्थात् ईसा की पहली सदी के आसपास अन्य तरह से भी वर्णक्रम द्योतन किया गया जैसे ब्राह्मण को शर्मन्, क्षत्रिय को वर्मन्, वैश्य को गुप्त (अंग्रेजी का कहर गुप्ता) और चतुर्थ वर्ण को दास से उद्बोधित किया गया। बाद में लाल और पाल भी जातियाँ - उपजातियाँ बन गईं। अग्रज से अग्रवाल अभिख्या हुई जो अंग्रेजी के कहर और अन्य कारणों से दश तरह लिखा जाने लगा। यथा Aggarwal, Agarawal, Agarwal, Agarwala, Aggarawala, Agarawala, Agrawal, Aggrawal, Aggrawala, Agrawala, रोहतगी, रस्तोगी सिंहल, सिंघल आदि क्षत्रिय राजाओं ने स्वयं को अवन्ति वर्मन्, यशोवर्मन्, ईसान वर्मन्, चक्र वर्मन्, सर्व वर्मन्, भास्कर वर्मन्, जय वर्मन् प्रभृति नामों से अभिजनित किया। समय के साथ वर्मन् की अभिव्याप्ति वर्मा हुई। आज भी उड़ीसा से सुदूर केरल तक अभिजात राजसी वंश स्वयं को वर्मा या वर्मन् अभिजनित करते हैं। भाषा के उच्चारण के कारण कई स्थानों पर क्षत्री भी खत्री कहे गये जैसे कपूर, टण्डन, धवन आदि जो अपने नाम के साथ शायद ही सिंह उपसर्ग प्रयुक्त करते हैं।

जाति - उप जाति के इस क्रमण (Evolution) में प्रतिहार -परिहार हुये, गुर्जर - गूजर हुये। कई जाति वंशों की उत्पत्ति प्रसिद्ध पूर्वज के नाम से हुई यथा रघुवंशी, मैथिल, कौशिक। इनके अलावा बंगाल के पाल, सेन, मित्र आदि जातियाँ अपने पूर्वजों जैसे गोपाल, राममित्र या इन्द्र मित्र, प्रवरसेन या हेमन्त सेन से पारम्परीय हैं तो नेपाल के मल्लों का एक वर्ग अपने पूर्वज अरिमल्ल से एवं अन्य नागमल्ल से। वत्स जाति समूह वत्स मुनि के अलावा वत्स राज से, भोज वंशी राजा भोज से और नाग वंश शिशुनाग से प्रचलित हुआ। शाक्य, चंद, चन्देल जाति समुदाय भी इसीतरह पूर्वज पारम्परीण हैं। प्रसिद्ध

राजा - महाराजा, विद्वान, प्रख्यात पूर्वज के नाम से अभिजनित जातियों में दत्तात्रेय, वर्धन, मौर्य, गुप्ता और नन्द (अंग्रेजी का कहर Nanda) और काश्मीर के उत्पल भी हैं। कालान्तर में शरमन् शर्मा और वर्मन् वर्मा हुये। इस तरह भी जाति - कुलों का विकास हुआ। इतिहास से एक महत्वपूर्ण सच ये भी सामने आता है कि राजवंशों और राजपरिवारों में जाति विचार के बिना भी आपस में वैवाहिक सम्बन्ध होते रहे। राज वंश का होना ही एक जाति का वाचक और अलग पहचान बन गया जैसे आज डाक्टर, वकील, प्राफेसर, इंजीनियर, साइंटिस्ट, टेक्नोक्रेट और ब्यूरोक्रेट आदि। कर्म के अनुसार भी जातियां बनी जैसे वस्त्र विक्रेता बजाज, लोहे का काम करने वाले लोहार चर्मकार (चमार) आदि।

उत्तराञ्चल की कई जातियाँ परिवास स्थानों से ही जाति धर्मी हुई। इस तरह का जाति विकास उत्तर - पश्चिम भारत यानी वर्तमान पाकिस्तान और सिंध समेत गुजरात - राजस्थान और पंजाब में बहुत था और है, तथा हरयाणा और महाराष्ट्र में भी प्रचलित है। गुजरात महाराष्ट्र का प्रभाव कुमांऊ पर और शेष का गढ़वाल पर पड़ा है। उत्तर -पश्चिम की ओर से विदेशी आक्रमणों के फलस्वरूप पर्वतीय क्षेत्र में बहुत अधिक परिवर्जन हुआ। वहाँ की भाषा के साथ - साथ आवास स्थानों से जाति अभ्युदय की परम्परा भी साथ आई। राजस्थान में पाली के पालीवाल, जैपुर के जैपुरिया, झुनझुनु के झुनझुनवाला, झालावाड़ के झाला इत्यादि सभी को ज्ञात हैं। पंजाब में धारीवाल के धारीवाल, लोंगावाला के लोंगवाल, रजवाणा के राजोवाणा, बनीवाला के बेनीवाल, आदि तथा पञ्जाब - हरयाणा में हटवाल और अटवाल, कनवाल, बनिवाल - बेनीवाल, सिसवाल - श्रीस्वाल आदि जातियाँ उत्तराञ्चल के पर्वतीय इलाकों की जातियों से मिलती जुलती आज भी मौजूद हैं। कौल से नेहरू जाति आवासीय जन्य ही है जिसकी व्युत्पत्ति नहेर (नहर) से मानी जाति है। कन्नौज के कनौजिया भी इसका एक उदाहरण है। सिन्धुदेश (आज पाकिस्तान) की तरह नवानी, नैथानी उत्तराखण्ड (गढ़वाल संभाग) में भी हैं। देवली (राजस्थान) की तरह देवली, देवल गाँव और जातियाँ भी हैं।

आवासन स्थानों के नाम से जातियों के विस्तार की परम्परा गढ़वाल में विशेष है जो उत्तर-पश्चिम भारत का ही प्रभाव है यथा नौटी के नौटियाल, मैठाणा के मैठाणी, खण्डूड़ा के खण्डूड़ी, किमोठा के किमोठी, डिम्मर के डिमरी, नैणी के नैनवाल, नैथाणा के नैथाणी, ब्वगाणी के बहुगुणा, रतूड़ा के रतूड़ी, डोभ के डोभाल आदि। इसीलिए गढ़वाल में डोटी के डोटियाल आम तौर पर नैपालियों के लिये प्रयुक्त होने लगा। पुरातन काल में भी मिथिला के मैथिल, मगध के मागध, केकय के कैकेय, सिन्धु के सैन्धव आदि वंश क्रम जातियाँ अभ्युदित हुई। पश्चिम भारत के लोखड़े और पठारे उत्तराखण्ड के लखेड़ा तथा पठानिया परस्पर व्युत्पत्तिपरक प्रतीत होते हैं। यही संभावना बंगाल के बागची और उ. ख. के बगवाड़ियों के सम्बन्ध में भी हो सकती है। सबसे विचित्र सानुबन्ध था क्षत्रिय कुलोत्पन्न तीर्थंकर महाबीर के अनुयायियों का जैन वैश्य होना और शाक्य क्षत्रिय भगवान बुद्ध के अनुयायियों का एशिया के समुदायों, जाति - वर्ग में विस्तृत होना।

उत्तराञ्चल के ब्राह्मणों में प्रचलित सरूला-गङ्गाड़ी के सम्बन्ध में स्पष्टतः यह प्रतीत होता है कि जो शर्मन् - सनातनी ब्राह्मण शंकराचार्य एवं रावलो के साथ दक्षिण से आते रहे वह शुद्ध शर्मन् - सनातनी ब्राह्मण माने गये जिसका अपभ्रंश सरूला हुआ और जो उ. ख. में बसते गये उनको दूसरे दर्जे का माना गया जो कालान्तर में गङ्गाड़ी यानी गंगा किनारे बसने वाले गाङ्गेय कहलाये। शर्मन् लोगों को ही बदरी-केदार में वृत्ति और पूजा का अधिकार दिया गया। अन्यथा एक ही जाति में भेद का अन्य कारण समझ में नहीं आता। यही स्थिति श्वेताम्बर-दिगम्बर जैनियों में भी हुई। दक्षिण के जैन स्वयं को शुद्ध यानी दर्जे कहने लगे और और जो उत्तर भारत में बस गये थे वो दूसरे दिगम्बर दिगम्बर के श्वेताम्बर कहलाए।

भाषा विकास भी इसीतरह हुआ। मिथिला से मैथिली, भोजपुर से भोजपुरी, अवध से अवधी, व्रज क्षेत्र से व्रज आदि। प्राचीन काल में भी विदर्भ से वैदर्भी प्राकृत, महाराष्ट्र से महाराष्ट्री प्राकृत, शूरसेन से शौरसेनी, तथा मगध से मागधी, अवन्ति से आवन्तिक प्राकृत आदि का जन्म हुआ।

उत्तर - पश्चिम भारत का यह प्रभाव उत्तरांचल की भाषा में भी देखा जा सकता है जैसे उत्तर- पच्छिम भारतीय भाषा का शब्द 'भाण्डा' यद्यपि संस्कृ त भाण्ड शब्द से व्युत्पन्न है तथापि गुजरात से सिन्ध - पञ्जाब और राजस्थान में बोला जाता है। जल के लिये पाणि दूसरा शब्द है जो पञ्जाब, सिन्ध, गुजरात और राजस्थान में बोला जाता है। धागुला या धागला और काट्टा लगना या लगाना उत्तराञ्चल के पर्वतीय क्षेत्रों में उसी अर्थ में प्रयुक्त होता है जिस अर्थ में गुजरात और राजस्थान में। मा शब्द ('ऊपर या अंदर' अर्थ में प्रयुक्त) उत्तराञ्चल में उसी तरह प्रचलित है जैसे गुजरात - राजस्थान में। इस तरह कई अन्य कई शब्द हैं जैसे बुवारी आदि। कुमाँऊ में ढ़ोक देना राजस्थानी - गुजराती से उत्पन्न है। गढ़वाल - कुमांऊ दोनों जगह डोकरी या डिक्करी और डोकर शब्द भी गुजरात - राजस्थान से आया हुआ है जोकि ब्रज क्षेत्र में भी प्रचलित है। इसी तरह खाणों (Food) और खाण (Eat) तथा साठी (धान, जो वैसे संस्कृत शब्द शाली का अपभ्रंश है) राजस्थान - गुजरात की प्रचलित भाषा में भी हैं। ये सब उदाहरण सिद्ध करते हैं कि नौवीं शताब्दी के आस-पास से उत्तर - पश्चिम भारत से काफी संख्या में लोग उत्तराञ्चल - उत्तराखण्ड आए। सत्रहवीं शताब्दी में कुमांऊ के चंद राजाओं ने बाहर से लोगों को सेना में भर्ती करना भी प्रारम्भ कर दिया था। कई लोग यात्रा और तीर्थों के कारण भी वस गये। अन्य लोग राजाओं की आपसी लड़ाई और विदेशी आक्रमणों के भय से आए। आपसी सम्मिश्रण से भी नई जातियाँ बनी। कुछ दक्षिणात्य ब्राह्मण (विषेशरूप से केरल - कर्नाटक के) आचार्य शंकर के बाद विभिन्न रावलों (बदरी - केदार के पुजारी), के साथ वृत्ति पर आये और वस गये। इन सब कारणों से जाति के साथ - साथ भाषा का परिवर्तन - परिवर्धन - परिमार्जन और विस्तार हुआ,

एक अति महत्वपूर्ण तथ्य जो पुराण-इतिहास से सम्प्रसादित होता है वो ये कि रामायण काल से ही ब्राह्मणों और क्षत्रियों का अन्योन्याश्रय सम्बन्ध रहा। दोनों, एक - दूसरे के लिए अपरिहार्य रहे। क्षत्रिय राजा थे, ब्राह्मण उनके पथ प्रदर्शक और परामर्शी। क्षत्रियत्व और बुद्धिबल के अद्वितीय संयोजन के कारण ही नौवीं शताब्दी तक एक बार केवल यूनानियों के अलावा कोई विदेशी

भारत की ओर आँख उठाकर नहीं देख पाया। यूनानी भी अल्प काल तक ही रह पाये। चाणक्य और राजा पुरु से उन्हें भारत की संगठित शक्ति का आभास हो गया था। वैश्य धनबल से और चतुर्थ वर्ग सेवा से समाज को ठोस आधार दिये हुए थे। समाज में एक दूसरे के लिये समादर का भाव था। मध्य काल के प्रारम्भ से सत्ता की कलियुगी हवस और विदेशियों के शासन से उत्पन्न विकृति ने इस जुड़ाव और संहति की नीव को ही हिलाकर रख दिया। स्वतन्त्र भारत में 'वोट की राजनीति ने' मानो आग में घी का काम किया और सौहार्दपूर्ण समन्वय विघटित होने लग गया।

इतिहासकार बताते हैं कि ईसा की पहली शताब्दी से १६०० एडी तक ३६ क्षत्रिय राजसी वंश भारत में उदित हो चुके थे। लेकिन विद्वान योद्धा और पराक्रमी आध्यात्मिक गुरु 'गुरुगोविंद' ने जिस सिंह शक्ति को जन्म दिया उसने न केवल क्षत्रिय बल्कि जाति समीकरण की ही दिशा परिवर्तित कर दी। गुरु ने पाँच समुदायों के पाँच शिष्यों को अमृत छकाया और जाति के स्थान पर 'सिंह' विभूषण से विभूषित किया। उसके उपरान्त न केवल क्षत्रिय लोग जाति के स्थान पर सिंह लिखने लगे अपितु दूसरी जाति के लोगों ने भी सिंह से ही जाति द्योतन करना शुरू कर दिया, फलस्वरूप समाज में स्वतः ही समत्व के साथ एकत्व स्थापित होने लगा जो गुरु गोविन्द सिंह जी की कामना थी। गुरु का 'सिंह' उद्वोधन न केवल वीरत्व और शौर्य का बल्कि समत्व और एकत्व स्थापन का प्रवेदन भी था।

आदि - अनादि काल में भी क्षत्रियों के लिये सिंह सम्बोधन नहीं था। सतयुग से राजा वैवस्वत मनु, मान्धाता, पृथु, इक्ष्वाकू, मिथि (जनक) सगर, भगीरथ, राम, ययाति, पुरु, कुरु, भीष्म, युधिष्ठिर, दुर्योधन, कृष्ण, जरासन्ध, शल्य, जैद्रथ, बुद्ध, महावीर, प्रद्योत, प्रसेनजित, बिम्बिसार, अजातशत्रु किसी के साथ भी सिंह संज्ञा नहीं थी, न वर्मनू। नन्द वंशियों और विंदुसार, अशोक के साथ भी यही था जो तत्कालीन समाज की समरसता का प्रमाण है।

प्राचीन यानि ईसा की पहली एडी से मध्य काल यानी आठवीं तक भी ये प्रचलन नहीं था। मध्यकाल में केवल कुछ ही नाम थे यथा मान सिंह, जैसिंह।

राणाप्रताप सिंह जी को भी राणाप्रताप से ही इतिहास जानता है जैसे राणासंग्राम सिंह जी को राणा सांगा से। प्राचीन पल्लव, चोल, चालुक्य, चेर, जैसे राजेंद्र चोल, जयापीड, चन्द्रापीड़, अमोघ वर्ष, शिशुनाग, गौतमी पुत्र, मूल राजा, दुर्लभ राजा, कृष्ण राजा, प्रभाकर वर्धन, हर्ष वर्धन, विंध्य शक्ति, हर्षदेव, वत्स राज, मुञ्च, भोज, पृथ्वी राज, जैचंद, राणा कुम्भा आदि राजा - महाराजाओं का सिंह अभिधा से जाति - वंश अभिधान नहीं हुआ। अठारहवीं शति एडी यानी गुरुगोविंद सिंह जी के जीवन से ही अंग्रेजों सहित विदेशियों के प्रति क्षत्रियत्व - शौर्य की अभिव्यक्ति 'सिंह' अभिख्या से अभिविश्रुत हुई। यहाँ तक कि दक्षिणी हिस्सों में नरसिम्हा, नरसिंघ आदि 'सिंह' शब्द के व्युत्पत्ति मूलक नाम प्रचलित हो गये जो उत्तरी हिस्सों में नरसिंह या नृसिंह उच्चारित होते हैं। तथापि पश्चिम भारत जैसे भावनगर (गुजरात) के राजा नाम के साथ सिंह ही लिखते थे जैसे हरिसिंह, रूपसिंह, रणजीतसिंह आदि।

आज आजाद, बच्चन न जाने कितने जाति समुदायों की लगातार समुत्पत्ति हो रही है और पुरातन जातियाँ तंगण, कुणिंद, तुषार (तुखार) समाप्त ही हो गये हैं। कहीं - कहीं किरात स्वयं को किराट ठाकुर और कश्मीर के प्राचीन लोहार वंशी लोध तथा कोल लोग कोली कहते हैं। गाँधी - नेहरू, बहुगुणा - जोशी, जैन - चक्रवर्ती, चौधरी - शर्मा कई नई वंशावलियाँ उदित हो रही हैं। उत्तराखण्ड के कई लोग जाति बदलकर शर्मा लिख रहे हैं तो कई वर्तमान जाति नामों को ही नया मोड़ दे रहे हैं जैसे काला (काले), डोभाल (डभल)। अंग्रेजी में कहें तो "Old Order Is Changing & Giving Birth To New."

दूसरी बात जो पुरातन इतिहास से सिद्ध होती है वो ये कि महाभारत काल में तथा भगवान महावीर और बुद्ध तथा उपरान्त पहली - दूसरी शताब्दी बीसी तक छूआ-छूत नहीं थी। अतः क्षत्रिय ही राजा नहीं होते थे अपितु चारों वर्णों के लोग राजा होते थे यद्यपि ये सच है कि क्षत्रिय ही आमतौर पर राजा थे। चाणक्य जैसे कट्टर ब्राह्मण ने जैसा कि कहा जाता है, एक शूद्रा के पुत्र चन्द्रगुप्त मौर्य को राजा बनाया था जो स्वयं जैसा कि जाना जाता है अन्त में जैन सन्यासी हो गया था। ईसा पूर्व दूसरी शताब्दी के मध्य में शुङ्ग वंश संस्थापक मगध और अवन्ति का राजा पुष्य मित्र, ब्राह्मण था। पहले वह

सेनापति भी था। योग दर्शन प्रवर्तक और वैयाकरणी ऋषि पतञ्जलि उसके ही पुरोहित थे। काकतीय राजा कहा जाता है कि दलित थे। गुप्त लोग वैश्य थे। वाकातक वंशी राजा भी ब्राह्मण थे। कम्बोडिया के ख्मेररूझ (Khmerrouge) राज्य का संस्थापक एक भारतीय ब्राह्मण कोण्डिन्य ही था, यह उल्लेख चीनी इतिहास में भी है। सम्भवतः ये लोग भी खश् थे और बाद में ख्मेर (Khmer) कहे गए।

गढ़वाल में मुस्लिम

गढ़वाल में मुसलमान १७ वीं शताब्दी के उत्तरार्ध में दाराशिकोह के पुत्र सुलेमान शिकोह के साथ आए थे और काफी संख्या में वस गये थे। दारा शाहजहाँ का सबसे बड़ा पुत्र था। उत्तराधिकार की लड़ाई में चाचा औरङ्गजेब से अपने पिता का बदला लेने के चक्कर में जान बचाने के लिये सुलेमान को गढ़वाल भागना पड़ा। कहा ये भी जाता है कि पहले वह कुमांऊ गया था। औरङ्ग की धमकी के कारण चंद राजा बाज बहादुर ने उसे पनाह नहीं दी या कुछ ही समय बाद गढ़वाल भगा दिया।

गढ़वाल के राजाओं को भी कुमांऊ के राजाओं की तरह तिब्बत और नेपाल के राजाओं के साथ युद्ध लड़ने पड़े और कई बार उनको हराया। हर्षवर्धन के समय चीन और भारत के बहुत अच्छे सम्बन्ध थे। दोनों देशों के बीच अच्छे सम्बन्ध आठवीं शताब्दी तक रहे। हर्ष को चीन की राजनीति और अन्दरूनी हालातों का बहुत अच्छा ज्ञान था तथा उनके राजाओं के साथ बहुत निकट के सम्बन्ध थे। तिब्बत से बहुत अधिक संख्या में पढ़ाई और बौद्ध साहित्य का अध्ययन करने वहाँ के लोग नालन्दा विश्व विद्यालय आते थे। नालन्दा से बहुत से भारतीय विद्वान और आचार्य तिब्बत गये और वहीं के वासी हो गये। इनमें प्रमुख थे दीपांकर श्रीज्ञान, शान्त रक्षित, कमलशील, शान्ति देव आदि। उन्होंने हजारों बौद्ध ग्रन्थों का तिब्बती अनुवाद किया। बहुत से प्राचार्यों ने अपने नाम भी तिब्बती भाषा के साथ अनुविद्ध कर दिये। चीनी यात्रि ह्वेन साङ्ग से पहले फाहियाँन गुप्त काल में भारत आ चुका था।

प्रकरण – ६

धार्मिक-ऐतिहासिक स्थानः अज्ञात रहस्य एक उद्घाटन

जागीश्वर (जागेश्वर): एक अभिव्यञजना

कूर्म पुराण के अनुसार वर्तमान जागेश्वर कुमांऊ क्षेत्र का पवित्र सतयुगी[1] स्वयम्भू शिव तीर्थ है। कुछ भक्त जन इस प्राचीन जागीश्वर तीर्थ को शिव पुराण में वर्णित १२ ज्योतिर्लिङ्गों में से एक 'नागेश्वर' ज्योतिर्लिङ्ग 'नागेशं दारुका वने' समझते हैं। इसलिए कुमांऊ स्थित देवदारु वन और नागेश्वर (दारुका वन) को ठीक से समझना जरूरी है।

शिव पुराण (कोटिरुद्र संहिता) में नागेश ज्योतिर्लिङ्ग[2] का वर्णन है। इस वर्णन के अनुसार नागेश यद्यपि अरण्य था लेकिन वह भारत के पश्चिम में पश्चिमी समुद्र (वर्तमान अरब सागर) के पास था जिसमें दारुक राक्षस की पत्नी दारुका रहती थी। इसीलिए उसे दारुका वन कहा गया। यहीं आज भगवान शिव को नागेश्वर अथवा नागेश ज्योतिर्लिङ्ग के रूप में पूजा जाता है।

---

1. कूर्म पु. अ. १६ (देवदारु वन)
2. शिव पुराण कोटि. रु. सं./अ. २९ - ३०

कुमाऊं हिमालय स्थित देवदारु वन का वृहद विवरण कूर्म पुराण (अ० १६) में है। इस आख्यान के अनुसार वर्तमान मन्वन्तर के आदि सतयुग में त्रिधन्वा के पिता राजर्षि वसुमान ने सैकड़ों वर्ष यहाँ तपस्या की थी। यहीं देवदारुवन में उन्हें भगवान भूतनाथ के साक्षात् दर्शन हुए। कूर्म पुराण (तथैव श्लोक ५६ - ७३) में वर्णन है;

हिमवच्छिखरे रम्ये देवदारुवने शुभे
कन्दमूल फलाहारो मुन्यन्नैरयजत सुरान
तुष्टाव वैदिकैर्मन्त्रे सावित्र्या च विशेषतः
क्षणादपश्यत पुरुषं तमेव परमेश्वरम
चतुर्मुखं जटा मौलिमष्टहस्तम त्रिलोचनम
चन्द्रावयवलक्ष्माणं नरनारी तनुं हरम
भासयन्तं जगत कृत्स्नं नीलकण्ठम स्वरश्मिभिः
ननाम शिरसा रुद्रम सावित्र्यानेन चौव हि ---

कूर्म पुराण (अ० ३७) में इस तीर्थ की अलौकिकता पवित्रता और माहात्म्य का विशद वर्णन है। यहाँ बहुत से ऋषि मुनियों ने अपने परिवार के साथ शिव की तपस्या की थी। वर्षों के बाद भगवान शिव अपने साथ विष्णु जी को लेकर बहुत ही सुन्दर स्त्रियों के रूप में नृत्य करते हुये उन लोगों की तपस्या और निर्वृत्ति की परीक्षा लेने वहाँ आये। ऋषि - मुनि स्तब्ध थे, उनकी समझ में कुछ नहीं आरहा था लेकिन ऋषि पत्नियाँ दोनों की ओर आकर्षित हो रही थीं। नृत्य करते - करते फिर दोनों अन्तर्धान हो गये। उसके बाद व्योम से उन सबको चकाचोंध करते हुये ज्योतिर्मय लिङ्ग अवतरित होता हुआ दिखा। उनकी शंका निवारण के लिये ब्रह्मा जी ने दर्शन दिये और रहस्योद्घाटन किया तथा ऋषि - मुनियों को उस स्थान पर उसी तरह का लिङ्ग जैसा कि उतरते हुये देखा था स्थापित करके शिव की नित्य पूजा - अभ्यर्थना करने का आदेश दिया;

यद दृष्टं भवता तस्य लिङ्गं भुवि निपातितम,
तल्लिङ्गानुकृतीशस्य कृत्वा लिंगमनुत्तमम

लिङ्ग स्थापना के साथ जैसे ही आराधना प्रारम्भ हुई भगवान शिव प्रकट हुये और ऋषि - मुनियों को दर्शन दिये;

देवः कृतयुगे ह्यस्मिन श्रिङे हिमवतः शुभे
देवदाः वनं प्राप्त प्रसन्नः परमेश्वरः

कुछ भक्त जन जागेश्वर और जप्येश्वर से भी भ्रमित हैं। यह इसलिये कि अग्नि पुराण में जप्येश्वर का उल्लेख केदार नाथ के साथ-साथ हुआ है। अग्नि पुराण (अ० - ११२) में भी केदार और जप्येश्वर को काशी की भाँति अविमुक्त क्षेत्र कहा गया है। कूर्म एवं अन्य पुराणों के अनुसार जप्येश्वर अलग तीर्थ है। अग्नि पुराण भी जप्येश्वर का केदार के साथ केवल उल्लेख ही करता है उसके साथ समता नहीं। अतः देवदारु वन - जागेश्वर का दारुका वन - नागेश के साथ समता नहीं है।

कूर्म पुराण में कई स्थानो पर देवदारु वन की शिव तीर्थ के रूप में प्रकीर्ति है। उपरि विभाग में बदरी तीर्थ के तुरन्त बाद देवदारु वन तीर्थ की महिमा गाई गई है;

देवदारु वनं पुण्यं सिद्ध गन्धर्व सेवितम्[1]
महादेवेन देवेन तत्र दत्तं महद् वरम
प्रसन्नो भगवानीशो मुनीन्द्रान्प्राह भावितान
येत्र मामर्चयन्तीह लोके धर्मपरा जनाः
तेषां ददामि परमं गाणपत्यं हि शाश्वतम
अत्र नित्यं वसिष्यामि सह नारायणेन च

(मैं यहाँ नित्य नारायण के साथ वसता हूँ। जो मेरे दर्शन करेगा उसे गाणपत्य यानि शिव के गणों में स्थाई स्थान प्राप्त होगा। यही शैवों का मोक्ष है)

सघन देवदार वृक्षों के बीच स्थित मन्दिरों में जागेश्वर का मुख्य मन्दिर कत्यूरी कालीन प्रतीत होता है। मन्दिर के मुख्य द्वार पर उत्कार्ण ब्राह्मी लिपि से यही सिद्ध होता है जिसका प्रारम्भ 'श्री दयालु' से हुवा है।

---

1. कूर्म. उपरि. वि./अ. ३६

पिथौरागढ़

पिथौरागढ़ स्थित पुन्यागिरि (वर्तमान पूर्णागिरि) वह सिद्ध शक्ति स्थल पुण्यगिरि है जिसकी ओर वजाय भ्रष्टाचार में लिप्त होने के शासन जरा भी ध्यान देता (यहाँ स्व० गुलशन कुमार की तरह व्यक्तियों से कोई उम्मीद नहीं की जा सकती क्योंकि इस समय यहाँ पूरी तरह 'सपोडू कल्चर' चल रहा है) तो यह स्थान अगर वैष्णो देवी नहीं, तो वैष्णो देवी से कम भी नहीं होता। कैलाश - मानसरोवर को समन्वित करने वाला यह कूर्म क्षेत्र पुरातन काल से भारतीय आध्यात्मिकता का देव पथ रहा है। यद्यपि उत्तराञ्चल में कई शक्ति स्थल हैं और हरि - हर द्वार में एक ही सीमा के अन्दर कई अवस्थित हैं लेकिन वैष्णो - वैष्णवी देवी का मेल (Match) पुन्या गिरि ही है - होता और हो सकता है। वैष्णो देवी की वार्षिक आय उत्तराञ्चल सरकार के साल के वजट के बराबर है शायद ज्यादा। ये भ्रष्टाचार की ही कीमत है जिसे यहाँ के लोग भुगत रहे हैं और भुगतान कर रहे हैं। समझने की बात ये है कि आज की मुक्त (Liberalized) अर्थव्यवस्था (Economic World) में आम आदमी ही क्या प्रत्येक देश, राज्य, नेता, जोगी - गुरु - बाबा, कलियुगी महन्त, पण्डा - पुजारी अपने अस्तित्व (survival) की ही लड़ाई लड़ रहा है फिर यह राज्य पीछे क्यों और कैसे रहा। एक मात्र कारण है भ्रष्टाचार। विभिन्न किस्म के डान - माफिया (Don and Mafias) के हाथ खेलता हुआ शासन और प्रशासन। भ्रष्टाचार इतना कि डान - माफिया की कोई किस्म बाकी नहीं, जो इस छोटे से राज्य में न हो और जिसका ऊपर से नीचे तक लीयजों (Liaison) घुसपैठ न हो।

कूर्म पुराण में इस क्षेत्र के कैलाश तक कई दिव्य पर्वतों का संकेत है जिनके अन्वेषण की आवश्यकता है। यथा श्री श्रिङ्ग (लक्ष्मी निवास), गज शैल (दुर्गा धाम), सुपार्श्व (सरस्वती -सिद्धपीठ), अञ्जन गिरि, हंस शैल, कुमुद गिरि, पिंजर गिरि, कपिल शिखर, पञ्च शैल आदि। इसके अलावा कूर्म में कई सरोवरों का भी जिक्र है जो अब लुप्त हो गये हैं या हिम युग अथवा प्राकृतिक उथल - पुथल से नष्ट हो गये, दब गये अथवा हिमाच्छादित होकर ढक गये।

अल्मोड़ा, बागीश्वर, चम्पावत सहित कुमांऊ में कत्यूरि युग एवं चंद काल के कई दर्शनीय मन्दिर, तीर्थ, देव स्थान हैं जो हमारी ऐतिहासिक विरासत होने के साथ साथ पर्यटन की दृष्टि तथा आर्थिकी के मद्देनजर विकसित करने आवश्यक हैं। लेकिन खजाने पर पड़ रही डकैती ने सब बर्बाद कर दिया।

कनखल, हरि-हर क्षेत्र या हरि-हर द्वार

पवित्र सप्त पुरियों एवं चार पावन कुम्भ तीर्थों में होने के साथ साथ हरि - हर द्वार होने से प्राचीन हरि - हर क्षेत्र अभिख्या तथा त्रिपथगा मन्दाकिनी के तट पर अवस्थिति से गङ्गाद्वार विख्यात होने के कारण हरिद्वार का सभी तीर्थों में सर्वश्रेष्ठ स्थान है। अतः हरिद्वार को भारत का पाँचवाँ धाम होने का स्थान स्वतः प्राप्त है। शैव और वैष्णव दोनों की ही दिव्य सम्पद का द्वार होने के कारण इस माहात्म्य की दिव्यता द्विगुणित हो जाती है। इसके अलावा भी गङ्गा का विष्णुपदी होना और शिव की जटा को विभूषित करना शैव एवं वैष्णव दोनों ही दर्शनों के अनुयायियों के लिए अलौकिक है।

महाभारत काल में गङ्गाद्वार से विख्यात हरिद्वार जगत गुरु से पहले हरि-हर क्षेत्र नाम से विभावित था लेकिन पहली शताब्दी और उसके बाद कई समय तक यह क्षेत्र कनखल से इष्ट था जैसा कि कालीदास[1] के गीति काव्य मेघदूत से अभिव्यञ्जित होता है। कुबेर द्वारा अभिशप्त यक्ष मेघ को रामगिरि आश्रम से अलकापुरी मार्ग का दिग्दर्शन कराते हुए ब्रह्मावर्त से कुरुक्षेत्र होते हुए कनखल जाने की सलाह देता है जहाँ पास में ही शैलराज से अवतरित जन्हु कन्या गङ्गा का दर्शनीय प्रवाह है। कालिदास ने हरिद्वार या हरिहर क्षेत्र का उल्लेख नहीं किया है;

तस्मात् गच्छेरनुकनखलं, शैलराजावतीर्णा,
जन्होः कन्यां सगरतनय स्वर्गसोपान पंक्तिम्

सम्भवतः हरिद्वार अभिधान आचार्य शंकर कालीन है जो यह भी स्पष्ट करता है कि शंकराचार्य वैष्णव थे, साथ ही उन्होने हरिद्वार नाम देकर

---

1. मेघदूत

गङ्गाद्वार से उत्पन्न गोमुख - गंगोत्री की भ्रांति को भी समाप्त करने की कोशिश की। अप्रत्यक्ष रूप से अन्यथा गङ्गाद्वार का अर्थ विन्दु सरोवर - कैलाश के अलावा देवप्रयाग भी लिया जा सकता था। तथापि समन्वयात्मक नाम हरि - हर द्वार ही प्रतीत होता है। महाभारत काल में हरिद्वार कुरु यानि दक्षिण कुरु राज्य के अन्तर्गत था क्योंकि उत्तरकुरु मेरू यानी उराल से लगा साइबेरियाई और एशियाटिक रूसी क्षेत्र था। इतिहास ये भी बताता है कि हरिद्वार का कुछ हिस्सा पञ्चाल राज्य के अन्तर्गत भी था। आज हरिद्वार जनपद इतना विस्तृत है कि ये कहना मुश्किल है कि कौन और कितना हिस्सा पाञ्चाल क्षेत्र था। इससे दो बातें सिद्ध होती हैं। एक तो ये कि हरिद्वार नामकारण बाद का है और दूसरा यह कि कनखल के बाद ईसा की चौथी शताब्दी के आसपास इसका नाम हरिहर क्षेत्र था इसलिए जगतगुरु ने इसे हरिद्वार अभिमन्त्रित किया। तब गङ्गा का बहाव आज से भिन्न कनखल के पास से था।

गोमुखः रहस्य गुह्य

पुराणों में वर्तमान गोमुख का गङ्गा द्वार और हरिद्वार का कनखल उल्लेख हुआ है। स्कन्द पुराण में भी कनखल ही नाम है। कूर्म पुराण (उपरिविभाग अ० ४२) से गङ्गा द्वार की अभिव्यञ्जना गोमुख ही होती है;

हिमवच्छिखरे रम्ये गँगाद्वारे सुशोभने
देव्या सह महादेवो नित्यं शिष्येश्च संवृतः

कूर्मपुराण (पूर्व विभाग अ० ३५) में गङ्गा की महिमा के वर्णन में कहा गया है कि;

सर्वत्र सुलभा गँगा त्रिषु स्थानेषु दुर्लभा
गँगाद्वारे प्रयागे च गँगासागर संगमे

उपर्युक्त सभी सन्दर्भ गङ्गा द्वार वर्तमान गोमुख को ही प्रदर्शित करते हैं। पुनः उपरिविभाग (अध्याय ४४) से यही प्रकट होता है;

श्रुत्वा नारायणाद दिव्यां नारदो भगवान ऋषिः
गौतमाय ददो पूर्वं तस्माच्चौव पराशरः
पराशरोपि भगवान गँगाद्वारे मुनीश्वराः मुनिभ्यः कथयामास -

कूर्म के उपरिविभाग (अ० ३६, ३८) में हरिद्वार को कनखल उल्लेख हुआ है, न हरिद्वार ना ही हरिहर क्षेत्र;

तीर्थं कनखलं पुण्यं महापातकनाशनम
यत्र देवेनरुद्रेण यज्ञो दक्षस्य नाशितः
पुण्या कनखले गँगा कुरुक्षेत्रे सरस्वती
पुण्या सर्वत्र नर्वदा

हृषिकेशः एक प्रकीर्ण

सादृश्य से यह उपसंहार सम्भव लगता है कि वर्तमान ऋषिकेश पूर्व काल में 'महातीर्थ' नाम से प्रसिद्ध था। कूर्म पुराण[1] (उपरि विभाग) से भी ऋषिकेश की सम्भूति पर प्रकाश पड़ता है। कनखल तीर्थ के वर्णन के तुरन्त बाद ही अध्याय ३६ में नारायण प्रिय हृषिकेश का 'महातीर्थ' के रूप में वर्णन है;

तत्र गंगामुपस्प्रिश्य शुचिर्भावसमन्वितः
'महातीर्थमिति' ख्यातं पुण्यं नारायणप्रियम
तत्राभ्यर्चूय हृषीकेशं श्वेतद्वीपं निगच्छति

पुराण के उपर्युक्त वर्णन से स्पष्ट है की महातीर्थ गङ्गा के किनारे है और नारायण हृषिकेश का धाम है। स्पष्टतः यह स्थान ऋषिकेश के अतिरिक्त अन्य नहीं हो सकता।

---

1. कूर्म पु. (उ. वि.) अ. ३६

प्रकरण – ७

निसर्ग की देन

आञ्चलिक अन्योन्यवृत्ति संश्रयाश्रय (Regional Symbiosis)

उत्तराखण्ड की आञ्चलिक विविधता भी अन्योन्याश्रयवृत्ति जन्य (Symbiotic) है, अतः संवर्धक हैं। हरिद्वार यदि बदरी - केदार और गङ्गा से संपृक्त है तो उनका द्वार (Gate Way) भी है। रुड़की का अमित औदार्य राष्ट्रव्यापी है जो उत्तराखण्ड सरोवर का कमल है। मसूरी पर्वतीय राजकुमारी और नैनीताल राजकुमार होने के कारण किसी परिचय की अपेक्षा नहीं रखते। हरिद्वार - गढ़वाल क्षेत्र अगर धार्मिक - पौराणिक तीर्थों से आप्लवित है तो कुमांऊ की प्राकृतिक छटा तथा पौराणिकता कम विमोहक नहीं है। ऐतिहासिक विभव सर्वत्र ही विकीर्ण है। गढ़वाल के पर्वत, कुमांऊ तथा मसूरी की पहाड़ियों से संतुलित हैं और पुनः सभी हरिद्वार - रुड़की क्षेत्र के मैदानों और तराई क्षेत्र से। प्रकृति प्रदत्त अरण्य सभी जीव - जन्तुओं के अभयारण्य के रूप में निसर्ग की राज्य को तुल्य देन है जो उस पर्यावरणीय जैविक संतुलन और संरक्षण की ओर संकेत करता है जिसका सम्बोधन विदुर जी ने धृतराष्ट्र से किया था 'जङ्गल अगर शेर से सुरक्षित हैं तो शेर भी जङ्गलों से ही सुरक्षित है और जैसे लता को फलने - फूलने के लिए पेड़ की आवश्यकता होती है उसी तरह पेड़ को भी नैसर्गिक अविबृद्धि के लिए अरण्य की'। अनेकता की यह प्रकीर्णता

निसर्ग की देन है और निसर्ग की दैन ही उस समग्रता के उपाङ्ग (Sub System of the Whole Wystem) हैं, जो इसे पूर्णत्व देते हैं। ऐसा सम्यञ्च (Cohesion) मुश्किल से ही भारत के अन्य राज्यों में दिखने को मिलता है।

ऐसे अद्‌भुत छटामिश्र (Blended) राज्य में जन्म लेना और वहाँ का निवासी होना किसी के लिये भी गर्व की बात होगी, केवल भ्रष्टाचारियों को छोड़ कर जिन्होंने इसके जीवन्त अङ्गकों (Very Vitals) को ही खालिया है। बेपर्दा भ्रष्टाचार नवनिर्मित इतने छोटे से राज्य में बेशर्मी की सभी हदें पार कर चुका है। अफसोस ये है कि भ्रष्टाचार सरकार का दर्शन (Philosophy), प्रशासन का मकसद (Aim), कर्मचारियों की मानसिकता (Task) और लोगों की भी चाहत (Desire) बन गया है। लोग भी अंग्रेज बनना चाहते हैं - वेस्टर्न, केवल दारू पीकर, जङ्क फूड खाकर, बिना अंग्रेजों के एक भी गुण और मूल्यों के। माफिया - डान प्रवर्धित एक नये कत्थ - प्रदर्प वर्ग (Neo - elite) और सस्ते, आसान, भ्रष्ट, उपार्जन (Cheap, Easy and Corrupt Money) से संवर्धित कृत्रिम, छद्‌मिन, धनाड्य समूह (Pseudo Rich Class) का गीता में कथित 'अभ्युत्थानमऽधर्मस्य' की तरह ही अभ्युत्थान हो रहा है, जो एक बहुत बड़े अपशकुन का संकेत है। जो हो भी गया। लेकिन इससे भयानक अभी प्रतीक्षा रह है।

यही कारण हैं कि उत्तरकाशी में नब्बे के दशक के प्रारम्भ में आई त्रासदी के समय देश और देशवासियों से जो बेशुमार मदद आई थी इसबार नहीं आई यहाँ तक कि रामदेव जी ने भी कोई मदद नहीं क्योंकि उनको यहाँ के नेताओं और कर्मचारियों की रग - रग का पता है। हरिद्वार, हृषीकेश (ऋषिकेश) को कब्जियाने के बाद सभी तीर्थ मार्गों को हथिया कर अपना गोरखधन्धा चलानेवाले, गङ्गा को प्रदूषित करने वाले तथा गङ्गा और तीर्थों से जीवित रहनेवाले, जीविकोपार्जन करने वाले जोगी, बाबा, गुरु, गुराइनों, स्वामी, स्वामिनियों क्योंकि उन्हें पता है उत्तराखण्ड के ही आदिनिवासी, मूल नागरिक सरकारी कर्मचारी कफन और मां की नत्थ को भी नहीं बख्श रहे हैं। उत्तरकाशी की २०१२ की त्रासदी एवं उत्तराखण्ड में जून २०१३ के प्रलय से

यह साफ जाहिर भी हो गया है। छोटे से राज्य में हर तरह के घोटाले - पेनड्राइव से दवाई, बालू से वन, पत्थर से बीज, खरीददारी से मेटिरियल क्वालिटी, परियोजनाओं से कन्सट्रक्शन तक, ट्रांसफर से नियुक्ति तक और जैसा कि पूरे देश में ही है - जीवन से मृत्यु तक। अगर भ्रष्टाचार की यही स्थिति रही तो बिहार की तरह पहचान का संकट (Edentity Crisis) यहाँ भी उत्पन्न होने वाला है।

स्कूल भवनों की हालत खस्ता है, खासतौर से गाँवों में बालक - बालिकाओं के विद्यालय ज्यबाल - मौत के कुण्ड (Trap Cage and Death Well) बने हुए हैं। पढ़ाई बेहाल है, अध्यापक हैं नहीं, हैं तो उन्हें कोई मतलब नहीं। नदियों में पुल नहीं हैं, एक तरफ बच्चों के जीवन के साथ खिलवाड़ हो रहा है, दूसरी तरफ बच्चे अपने जीवन के साथ खिलवाड़ कर रहे हैं। नेताओं और प्रशासन को जमीन की खरीद-फरोक्त और Construction तथा ठेकेदारी एवं ठेकेदारों से ही फुर्सत नहीं। पानी-बिजली की बर्बादी का कोई आलम नहीं। जगह-जगह बिजली के खंभों पर स्विच लगे हैं। नागरिकों का ये हाल है कि १२ बजे तक कभी-कभी दिन भर ५०० - १००० वाट के बल्ब जलते रहते हैं लेकिन बन्द (off) करने वाला कोई नहीं। पानी के नल जमीन के ऊपर और नीचे टूटे पड़े हैं, पानी बह रहा है, सड़कें टूट रही हैं, कोई देखने वाला नहीं। साथ ही मेटिरियल की क्वालिटी भी इतनी ही खराब है।

अगर इसी स्वर्ग की कामना की गई थी तो अभी भी बेहत्तर है राज्य को Centrally Administered Territory बनाना, यूनियन टेरिटरी बनवाना। यही इन पापों को धो सकता है, शायद स्वप्न साकार कर सकता है। यही एकमात्र उपाय है इसे नर्क बनने से रोकने का। जैसे धर्म के नाम पर अधर्म - अत्याचार हो रहा है, देश सेवा के नाम पर लूट - पॉलिटिक्स, वैसे ही स्वर्ग बनाने के नाम पर उत्तराखण्ड को नर्क बनाने पर तुला है सिस्टम और उसके साथ लोग - यहीं के लोग।

अस्तित्व प्रज्ञान एवं दर्शन (Metaphysics of Existence)

तथापि अपने प्रतिबोध प्रदर्श से उत्तराञ्चल का अस्तित्व दर्शन से

अंतर्निहित स्वतः स्फुरित सम्बन्ध प्रतिबिंबित होता है जहाँ दिव्यता और देवत्व संश्रयाश्रय संयोजन (Symbiotic Relationship) सहित अलौकिकता (Divinity) और प्रकृति के साथ विद्यमान है। यह मानव के पूर्णत्व का भी प्रमाण है लेकिन जिसका वर्णन और चित्रण मानवीय मस्तिष्क और सोच से परे है। यह आर्य कल्पित स्वर्ग भौतिकवादियों के लिये अकल्पित है। इससे सिद्ध होता है कि डार्विन और परवर्ती वैज्ञानिकों ने क्रमिक जीव विकास के रहस्य के अन्दर जबरन घुसने की कुचेष्टा की और अपने सिद्धान्तों का जाला शुष्क विचार (Pedantics), कोरे ज्ञान (Academics) और खाली विश्लेषणात्मक विचारों (Analytical Thinking) को आधार बना कर बुना न कि प्रत्यक्षज्ञानयोग्य, द्रष्टव्य, संश्लेषणात्मक, ठोस वास्तविकता पर। विकासवाद का समस्त पाश्चात्य सिद्धान्त एक ही प्रश्न या प्रश्न और उसके जबाब पर धराशायी हो जाता है - क्या आदम और ईव (Adam and Eve) भी महावनमानुष (Great Ape) से ही विकसित हुये थे? पश्चिम का कोई भी वैज्ञानिक और प्रबुद्ध आज भी बाइबल का मोह नहीं छोड़ पाया जबकि भारत में चार अंग्रेजी के अक्षर पढ़ने लेने के बाद वह सांस्कृतिक आक्रमण से व्यामोहित रहा।

भारतीय सनातन दर्शन की सृष्टि प्रकल्पना और चरण विकास प्रक्रिया (Mystery of Creation and Process of Evolution) का यह सिद्धान्त ही ऋतु और सही है कि सृष्टि के आदि में सतयुग था जब इस पृथ्वी पर तुषित देव जिन्हें उपदेवता, अर्धदेव (Demi and Semi Gods) भी कहा गया है; अलौकिक शक्तियों (Divines) के साथ मौजूद थे जिन्हें पाश्चात्य अब परग्रही (Aliens) कह रहे हैं। उनका अधिवास इस पृथ्वी पर उत्तर पथ - उत्तर खण्ड था जिसका अञ्चल आज का उत्तराञ्चल है। उन्हीं तुषितों की संतान हम सभी विश्व मानव हैं। साथ ही विश्व मानव की यात्रा सतयुग से कलियुग की ओर है। प्रकृति का हिमाच्छादित पर्वतों पर १०००० - १३००० फीट की ऊँचाई पर उष्म जल स्त्रोत, बावड़ियाँ, पुष्करिणियाँ और जलाशयों के साथ-साथ विचित्र जड़ी-बूटी और सुगन्धित पुष्पों का करिश्मा उसी दिव्यता से साक्षात्कार है।

आक्रमणकारियों, विशेषरूप से गोरों ने कई तरह से देश विभक्त करने की कोशिश की थी और अन्ततः विभक्त कर ही दिया। लेकिन स्वतन्त्र होते

ही देश का नेतृत्व दलगत - दलबन्दी और भ्रष्टाचार के चारवाकवाद में भी उतना ही स्वतन्त्र और मशगूल हो गया। उसे कोई सीख लेने की फुर्सत ही नहीं मिली। गोरे - यूरोपियनों - पाश्चात्यों ने पहले हमारा इतिहास विकृत और दूषित किया, फिर आर्य - द्रविड़ विभ्रम पैदा किया, पुनः दक्षिण पथ - उत्तरपथ विभ्रान्ति उत्पन्न की और अन्ततः पिछले दरवाजे से भाषाई आक्रमण द्वारा ऐसा सांस्कृतिक हमला किया कि बिना अस्त्र - शस्त्र के ही हम मानसिक रूप से उनके गुलाम हो गये। शारीरिक स्वतन्त्रता मिली पर मानसिक गुलामी आगई। ऊपर से इस outdated तन्त्र, Obsolete शासन व्यवस्था, पतित नेतानगरी और भ्रष्ट शासन ने अर्थ की संरचना के चक्कर में राष्ट्र की वैभव विरोचना के तन्तुओं को ही हिलाकर रख दिया है। जिसका एकमात्र विकल्प है जनता द्वारा अनभिपुष्ट (Unratified) इस संविधान को, जिसकी मौलिकता ही खत्म हो गई है, बदलकर नया संवैधानिक तन्त्र स्थापित कर रचनान्तरण करना जैसा कि लेखक की पुस्तक The Only Solution for India में वर्णित एवं प्रतिमानित है।

प्रकृति की विलक्षण रचना तथा सनातन आध्यात्मिक पौराणिकता के धर्म सूत्र से उत्तरपथ के साथ संसक्त उत्तर-खण्ड का अभिन्न अङ्ग उत्तराञ्चल आदि काल से आर्य संस्कृति की देवभूमि रहा है। सनातन संस्कृति और धर्म ज्ञान का बिम्ब, उत्तराञ्चल भारतीय राष्ट्रीय भावनात्मक समन्वय का शाश्वत स्त्रोत रहा है। यही कारण है कि दासत्व काल में आदि आर्यत्व और धर्म की इस नींव को जानबूझकर अनदेखा किया गया और स्वतन्त्रता के उपरान्त भी भौगोलिकता के बहाने अन्य बहुतेरे कारणों से उपेक्षा की गई। अंग्रेजों ने उन्हीं स्थानो पर और उतना ही ध्यान दिया था जो और जितना उनके ऐशो - आराम के लिए जरूरी था। विदेशी शासक, अगर उनका वश चलता तो, सनातन समन्वय और आर्यत्व के इस आधार की जड़ ही हिलाकर रख देते पर वो ऐसा कर नहीं पाये या ऐसा हो नहीं पाया ये एक विचारणीय विन्दु हो सकता है। खुली अर्थव्यसथा और बेलगाम भोग संस्कृति से उत्पन्न भोगवाद (Epicureanism) और हवश के नगनत्व (Hedonism) ने यहां के जनमानस

की कुंठा को भी अनियंत्रित कर दिया। वो उस आर्थिक और भौतिक उपेक्षा को बर्दाश्त नहीं कर पाये जिसने मानवता और मानवीयता को चारवाकवाद के गर्त में ढकेल दिया और देश में एक नये किस्म के रङ्ग भेद को जन्म दिया।

स्वतन्त्र भारत में ऐसा भी समय आया जब उत्तराञ्चल के निवासियों के समक्ष बेगार करने के अलावा अन्य कोई रास्ता ही नहीं था। जब विश्वविद्यालय, मेडिकल, इंजीनियरिंग कालेज की बात तो दूर, डिग्री कालेज की चर्चा करना भी हास्यास्पद था। स्टार टेक्नालाजी' के युग और वैश्विक गाँव (Global Village) के आदर्श का पोषण करने वाली सरकारों के काल में भी आर्थिक दरिद्रता (Economic Pity) की विद्यमानता के साथ भेद और अविराम शोषण के कालुष्य ने जनता के रोष की सभी सीमायें तोड़ दी। रूई पिटते - पिटते गाँठ बन गई। शोषण और दमन के प्रतिरोध ने एक सामूहिक नेतृत्व को जन्म दिया और उस स्वतः स्फुरित झञ्झा के उद्रेक ने नवम्बर, २००० में नये राज्य को।

स्वप्न, दिवा-स्वप्न और सच

पौराणिकता के ताने-बाने ने प्रकृति सूत्र से समन्वित होकर उत्तराखण्ड को आध्यात्मिक - धार्मिक परिधान प्रदान किया हुआ है। इस पुस्तक को पढ़ने के उपरांत पाठक भी अपने ऋत् ऐतिहासिक खजाने से कई मायनों में पहली बार अवगत हुये होंगे जिससे वो अभी तक वंचित थे।

इस प्रदेश की भौगोलिक स्थिति एवं सुरक्षाजन्य सामरिकता के कारण राजनय (governance) की प्रवीणता तो चाहिये ही, साथ ही नैपाल और चीन के साथ सीमा होने के कारण कूट एवं राजनैतिक (Diplo - Political) संवेदनशीलता एवं परिकल्पनात्मक दृष्टि (Vision) भी होनी चाहिये।

प्रश्न है, क्या, लोगोंका अपना 'उत्तराञ्चल - अपना उत्तराखण्ड', का वो स्वप्न जिसकी परिकल्पना उन्होंने की थी पूरा हुआ? क्या जनमानस की चिर प्रतीक्षित सुराज कल्पना, जिसको वो दिल में सँजोये हुये थे, जिसके लिये उन्होंने इतनी कुर्बानियाँ दीं, पूरा हुआ? बारह वर्ष से अधिक समय बीत जाने

के बाद भी क्या अपनी कुर्बानियों, पीड़ा और त्याग के प्रतिफल का उपलब्धता भाव उनके अन्तस्थ में पैदा हुआ? क्या सफलता का गौरव और उद्देश्य के सम्पादन का परितोष, तुष्टि एवं सम्पन्नता के आनन्द की उन्हें अनुभूति हो रही है, अथवा अपना उत्तराञ्चल हमारा उत्तराखण्ड की सामूहिकता और भावनात्मकता, अल्प समय में ही 'मम अरु मोर तोर तें' की माया में बदल गई। क्या बारहवें साल तक भी चौथी सरकार उनके आर्थिक, भौतिक अभाव को दूर क्या कम करने में खरी उतर पाई या आगे उतर पायेगी, मानवीय और विकास जन्य जरूरतों को पूरा करने में सफल और सक्षम होगी? क्या अभी तक फलीभूत हो रहे नेतृत्व की भावी परिकल्पना से ऐसी उम्मीद की जा सकती है?

नागरिकता के स्वामित्व (Ownership of Citizenship) से स्पन्दित और संवेदनशील हर व्यक्ति को ऐसा महसूस होना स्वाभाविक है कि प्रारम्भ में ही कोई बहुत बड़ी चूक हुई, बहुत बड़ी भूल जैसी कि ठीक भारत की स्वतंत्रता के समय हुई थी;

"Something went radically wrong in the beginning, right at the formation and governance of the state, the same way as happened immediately after freedom of India. We had freedom but no goals, power but no ideals, position but no objectives, government but no vision, country but no philosophy of governance."

स्वतन्त्रता के समय हमारे पास संविधान की रूपरेखा (Draft Constitution) तक नहीं थी। यही स्थिति कमोवेश उत्तराञ्चल में हुई। सच ये है कि हमारे देश में ही नेतृत्व, शासक और शासन ने स्वयं को कभी जनता का सेवक और जनता की सेवा के लिये समझा ही नहीं। अतः सीखने की वृत्ति - प्रवृत्ति और अन्तर्भावना उनके अन्दर जागृत भी नहीं हुई। साहब, बाबूसाहब और सत्ता की भांग पूरे कुएँ में पड़ गई। सत्ता के गलियारों की निकटता आम आदमी की भी पहली वरीयता बन गई। नतीजा सबके सामने है। कर्म हम करें, फल कोई और भुक्ते ऐसा नहीं हो सकता, न हुआ न शायद आगे कभी होगा। हमने जो कर्म किये हैं और कर रहे हैं, सबका लेखा - जोखा हमारे सामने है, जो नहीं है वो भी आ जायेगा। तथापि स्थिति ऐसी होगी, एकदम ही इतनी खराब

हो जायेगी ऐसी किसी ने कभी परिकल्पना भी नहीं की थी। उम्मीद ये थी कि दरिद्रता, अभाव, गरीबी में पनपे नेता, कर्मचारी-अधिकारी, सत्ताधारी, गरीबों की पीड़ा, दुःख और वेदना को समझेंगे लेकिन नशा इतना भयावह होगा कि वो गरीबों को ही खा जायेंगे यहां तक कि देश को भी निगलने से परहेज नहीं करेंगे, ये तो कभी सोचा ही नहीं गया। इसका कारण रहा देश की जनता का अपने ऋत् इतिहास और संविधान से अनभिज्ञ तथा अनजान रहना।

जनसंख्या भारत की सबसे बड़ी और भ्रष्टाचार दूसरी समस्या हो सकती है लेकिन उत्तराखण्ड की समस्या ही भ्रष्टाचार है। भ्रष्टाचार ने समस्त विकाश, खुशहाली और कल्याण - क्षेम पर ग्रहण लगा दिया है। अब चीजों को दुरुस्त करने के लिये उतने ही सशक्त उपचार की जरूरत है। इससे पहले कि अभाव कोई अन्य रूप ले, सतयुग से कलियुग की क्रमिक यात्रा सत्वर हो जाय, बुद्धिजीवी वर्ग को विचार मन्थन (Brain Storming) की जरूरत है विशेषतः शिक्षित युवाओं को, लेकिन असम गण परिषद की तरह के युवा नहीं निष्ठावान - निष्काम युवा। ईश्वर ने स्वयं अपनी प्रकृति के साथ मिलकर एक संकेत दे दिया है जिसने पूरा उत्तराखण्ड झकझोर दिया विखण्डित कर दिया। नहीं सुधरे तो भविष्य की त्रास दी मटियामटे कर देगी।

आश्चर्यजनक था कि राज्य बने तीन वर्ष भी नहीं हुये थे कि स्वतन्त्र भारत की तरह लोगों की निराशा भी पश्चाताप करने लग गई 'इनसे अच्छे तो अंग्रेज ही थे'। जनमानस की यही क्षुब्धता तीन साल के अन्दर ही भारतीय जनता पार्टी की हृदय विदारक हार के रूप में सामने आई। ये हार उस पार्टी की हुई जिसने नव सृजन का श्रेय लेते हुए राज्य का नामकरण उत्तराञ्चल किया था। लेकिन उस पार्टी की भी उतनी ही दुर्गति हुई जिसने जनवरी, २००७ में राज्य का नाम बदलकर उत्तराखण्ड किया था। सबसे उद्विग्न करन ेवाली बात ये है, और थी कि नव गठित राज्य को जब अपना शैशव सँवारने और स्थिर राजनय (Stable Governance) द्वारा जन परिकल्पना को सम्पन्न करने की सख्त जरूरत थी, कोई भी दल, दश साल तक शासकीय संरक्षण नहीं दे सका। भावनात्मक रूप से आन्दोलन के साथ जुड़े, आन्दोलन के जन्मदाता और तीसरे विकल्प, उत्तराखण्ड क्रान्ति दल को तो लोगों ने अपनी

अपनी याद से ही मिटा दिया जिसकी कीमत भी उनको चुकानी पड़ रही है और चुकानी पड़ेगी। विकास का दावा और शेखी के सारे आँकड़े धरे रह गये। परिणाम कुछ भी हो प्रकृति के कहर की तरह जनता के गुस्से और कुण्ठा की प्रचण्डता कोई दुर्भाग्य नहीं देखती। जनता ने दिखा दिया कि लोक तन्त्र में उनसे बड़ा कोई आंकड़ा (Statistics) नहीं है, वो ही जीते - जागते बोलते आँकड़े है, बाकी सारे निर्जीव। धन की ताकत और नवधनाड्यों की ताकत (Power of Money and Money of Power) ने Power of Politics and Politics of Power को अपना दास बना दिया। सबकी मालिक जनता केवल सरकर बदलने तक सीमित रह गई। तृतीय विकल्प के अभाव में राज्य, राजनैतिक रूप से अपाहिज हो गया।

इग्लेंण्ड, अमेरिका, फ्रांस जैसे अन्य यूरोपीय देशों में दो राजनैतिक दल ही एक दूसरे के संतुलक बन जाते हैं और आवश्यकता पड़ने पर पूरक भी क्योंकि जनता वहाँ इतनी प्रबुद्ध है, परन्तु भारत में दोनों के भ्रष्ट ही नहीं बल्कि चरम भ्रष्ट होने के प्रयोगात्मक अनुभव और उदाहरण हैं और होते रहे हैं, इसलिये यहाँ, बावजूद इसके कि तीसरा भी उतना ही भ्रष्ट हो सकता है, अतः सुराज न सही फिर भी प्रभावी अंकुश, संतुलन, विकल्प और स्थायित्व के लिये तीन दलीय विकल्पनात्मक व्यवस्था होना जरूरी है।

नव सृजित राज्य में किसी भी दल या नेता ने जनता, खासतौर से युवाओं के सामने अनुकरणीय उदाहरण प्रस्तुत नहीं किया। उत्तराखण्ड राज्य साधू - बाबा - गुरुओं से भर तो गया लेकिन वो मात्र जोगी और महन्त साबित हुए, नेताओं से भी बदतर, अधर्म का अभ्युत्थान करने वाले, भोगी। नेताओं और न्यायपालिका की वजह से कानून का पहले से ही भय नहीं रहा था, इन कथावाचकों की वजह से धर्म का भी भय खत्म हो गया। अभीतक हवा विषाक्त थी अब अग्नि भी प्रदूषित हो गई। नेतृत्व और शासन ने कोई ऐसा बिम्ब प्रस्तुत नहीं किया जो दूसरे राज्यों के नेतृत्व और शासन से अलग सा हो। वो अपनी और नवनिर्मित राज्य की दूसरे राज्यों से अलग पहचान नहीं बना सके। अब तो पहचान ही खत्म होने की स्थिति आ गई है। स्वर्ग बनाने के सब्जबाग दिखाकर इसे नर्क बना दिया। अच्छा होता कि स्वर्ग बनाने के बजाय वो इसे पृथ्वी ही रहने देते।

एक के बाद दूसरा जो भी नेत्तृत्व और शासन आया कोई रचनात्मक प्रवीणता, प्रशासकीय अथवा संस्थागत नवीनता प्रस्तुत नहीं कर सका। अतः राज्य और लोगों के समक्ष उस भावनात्मक परिकल्पना और उद्देश्य (Mission and Vision) का अभाव रहा जिसकी प्राप्ति और पूर्णता के लिये वो मिलकर काम करते और एक जुट होते। सरकार, जनता और युवाशक्ति के बीच समवाय समागति (Synchronization) न होने के कारण द्विगुणित शक्ति (Synergy) भी उत्पन्न न हो सकी। कर्मचारियों में व्याप्त भ्रष्टाचार और नैतिक पतन ने बिहार, झारखण्ड, उत्तरप्रदेश, दिल्ली, मध्यप्रदेश, महाराष्ट्र, पञ्जाब, हरियाणा, तमिलनाडू, राजस्थान आदि जैसे भ्रष्ट राज्यों को भी पीछे छोड़ दिया। फलस्वरूप पूरे देश की ही तरह शासक जनता शासित बन गई। पूरे देश की ही तरह शासन और जनता के बीच जबरदस्त खाई खुद गई। सच कहें तो अब इस देश का संवैधानिक ढाँचा ही चर - मरा गया है, Constitutional Machinery फेल हो गई है। लोक सेवक (Public Servant) अपने को सरकारी कर्मचारी कहते हैं, क्योंकि सरकार उन्हें तनखाह देती है। अतः जनता का काम करने के लिए वेतन की एवज में घूस लेना वह अपना अधिकार समझ रहे हैं।

जिस जनता ने संविधान अपने लिये बनाया था, अपनी सेवा के लिये शासन के तीन अङ्ग (Executive, Judiciary, Legislature) स्थापित किए थे, अपने कार्य के कुशल सम्पादन के लिये संवैधानिक संस्थायें बनाई, जो संविधान और शासनतन्त्र को (Constitution and System of Governance or form of Government) को बदल सकती है उस मालिक जनता का तो कोई स्तर (Status) नहीं, कोई वजूद ही नहीं और जो उसके नौकर हैं, सेवक हैं उनका संवैधानिक स्तर (Constitutional Status) हो गया, वो मालिक हो गये। कैसी (Democracy) है ये? इसीलिए इसे जानबूझकर लोकतन्त्र न कहकर प्रजातन्त्र कहा गया। न्यायपालिका अपनी ही मालिक जनता के दुःख - दर्दों के प्रति संवेदनशील होने के वजाय सरकारों को ऐडजस्ट करने और आम आदमी की गुहार - पुकार सुनने के वजाय सरकारी नौकरों और वकीलों को ऐडजस्ट करने में अपने काम की इतिश्री समझने लगी परिणामस्वरूप सालों साल केस,

मामले - मुकद्दमे, कोर्ट कचहरियों में लटकते रहे। संवैधानिक मालिक जनता के प्रति सोशल अकाउन्टबिलिटी किसी की न रही-न सरकार की न न्यायपालिका की।

फिर वही सवाल, क्या गल्ती हुई राज्य के गठन और प्रारम्भिक राजनय (Governance) के समय? स्पष्टतः Vision and Mission का अभाव। शासन और प्रशासन की तदर्थता (adhocism), लोगों की रातोंरात धनाड्य होने की हवस, सस्ती कमाई, आसान धन और भ्रष्ट आय (Cheap Easy and corrupt Money) जिसकी प्रारम्भिक वर्षों में कोई कमी नहीं थी आदि इसके मूल कारण थे। इसके साथ ही अनियोजित - अनियंत्रित व्यय एवं अपने घिनौने स्वार्थों के लिये भूमि का बलात्कार, और इन सबके ऊपर उ० प्र० से विरासत में मिला वही भ्रष्ट तंत्र, वही भ्रष्ट विरासत। जो नहीं होना चाहिये था वही हुआ, जो बदलना चाहिए था वो नहीं बदला। ठीक वही स्थिति जो स्वतन्त्रता के समय हुई। वही अंग्रेजपरस्त, वही पाश्चात्योन्मुख नौकरशाही, वही कानून, वही पुलिस वही कर्मचारी। स्वतन्त्रता संग्राम सेनानियों पर डण्डे बरसाने वाले, सजा देने वाले स्वतन्त्र भारत के भी शासक बन गये। कुछ नहीं बदला, ठीक वही हालत हुई जैसे अंग्रेज परस्त रजवाड़ों (So called Princely Estates) का भारत में विलय के साथ राजा रानियों का देश के विभिन्न राजनैतिक दलों से सम्बद्ध होकर नेता, सांसद, विधायक, मंत्री बन जाना। नाक सीधी नहीं घुमाकर पकड़ ली गई।

नये राज्य में भ्रष्टाचार का मैदान पूरी तरह खुला था। सबसे बड़ा अफसोस कि राज्य के चालाक लोग और यहाँ के ही कर्मचारी इस दुष्कर्म में सहयोगी और सहभागी (Accomplice) बने। इस हालत में अगर सौ अन्ना हजारे, एक हजार रामदेव यादव और ५५० केजरीवाल भी एक साथ देश के चारों कोनों में पैदा हो जाएँ और तीन युगों तक भी होते रहें तो भी क्या होगा? वैसे भी इस देश में अब भ्रष्टाचार का कुछ नहीं हो सकता जब तक कि इस संविधान को बदलने और नई शासन व्यवस्था स्थापित करने (Changing the form of Govt and the Constitution) की बात जनता के समझ में नहीं आती।

राज्य बनते ही शासन - प्रशासन, नेता और माफिया की मिलीभगत से जमीन उनके हवस की पहली शिकार हुई। रातों रात नव धनाड्य बनने की अन्धी दौड़ ने यहाँ के लोगों की नैतिकता और ईमान (Morality and Ethics) को भी दूषित - प्रदूषित कर उनके आचार (Philosophy of Life) को भी नष्ट कर डाला। कोई उद्देश्य, दृष्टि, परिकल्पना और मूल्यांकन (Objective, Planning, Mission, Vision and Controlling) न होने का ही ये परिणाम था। आखिर खाली मस्तिष्क को भी तो कोई काम चाहिये ही था। अजीबोगरीब बात ये रही कि आम जनता नेताओं पर अन्ध विश्वास कर बैठी। राज्य गठन के साथ ही वो अपनी जिम्मेदारी की इतिश्री समझ बैठी, सतयुग की स्थापना और रामराज्य की स्थापना समझ बैठी। उनको अपने साथ इतना बड़ा धोखा होने की कल्पना ही नहीं थी। उनकी पीठ पर इतने भयंकर तरीके से छुरा भोंका जायेगा ये उन्होंने स्वप्न में भी नहीं सोचा था।

प्रारम्भ में राजधानी क्षेत्र देहरादून से लेकर हरिद्वार, ऋषिकेश और शहरों की जमीन लालचियों, माफिया और सत्ता की साँठ - गाँठ का शिकार बनी। आज पर्वतीय क्षेत्र के गाँवों को छोड़कर कस्बों की जमीन की लूट का भी वही हाल है। अनियंत्रित अनियोजित निर्माण तथा पर्वतीय और ग्रामीण क्षेत्रों से शहरों - कस्बों की ओर बेतहाशा और अननुमेय (Unexpected and Unpredictable) पलायन का इस गठजोड़ (Causus) ने बेजा फायदा उठाया। यह हालत देश के राष्ट्रीय राजधानी क्षेत्र (NCR) में विद्यमान हालत से मिलती जुलती है। रातों रात धनाड्य बनने का लुटेरों का स्वप्न तो पूरा हुआ लेकिन आम आदमी का स्वप्न टूट गया। ये था पहला उदाहरण जो कर्णधारों ने आम आदमी के समक्ष रखा और आम आदमी ने उसका भरसक अनुकरण किया। फलस्वरूप एक विषाक्त चक्र चालू हुआ और लुटेरों की चाँदी बन गई। यही वो चाहते भी थे, यही उनकी प्लानिंग थी। उत्तर-भारत का हर तरह का माफिया यहाँ आ गया है और हर तरह के माफिया राज को आज इस राज्य में सत्ता का संरक्षण है अतः वो निर्भय और निर्द्वन्द्व है। क्या कभी बिना नेताओं के भ्रष्टाचार और प्रशासन के संरक्षण के माफिया पनप सकता है?

जहाँ माफिया ही माफिया राज हो वहाँ हाल क्या होगा? आम आदमी डरा हुआ है, चिन्तित है। कफन से भी लाभ कमाने वाले सौदागरों ने लोगों की मजबूरियों का बेजां फायदा उठाया। जनता के कष्टों, दुःखों, मजबूरीयों से सम्पदा जोड़ने वालों ने जमीन से सट्टे का खेल खेलना चालू किया इस प्रकार आम लोगों की आवश्यकता उनकी विलासिता बन गई है। सबसे ज्यादा और बड़ा खिलवाड़ बच्चों के जीवन के साथ हो रहा है। जनता उगते हुए सूर्य को नमस्कार कर बहते हुये पानी में हाथ धो रही है लेकिन कुदरत ठोक-टोक कर बदला ले रही है।

साधू, बाबा, जोगियों ने विषेशरूप से हरिद्वार - ऋषिकेश हथिया लिया। इतना प्रदूषण करने के बाद भी उन पर कोई शुल्क या चार्ज नहीं लगा। पर्यावरण संरक्षण एवं रख रखाव का वो कोई भुगतान नहीं करते। धर्म के नाम पर अधर्म का व्यापार पूरे शबाब पर है। हजारों - करोड़ों - अरबों की धनसम्पत्ति के वावजूद एक पैसा गङ्गा - जमुना में फेंके गये कूड़ा - करकट, कबाड़ की स्वच्छता पर उन्होंने खर्च नहीं किया। गङ्गा की आरति करने में उनका उसी तरह ध्यान रहा जैसे इंजेक्शन से दूध निकालने के बाद गऊ माता को पॉलिथीन खाने के लिये लावारिस छोड़ देने में। आम आदमी को गाय की सेवा करने का उपदेश देकर स्वयं गाय के मूत्र का भी व्यापार करने वाले सन्यासियों, धर्म गुरुओं को धर्म ट्रस्ट के नाम पर खुली छूट दी गई कारण कि कई नेताओं ने काला धन सुफेद करने में उनका शिष्यत्व ग्रहण किया हुआ है। हजारों भगवानों की मौजूदगी में यह भूमि नरकत्व की ओर जा रही है। ऊपर से नीचे तक सभी की नजर भारत सरकार द्वारा गङ्गा - जमुना प्रदूषण विनिर्मुक्ति के लिये आवंटित धन पर पर ही लगी हैं जो कि अब एक विषमय चक्र सा बन गया है। गङ्गा के नाम से रोटी सेंकने वाले, धर्म के नाम पर सम्पत्ति जुटाने वाले दुर्योधन रूपी पंथियों एवं माफिया रूपी दुःशासनों के हाथ जमीन की हालत कौरव सभा में द्रौपदी की तरह हो गई। इस बलात्कार से जमीन बेचारी उसी तरह लुप्त हो रही है जैसे कलियुग आने पर भक्ति। इस कुशील के परिणामस्वरूप नव निर्मित राज्य का राजनय भी राजनैतिक, राजनयिक (Governmental), आर्थिक, सामाजिक, मनोवैज्ञानिक कुसृति (Evil

Wickedness) से आवृत्त हो गया। युवा पीढ़ी, जिस पर आशा की जा सकती थी और भी ज्यादा इस भोग और हवस के गर्त में गिर गई। उत्तराख़ण्ड की आध्यात्मिकता भी उसे नव महन्तवाद की अपसंस्कृति के गर्त में जाने से न बचा सकी। धर्म भी उसे दिशा ज्ञान और अभ्युदित करने में फेल हो गया क्योंकि धर्म स्वयं ही व्यापार बन गया। भोग ही महन्त संस्कृति की भी संस्कृति बन गई और कोरा प्रवचन धर्म। बेलगाम मुक्त व्यापार की कुसंस्कृति ने सब कुछ मुक्त कर दिया। उपभोक्तावाद, भोगवाद बन गया। साधू, सन्यासिनी भोग ढूँढने लगे, बाबा, गुरु विलासिता, जबकि सच्चे भक्त आँसू बहाते रहे।

राज्य का माहौल ऐसा बना नहीं उसे ऐसा बना दिया गया मानो लड़ाई नये राज्य के लिए नहीं, सत्ता और पैसे के लिए थी। भूखा शेर जैसे मांस पर टूटता पड़ता है ऐसे ही राज्य की सम्पत्ति की लूट पर लोग टूट पड़े। आम आदमी, सामान्य जन, दिवा - स्वप्न भी नहीं देख पाया कि उसे घुटन होने लगी। सत्ताधारी उस जन के प्रति अपना पवित्र कर्तव्य भूल गये जिसने नये राज्य के सृजन के लिये अपना सर्वस्व दांव पर लगाया था। अक्षम - अयोग्य नेतृत्व ने चंद वर्षों में ही जातिवाद, क्षेत्रवाद की नफरत को उतना ही गहरा कर दिया जितना उत्तर-प्रदेश के दौरान था। माया-मुलायम विरासत सब चौपट कर गई।

तथापि नवसृजन के वावजूद भविष्य की मजबूरियाँ, प्रकृति की अनिश्चिततायेँ, विपदायें, तथा भू एवं विश्व पर्यावरणिक प्रभावों के साथ - साथ आर्थिक आवश्यकतायें जैसे अर्ध - आणविक विद्युत उत्पादन, जल संसाधनों का संरक्षण, भरण, प्रवर्धन, प्रवन्धन और उनसे उत्पन्न चुनौतियाँ, उत्तराखण्ड और हिमाचल प्रदेश को एक संघ बनने - बनाने के लिये मजबूर करेंगी जिसकी परिकल्पना और तैयारियां अभी से कर लेनी चाहिए।

भ्रष्टाचार की हद

भ्रष्टाचार उत्तराखण्ड में रक्त बीज की तरह व्याप्त है। राजा और माया, मुलायम-लालू-मधुकोड़ा संस्कृति आदर्श बन गई है। राज्य पूरी तरह भ्रष्टाचार अभिव्याप्त राज्य (Corruption Ridden State) बन गया है। अन्ना हजारे की

सिविल सोसाइटी और राम देव धरे रह गये। एक नई 'सपोड्डू' संस्कृति' का राज्य में जन्म हो गया। जन लोकपाल कानून का राष्ट्रीय प्रतिमान मुँह ताकता रह गया। इस आदर्श कानून के वावजूद इस छोटे से राज्य में भ्रष्टाचार दूसरे राज्यों से आज भी ज्यादा है कम नहीं। आदर्श कानून की नाक के नीचे जनलोकपाल को धत्ता बताते हुये भ्रष्टाचार का खुला फर्रूखावादी खेल चल रहा है। राज्य में लोगों के पास पुल तो दूर, नदियों पर झूले तक नहीं हैं, पीने का पानी नहीं, बच्चे जिंदगी की रिस्क लेकर वर्षा ऋतु को चुनौती देते हुये स्कूल जारहे हैं। सड़कों का बुरा हाल है। स्कूल भवन जर्जरता की उस हालत में हैं कि कभी भी गिर सकते हैं। मुख्य सड़कों, यहाँ तक कि जमुना - उत्तरी और गङ्गा - उत्तरी जैसे पर्यटन स्थलों की सड़कों पर यात्री जीवन की रिस्क लेकर उसी तरह यात्रा करते हैं जैसे आज से सौ (१००) वर्ष पहले बदरि यात्रा को अन्तिम समझते हुए करते थे। यह हाल उन सड़कों का है जो लोगों की आजीविका, रोजगार और व्यवसाय से जुड़ी हैं। देखने वाला कोई नहीं है, शासन पर्यटन को उद्योग की तरह चलाने की डींग हाँकता है। एक समय ऐसा भी था कि प्रतिपक्ष के मुँह पर भी ताला लगा हुआ था - तुम भी खाओ हम भी खायें के सिद्धान्त के साथ सभी सम्मिलित थे। लगता नहीं था लोकतन्त्र है। गाँवों और छोटे कस्बों तक में एक ही सड़क कई बार बनती है, वही पेड़ पौधे कई बार लगते हैं। एक ही भवन कई बार बनता और बिगड़ता है लेकिन उतनी ही बार प्रधान और ब्लाक की मिली भगत से अनुदान हजम होता है। इस माल की लूट में हर व्यक्ति अपनी दबंगई को धन्यवाद देता है। कहा यह भी जाता है कि जङ्गलों में लगरही आग इसी भ्रष्टाचार का हिस्सा है। आग लग नहीं, लगाई जा रही है। आश्चर्यजनक ये भी है कि अन्ना हजारे के समर्थन में भी हजारों की संख्या में नर - नारी, बच्चे, लोग सड़कों पर आ जाते हैं - स्वनामधन्य चौटाला जी और माया की तरह। लेकिन अन्ना टीम - सिविल सोसाइटी की शल्यक्रिया उ. ख. में ही होगी। नेता और जोगी - बाबा गुरु सब इसी ताक में हैं।

देश की रक्षा व्यवस्था के अङ्ग के साथ-साथ देश के लोगों की सुरक्षा, पर्यटन के आकर्षण एवं विदेशी सैलानियों के सामने अच्छी छवि बनाये रखने के उद्देश्य से गङ्गोत्रि - यमुनोत्रि और केदार मार्ग की निर्माण व्यवस्था भी

राष्ट्रीय सड़क संगठन/रक्षा मन्त्रालय को अपने हाथ ले लेना चाहिए भले ही इसकी एवज में प्रति वर्ष उत्तराञ्चल सरकार, केन्द्र सरकार या रक्षा मन्त्रालय को सांकेतिक राशि भुगतान करे।

प्रारम्भिक और जूनियर स्कूलों का हाल मानकों और शिक्षा के स्तर से जो भी हो व्यवस्था से बहुत ही दयनीय है। यहाँ तक कि महाविद्यालयों की भी स्थिति सोचनीय ही है। वर्षों, महीनों से अध्यापक नहीं हैं। सरकारी कर्मचारी चार घण्टे काम करना और शिक्षक चार घण्टे पढ़ाना देश, समाज, जनता और बच्चों पर एहसान समझते हैं। बच्चों के भविष्य के साथ खिलवाड़ होते देख भी हम भविष्य की कामना कर रहे हैं। हाँ, यह बात सही है कि जिस देश में राष्ट्र का भविष्य और आशा कहे जाने वाले बच्चे - बच्चियों का, स्कूल आते - जाते रास्ते में से ही किडनैपिंग हो रहा हो, जिस देश में रैगिंग के नाम पर माडर्न विकृत स्टूडेन्ट अपने ही साथियों का शिक्षा मन्दिरों के अन्दर मर्डर अथवा वीभत्स उत्पीड़न से अतीन्द्रिय सुख प्राप्त करना चाहते हों, उस देश के भविष्य का अपहरण तो हो ही चुका है, फिर भविष्य की क्या कामना करें?

जहाँ जनता के दुःख दर्द सुनने के लिए नंगे पैर दौड़ने वाले कृष्ण की जरूरत थी वहाँ शासक - प्रशासक हेलिकाप्टर से दौड़ रहे हों। बेतहाशा बढ़ते पेट्रोल के दामों के वावजूद घर की सब्जी सरकरी कारों से आ रही हो, बच्चे सरकारी कारों से सैर सपाटे कर रहे हों, पत्नी किट्टी पार्टी अटेण्ड कर रही हो, अंग्रेजों की तरह सब साबियाना दिखाने में बड़प्पन समझ रहे हों उस राज्य की स्थिति का और अधिक वर्णन करना अपनी कलम का भी अपमान करना है। कल्याणकारी राज्य में अस्पतालों का सबसे बुरा हाल है। राजधानी क्षेत्र से बाहर निकलते ही जिला अस्पतालों तक में डाक्टर नहीं हैं, एपीसी की गोलियाँ तक जहाँ न मिल पाये उन अस्पतालों, शासकों - प्रशासकों की मानसिकता और गिरावट का अंदाजा लगाया जा सकता है। इसके ऊपर पांच सूचना आयुक्त। ये चोरी नहीं - खुलेआम डकैती है। सरकारी मौज - मस्ती का आलम ये कि कफन से भी फिरौती-उगाही में हिचक नहीं। लूट में किसी स्तर पर कोई कमी नहीं। ऐसे राज्य को स्वर्ग बनाने की घोषणा और परिकल्पना वैसी ही मिथ्या हैं जैसे माया - मुलायम - लालू - रामदेव,

दिग्विजय, कपिल - करुणा, मोदी - जै ललिता, ममता को देश का प्रधान मंत्री बनाना। कभी अपनी गरीबी के वावजूद जो क्षेत्र अपनी ईमानदारी के लिये जाना जाता था, नैतिकता और मूल्यों के लिये पहचाना जाता था, आज भ्रष्टाचार और बेईमानी तथा 'सपोड्डू संस्कृति' के लिये जाना जाने लगा है और बिहार की तरह पहचान संकट (Identity Crisis) की ओर बढ़ रहा है।

आध्यात्मिक राज्य में देश की तरह सब काम ठेके पर चलने लगे। भ्रष्टाचार भी ठेके पर। सरकारें भी पाँच - पाँच साल के ठेके पर। अस्थिरता के कुपरिणाम भी राज्य की जनता को भुगतने पड़े हैं परन्तु उसकी मजबूरी समझने वाला कोई नहीं। हार्वर्डियन्स (Harvardians) ने देश के संविधान (नीति निदेशक सिद्धान्तों) की खुली अवहेलना कर ठेकेदारी को ही संस्कृति बना दिया है, 'आउट सोर्सिंग और कन्ट्रेक्ट-लेबर संस्कृति। एक आदम व्यवस्था पुनः स्थापित कर दी है। नव धनाड्यों, पूंजीपतियों को शोषण का अबाध रास्ता ही खोल दिया है। सरकारें ठेकेदारी चाहती है, नेता - अफसर ठेकेदार। सभी रास्ते इन दो गलियों से ही गुजर रहे हैं। इक्कीसवीं सदी की वैश्विक - हाईटेक - वैज्ञानिक व्यवस्था में हमारा देश ठेकेदारी और भ्रष्टाचार की ही सीख ले पाया। इन सब फरेबों को ध्वस्त करने के रास्ते निकल सकते हैं, बेईमानियों से निजात पाने के विकल्प निकाले जा सकते हैं, लेकिन जिस देश की न्यायपालिका ही अन्धी हो गई हो, कानून ही बहरा हो गया हो, वहाँ जनता को मूक रहने के अलावा अन्य कोई रास्ता ही नहीं है। लेकिन ये मूकता किसी तूफान का भी पैगाम है और वह है इस संविधान को बदलने की जिसकी मौलिकता ही खत्म हो चुकी है, व्यवस्था परिवर्तन का और कोई दूसरा रास्ता अब है ही नहीं। इसका ज्ञान - विज्ञान लेखक की अंग्रेजी पुस्तक The Only Solution से आत्मसात किया जा सकता है।

तृतीय विकल्प की खोज में

पिछले एक दशक से भी अधिक समय का इतिहास प्रमाण है कि तीसरे विकल्प के रूप में यूकेडी (उक्रांद) को उखाड़ फेंकना जनता के लिए ही महंगा साबित हुआ। जनता ने यूकेडी के पास सौदेबाजी करने के अलावा अन्य कोई

विकल्प ही नहीं छोड़ा। एक दल को पाँच साल के अन्तर से सत्ता से बाहर करना और फिर उसी दल को सत्ता में अन्दर लाना भारत में भी समस्या का कोई समाधान नहीं है। ऐसा करना ही इन दलों के अन्दर अपरिहार्यता की घातक मानसिकता पैदा कर रहा है और कर चुका है। इस तरह जनता स्वयं भी बुराई की अनिवार्यता सिद्ध कर रही है। जिसकी कीमत पुनः देश-प्रदेश के लोगों को ही चुकानी होती है। बिहार, बंगाल, यूपी, पञ्जाब, हरियाणा, तमिलनाडु, झारखण्ड, महाराष्ट्र, आन्ध्र प्रदेश आदि ने सबक सीख लिया है और तीसरा विकल्प तैयार ही नहीं किया बल्कि प्रभावी भी किया है। भारत में जहाँ भ्रष्टाचार रग - रग में है, पग - पग पर है, वहाँ तीसरा विकल्प भ्रष्ट नहीं होगा ये कोई गारण्टी नहीं है। इस तरह की गारण्टी अन्ना हजारे की सिविल सोसाइटी ही जनलोकपाल के बहाने दे सकती है क्योंकि उनके पास सिविल जैसा कुछ है ही नहीं, क्योंकि जिस तरह की व्यवस्था परिवर्तन की बात ये सभी लोग कर रहे हैं वह बिना इस संविधान को बदले और साथ ही इस तन्त्र व्यवस्था में परिवर्तन किये सम्भव ही नहीं है। आज नेता और प्रशासक तथा सरकार को उस आम आदमी के साथ खिलवाड़ करने में जरा भी हिचक नहीं है जो सही मायने में स्वामी है - मास्टर। संविधान का भी मालिक - जिसने अपनी सेवा के लिए, कल्याण के लिए संविधान बनाया, सरकार के अङ्ग बनाये और नौकर रखे। लेकिन आज नौकरों का तो संवैधानिक स्तर हो गया परन्तु मालिक जनता नौकर बनकर रह गई है।

अब इस राज्य को युवा रक्त चाहिये - निष्ठावान, स्वच्छ छवि, सेवा भाव से उत्प्रेरित, दलगत राजनीति से ऊपर, जनता के दुःख, पीड़ा, कष्ट और पीर को अपना दर्द समझने वाले। असोम (आसाम) गण परिषद की तरह के युवा नहीं, बल्कि संवेदनशील युवा जो राज्य और राज्य की जनता के अभ्युत्थान, विकास और निष्काम सेवा में समर्पित भाव रखते हों। राज्य का समुत्थान (Transformation) इसी भाव - निष्ठा से संभव है अन्यथा अब कोई और रास्ता नहीं है इसे देवभूमि बनाने का।

गाँधी आज प्रासंगिक ही नहीं ज्यादा अवसरानुकूल हो गये हैं। अतः गांधीवादी युवा पीढ़ी को आगे आने की जरूरत है जो उन नैतिक मूल्यों पर

चलने की क्षमता रखते हों। नकलची न हों, भोगी न हों। राज्य के सौहित्य, सौहार्द, सौहार्द्यम् (Compositionality) को बनाये रखने की क्षमता रखते हों। पूर्व में तृतीय विकल्प की सम्भावनायें कम थी आज सम्भावनायें भी हैं और जरूरत भी। आज लोगों को दो भ्रष्टों के बीच में से चुनाव करना पड़ रहा है, तब सत्ता में आने या बने रहने के लिये तीनों में स्वतः ही स्वच्छ छवि की होड़ रहेगी। राजनीति अच्छे लोगों की आखिरी नहीं पहली पसंद होगी। यही मूल्य स्थापन और संस्कृति परिवर्तन (Cultural Change) की संस्कृति होगी। अगर ऐसा सम्भव हुआ तो सुशासन (Good Governance) स्वतः स्थापित होगा। ऐसी युवा पीढ़ी गुरुओं को मारने वाली, अपसंस्कृति की पोषक नहीं अपितु युवा पीढ़ी के गौरव और कीर्ति की पुनर्स्थापना करने वाली होगी। देश की जनता को अपनी क्षमता, योग्यता, नीति निपुणता, कुशलता, विवेक, प्रज्ञा का भरोसा और विश्वास दिलाने वाली ताकि जनता उनके कन्धों पर सम्पूर्ण जिम्मेदारी डाल कर निश्चिन्त हो सके। यही नेतृत्व दूसरे राज्यों के लिये उदाहरण होगा और देश की तस्वीर बदलने में सहायक।

लालू, मधुकोड़ा, माया, मुलायम, जैललिता, करुणा, बादल, चौटाला, पवार, शीला, चौहान, दिग्विजय, अमर, गहलौत, वसुंधरा, शिवपाल, यदुरप्पा, ममता, मनमोहन, मोनटेक, बीरभद्र, बादल, जैसा नेतृत्व उत्तराखण्ड को नहीं चाहिये। उन राज्यों में विकास के अनेक विकल्प होते हुये भी, समुद्र में बूँद का कोई असर न होने पर भी समुद्र ही सूख गया। उत्तराखण्ड में तो बूँद ही समुद्र है फिर यहाँ क्या हाल होगा। यहाँ बूँद - बूँद से ही समुद्र बनाना है। अब समझने के लिये समय बहुत कम है। ऐसा न हो कि भारतीय समवेत (Indian Polity) की तरह वह सीमा विन्दु यहाँ भी आजाय जहाँ से वापसी होना मुश्किल हो। राजनैतिक अस्थिरता और भ्रष्टाचार पहले से ही उत्तराखण्ड में सुशासन की आशा की नींव हिला चुके हैं।

नेतृत्व - Leadership

उत्तराखण्ड की समस्याओं के निदान और विकास के लिए एक निष्काम दूरदर्शी नेतृत्व की आवश्यकता है जो अपना समय काटने नहीं, कुर्सी दाँव पर

लगाने का सामर्थ्य रखता हो, सर्वश्व त्याग की हिम्मत रखता हो। किसी भी नव सृजित या रेखाङ्कित देश, राज्य, प्रदेश के लिए यहाँ तक कि नव स्थापित संस्था के लिए भी उसके पहले दश साल बहुत ही निर्णायक होते हैं। वास्तव में ये प्रारम्भिक दश साल उसके बाल्य और शैशव के वर्ष हैं जब उसे पालन, पोषण, रक्षण, भरण और संभरण की जरूरत होती है ताकि वह स्वस्थ, निरोग, सुन्दर, बलिष्ठ युवा बन कर अपने पैरों पर खड़ा हो सके, स्वयं खुशहाल जीवन जिये और साथ में समाज का पालन, पोषण, संभरण और संवर्धन कर सके। ये दश वर्ष ही सचमुच उसके जीवन और अस्तित्व का भी निर्धारण करते हैं - शिशु स्वस्थ होगा, अपाहिज होगा, बीमार होगा, मजबूत होगा, ताकतवर होगा, दीर्घायु होगा या अल्पायु। ये स्थिति बिलकुल मनुष्य के जीवन की ही तरह है। बीते हुए दश साल इस नव सृजित राज्य की नींव और भविष्य निर्माण के साल थे। प्रशासनिक व्यवस्था, मूल्य, जनहित, विकास, सेवा और जनकल्याण के उद्देश्य, दर्शन, परिकल्पना एवं शासन के मानदण्ड तथा प्रशासन की कार्य संस्कृति इन दश वर्षों में ही निर्धारित और परिपुष्ट होनी थी। आमतौर पर यही आधारभूत वर्ष भविष्य के मार्गदर्शक, व्यवस्थापन के प्रकाश स्तम्भ तथा सफलता के स्थान बनकर उन्नति पथ के आयाम विस्तारक बनजाते हैं जिनके ऊपर उस संस्था, राज्य या देश की राजनैतिक आर्थिक इमारत और सामाजिक बिम्ब का निर्माण होता है तथा उनसे जुड़े लोगों के भविष्य, एवं प्रेरणाओं का प्रबोधन एवं उज्ज्वलनम। इन दश वर्षों के अनन्तर वह एक स्वस्थ, पुष्ट, शक्तिशाली युवा के रूप में स्वतः स्फुरित हो जाता है, अपने ध्येयों, सिद्धांतों, महत्वाकांक्षाओं और सम्बन्धों के ताने बाने का स्वयं प्रणेता और निर्णायक, प्रगति पथ पर उड़ान भरने वाला स्वप्न द्रष्टा। लेकिन उत्तराखण्ड में ऐसा कुछ नहीं हुआ।

पूरे देश का ही ये दुर्भाग्य रहा है कि यश, ख्याति, नाम, सुयश और कीर्ति का स्थान पूंजी, धन, समृद्धि, सम्पत्ति और निधि की लिस्ट से देश के पहले आम चुनावों यानी १९५२ के बाद ही हट गया था। उत्तराञ्चल बनते - बनते देश में चारित्रिक और नैतिक ह्रास मात्र deficit न रहकर पतन की सीमा पर पहुँच चुका था। अतः उत्तराञ्चल के नेताओं, कर्मचारियों और प्रशासन में भी

उत्कृष्टता और निष्पादन प्रतिबोध (Sense of Accomplishments and Fulfillment) कभी जागृत ही नहीं हुआ। उन्हें कभी इस तरह की ट्रेनिग भी नहीं दी गई। उ० प्र० में तो पतन की ही स्थिति थी, विरासत में उ. च. को भी मिल गई।

पहले ही दिन से उत्तराञ्चल में नेतृत्व की ओजस्वी गतिशीलता (Dynamic dynamism) पर ग्रहण लग गया। ऐसा कोई नेता ही नहीं आया जिसका लोकोन्मुख, जन उत्प्रेक्षण दृष्टि (People Oriented Vision) और भाव हो। उनके अंदर जन स्पन्दन था ही नहीं। उनमें से कोई भी इन्दिरा जी की तरह नाड़ी वैद्य नहीं था। इस राज्य को प्रारम्भिक वर्षों में उसी तरह के नेतृत्व की जरूरत थी जिसमें दृष्टि के साथ भावनाओं (Feel, Sensitivity and Vision) की अनुप्राणिता (Empathy) हो। लेकिन यहाँ भी उत्तर प्रदेश की तरह जातिवाद और पैसा ही मापदण्ड एवं यन्त्र बन गये। नतीजा सामने है। यूपी से अति भ्रष्ट पृष्ठभूमि के प्रशासन तन्त्र की विरासत मिली जिसका कोई नव प्रावोधन (Reorientation) और नवीकरण (Renewal) भी नहीं हुआ। घर बैठे टकसाल खुल गई। निरुद्देश्य, अनियोजित (Unplanned, Haphazard) कार्य पद्धति ने सब बर्बाद करके रख दिया। जनता को कुछ नहीं मिल पाया।

पूत के पाँव पालने में ही दिखाई दे गये। भर्ती, नियुक्ति और तबादले का उद्योग (Recruitment, Appointment and Transfer Industry) यूपी की ही तरह चल पड़ी। जनता के पास यही तीन मापक (Barometers) हैं किसी भी सरकार की कार्य प्रणाली, ईमानदारी, नैतिकता नापने के। पहले दो कभी - कभी पकड़ में आये, कुछ ने कीमत भी चुकाई; फिर भी व्यापार प्रछन्न लेकिन अबाध रूप से चलता रहा। लोग भी स्वयं को व्यवस्था परिवर्तन में असमर्थ पाकर व्यवस्था के ही साथ हो लिये, यथा राजा तथा प्रजा का प्रजातन्त्रीय सिद्धान्त लोकतन्त्र पर भी चरितार्थ हो गया। लोक, राजा होते हुए भी नौकर के अधीन हो गया, हनुमान की तरह अपनी शक्ति ही भूल गया।

किसी भी सरकार को जनता का सम्मान, विश्वास, समर्थन, सहयोग और आत्मीयता प्राप्त करने के लिये उपर्युक्त तीन दृश्य मापकों को पारदर्शी रखने की जरूरत है। ट्रांसफर्स का आमतौर पर, इस संवैधानिक लोकतंत्रीय देश में,

(जोकि प्रजातन्त्र की मानसिकता से ऊपर नहीं उठ पाया), प्रशासनिक अनिवार्यता और कार्य सुविधा (Exigency and Expediency) के नाम पर, सजा या कमाई के बतौर वजा इस्तेमाल हुआ है। कब तक और कोन उसे चुनौती दे। वैसे भी इस देश में न्याय व्यवस्था और न्यायपालिका ने हर चीज सड़क पर 'डिसाइड' करने की नौबत पैदा कर दी है। अंग्रेज मूर्ख नहीं था जिसने तबादलों पर सामान्यतः तीन साल की पावन्दी लगाई थी और यूरोप के देशों में आज भी है। भारत के राज्यों में तो सरकार या मुख्यमन्त्री बदलते ही थोक में ट्रांसफर का रिवाज बन गया है। कार्यपालिका को जातीय गुटों में बाँट दिया गया है और वो बंट भी गई है। स्टील फ्रेम कागज का भी नहीं रह गया है। कुछ राज्यों में कुछेक मुख्यमन्त्रियों के कार्यकाल में तो तबादलों का अति दुरुपयोग, दुष्प्रयोग, कुप्रयोग (Abuse and Misuse) हुआ और मुख्यतः कमाई के लिए, शासन - प्रशासन के लिए नहीं, कार्य क्षमता के लिये कभी नहीं। बेलगाम निहित तबादलों से उत्पन्न अस्थिरता, अनिश्चितता ने न केवल विकास की गति को रोका अपितु विकास को ही रोक दिया। भ्रष्टाचार अलग पनपा। इस तदर्थता (Adhocism), असंस्थिति (Haphazardness) और अव्यवस्थिति (Mismanagement) में किसी की जिम्मेदारी कभी निर्धारित ही नहीं की जा सकी न हो सकती है। अतः कर्मचारियों में न तो कभी कर्तव्यनिष्ठा उत्पन्न हो पाई और न कभी उन्होंने समाज के प्रति प्रतिबद्धता का ही अनुभव किया - सेवा की तो बात दूर-दूर तक भी कहीं नहीं थी।

नेता और सरकारी कर्मचारी जनता की मजबूरीयों और इस देश के लचर संविधान की कमियों को बखूबी समझते हैं और फायदा उठा रहे हैं। इस संविधान में न तो अपने प्रतिनिधियों को वापस बुलाने का अधिकार (Right to Recall) है, न चुनाव के दौरान अस्वीकृत (Right to Reject) अथवा नकारात्मक मतदान (Negative Voting) का। न्याय निर्णय की कोई समयावधि नहीं है, न न्यायपालिका की जनता के प्रति कोई जबाबदेही। सरसरी तौर पर प्रथम दृष्ट्या प्रमाणों (Summary Trial on Primafacie Evidence) के आधार पर केस डिसाइड करने का भी प्रविधान नहीं है। सरकारी नौकरों की लापरवाही, इरादतन लापरवाही, नितान्त लापरवाही और आदतन लापरवाही

(Negligence, Deliberate and Wilful Negligence, Gross and Habitual Negligence) के लिए व्यक्तिगत एवं सामूहिक तौर पर कोई सम्भावित - अनुमेय देनदारी (Vicarious Liability) एवं अपराधियों के लिये सञ्चित सजा (Cumulative Punishment) का भी कोई प्रविधान नहीं है जैसा कि अमेरिका और यूरप के देशों में है। चीन और अरब मुल्कों को छोड़ भी दें तो न्याय की वो स्पीड (गति) भी यहाँ नहीं है जो अमेरिका, इंग्लेण्ड और यूरोप के देशों में है। फिर हम अमेरिका, पश्चिम और यूरप से क्या सीख रहे हैं और किसकी नकल (Aping) कर रहे हैं? केवल नग्नता, भोग और उनकी बुराइयाँ। इस संविधान ने वैसे भी अपनी मौलिकता खो दी है। त्रेसठ सालों में ११५ से ज्यादा संशोधन हो गये हैं। जनता के पास सार्वभौमिक सत्ता है जब चाहे कुल मतदाताओं का पचास प्रतिशत जमा एक (Fifty Percent of Total Number of Voters Plus One) संविधान को बदल कर नई शासन पद्धति और व्यवस्था स्थापित कर सकते हैं। नेता और नौकरशाह अच्छी तरह समझते हैं कि सभी दल एक ही खड्ड से निकले हैं। जनता हर पाँच साल में इनमें से ही किसी न किसी को सत्ता सौंपेगी। इस बार नहीं अगली बार सही। इसलिये किसी की सेहत पर कोई असर ही नहीं पड़ा है, न पड़ेगा।

रोग ग्रस्तता-कारण और निदान

शासन की इस अवहेलना, लापरवाही, उदासीनता, भावशून्यता ने उत्तराञ्चल के गावों में उथल पुथल मचा दी। लोग गाँव छोड़कर नजदीकी कस्बों या शहरों और नगरों में प्रवास करने लगे। गाँव बंजर होने लगे। शहरों - कस्बों में जमीन कम पड़ने लगी। भू-माफिया का सट्टेबाजी का बाजार चमकने लगा। सुविधाओं के अभाव में नारकीय जीवन व्यतीत करते हुये भी लोग गाँवों की ओर अभिमुख होने को तैयार नहीं क्योंकि रोजगार के कोई भी वैकल्पिक साधन वहाँ उपलब्ध नहीं। शहर, नगर और कस्बे इस बोझ को झेलने में असमर्थ हो रहे हैं। यह भी सच है कि आज के हालात में भ्रष्टाचार की यही गति नहीं रहेगी अपितु अगर कुछ आत्यन्तिक (Radical) परिवर्तन नहीं हुये तो इसकी रफ्तार दिन दूनी, रात चौगुनी ही होगी। फिर तो मनुष्य और पशु

के बीच का अन्तर भी दिखाई नहीं देगा। ये अनियोजित निष्क्रमण (Unplanned Exodus) अपने साथ कई विपदायें लेकर आ और जारहा है, गाँवों में भी, शहरों - कस्बों में भी, जिसमें व्यक्तिगत जीवन की पीड़ायेँ और सामाजिक जीवन की व्यथायें सम्मिलित हैं। एक तरफ पानी - बिजली की बर्बादी दूसरी तरफ दोनों की भयंकर कमी, कितना बड़ा विपन्न (Contradiction) है ये? पैसा और भौतिकता छिन जाने के भय के साथ मौत के भय से सबकी बुद्धि सठिया गई है।

अगर समय रहते समस्या की गम्भीरता को समझा नहीं गया तो २० -२५ साल बाद आने वाली पीढ़ी, जो तब २० से ३५ साल के आयुवर्ग में होगी, कदाचित इस निष्कर्ष पर पहुँचेगी कि वर्तमान पीढ़ी ने उसे जीवन के तीन महातत्वों 'जल, जमीन, वायु' से वञ्चित रखा और वह बदला लेने पर आगयी तो परिणाम क्या होंगे महज अंदाजा ही लगाया जा सकता है। राज्य की जनसंख्या एक करोड़ पन्द्रह लाख के आसपास है लेकिन पर्वतीय क्षेत्रों से शिक्षित बेरोजगारों का पलायन अबाध है। ये पलायन दो तरह का है - एक राज्य से बाहर रोजगार की तलाश और अच्छी शिक्षा के लिए और दूसरा गाँव छोड़कर राज्य के ही अन्दर कहीं रोजगार - व्यवसाय की खोज या शिक्षा के लिए। देहरादून के बोझ के पीछे बच्चों की शिक्षा ही मुख्य कारण है। राज्य के ही अन्दर अन्य शहरों - कस्बों में प्रवास और भीड़ का मुख्य कारण रोजगार और बच्चों की शिक्षा है, विषेशरूप से अंग्रेजी माध्यम पब्लिक स्कूलिंग के लिये जिसमें पब्लिक कहीं है ही नहीं। गाँव ही नहीं कस्बों से भी आम आदमी के पलायन के पीछे मेडिकल की सुविधा का अभाव भी अन्य महत्वपूर्ण कारण है। यद्यपि ग्रामीण क्षेत्रों में फैला जातिवाद भी इस पलायन का एक सहायक कारण है। जातिवाद की स्थिति यहाँ तक बदतर है कि देवी - देवता तक जातियों में बंटे हुए हैं। मजहबवाद और जातिवाद में बहुत जादा फर्क नहीं रह गया है। एक शायर ने ठीक ही कहा है;

पहले बंटी जमीं फिर आसमां
अब खुदा भी बंट गया
मजहब के हकदारों के बीच

श्रम और कृषि कर्म के प्रति अधकचरे पढ़े लिखों का अवहेलनात्मक भाव, खेती कर्म को शान के खिलाफ और तौहीन समझना (जबकि घाघ कवि कृषि को सर्वोत्तम व्यवसाय कहकर दिवंगत हो गये और आज भी अच्छे लोग स्वव्यवसाय को चाकरी - नौकरी से ज्यादा सम्मान देते हैं और श्रेष्ठ समझते हैं), कृषि के प्रति सरकारी उदासीनता और उपेक्षा भाव, खेती का विभाजन - टुकड़ीकरण (Fragmentation), कष्टसाध्यता, ह्रासिक प्रतिफल (Diminishing Returns) तथा खेती के अलाभकारी होने से भी इस अभिनिष्क्रमण को गति मिली। सम्मिलित रूप से राज्य में एक विचित्र ऊहापोह की स्थिति पैदा हो रही है। गाँवों में जमीन की प्रचुरता, बंजर और त्यक्त। कस्बों - शहरों में जमीन के लाले, सट्टा, माफियागिरि और भीड़। राज्य में जनसंख्या मिश्रण का असंतुलन भी भविष्य की एक बहुत बड़ी चुनौती बन रहा है। इस स्थिति में माओ विध्वंसकों, चीन और आतंक पर नजर रखना जरूरी है। सीधे रास्ते के अलावा चीन का रास्ता नैपाल होकर भी आता है और दोनों का मिलान पिथौरागढ़ में हो जाता है।

विचित्र माया ये है कि जब गाँवों में कोई सुविधा, तानाबाना, संरचना नहीं थी गाँव भरे हुये और जीवन्त थे। अब जब सब कुछ है, गाँव खाली हैं या हो रहे हैं। श्रम के प्रति हिकारत, लज्जा और शर्म का भाव तथा सरकारी नौकरी के प्रति अभिनिवेश, वर्तमान शिक्षा का सबसे बड़ा और स्पष्ट अभिशाप राज्य में दिखाई दे रहा है जो कि लोगों की मानसिक संस्कृति बनता जा रहा है। इस तरह की शिक्षा जितनी बढ़ेगी गाँवों का उतना ही परित्याग होगा और परिवार टूटते रहेंगे। भोगवाद का 'लाइफ स्टाइल' अपना कहर अलग से वरपा ही रहा है।

मैदानी क्षेत्रों में भी जमीन की उपजाऊ शक्ति का क्षरण एक बड़ी चुनौती बनता जा रहा है और अभी और बनेगा। उसका एक बड़ा कारण फर्टिलाइजर और केमिकल्स का बेतहाशा उपयोग है। जनसंख्या वृद्धि के साथ जमीन के टुकड़े होना भी एक समस्या है। अतः जैविक खाद के प्रति चेतना, बायो टैक शिक्षा और उद्योग को प्रोत्साहन देना भविष्य के समाधान हो सकते हैं। सरकार को समय रहते इस सम्बन्ध में सकारात्मक कदम उठाने होंगे और उठाने ही चाहिये। कोई फायदा नहीं धरती को नर्क बनाकर चाँद को स्वर्ग बनाने में।

चाँद जैसा है उसे वैसा ही रहने दें तो बेहत्तर है। अच्छा है पृथ्वी को नर्क न बनने दें। गावों के पुनर्जागरण का समय आगया है। सरकार को इसमें प्लानिंग, जागृति और मदद करने की आवश्यकता है। विभिन्न केन्द्रीय स्थानों पर पब्लिक स्कूलिंग सिस्टम के स्कूल और रोजगार का विकेन्द्रीकरण इसके समाधान प्रतीत होते हैं। इन सबके लिये राज्य में अब राजनयिक (Statesmen) चाहिये 'नेता' नहीं।

जनसंख्या निग्रह हमारे देश में एक राजनैतिक मुद्दा बन गया है अतः इस पर और इसका नियन्त्रण सम्भव प्रतीत नहीं होता। स्वैच्छिक और ऐच्छिक प्रयासों का किञ्चित ही असर अपेक्षित है। अतः खेती को सशक्त रूप से लाभकारी, उपजाऊ, जोतनीय और आकर्षक बनाने के लिये पुनः भूमि बंदोवस्त (re - Consolidation) जरूरी है। साथ ही बहु - उद्देशीय एवं विशिष्ट (Specialized) फार्मिंग की चेतना, प्रचार, प्रसार और संस्कृति पैदा करना भी अत्यावश्यक हो गया है। ये कदम agriculture में ही cultural change लाने के लिये जरूरी हैं। गरीबी भयंकर है, बेरोजगारी अत्यधिक, अवसर सीमित। असीमित संसाधनों का दुरुपयोग, कुप्रयोग, अपव्यय और भ्रष्टाचार असीमित। गाँवों की दुर्दशा तथा महिलाओं की दयनीयता करुणाजनक है। शासन और नेताओं का जनमानस से सम्पर्क ही नहीं रहा। सब लूट में इतने व्यस्त रहे। लोगों के दुःख - दर्द को सुनने वाला भी कोई नहीं। प्लानिंग की तो बात ही दूर की है। जनता बनाम शासन - प्रशासन तथा कर्मचारियों के बीच एक कभी न पटने वाली खाई पैदा हो गई। नेतृत्व ने प्रारम्भ से जरा भी ध्यान दिया होता, सहृदयता दिखाई होती, जरा भी विवेक से काम लिया होता तो तस्वीर कुछ और ही होती। कोई लुटेरा बनकर आया तो कोई स्त्रैण, कोई चाटुकार तो कोई डिक्टेटर, जननेता बनकर कोई नहीं - 'घर को ही लगा दी आग घर के चिराग नें'। नेताओं, सरकारी नौकरों ने देश को लूटा लेकिन हमने खुद को ही लूट लिया।

प्राप्ति-तुष्टि और विभ्रष्ट विभ्रान्ति

अलग राज्य बनने की सबसे बड़ी उपलब्धि, सबसे बढ़कर निष्पत्ति हमारी सामूहिक "प्राप्ति परितुष्टि" ही है। 'The biggest impact and the greatest achievement of having own state is the sense of gratification and proud that removed all complexes of the people within. People having found their identity and discovered their selves. The actualization of Uttaranchal reflected in the recognition of the Entity as Uttarakhand that gave real sense of actualization and recognition to its citizens'.

तथापि गौरव की इस तृप्ति और परितुष्टि की अनवरतता को बनाये रखने के लिए दृश्य, ठोस, आर्थिक, सामाजिक, नैतिक, आचरणीय, जन कल्याणक, प्रशासनिक निष्पत्ति एवं उपलब्धियाँ आवश्यक थी जिनकी "जन" (Times of India की व्यंगात्मकता में 'आम आदमी') को वर्षों से प्रतीक्षा थी। मुख्यतः केन्द्रीय अनुदान पर चल रहे और प्रारम्भिक वर्षों में पूर्णतः केन्द्रीय अनुदान पर चलने वाले राज्य में इतनी विमार्गता, विभ्रंश, विमूढ़ता न केवल अशोचनीय, अकथनीय है, अपितु अपने ही घर को आग लगाने वाले मीरजाफरों को तो बर्फ के अन्दर डूब मरने की बात है। कौन बचायेगा ऐसे जैचंदों से, मीरजाफरों से - अन्ना हजारे की सिविल सोसाइटी या रामदेव यादव, जो खुद ही इस जाल में हैं।

इतने बड़े पैमाने पर कोई भी भ्रष्टाचार बिना नेताओं और अभिजात्य तथा Reservationist ब्यूरोक्रेसी की मिली भगत के सम्भव ही नहीं है, न हो सकता है। लेकिन यह भी सही है कि बिना जनता की अन्तर्निहित (Implied) सहमति के इतना 'खुलाखेल फर्रूखावादी' भी नहीं हो सकता है। राजधानी क्षेत्र तो Vice den culture की ओर अग्रसर है। इतनी जल्दी लोगों की आशाओं पर तुषारापात हो जायेगा, उनकी अभिलाषायें, आकांक्षायें देखते ही देखते इस तरह छिन्न हो जायेंगी ये कभी उन्होंने भी नहीं सोचा था। स्वतन्त्रता के कुछ वर्षों बाद बिहार और काफी बाद में यूपी, हरियाणा जैसे राज्य failed state की श्रेणी में आये थे लेकिन उत्तराञ्चल तो बनते ही जनता के मन की उस लिस्ट में आगया। फिर भी केन्द्र सरकार और संयुक्त राष्ट्र संघ (UNO) कहते हैं यहाँ धन का सदुपयोग हो रहा है। सं० रा० सं० द्वारा अपनी योजनाओं के लिये दिए जा रहे अनुदानों का तो कहीं पता ही नहीं है। अब अंदाजा लगा लीजिये देश में फैले भ्रष्टाचार की सीमा क्या है। नेता मण्डली देहरादून से आगे देख नहीं पाई और उस nyctalopia में देहरादून को भी नहीं बचा पाई।

यहां तक की जून २०१३ की प्रलयकारी त्रासदी के लिए आया एक हजार करोड़ रुपये में से ५०० करोड़ का हिसाब बन भी गया होगा। - नहीं

प्लानिंग, परिकल्पना, कार्यान्वयन, निष्पत्ति नियमन एवं मूल्यांकन (Controlling and Evaluation) का जो वास्तविक कार्य था वह राजनीति के शतरंज में खो गया। एक थका हुआ नेतृत्व सामने आया। एक अमनस्क नौकरशाही मिली। अतः जनता से भी जिस मिशनरी जोश की अपेक्षा थी वो सामने नहीं आया। लोगों का शुरू में ही शासन - प्रशासन से विश्वास उठ गया। इस देवभूमि में हार्वर्डियन Killing Instinct और अमरीकन cut throat की नहीं, सौहार्द - सामञ्जस्य, जन कल्याणपरक नीति निर्धारण और निर्मल प्रशासन की जरूरत के साथ गति - रफ्तार और ठोस नतीजों (Speed and Results) की जरूरत थी। इस २१ वीं सती में राज्य की प्रगति पहले तीन साल ही में पाँच साल पीछे चली गई। अपना काम छोड़कर कर्मचारी बाकी सब काम करते रहे और आज भी करना चाहते हैं। भ्रष्टाचार के अलावा भी कर्मचारियों की इरादतन और आदतन लापरवाही का नग्न ताण्डव सर्वत्र जनता को दिखाई दिया। चाहे वो ऋषिकेश में स्नान घाट के ऊपर श्मशान बनाना हो, या गङ्गा के पल्यूशन की कालिमा, या कर्मचारियों द्वारा जगह-जगह नालियाँ, सीवेज तोड़कर कचरा गङ्गा में बहाने से लेकर जगह-जगह पानी की सीपेज, अथवा संगम पर स्थित होते हुये भी कर्णप्रयाग के लोगों का एक-एक बूँद पानी के लिये तरसना या गोपेश्वर में हर नल से पानी के बहते फव्वारे या जिला अस्पताल में भी लोगों का 'आई ड्राप' के लिए तरसना अथवा देहरादून राजधानी में ही स्ट्रीट लाइट का १२ बजे दिन तक जलते रहना। इस व्यथा की तो रामायण - महाभारत भी नहीं लिखी जा सकती। गीदड़ की खाल में क्रिमिनल भेड़िये, केसरिया वेश में व्यभिचारी, दुराचारी बेरोकटोक घूम रहे हैं और मौज मस्ती कर रहे हैं।

सरकारी आतंक तो लोगों के घरों, गाँवों तक घुसा हुआ है। लोग चिल्ला रहे हैं पर सब कुछ अरण्य रोदन ही साबित हो रहा है अतः लोग भी अब थक गये हैं। सवा करोड़ की जनसंख्या वाले छोटे से राज्य का ये हाल? क्या माया - मुलायम राज से इसी विरासत को पाने के लिये अलग हुए थे? कामुक

भोगवाद, अश्लील विपथता, दुराचारी लाइफ स्टाइल इतनी जल्दी देवभूमि के लोगों की भी जीवन शैली बन जायेगा ये कभी कल्पना नहीं की गई थी। जो सरकार पर्यटन को उद्योग की तरह चलाने की बात कर रही हो और यात्रियों से अपनी दवाई, आक्सीजन, पट्टी साथ लेकर आने की बेशर्मी से घोषणा कर रही हो उसके दिवालियापन का केवल अंदाजा ही लगाया जा सकता है।

दुनियाँ बदल रही है सारी दुनियाँ में सब जगह ऐसा ही - इसी तरह हो रहा है, अतः हम क्या कर सकते हैं, ये सब बातें हार्वर्डियन या इटैलियन इकनामिक थियरी का हिस्सा है, विवेक और प्रज्ञा का नहीं। हम मजबूर नहीं हैं, न ये हमारी मजबूरी है। इन्दिरा जी उस जमाने में भी अमेरिकी राष्ट्रपति निक्सन को धत्ता बताकर आ गई थी। अतः ये हमारी सामूहिक इच्छा शक्ति (Collective General Will) की अभिव्यक्ति है कि हम क्या होना चाहते हैं, क्यों और किस तरह होना चाहते हैं। चीन आज तक भी यही कर रहा है। वो किसी की थोपी चीज या बात को स्वीकार नहीं करता। इस हवस, कामुकता और भोग सुख दर्शन (Hedonism and Epicurianism) की आपाधापी में हमारा असली 'मिशन और विजन' विलुप्त हो गया है। स्वाभाविक ही विकास और प्रोन्नति पथ अवरुद्ध हो गया है। आज हमने स्वयं को हंसी का पात्र बना दिया है।

विकास और जन कल्याण के लिए प्राथमिकता निर्धारण, जल संसाधनों का उपयोग और संवर्धन, औद्योगीकरण और बिजली उत्पादन की प्राथमिकता, पर्यटन को उद्योग के रूप में विकसित करना आदि जो आत्मनिर्भरता की पहली सीढ़ी होने के साथ-साथ आर्थिक विकास, आय और रोजगार के जीवन्त स्त्रोत हैं, पीछे रह गये। आज की प्रतिप्रहार अर्थव्यवस्था (Killing Instinct Economy) में एक - एक पल का विलम्ब भी घातक है और घातक सिद्ध हुआ है, यहाँ तो वर्षों का विलम्ब हुआ है। एक में विलम्ब का दूसरे पर प्रभाव पड़ा और सबका सम्मिलित असर राज्य के सामूहिक विकास और जनकल्याण तथा लोकहित योजनाओं पर पड़ा है। अब राज्य के पास आगे बढ़ने का एक ही रास्ता है - निर्धारित अवधि के अन्दर कार्य निष्पादन (Time Bound Schemes and Projects), योजनाओं का अनवरत मूल्याँकन और त्रुटि अनुकूलन

(Corrective Actions) अथवा पुनर्निर्धारण। इसके लिये लक्ष्य और निष्पत्ति (Objectives and Result) के सिद्धान्त पर शासन चलाना आवश्यक है, साथ ही प्रोन्नति, वेतन वृद्धि और अनुशासनात्मक कार्यवाही को इस सिद्धान्त से जोड़ना निष्पादन और सफलता का दूसरा तरीका है।

चीन की तरह माईक्रो, नेनो, इलेक्ट्रानिकी के साथ-साथ भविष्य में आने वाली नई इनफि (Infinitesimal) टेक्नलजी को घरेलू उद्योग की तरह विकसित करना तथा राज्य को आयुर्वेद और हर्वल टैक केन्द्र (Hub) बनाना आदि कुछ विचारणीय आयाम हो सकते हैं। शिक्षा क्षेत्र में पुनर्नवता स्थापन (Renovation), स्नातक बेरोजगारी भत्ता अथवा बीमा और विधायक निधि का बेरोजगारी फण्ड में विलय - आदि ऐसे कई अन्य विषय हैं जिन पर भविष्य के मद्देनजर अभी मन्थन जरूरी है। राज्य का विषय न होने के वावजूद भी सीमा सुरक्षा (Defence) और आत्मरक्षा (Self deFence) कम महत्वपूर्ण नहीं है। जन विश्वास पुनर्स्थापन एवं साख की खाई पाटने के लिये ये कदम अपरिहार्य हैं क्योंकि ये पहले ही बहुत पीछे चले गये हैं, विलम्बित तो हो ही गये हैं।

भविष्य दर्शनः परम टेक्नो तीर्थ एवं इनफि टेक्नालजि

पिछड़े काम (Backlog) पूरा करने के लिये राज्य सरकार को युद्धस्तर पर कार्य करने की आवश्यकता है। अगर हम शासन करने नहीं सेवा करने आये हैं, समय काटने और राजनीति का शतरंज खेलने नहीं, निष्ठापूर्वक जनता के लिये काम करने और ईमानदारी से राज्य के विकास के लिये कुछ करने आये हैं तो पाश्चात्यों के गला काट (Cut Throat) सिद्धान्त के वजाय अग्रणी होकर (Cutting Edge) के सिद्धान्त से काम करने की जरूरत है। ये उत्कृष्टता (Excellence) दिखाने का क्षण है क्योंकि यह प्रतियोगिता से ज्यादा अस्तित्व (Survival) का प्रश्न है, better than the best का प्रतिमान स्थापित करने का युग है। ऐसा हुआ तो जनता दौड़ - दौड़ कर सहयोग देगी। राज्य की भौगोलिक स्थिति में उत्पादन के ढेर (Volume) की नहीं, टेक्नलाजिकल अर्घ्यपरक (Value Added) उत्पादों के अन्वेषण और उत्पादन की जरूरत है।

अतः राज्य के किसी स्थान को ‘‘परम टेक्नो तीर्थ’’ के रूप में विकसित करने हेतु रेखांकित करना होगा। इस कार्य को हिमाचल के सहयोग से या मिलकर किया जा सकता है। इस तीर्थ में युवा वैज्ञानिक अनवरत वैज्ञानिक और टैक्निकल अनुसंधान करते रहेंगे। उनका कार्य नये - नये प्रयोग करना होगा। नई-नई वस्तुओं, उत्पादों की किस्म, आकार - प्रकार का अनुसंधान। नेनो (Nano) से आगे भविष्य की ‘परम’ यानी नई इनफि टैक्नलजी (INFI - Infinitesimal Technologies) की चीन की तरह अभी से परिकल्पना करनी होगी। कूड़े, रद्दी, अवशेष (Waste and Rejection) से भी उत्पाद बनाने का प्रबोधन करना होगा ताकि पर्यावरण भी सुरक्षित रहे। बौद्धिक सम्पदा (Intellectual Property) को वर्तमान माइक्रो, नेनो, हाई टैक, से भी आगे की तकनीक से सम्पन्न करना होगा। प्रारम्भ में ये हास्यास्पद लग सकता है लेकिन राज्य और लोगों को इसी से वास्तविक खुशहाली प्राप्त होगी। प्रारम्भ में यह कष्टसाध्य भी हो सकता है परन्तु उद्देश्य की पवित्रता होने के कारण इसके प्रतिफल से लोगों को पुनर्नवता मिल जायेगी और वो कष्ट भूल जायेंगे। इससे राज्य में उत्कृष्टता (Excellence) का अभ्युदय होगा। युवाओं में एक सहज वैज्ञानिक और अन्वेषी प्रज्ञा (Highly Intuitive and Inventive Faculty) का प्रस्फुटन होगा और हम चीन को टक्कर दे सकेंगे।

अलग राज्य प्राप्ति का उद्देश्य लोगों की भावनात्मक अनुभूति की अभिव्यक्ति (Emotionally Sentimental Achievement) से जुड़ा था जिसका सम्बन्ध सर्वोदय से था, राजकर्मचारियों सहित किसी व्यक्ति या व्यक्ति समूह की रातों रात धनकुबेर बनने की टकसाली कमाई (Money Minting) की तो उसमें कभी कहीं कोई सोच थी ही नहीं और हो भी नहीं सकती थी क्योंकि इस संघीय राज्य इकाई के भाव का स्फुटन स्वतः स्फुरित सामूहिक नेतृत्व (Spontaneous Collective Leadership) से हुआ था किसी व्यक्ति से नहीं। इस राज्य का जन्म सामूहिकता से प्रभासित हुआ है अतः इसके सभी कार्यक्रम और योजनायें जन हित और लोक सुख से अभिप्रेरित प्रकल्पित थे जो दूसरे राज्यों के लिए भी आदर्श बन सकें। अगर कुछ अलग (Different) न कर सकें तो कम से कम अलग तरह से (Differently) करें ताकि देश के दूसरे नेताओं

के समक्ष अनुकरणीय उदाहरण प्रस्तुत हो सके और प्रकाश सिंह बादल जैसे महाभ्रष्ट ये न कह सकें कि पंजाब की गरीबी का कारण उत्तरांचल है। लेकिन क्या नसीब है इस राज्य का और किस्मत यहाँ के लोगों की, कि राजनेता और प्रशासन सभी बादल, चौटाला, मुलायम, माया, मधुकोड़ा, जयललिता, करुणा, शीला चौहान के पदचिन्हों पर चला और अन्ततः मधुकोड़ा प्रदर्शित मार्ग (Madhukoda Way of Functioning, Jai Lalita Style of Maneuvering and Mayavadi Culture of Bhogvad) समस्त देश के मन को भाया, न्यायपालिका को तो सबसे ज्यादा।

उत्तराञ्चल में तो लाल - पीली - हरी - नीली, बत्तियों के लिये होड़ सी लग गई। एक नव सृजित राज्य को शासन चलाने का एक नया तरीका मिल गया - करछा (Coterie) सिस्टम। अतः हर आदमी के मन मन्दिर में इस बात की पैठ होना जरूरी है कि किसी भी ब्यूरोक्रसी की हिम्मत नहीं है भ्रष्ट होने की; अगर नेता भ्रष्ट न हों तो। क्योंकि अधिकांश नेता कंगाली से आते रहे हैं, और आते रहेंगे, इसलिए उनका भ्रष्ट होना लाजमी है। हाँ, अगर भद्र जन राजनीति में आयें या जिस दिन राजनीति भद्र जनों की पहली पसन्द बनेगी उस दिन निर्धनता और गरीबी राजनीति की शान बन जायेंगे क्योंकि भद्र पुरुष भद्र ही रहेंगे, चन्दन से अपना स्वभाव छोड़ने की उम्मीद ही नहीं की जा सकती। यह वही क्रांतिकारी स्थिति होगी जैसे शिक्षा क्षेत्र शिक्षक बनना समाज के झीम (Cream) की पहली पसंद।

एक प्रबोधनः बौद्धिक मन्थन

जापान एक अन्य देश है जो उत्तरांचल के लिये अनुकरणीय आदर्श हो सकता है। जापान में भी स्त्री - पुरुषों के बीच श्रम विभाजन उत्तराञ्चल की तरह ही है। घर और खेती का काम महिलाओं के जिम्मे, बाहर का पुरुषों के। समग्र सम्भूति (Holistic Governance) में जापान से अच्छा कोई उदाहरण नहीं है। जापान ने और जापान में ज्ञान - प्रज्ञा - विवेक (Dnowledge, Intelligence & Wisdom) किसी एक की बपौती नहीं मानी गई है और यही वो आन्तरिक शक्ति है जिसके बल पर जापान ने अल्प काल में ही विश्व की

तथाकथित 'सुपर पावर' को भी पीछे धकेल दिया। जापान में उपर्युक्त तीनों गुण समाज की सामूहिक सम्पत्ति मानी गई है जिस पर सबका अधिकार है यही कारण है कि बर्बादी की नींव पर खड़ा जापान आज भी अपार वैभव का मालिक है। विश्वभर की आम जनता का यही अनुभव है कि पूरी दुनियाँ के अभिजात्य वर्ग के बुद्धि निर्णयों (Elite Intelligence) का कई बार दिवाला निकल चुका है और विश्व जन समुदाय को उसका दुष्परिणाम भुगतना पड़ा जिसका शब्दों में वर्णन करना भी मुश्किल है। अब तो निर्णय लेने वाले Elite Class की अपनी ही समझ में नहीं आ रहा है कि ये हो क्या रहा है और क्यों हो रहा है। मंदी, बेरोजगारी, भूख, दरिद्रता, बीमारी, नग्नता, अभाव, लूट, बेईमानी, शोषण, अशान्ति, प्रकृति प्रकोप, जनसंख्या कहीं कोई थमने का नाम ही नहीं ले रहा है।

अब एक दशक से ऊपर हो गया है। अतः उचित होगा कि हर वर्ष उत्तराञ्चल स्थापना दिवस-सप्ताह पर दिखावा, दारूबाजी और अभाव ग्रस्त राज्य में अपव्यय और संसाधनों का दुरुपयोग न करके प्रबुद्ध विचार मन्थन (Intellectual Brain Storming - in Short 'IBS') अधिवेशन, सभा, सम्मेलन, गोष्ठी, प्रोग्रेम आयोजित किये जाएँ जिनमें बुद्धिजीवी, समझदार, विवेकी लोग राज्य और जनता के आर्थिक अभ्युत्थान, सामाजिक, पर्यावरणिक, शैक्षिक, औद्योगिक अभ्युन्नति तथा साहित्यिक, ऐतिहासिक, सांस्कृतिक मानवीय तथा अन्य क्षेत्रों में अभ्युच्चय हेतु अपने लिखित - अलिखित सुझाव - सम्मति - विचार प्रस्तुत करें जिनका वर्गीकरण और फिर मन्थन हो और आम हितकारी सुझावों को स्वीकार करते हुये उनकी घोषणा और कार्यान्वयन हो। इन सभा - सम्मेलनों में जिला स्तर से लेकर सचिवालय शासन स्तर के उच्च अधिकारी यथा आवश्यकता उपस्थित रहें और हर सभा - समिति - सम्मेलन के अन्तिम सर्व सम्मत स्वीकृत निर्णयों की सूची बना कर प्राथमिकता (Priority) निर्धारित करते हुए चरणों में लागू किया जाय। यही वो जापानी तरीका है जिसने 'मेरा जूता है जापानी' से जापान को विश्व यहाँ तक कि अमेरिका के लिए भी चुनौती बना दिया। इस तरह विचार मन्थन से निकले सर्वमान्य निर्णय शासन - प्रशासन के लिए आचार संहिता (Code of

Conduct) के रूप में उनके मूल्याँकन के लिए भी प्रयुक्त किये जा सकते हैं जिन पर प्रतिवर्ष स्वतः पुनर्विचार होता रहेगा।

प्रबन्ध साहित्य (Management Literature) बताता है कि सन् २००० तक जापान में प्रतिवर्ष पचास लाख (५० लाख) सुझाव दिये जाते थे जो अब घटकर २० लाख के आसपास हो गये हैं। जापान में हर सुझाव पर विचार होता है और जो प्रथम दृष्टया उपयुक्त, प्रभावकारी, मितव्ययी लेकिन अधिक लाभकारी, कम समय में अधिक फल दायी अथवा सामरिक दृष्टि से, उपभोक्ता और भविष्य की दृष्टि के साथ-साथ व्यापार एवं बाजार की दृष्टि से लाभकरी और गुणावगुण के आधार पर मान्य पाये जाते हैं उन्हें कार्यान्वित कर दिया जाता है। इससे वहाँ एक सामाजिक समन्वयात्मक, निष्ठापरक, त्याग आधारित सौहार्दपूर्ण मनोभाव और संस्कृति का विकास हुआ। एशिया के समस्त पर्वतीय प्रदेशों, क्षेत्रों की, चाहे वो जापान हों या चीन, मंगोलिया या उराल क्षेत्र या भारत, सबकी भौगोलिक स्थिति, पहनावा, खानपान, श्रम विभाजन एक सा है। फिर अगर चीन - जापान यूँ कर सकते हैं तो हम क्यों नहीं। बस शारीरिक श्रम के प्रति प्रतिष्ठाभाव होना चाहिये। इसके लिए श्रम के महत्व को समझने की जरूरत है।

इस सम्बन्ध में ये जबर्दस्त बात याद रखने की है कि भारत से सन् २००० से पहले खास तौर से १९९० से पहले जितने भी लोग अमेरिका, इंगलेण्ड, कनाडा, आस्ट्रेलिया गये उनमें से ७० फीसदी ने होटलों में बेरागिरी, अखबार बेचने, खेतों में मजदूरी, सड़कों, होटलों के फर्शों की सफाई - धुलाई के ही काम किये और कई करोड़पति हो गये, कई कल कारखानों के मालिक हैं और कई भारत आकर बड़े व्यवसायी हो गये। पंजाब, हरियाणा, गुजरात, पश्चिमी उत्तर प्रदेश, राजस्थान के कुछ हिस्सों तथा बिहार में श्रम के प्रति सबसे जादा निष्ठा है, यही उनकी प्रगति का राज है। उ० ख० में श्रम के प्रति जब तक आम लोगों में निष्ठा भाव उत्पन्न नहीं होता, किसी योजना की सफलता की उम्मीद नहीं की जा सकती, न उस अभ्युत्थान की आशा की जा सकती है जिसे हम स्थायी समृद्धि कहते हैं। यहां सरकार में चपरासी होना पसंद है बजाय स्वरोजगार करने के।

विचार की आणविक ताकत (ATOMIC POWER OF AN IDEA)

The idea behind the philosophy of 'IBS' itself is an idea not to kill an idea or carry it home to live with it for rest of life. Killing an idea would mean killing an infant in his infancy. The idea behind an idea is not to say why and how, but dreaming something that never was and then say, Why Not?

प्रगति के लिए एक नहीं कई अहंकार रहित, अहं शून्य विचारों की आवश्यकता होती है और होगी, ताकि राजन्वत (Body Politic) पर लगी जंग निकाल कर उसे गतिशील बनाया जा सके, कभी न थकने वाली, कर्मण्य जीवन्त धारा। केवल एक विचार रखना, एक ही विचार के साथ रहना, अपने ही विचार को अहंता देना, अहंकार है। इसे वेदान्त दर्शन में अविद्या या घोर अज्ञान कहा गया है। इस तरह का स्वभाव स्वविनाशक होने के साथ-साथ समाज के लिए घातक है। अनुपयोगी अथवा असफल विचार के साथ रहना, या सफल हो जाने के उपरान्त उस विचार के अप्रासंगिक होने के बाद भी बाँध कर रखना एक किस्म का मरण है, शठता है जो दूसरे नये आने वाले विचारों की हत्या कर देता है, उन्हें आने ही नहीं देता। उदाहरण के लिये, राम मन्दिर का विचार एक ऐसा ही मुद्दा बना दिया गया है और परिणाम सामने है। इसी तरह जोगियों, बाबाओं, गुरुओं ने धर्म, पंथ, गंगा और गाय को बना दिया है। विचार का उद्देश्य ही निर्जीवता, निष्क्रियता को नष्ट करना और जंक को हटाना है। अतः विचारों का नवीकरण उसी तरह आवश्यक है जिस तरह लोग अपने कुण्ठित (Blunt) उपकरणों को बदलते या तेज करते हैं अथवा उनके अप्रचलित और पुराने हो जाने पर नया खरीद लेते हैं या बदल देते हैं। यही है विचारों की ताकत जिसने जापान को न केवल अन्धकार से बाहर निकाला बल्कि चोटी पर पहुँचा दिया। युवा वर्ग के विचार व्यवस्था को और भी ताजा ऊर्जा प्रदान करने में सहायक सिद्ध हो सकते हैं क्योंकि उनमें तरंग और वेग होता है। अतः वह शक्ति का अविराम स्त्रोत है। तथापि इस तरह के सुझाव, तर्कना और विचार प्रयोजन एवं उद्देश्य निर्दिष्ट (Specific) ही होने चाहिए, चालू (General) नहीं, क्योंकि आम सामान्य (जनरल) विचार हवा में उड़ जाते हैं या उड़ा दिये जाते हैं।

एक प्रसंग - सेब और ढक्कन (Apple and the Lid)

सेब का आसमान में उड़ने के वजाय जमीन पर गिरने की प्रक्रिया अनन्त काल से चली आ रही है। इसी तरह भात - दाल के ढक्कन का भाप से ऊपर उठना और टिनटिन का शब्द करना भी। लेकिन सेब का आसमान की ओर न जाकर जमीन में गिरने का रहस्य १७ वीं शताब्दी में न्यूटन के ही मस्तिष्क में कौंधा और वैज्ञानिक सिद्धान्तों में क्रान्ति हो गई। इसी तरह भाप और ढक्कन रहस्य १८ वीं सदी में जेम्स वाट के ही दिमाग में आया और न केवल स्टीम इंजन बना अपितु यातायात और कारखानों के काम में भी आमूलचूल बदलाव हो गया। कौन विचार कब और कितना प्रभावशाली होगा यह जापान के लोगों को काफी अनुभव हो गया है। भारत में टाटा पहला औद्योगिक घराना था जिन्होंने विचार की मौलिकता के महत्व को अनुभव किया और उसकी शक्ति का परीक्षण किया और फिर रुके नहीं। आज तक वह संस्कृति बनी हुई है। डीसीएम शायद इस तरह का दूसरा औद्योगिक संगठन था। कितनी सटीक बात कही है किसी ने;

After all landing on the moon, conversion of deserts into multiplexes, tunnels under the sea, internet, computer, laptop and mobile were all ideas of somebody. Even creation, the earth, seas, mountains, and stars are the idea of somebody।

एक अदृश्य भयः सांस्कृतिक आक्रमण - शराब, शिकार और कामुक भोग

पश्चिम के कामुक भोग (Hedonism) और विषयाशक्त इन्द्रिय सुख (Epicureanism) ने पूरे देश में ही शिकार, शराब और धन के लिए तीब्र वासना पैदा करदी है जिसकी परिणति यौन अपराधों, अन्य आम जुर्मों, अनाचारों, दुराचारों, पापाचारों, अनैतिकता और चरम भ्रष्टाचार में हुई है। इस कुसंस्कृति की अकथनीयता और विचित्रता यह है कि इसका बोलबाला सत्ता के गलियारों और नव धनाड्यों तक ही सीमित नहीं, बल्कि आम आदमी (Common Man) तक है जिसकी कभी ये संस्कृति ही नहीं रही। नशे की इस हवश ने 'माडर्न मैन' दिखने की चाहत के लिए उसे अपने पंजे में जकड़ ररखा है। इस अपसंस्कृति की नकल (Aping) करने की होड़ लगी हुई है, जो ज्ञान

परक कम, अज्ञानता से ही जादा उत्प्रेरित है। इससे अब वो अपनी पहचान और जीवन का स्तर प्रदर्शित करना चाहता है। आश्चर्यजनक ये है कि ये सब आम आदमी की चाहत ही नहीं हवस बन गई हैं और वह इसी संस्कृति में जीना चाहता है। इस भयावह हालत में कभी-कभी बौद्धिक विचार मन्थन एक छलावा लगता है, अर्थहीन, समझ में न आने वाला।

फिर भी किसी न किसी को पहल तो करनी ही होगी। गाँधी ने भी जो किया वह पहली बार बहुतों की समझ में नहीं आया। गौरा जी, चण्डी प्रसाद जी भट्ट और सुन्दर लाल बहुगुणा जी ने जब पहला कदम उठाया होगा तो आम लोगों को समझना और समझाना मुश्किल ही रहा होगा। अन्ना जी हजारे और रामदेव जी यादव ने जो किया पहला ही कदम था। इसलिए किसी न किसी को पहला कदम तो उठाना ही होगा। विचार करें तो नये उत्तराखण्ड राज्य की सोच और आन्दोलन की पहली चर्चा का भी क्या हश्र हुआ होगा, और उसका अन्त क्या हुआ ? हवा के साथ तो घास - फूस - कूड़ा - करकट भी उड़ जाता है, बहते पानी में मरा शरीर। उस धारा के वेग को रोकना, बहाव के उन्माद से विनाश को रोकना या वेग को सही दिशा देना अथवा धारा के प्रवाह को ही पलट देना कुछ ही लोगों का माद्दा है। यही लोग हैं जो स्वयं को उस बहाव का शिकार नहीं होने देते। अतः यही लोग फिर इतिहास बनाते हैं, बाकी सब उसे पढ़ते हैं। इस तरह इतिहास बनाने वाले और पढ़ने वाले दोनों अलग होते हैं।

दारू - शराब के सम्बन्ध में सभी का प्रत्यक्ष ज्ञान है कि 'होता नशा शराब में तो नाच उठती बोतल, तेरे ही खून का नशा तुझे नचा रहा है'। इसके साथ ही दारू के बारे में यह समझना आवश्यक है कि;

'Alcohol has taken more out of the people than the people have taken out of alcohol. It is another syndrome of poverty. Alcohol since time immemorial has been the great provoker of three things and sleep, urine, and sex. Unfortunately, it provokes but does not provoke sex. It has always provoked the desire but had taken away the performance'.

प्रकृति और जीवों के प्रति मनुष्य के पशुत्व और क्रूरता ने, न केवल उनके ही जीवन का बल्कि स्वयं मनुष्य के अपने अस्तित्व का प्रश्न उसी के

सामने खड़ा कर दिया है। उसकी मांसाहारी प्रवृत्ति (Flesh Eating Instict) ने अनगिनत जीव योनियों को पृथ्वी से लुप्त कर दिया है और कई लोप होने की कगार पर हैं। संक्रामक रोगों के अलावा किसी न किसी बहाने निर्दोष, निरीह, बेकसूर जीवों की बार - बार बेशुमार हत्या प्रकृति के जैविक संतुलन को लगातार असंतुलित कर रहा है और पर्यावरण असंतुलित हो भी गया है। पुनः वही विषैला क्रम चालू हो रहा है जिसने पहले भी पर्यावरण विनाश के साथ मनुष्य जाति का ही लोप कर दिया था। मांसाहारियों को प्रकृति के संतुलन की बहुत बड़ी चिन्ता है - अगर उन्होंने मांस न खाया तो इतने जीव - जन्तुओं के भार से पृथ्वी धँस जायेगी। अगर मांसाहार बंद हो गया तो इतने जीव - जन्तु कहाँ जायेंगे। ऐसा न हो पृथ्वी उनके भार से डगमगाने लगे। मानो ये पृथ्वी उन्हीं के माँसाहार (Flesh Eating) से थमी है। कितना बड़ा अज्ञान है ये। जिस प्रकृति को हमने बनाया नहीं, जिन जीवों को हमने बनाया नहीं, जिनको हम बचा नहीं सकते, जीवित नहीं कर सकते, बना नहीं सकते, जीवन नहीं दे सकते, उनको मारने का हक हमें कहाँ से मिला, किसने दिया, महज इसलिए कि वो बेचारे निरीह हैं, बेजुवान हैं। लगता है माँसाहारियों को प्रकृति की अनन्तता और उसकी अन्तर्निहित सन्तुलन शक्तियों का कोई ज्ञान और आभास ही नहीं है। प्रकृति जब बदला लेने पर आयेगी तो उसकी लाठी में कोई आवाज ही नहीं होगी। उसके रोष के ताण्डव का एक प्रतिशत भी पूरी मानव जाति से नहीं सम्भलेगा। जिस प्रकार निरीह, निर्दोष जीव, मनुष्य की हवस का हर तरह से शिकार हो रहे है और पर्यावरणीय असंतुलन बढ़ता जारहा है, प्रकृति का प्रकोप भी उतनी ही द्रुत गति से उतना ही नजदीक आरहा है। मांसाहारी निरपराध पशुओं के साथ जो कर रहे हैं वही प्रकृति उनके साथ करने वाली है और करती रही है फिर भी आदमी की समझ में आया नहीं। माँसाहारियों को समझ लेना चाहिये कि वो उसी तरह क़ातिल और अपराधी हैं जैसे अन्य खूनी - कातिल और अपराधी;:-

'Cruelty, as any other vice requires no motive; since it is, as every other vice a motive in itself. Infliction of cruelty with good intentions has been the delight of such moralists who boast to have taken over the responsibility of balancing the nature and maintaining environment by being non - veg and killing animals either way i.e. for flesh eating and again for balancing the nature'.

'If a man is, killed, there is pandemonium, if animals are, killed even indiscriminately, nobody sighs, but nature stands for them and pays back in the same coin eventually'.

प्रकरण – ८

भविष्य परिकल्पना और सम्भावनायें: एक दृष्टि परिप्रेक्ष

सामरिक सुरक्षाः रेल - सड़क ताना - बाना (Linkages)

राज्य की सीमा चीन और उसके मित्र नैपाल से जुड़ी हुई है। यद्यपि नैपाल भारत को भी अपना मित्र बताता है। प्रदेश में (Population Mix) जनसंख्या मिश्रण के बदलते स्वरूप और अनुपात को देखते हुये इस ओर विशेष ध्यान देने की जरूरत है। चीन भले ही अभी तीन साल आक्रमण न करे लेकिन जिस तरह से उसकी तैयारियाँ चल रही हैं, आगे की गारंटी कोई न तो ले सकता है न दे सकता है। आखिर इतनी आन्तरिक समस्याओं, गरीबी, बेरोजगारी, आम असन्तोष के वावजूद चीन सामरिक सुरक्षा पर इतना व्यय कर रहा है, सीमाओं पर इतनी तैयारी कर रहा है, पहाड़ों पर इतना व्यय करके रेल - सड़क यातायात का जाल बिछा रहा है क्यों? आये दिन चीन की भारत के किसी न किसी भाग को अपना बताने की जुर्रत कैसे हो जाती है। चीन अपनी पूरी सामरिक तैयारी करने में लगा है। अपनी आर्थिकी को मजबूत करने और स्थिरता देने के प्रयास में लगा है। भारत के साथ पाकिस्तान को लेकर खास तौर से कश्मीर को लेकर दोहरी नीति और चाल चल रहा है। तीन साल के बाद, कब किस बहाने आक्रमण करेगा कोई नहीं कह सकता। चीन को किसी

का भय नहीं है। चीन को, पाकिस्तान की तरह या लङ्का में अपनी ही सेना भेजकर अपने ही लोगों को मरवाने, अथवा सरकारों द्वारा पुलिस से अपने स्वार्थ के लिए अपने ही देशवासियों को पशुवत मरवाने की तरह, अपने नागरिकों को झोंकने में कोई हिचक नहीं है। लेकिन आज उसे अन्तर्राष्ट्रीय स्थिति अभी अनुकूल नहीं लग रही है। वह इन्तजारी में है। चीन वैसे भी एक जन जातीय कबाइली देश है। लड़ना, मारना, मरना उसकी भी पाकिस्तान की ही तरह फितरत है, राजनैतिक संस्कृति है। उसका दर्शन ही है 'बिना शक्ति के कुछ हासिल नहीं होता'।

चीन आक्रमण करेगा या नहीं यह अभी अनुत्तरित है। इस पर समय समय पर इस देश में मन्थन और बहस होती रहती है और तब तक होती रहेगी जब तक चीन आक्रमण कर नहीं देता। लेकिन इस बहाने भारत अगर सचेत रहता है और अपनी तैयारी करता रहता है तो अच्छा है। चीन आक्रमण करेगा या नहीं यह निष्कर्ष उसके वैचारिक एवं ऐतिहासिक चिन्तन से निकाला जा सकता है। आतंकवादियों की तरह विकृत साम्यवाद और माओवाद का भी दर्शन यही है 'Power Comes at the Point of the Barrel' जिसे चीन ने माओवाद का जामा पहनाया क्योंकि उसका मानना है कि;

'Throughout the history, peace has never been gained by giving in, but only through war. Safeguarding national interests is, never achieved by mere negotiations but by war. Attack is the best form of defence not only in case of external problems but also in internal matters.'

China therefore, before attacking, strategically sends oral and verbal communications as also signals under the pretext of counteracting war actually prepares for war and assaults at an appropriate time. China because of her vast population, a burden on her, does not fear war. Aggressive defence is the aggressive strategy of China to indulge in war.

China is one such country that thinks of war in times of peace much before any other country like Pakistan or America could think. The only country that remains composed even in times of turmoil and happy even when all others are unhappy, as she plans fifty years ahead of the times. She would present simplest problems in much bigger way to get a pretext to attack other countries and suppress even her own people behind the iron curtain.

China right from her known history is a barbarous country, relentless] that might bend but never break as against India, which would bend and break both more because of prevailing corruption. China has now practically prepared herself economically and politically for war at any time and Chinese are now restive to go for war and awaiting for a pretext. China has also, over the period, beyond all doubts, proved a country of more speed and less haste as against India, a country of more haste and less speed",

सामरिक दृष्टि से मध्यक्षेत्र में स्थित उत्तराखण्ड सड़कों के जाल से छलनी हो चुका है, विद्युत उत्पादन हेतु बांध निर्माण कार्यों से अलग। प्रकृति और पर्यावरण के साथ यह सब खिलवाड़ होते हुये भी जब कभी लोगों के सामने मारीच की तरह जीवन और मरण का प्रश्न आयेगा तो लोग चीन रूपी रावण के बजाय राममय प्रकृति के हाथों मुक्ति पसंद करेंगे। अलावा इसके भूख से मरें या अभाव से अथवा प्रकृति की मार से, प्रश्न तो मनुष्य जाति के ही समक्ष खड़ा होगा। अगर दो प्रश्न इसी तरह जुड़े हैं और जुड़े रहेंगे तो चीन के हाथों मरना कोई भी क्यों पसंद करेगा।

यद्यपि एक बहु प्रतीक्षित विकल्प ऊखीमठ, गुप्तकाशी, गोपेश्वर, बदरि मार्ग उपलब्ध हो गया है तथापि सबसे महत्वपूर्ण है बदरीनाथ - केदार नाथ को सीधे जोड़ना। वर्षा ऋतु तथा शीतकाल के अनुभवों के आधार पर सुरक्षा और सामरिक दृष्टि से बदरि - केदार लिंक मार्ग अत्यावशक है। केन्द्र सरकार और सुरक्षा मन्त्रालय को इन बातों को गम्भीरता से लेना चाहिये। कश्मीर में सात रेल टनल बनाने और तीन साल में २६००० (छब्बीस हजार) करोड़ रुपये खर्च करने का प्राविधान किया गया है। क्या उत्तरांचल में एक बदरि - केदार लिंक मार्ग और एक रेलवे लाइन तथा देहरादून - हरिद्वार रेल लाइन को दोहरे ट्रेक में भी परिवर्तित नहीं किया जा सकता ? उत्तर - पूर्व में भी कई टनल,, सुरंग बनाने की योजना है। हिमाचल में एक टनल बड़ी मुश्किल से बनाई गई है। यह किसी से कोई द्वेष, प्रतियोगिता या ईर्ष्या नहीं है, उन

स्थानों पर भी ये सब आवश्यकतायें हैं, लेकिन हम मात्र न्यूनतम सुरक्षा व्यवस्था की बात कर रहे हैं। बदरी - केदार लिन्क रोड से न केवल सामरिक अपितु यात्रियों की सुरक्षा की दृष्टि से भी एक महत्वपूर्ण विकल्प उपलब्ध हो जायेगा और वास्तविक मायने में धार्मिक परिक्रमा की पूर्ति भी। साथ ही वहाँ के लोगों के लिए रोजगार और वैकल्पिक व्यवसाय के कई आयाम खुल जायेंगे। यात्रियों की संख्या भी बढ़ेगी। साथ ही अब पहाड़ों और नदियों की छलनी करना रोक देना चाहिये।

उपर्युक्त रेल मार्ग, लिंकेज और कन्वर्जन बिहार और कोलकाता के लिए हर वर्ष बिना ट्रेक के भी अनाप - सनाप रेल गाड़ी देने से ज्यादा जरूरी, महत्वपूर्ण, सुरक्षात्मक और सामरिक है। सन् १९६० में देहरादून से चार सवारी गाडियाँ और तीन - चार माल गाड़ी चलती थी। उस समय जो जनसंख्या और ट्रेफिक था उससे १२५ गुना आज है। सवारी गाड़ियों की संख्या भी करीब ११ - १२ हो गई है, माल गाड़ी भी इससे कम नहीं हैं। उत्तरांचल राज्य बने भी ९३ वाँ वर्ष हो रहा है देहरादून राज्य की राजधानी और हरिद्वार पाँचवाँ धाम है, लेकिन अभी तक हरिद्वार - देहरादून रेल पथ का डबल ट्रेक में कन्वर्जन नहीं हुआ। रेलवे मन्त्रालय सुरक्षा, जन सुविधा के बजाय व्यक्तिगत राजनीति और राजनैतिक स्वार्थपूर्ति का अड्डा बन गया है। पर क्या तमाम सालों बिहार से ही तमाम रेल मंत्री होने के वावजूद उन्हें जनता ने दूध की मख्खी की तरह बाहर नहीं फेंका था?

इसी तरह जो मार्ग सीमा सड़क संगठन के अधीन नहीं हैं उनका हाल खस्ता है। रख रखाव की दुर्दशा है। यहाँ तक कि राष्ट्रीय तीर्थ मार्गों की भी दुर्गति है। पिथौरागढ़ मानसरोवर और गंगोत्रि - यमुनोत्री रोड का बहुत बुरा हाल है। राष्ट्रीय सुरक्षा के अलावा ये हमारी प्रतिष्ठा से भी जुड़े हैं अतः इस पर केन्द्र सरकार को ध्यान देने की जरूरत है और केदारनाथ सहित इन मार्गों का निर्माण नियन्त्रण राष्ट्रीय सड़क संगठन (रक्षा मन्त्रालय) को अपने हाथ ले लेना चाहिये।

महाभारत काल से अब तक जिस तरह पर्यावरणीय परिवर्तन (climate Change) यहाँ हुआ है, और हो रहा है, निश्चित ही अगले दश वर्ष समाप्त

होते होते (२०२० - २२ तक) दो - तीन माह छोड़कर पूरे वर्ष यानि नौ - दश माह यात्रा काल रहेगा ऐसी आशा की जा सकती है।

वर्ष २०१२ के चुनाव में ही स्पष्ट हो गया था कि केन्द्र सरकार का यहाँ रेल लिंक देने का कोई इरादा नहीं है या हिम्मत नहीं है। सरकार पुनः सर्वे करा सकती है। अगर ऋषिकेश कर्णप्रयाग रेलवे लाइन कठिन है, खर्चीली है तो कुमांऊ क्षेत्र से चौखुटिया होते हुए कर्णप्रयाग तक रेल लाइन बिछाई जा सकती है। रामनगर से या गरुड़ होते हुए भी विकल्प देखे जा सकते हैं और हल्द्वानी से भी। इससे जैसा की आगे ऋतु परिवर्तन का समय आ भी रहा है, गैरसेण को ग्रीष्मकालीन राजधानी बनाया जा सकेगा।

वैसे सन् २००० से अभी तक सरकारी ट्रेजरी पर जो डकैतियाँ पड़ीं हैं उनसे पूरे भारत की वर्तमान सभी रेल लाइनों को चार लाइन में बदला जा सकता था। भारत के अर्थशास्त्रियों ने समय को आर्थिक या उत्पादन का साधन (Factor of Production) नहीं माना क्योंकि एक तो उनको ज्ञान नहीं है, दूसरा जनसंख्या इतनी है, समय फालतू ही फालतू है, काम है नहीं, अतः समय केवल काटने के लिए है, उपयोग के लिए नहीं। जो चीज फालतू (Surplus) में होती है उसे अर्थशास्त्री आर्थिक संसाधन नहीं मानते। भारत में इसीलिये समय का आर्थिक महत्व ही नहीं है। जबकि जापान, यूरोप, अमेरिका में टाइम, स्पीड, रिजल्ट, डिसिजन ये चार ही सब कुछ हैं, एक दूसरे से अभिन्न रूप से जुड़े हैं अतः पश्चिम या यूरोप में भी 'टाइम' उत्पादन का साधन न होते हुये भी उससे कम महत्वपूर्ण नहीं है। ट्रेनों के कारण सन १९५२ से अब तक खासतौर से सन् १९९३ से अब तक हुए मानवीय घंटों की हानि का ही आर्थिक आकलन किया जाय तो उसका भुगतान करने में भारत सरकार का पाँच साल का भी बजट कम पड़ जायेगा। विडम्बना देखिये, प्रकृति प्रदत्त (Free Gifts of Nature) भूमि - जमीन और जल फैक्टर आफ प्रोडक्शन बन गये और कुछ ही समय बाद हवा (air) का भी नम्बर है। यही है हार्वर्डियन अर्थशास्त्र का सिद्धान्त - पीने के लिए पानी नहीं, इटैलियन नल सूखे हैं बाजार में बोतलों में बन्द पानी की बाढ़; साथ ही जितने चाहो टैंकर खरीदो।

आंशिक आणविक विद्युत उत्पादन (Semi Atomic - Quasi Nuclear)

विद्युत उत्पादन भविष्य का सबसे निर्णायक - चुनौतिपूर्ण मुद्दा बनने जा रहा है। वर्तमान में हो रहे काम के साथ-साथ समय रहते और समय पर प्लानिंग, निर्णय तथा यथासमय क्रियान्वयन इस क्षेत्र में महत्वपूर्ण है। विद्युत का यद्यपि इस देश में हमेशा अकाल रहेगा लेकिन बढ़ती जनसंख्या और भ्रष्टाचार से ये और भी गहरायेगा। तथापि अगर कभी न्यूक्लियर या अन्य उसी तरह की वैकल्पिक पावर परियोजनायें सफल हुई तो दूसरा कोई भी बिजली उत्पादन उतना लाभकारी नहीं रहेगा। विद्युत अभी कुछ वर्ष और इस प्रदेश के लिए आय और वित्त का स्थिर - स्थाई, आकर्षक और मुख्य स्त्रोत हो सकता है। अतः समय रहते प्रकृति और मानव सुरक्षा को भी देखते हुए इसका अधिकतम फायदा उठा लेना चाहिये। पाँच - दश साल बाद प्रकृति भी क्या करवट लेगी, कितनी वर्षा होगी, नदियों में कितना पानी रहेगा ये बातें भी ध्यान में रखनी होंगी। लेकिन पहाड़ों और नदियों के साथ अब ज्यादा-खिलवाड़ खतरनाक है।

अतः जरूरी है कि अभी तुरन्त वैकल्पिक विद्युत स्त्रोत पर विचार कर लिया जाय। हो सके तो हिमाचल सरकार के साथ मिलकर किसी बड़ी अपारम्परिक (Unconventional) ऊर्जा स्त्रोत की परियोजना पर विचार और कार्य शुरू कर देना चाहिये जिसमें आणविक - परमाणविक अथवा अर्धाणविक (Semi Atomic and Quasi nuclear) तकनीक समर्थित उत्पादन प्रक्रिया सम्मिलित है। इस तरह की परियोजना ही दोनों पर्वतीय राज्यों के लोगों का भविष्य सुनिश्चित कर सकती है। अगर टिहरी डेम या सरदार सरोवर परियोजना बनाई जा सकती है तो आणविक या अर्ध आणविक विद्युत उत्पादन परियोजना क्यों नहीं? इस तरह के कोई कदम किसी को तो उठाने होंगे। एक मछली अगर सारे तालाब को गंदा करती है तो एक कमल का पौधा या अकेला हंस उसे पिकनिक स्पाट भी बना देता है। जहाँ तक पूंजी का सवाल है अगर ईमानदारी से यह परियोजना कार्यान्वित की जाय तो पब्लिक शेयर केपिटल ही ओवर सब्सक्राइब हो जायेगी।

पर्यटन एक उद्योग के रूप में

पावर जनरेशन की ही तरह पर्यटन उद्योग भी रेवन्यू का बड़ा और स्थिर - स्थाई स्त्रोत हो सकता है। उत्तराञ्चल में पर्यटन अगर उद्योग न बन पाया अथवा स्विटजरलैण्ड न सही, काश्मीर का विकल्प न बन पाया तो दुर्भाग्य ही कहा जायेगा। क्षेत्रीय आर्थिक संतुलन और राज्य के संतुलित विकास में पर्यटन बहुत बड़ी भूमिका अदा कर सकता है। लेकिन इन सबके लिये परिकल्पना और उद्देश्य की ईमानदारी चाहिये। पर्यटन को तो यहाँ राज्य बनने से भी बहुत पहले उद्योग के रूप में विकसित किया जा सकता था। लेकिन संकीर्ण - सीमित सोच के जिन कारणों ने यहाँ के लोगों को अलग राज्य की माँग करने के लिये मजबूर किया वही कारण पर्यटन उद्योग का विकास न होने के पीछे भी थे। यहाँ सब आदिकालीन धाम, तीर्थ, देवस्थान, सिद्ध स्थान, नदी, पर्वतों के साथ-साथ प्रकृति का सौन्दर्य विखरा पड़ा है। इनके ज्ञान, खोज, और प्रचार - प्रसार की आवश्यकता है। भौतिकवाद जितना बढ़ेगा उतनी ही अधिक इन स्थानों की जरूरत पड़ेगी, खास तौर से भारत में। यहाँ तुङ्गनाथ जैसे आनन्द लोक (Paradise) हैं जिनकी कल्पना विदेशियों को भी करना मुश्किल है। कुमांऊ के कई ३००० वर्ष पुराने कत्यूरी कालीन एवं १००० - ५०० वर्ष पुराने चंद कालीन मन्दिर जीर्ण हो रहे हैं। अपने गौरवशाली इतिहास से अनभिज्ञता हमारे पिछड़े पन का भी बड़ा कारण है।

पुराण शास्त्र और इतिहास - पुराण को आधार बनाकर इन आदि और प्राचीन स्थानों को उजागर किया जा सकता है। कम से कम भारत के लोग न तो पौराणिक सत्य से अनभिज्ञ हैं न उनके सामने सत्य सिद्ध करने की जरूरत है। जम्मू की वैष्णवी (वैष्णो) देवी की अकेली वार्षिक आय उत्तराञ्चल सरकार के पाँच साल के वजट से जादा ही है। ऐतिहासिक कारण छोड़ भी दें तो भी पिछले १० साल से इस दिशा में राज्य में क्या हो रहा है वह एक बड़ी खेदजनक स्थिति है। इसके लिए व्यवस्था की जरूरत है, आकर्षण और सौन्दर्यवोध की जरूरत है। निष्ठा और संकल्प की जरूरत है। अगर पूछा जाय कि पिछले १० साल में कितने पर्यटन - मंत्री, मुख्यमंत्री वैष्णो देवी की व्यवस्था

देखने गये और क्या किया तो कोई जबाब नहीं। धार्मिक पर्यटन का इस देश में अन्य सभी पर्यटनों से हमेशा ऊँचा स्थान रहेगा। अगर इस उद्योग का विकास मिशनरी जील से किया जाय या किया गया होता तो इस राज्य का वार्षिक व्यय इसी उद्योग से निकालना सम्भव था, रोजगार के अवसर अलग। वैष्णव देवी का ही उदाहरण लें तो, आखिर वैष्णव देवी को तीस साल पहले कितने लोग जानते थे? शायद आज के भक्त यात्रियों की संख्या का ५% भी नहीं। सरकारी भ्रष्टाचार को देखते हुये जरूरी हुआ तो निजी क्षेत्र के सहयोग से अन्य उद्योगों की भाँति इस उद्योग को विकसित करना एक प्रभावी विकल्प है।

पैकेज टूरिज़्म भी एक और रास्ता है पर्यटन उद्योग को बहु आयामी बनाने का जिसमें यात्रा के अलावा पर्वतारोहण, ट्रैकिंग, औषधिक खोज, ऐतिहासिक अन्वेषण, स्वास्थ्य अभिप्रेत पैकेज सम्मिलित किए जा सकते हैं। यहाँ का हाल ये रहा है कि पर्यटन - टूरिस्ट होटल और सुविधायें नेताओं और अफसरों की ही खिदमत में खत्म हो गये और कर्मचारी उनकी सेवा में लगे रहे। पर्यटन को उद्योग बनाने के लिए मार्केटिंग की कोई अवधारणा और संकल्पना ही यहाँ नहीं रही, न व्यवसायात्मिकता (Professionalism) ही, न पुनर्नवीकरण की दृष्टि। सरकारी कर्मचारी तीन हाथ आगे थे। जिंदगी ही भ्रष्टाचार में बीत गई। तथापि सच यह भी है कि पर्यटन को आधुनिक स्वरूप देने के लिए कर्मचारियों की ट्रेनिंग - रीट्रेनिंग और डिवलपमेंट के लिए कोई कदम नहीं उठायें गये यही हाल पूरे देश में पुलिस का भी रहा। उनकी सोचने की संस्कृति, मूल्य और मानसिकता ही नहीं बदली गई। इसलिए सब भ्रष्टाचार तक ही सीमित रहे।

आधुनिक पर्यटकों की आवश्यकताओं, आकर्षणों, भावनाओं को ध्यान में रखकर ही नीति निर्धारण की आवश्यकता है जिसका 'रिन्यूवल' समय - समय पर करते रहने की जरूरत है। अफसोस ये भी है कि अंग्रेजों ने जो हिल स्टेशन विकसित कर दिये थे उनके अलावा कोई और हिल स्टेशन भी यहाँ की सरकारें विकसित नहीं करपाईं। उत्तराञ्चल के तीर्थ, धर्म स्थान, नदी, पर्वत भारत की सांस्कृतिक विरासत ही नहीं भारतीयता की पहचान हैं। समन्वयता

के स्तम्भ हैं। अतः उनके संवर्धन, संरक्षण के लिए भारत सरकार को अतिरिक्त अनुदान देना चाहिए तथा पर्यावरण संरक्षण और इन स्थानों की अविक्षतता के लिए हरिद्वार से बदरी तक और गंगोत्री - यमुनोत्रि से मानसरोवर तक फैले ऋषि - मुनियों एवं व्यवसायियों पर समुचित एवं उचित अधिभार लगाया जाना चाहिये।

आज के युग में हर चीज पैसा है, पैसे से नापी जा रही है। हर क्रिया कम्पीटीटिव हो गई है। धर्म भी व्यापार बन गया है, और है। ये भोगवाद संस्कृति है। यहाँ उपभोक्ता या खरीददार की नहीं, विक्रेता की ही चलती है। फर्क इतना ही है कि खरीददार के पास विकल्प बहुत हैं लेकिन खरीदता वो वही है जो उत्पादक बनाता है। ये उत्पादक या बेचने वाले की कुशलता है कि क्रेता को कैसे प्रभावित करे, हिमाचल प्रदेश ने अपना विकास फल - फूल, सेव और पर्यटन से ही किया।

पाश्चात्य भोगवाद संस्कृति के दबाब और कम्पीटीटिव अर्थव्यवस्था के तनावों के कारण भी धार्मिक पर्यटन को बल मिलेगा क्योंकि जीवन में उत्पन्न शून्यता को धर्म ही भर पायेगा, धर्म ही लोगों की सांत्वना का अन्तिम आश्रय होगा। यद्यपि ये भी सच है कि लोग आध्यात्मिक कम धार्मिक ज्यादा होंगे। समस्त पूजा पाठ सकाम होंगे। लोगों की हवस कभी शांत नहीं होगी। इसलिए धार्मिक स्थानों, तीर्थ स्थानों, मन्दिरों एवं प्राचीन, ज्ञात सिद्ध स्थानों में बहुत भीड़ रहेगी। अतेव नये - नये टुअरिस्ट स्थानों एवं हिल स्टेशनों के लिए सर्वे करने के साथ-साथ उन पौराणिक तीर्थों को विकसित करने का समय आ गया है जिनका उल्लेख रामायण, महाभारत एवं पुराणों में है क्योंकि उन पर आम लोगों की आस्था अधिक होगी और वो जनमानस के आकर्षण और श्रद्धा के केन्द्र होंगे इसलिए यात्री तथा पर्यटक दोनों से भरे रहेंगे। आधुनिक भव्य मंदिरों की तो भक्त-पर्यटक केवल शिल्प, कला, स्थापत्य विनिर्माण देखने आयेंगे।

भौमिक परिवर्तन पर्यटन को उद्योग की तरह चलाने के लिए ही नहीं बल्कि तेज गति से चलाने के लिए स्वयं भी सरकार को वाध्य करेंगे। तथापि

यह क्षेत्र क्योंकि पर्यावरणीय प्रत्यागम - प्रत्यावर्तन (Reversion and Retrogression) से भी जुड़ा है अतः इसके लिये अविरत पर्यालोचन (Constant Monitoring), जागृति अभियान, प्रचार और विवेकपूर्ण नियोजन की जरूरत भी होगी।

धार्मिक - तीर्थस्थलों की दर्शन एवं अन्य आकर्षण व्यवस्था

पर्यटन को उद्योग के रूप में सफलतापूर्वक चलाने के लिये धार्मिक - तीर्थ स्थानों की जनरल एवं दर्शन व्यवस्था सुधारना भी उतना ही आवश्यक है। उसमें आध्यात्मिक तृप्ति और लौकिक सौन्दर्य वोध होना उतना ही आवश्यक है जितना उसका धर्मिक भौतिक आकर्षक। कई तीर्थ स्थानों में दर्शन व्यवस्था प्रत्याश्वस्त (Giving Sense of Satisfaction) किस्म की नहीं है। इस व्यवस्था को सर्व - आत्मोन्मुख (Holistic) बनाना जरूरी है। उत्तर भारत में वैष्णवी देवी को छोड़कर सब जगह यही हालत है। गाँधी जी का अनुभव आपने पढ़ ही लिया है। तीर्थ स्थानों की गंदगी और रख रखाव काशीविश्वनाथ से पुष्कर तक सेकण्ड क्लास रेलवे कम्पापार्टमेन्ट से ज्यादा अच्छी नहीं है। इसके लिए शासन - प्रशासन और लोगों में स्वामित्व (Ownership) की भावना होना या पैदा करना जरूरी है। केवल अपने वारे - न्यारे करने में लिप्त रहने से किसी सुधार की आशा करना व्यर्थ है। उत्तरांचल बनने के बाद ये वारे - न्यारे करने की प्रवृत्ति हरेक में पैदा हो रही है। देश में तो सर्वत्र थी ही। हम सही मायनों में एक पर - उपदेशवादी सामाजिक व्यवस्था में रह रहे हैं जो दूसरों से ही सामाजिक जबाबदेही माँग रहा है।

मानवीय व्यवस्था के अन्तर्गत रहने की सुविधा, आवास, खाने - पीने की व्यवस्था, उचित मेडिकल - आक्सीजन (Oxyzen) ड्रिप और आपत्कालीन जीवन रक्षक दवाइयों सहित दिल के रोगों की दवाई, स्वच्छता - सफाई, और यातायात की निश्चितता सम्मिलित है। देवभूमि की यात्रा से आत्मानन्द का उत्कर्ष (Ecstatic Grandeur) और उल्लास का भाव (Sense of Delight) उत्पन्न होना जरूरी है जैसा की दक्षिण के मन्दिरों के दर्शन और वैष्णो देवी से होता है। इसके लिए जरूरी है यात्रियों - पर्यटकों से सुझाव लेना, जगह जगह तीर्थों में सुझाव पेटिका आम जगहों पर लगाना और सुझावों की नियमित

जाँच एवं परखने का प्रवन्ध करना। इससे यात्रियों, पर्यटकों के अन्दर सहभागिता, संतुष्टि, उत्कृष्टता (Involvement, Gratification, Exaltation) का भाव उदय होगा और सुधारों के नवीकरण की प्रक्रिया (Renewing Process) भी चलती रहेगी।

आध्यात्मिक तृप्ति के लिए जरूरी है - बदरीनाथ जी और केदारेश्वर के स्नान - श्रिङ्गार को प्रतिदिन सीधे टीवी चौनल से सम्बन्धित पुरियों में प्रसारित किया जाय। उद्देश्य के प्रति निष्ठा के साथ - साथ मनोवृत्ति प्ररोहण (Attitudinal Change) की इसके लिए बहुत आवश्यकता है इस हेतु कर्मचारियों को समय-समय पर 'व्यवहार प्रक्षालन प्रशिक्षण' "Behavioural Modification Training" देना जरूरी है ताकि वो अपने सोचने और कार्य करने का ढंग (Value Systems) और आचार स्वभाव (Ethos) बदल सकें। इन धार्मिक स्थानों पर जीवन्तता लाने के लिए उतनी ही बड़ी आवश्यकता है सुबह चार बजे से रात्रि दश बजे तक (जिसे हो सकता है आगे बढ़ाना पड़े) सुमधुर ध्वनि में भजन - संकीर्तन के साथ-साथ पौराणिक, शास्त्रीय प्रमाण एवं माहात्म्य तथा विद्वतापूर्ण ऐतिहासिक, धार्मिक - शास्त्रीय व्याख्यान।

पर्यावरणीय परिवर्तनः अवसर एवं चुनौतियाँ

प्रकृति, पर्यावरण के क्षेत्र में यहाँ परावृत्ति (Regression) हुआ है जो कि एक गम्भीर विषय है। अतः विकास और औद्योगिकीकरण के लिये राहुल बजाजी एकाङ्गी मानसिकता नहीं अपितु पर्यावरणज सर्वाङ्गीण (Holistic) दृष्टिकोण की आवश्यकता है। वैज्ञानिक और पर्यावरणविद जलवायु परिवर्तन के बारे में जो भी कहें, धर्म शास्त्रों - पुराणों ने धरती की तपन, अनावृष्टि और प्रकृति प्रकोपों से विनाश की जो भी भविष्यवाणियाँ की हों लेकिन प्रत्यक्षतः प्रदूषण और वैश्विक उष्मा से हो रहे पर्यावरणीय परिवर्तनों का विनाशक कुप्रभाव उत्तराञ्चल के ग्लेशियरों के अलावा यहाँ के जैविक और वनस्पति जीवन (Flora and Fauna) पर भयंकर रूप से पड़ा है। पाण्डवों की यात्रा के बाद जो भी परिवर्तन हुए हों लेकिन पिछले ५० वर्षों और खास तौर से पिछले १५ वर्षों में जो परिवर्तन हुए हैं वो चकाचोंध करने वाले हैं जिनसे और कुछ

नहीं तो एक अच्छे शकुन की तो आशा की ही जा सकती है। प्रतीत होता है कि दश साल समाप्त होते-होते साल के दो-तीन माह छोड़कर शेष नौ-दश माह उत्तराखण्ड के चारों धामों में यात्रा चलती रहेगी और उनके पट खुले रखने पड़ेंगे। पर्यटन बढ़ेगा तो व्यवस्थायें भी करनी होंगी। इसके साथ पर्यावरणीय एवं प्रदूषण की समस्यायें भी जुड़ी हैं जिनकी प्लानिंग समय रहते करनी होगी, यही दूरदर्शिता है।

महाभारत (वनपर्व) में यहाँ के प्राकृतिक सौन्दर्य का वर्णन है लेकिन बदरीनाथ के आसपास की जो प्राकृतिक छटा और सुरम्यता उस समय थी उससे आज के परिवर्तनों का अंदाजा भी लगाया जा सकता है। वनपर्व इस परिवर्तन का साक्षी है;

उपेतं पादूपैर्दिव्यैः सदापुष्प फलोपगेः,[1]
ददृशुस्तां च बदरीम, वृत्तस्कंधाम मनोरमाम
स्निग्धामविरलच्छायाम श्रिया परमया युताम,
पत्रै स्निग्धेरविरलेरुपेताम मृदुभिःशुभाम
विशाल शाखां विस्तीर्णामतिद्युतिसमन्विताम,
फलै रूपचितौर्दिव्यैरचिताम स्वादुभिर्भृशम
मधुस्त्रवैः सदा दिव्यां महर्षि गण सेविताम,
ददृशुर्नरनारायणा श्रमम

(चारों ओर फूल और फलों से लदे हरे वृक्ष थे। सर्वत्र गोल-गोल बेर के पौधों का विस्तार था। बड़े बड़े वृक्षों के सुंदर स्निग्ध पत्तों की छाया और झुरमुट से सम्पूर्ण स्थान आच्छादित एवं सुशोभित था। चारों तरफ पेड़, पौधे, लतायें विस्तीर्ण थीं जो उस पवित्र स्थान की शोभा और वैभव को द्विगुणित प्रतिभासित कर रहे थे। मीठे स्वादिष्ट फल अलौकिक आनन्द देते थे)

पाण्डवों ने गन्धमादन से मध्य - पूर्व और जम्बूद्वीप (Central and East Asia) का भ्रमण किया और कैलाश होते हुये वापस आने पर महर्षि गणों से सेवित उपर्युक्त नर नारायण आश्रम का दर्शन किया।

---

1. म. भारत - वन (अरण्य) अ. १४५

मौसम और पर्यावरण परिवर्तन का राजधानी देहरादून पर कोई कम असर नहीं होगा। लोग महसूस करने लगेंगे कि ए० सी० बजाय गर्मी मारने के उन्हीं को मारने लगे हैं। जितने वातानुकूलित यन्त्र - सयन्त्र लगेंगे उतना ही प्रदूषण बढ़ेगा और उससे द्विगुणित गर्मी। ऐसा भी होने की सम्भावना है कि जहाँ एक एयर कंडीशनर है वहाँ दो लगाने पड़ें और जहाँ नहीं है, वहाँ लगाने पड़ जाएँ। जहाँ एक टन का है वहाँ दो टन का लगाना पड़े। यह क्रम चलता रहेगा। शायद तब गैरसेंण को ग्रीष्म कालीन राजधानी बनाना ही पड़े। सम्भव है मैदानी क्षेत्रों से क्रिसमस अथवा शीतकालीन छुट्टियों में भी लोग हिलस्टेशन और पर्वतीय क्षेत्रों में गर्मी से निजात पाने के अलावा अन्य कारणों से भी सैर - सपाटे के लिये आयें। इसलिए भी एक दूरदर्शी पर्यटन नीति की परिकल्पना जरूरी है।

जलवायु परिवर्तन एवं पब्लिक स्कूलिंग-विस्तीर्ण आयाम

अन्ततः सवाल होगा कितने AC, कब तक और ए.सी. के बाद क्या? जलवायु परिर्वतन का एक परिणाम पब्लिक स्कूलिंग का विस्तार और विकेंद्रीकरण नजर आ रहा है। आज से १० - १५ साल बाद बड़े - बड़े शहरों, महानगरों में जैसा कि लगता है, ए. सी. भी फेल हो जाने के कारण विशेष रूप से बच्चों के लिये स्कूलिंग की शरणस्थली उत्तराञ्चल सहित पर्वतीय क्षेत्र ही होंगे। देहरादून दीर्घ काल से Public Schooling (10 + 2) Educational hub रहा है लेकिन कब तक बना रहेगा ये कहना कहना मुश्किल है। तथापि अभी तक यह उत्तराञ्चल का एक वैशिषठ्य है। अब इसके विकेन्द्रीकरण की आवश्यकता है और वह समय कई कारणों से आने वाला है जैसे शहरों पर बढ़ता बोझ, गाँवों की पुर्नस्थापना, देहरादून में सीमित विस्तार की गुंजाइश और जलवायु परिवर्तन। इन सबका मिला जुला असर होगा पब्लिक स्कूलिंग का देहरादून से बाहर विस्तार। इस नये परिवर्तन को दृष्टिगत रखते हुए रानीखेत, अल्मोड़ा के अलावा चौखुटिया - पण्डुवाखाल - गैरसेण क्षेत्र को पब्लिक स्कूलिंग स्थली (Hub) के रूप में विस्तारित किया जा सकता है। इस तरह का विकेन्द्रीकरण विकास के स्वतः स्फुरण (Take off) तथा क्षेत्रीय संतुलन के लिए भी जरूरी

हैं। देहरादून में बच्चों के लिए वो संस्कृति भी नहीं रह गई है जिसकी उनके विकास के लिये जरूरत है। इससे पहले कि उनकी संवेदनायें और अनुभूतिजन्य स्पन्दन खत्म हो और भविष्य की धरोहर का स्वरूप विकृत हो, देहरादून की स्कूली भीड़ (१० + २) को कम करना बहुत आवश्यक है। रामनगर - कुमांऊ की ओर से कर्णप्रयाग तक रेल लाइन बिछना इस उद्देश्य की पूर्ति में 'सोने में सुहागा' साबित होगा।

देश के बड़े शहरों - महानगरों में स्कूल बसों के वातायन भी पर्यावरणीय ताप के जुल्मों से फेल होने लगेंगे। सेन्ट्रली एयर कन्डीशंड भवन भी बोलने लग जायेंगे। लोग अपने बच्चों की शिक्षा के लिए व्यथित रहेंगे और ठंडे स्थानों में उचित शिक्षा विषेशरूप से छठवीं कक्षा से बारहवीं कक्षा तक के लिये आश्रय ढूंढ़ेंगे। इस प्रकार एक और अवसर उत्तराखण्ड के लिए प्रतीक्षारत है।

मानवीय आवश्यकतायें और प्रकृति साहचर्य

उत्तराञ्चल मात्र प्राकृतिक परिदृश्य और भौतिक सौन्दर्य नहीं है बल्कि 'देवत्वरूप' प्राकृतिक दिव्यता का प्रतिबिम्ब भी है इसलिए यहाँ के लोगों और सरकार की जिम्मेदारी इसको बचाने और सुरक्षित रखने की और भी बढ़ जाती है। प्रकृति को ऐसे ही नहीं समझ लेना चाहिए मात्र निर्जीव दृश्य। वैसे भी प्रकृति निर्जीव नहीं है, और यही असली समझने की बात है। कई चीजें वो नहीं होती जो हम समझते हैं या हमें दिखती हैं। ये बात बहुत अच्छी तरह समझने की है कि प्रकृति में न तो इनाम हैं न सजा, केवल परिणाम हैं। अतः प्रकृति का संवरण और संभरण अपने को शिल्पी और इसको कार्यशाला समझकर ही सम्भव है।

उत्तराञ्चल की पर्यावरणीय और भूजैविक (ecological) समस्यायें अन्य राज्यों से ज्यादा नाजुक हैं। लेकिन छत्तीसगढ़, झारखण्ड की तरह गरीबी इतनी है कि जब भी जिन्दगी और पर्यावरण, राजनीति और अर्थशास्त्र, अस्तित्व और प्रदूषण, जीवन और मृत्यु, कानून और पोषण, रोजगार और प्रकृति परिरक्षण के बीच चुनाव का सवाल आयेगा, लोग जीवन, अर्थशास्त्र, रोजगार,

पोषण और अस्तित्व को ही चुनेंगे। यही तो सरकारों ने भी किया। अर्थशास्त्र के नाम पर टिहरी डेम और नर्मदा परियोजना, विकास और अस्तित्व के नाम पर चार - छै - आठ लेन बनाने के लिये लाखों पेड़ों, सैकड़ों मकानों, पशु - पक्षियों के नीड़ों का कटान और विनाश तथा गाँवों-कस्बों और खेती का जलप्लावन। इस स्थिति में प्रशासन खासतौर से न्यायपालिका उसी तरह निःसहाय और मूक दर्शक रहेगी जैसे बलात्कार, समलेंगिकता, समलेंगिक विवाह, भ्रष्टाचार, राष्ट्रीयध्वज और गान के अपमान, तथा गुटखा, पॉलिथीन, अपराध, शराब, ड्रग्ज, ट्रैफिकिंग और प्रदूषण - प्रदूषकों के मामलों में।

संसार कैसे भी चले, प्रकृति को कुछ भी हो, दुनियाँ में यही होगा, यही होता रहा है। विगत लाखों सालों में कितनी ही सभ्यतायें इसी वजह से डूब गईं। यही अमेरिका कर रहा है, यही चीन ने किया और हम भी पीछे नहीं हैं। अपने साम्राज्य के दौरान यही ब्रिटेन ने किया, यही भारत के राजा - रानियों ने। फिर गरीबों से, भूखे लोगों से ही सारी उम्मीदें क्यों? चाहे वो गरीब देश हों या गरीब आदमी, सब कुर्बानियाँ उनको ही करनी हैं। लेकिन यही दुनियाँ का द्वैत (dualism) है और रहेगा। अमीरों, अभिजात्यों, सत्ता के गलियारों की विलासिता और आराम के लिए गरीबों ने ही कुर्बानी दी, देनी पड़ेगी और देते रहेंगे ठीक उसी तरह जैसे महाशक्तिशाली, बड़े और विकसित राष्ट्रों ने छोटे, अविकसित और विकासशील देशों को वेश्या समझकर लूटा है, लूट रहे हैं और लूटते रहेंगे।

इतिहास बताता है कि गरीब लोग जमीन पर भी बहुत हल्के से पैर रखते हैं जबकि अमीरी और अमीरों का भार कई बार धरती के लिए असहनीय होता रहा है। इसीलिए गरीबी अगर अभिशाप है तो अमीरी भी दुर्भाग्य। जितनी अधिक अमीरी उतनी अधिक आय और जितनी जादा आय उतने ही अधिक संसाधनों पर नियन्त्रण। इस प्रकार अमीरों ने संसाधनों पर नियन्त्रण रखकर सबका शोषण और भोग किया है और पृथ्वी के ऊपर उतना ही नग्न नाच। इन सब के ऊपर असली सच्चाई ये है कि अगर अब मानवीय जनन पर नियन्त्रण नहीं होता और मनुष्य की रातों रात अमीर बनने कि हवश इसी तरह बनी रहती है जो कि बनी रहेगी, तो बचा - खुचा पर्यावरण देरी से नहीं

जल्दी ही नष्ट होने वाला है जिसके कारण जीवन के जीतेजी नर्क बनने की सम्भावना है।

प्रकृति के बार-बार तमाम चेतावनियाँ देने और समय - समय पर वीभत्स ट्रेलर दिखाने के वावजूद भी लुटेरों, भ्रष्टों, बेईमानों, बदमाशों ने पृथ्वी को लूटने, जमीन का बलात्कार करने, पानी के साथ खिलवाड़ करने तथा अपने निहित स्वार्थों और लोभ के लिए अन्य प्राकृतिक संसाधनों को उजाड़ने में कोई कमी नहीं की है बल्कि उनके और भी चीथड़े उड़ा दिए हैं, नष्ट प्रायः कर दिये। परिणामस्वरूप वही चक्र पुनः गतिशील हो रहा है जो आज नहीं तो कल, नहीं तो परशों पूरा होगा ही और होना ही है। फिर भी आदमी अपनी हवस के सामने निःसहाय और लालच के सामने मजबूर दिखाई दे रहा है।

पर्यावरण और सर्कुलर रेल

इससे पहले कि अब बिहार - बंगाल के लिए रेलगाड़ी, रेल - पटरी के ऊपर चलने के बजाय सड़क पर चलने लगे, उत्तरांचल सरकार को केन्द्रीय सरकार पर हरिद्वार - देहरादून रेलवे लाइन डबल ट्रैक कराने के अलावा रुड़की से सीधे देहरादून डबल ट्रैक रेल लाइन के लिए भी दबाब बनाना चाहिए और उससे भी ज्यादा देहरादून - ऋषिकेश - रुड़की - देहरादून, तथा देहरादून - रुड़की - ऋषिकेश - देहरादून, सर्कुलर रेल लाइन के लिए प्रयास करना चाहिये। इससे प्रकृति - पर्यावरण, फ्लोरा - फौना, तीर्थ, और हिल स्टेशन के साथ साथ उनका सौन्दर्य भी बचा रहेगा साथ ही रक्षात्मक आवश्यकताओं (Defence Needs) की भी पूर्ति होगी और रोड पर लोड कम होगा।

गङ्गा - यमुना प्रदूषणः एक टकसाली विषावर्त (Vicious Circle)

जितना चर्चित गङ्गा - जमुना प्रदूषण है उतना ही उनका सफाई अभियाँन। दोनों की नीव कर्मकाण्ड आधारित धर्म ही है। अतः यह विषैला चक्र भी धन कमाने की टकसाल की तरह बहुत लाभकारी सिद्ध हो रह है। गङ्गा - यमुना प्रदूषण का जू - जू और उनकी सफाई का हौआ उन्हीं लोगों द्वारा

ज्यादा उठाया जा रहा है जो उसे उतना ही मैला कर रहे हैं। यह प्रदूषण आये दिन खुल रही धर्म के ठेकेदारों की दुकानों से आगे बढ़ता ही रहेगा। गङ्गा आरति का दिखावा करने वालों सहित सभी साधू, बाबा, गुरु, जोगियों की नजर सरकार द्वारा इस कार्य हेतु निर्धारित धनराशि पर ही लगी रहती है। बिना कर दिए लाखों - करोड़ों की अकूत धन - सम्पदा के बाबा जूद कोई अपनी जेब से या चंदा करके या आपस में मिलकर अथवा धन संग्रह करके इस सफाई को करने या कराने के लिए तैयायर नहीं है। बार - बार यही लोग गङ्गा - जमुना को दूषित करते और कराते हैं और बार - बार यही लोग सरकार पर सफाई करने का दबाब डालते हैं। ये लोग गङ्गा आरति करके अपने फर्ज की इतिश्री समझ रहे हैं। पहले कभी इस तरह की आरति सुनी नहीं गई थी। जाहिरा तौर पर धर्म पूरी तरह व्यापार बन गया है क्योंकि उसे ऐसा बना दिया गया है और इस व्यापरिकरण से हर तरह का प्रदूषण बढ़ रहा है और बढ़ता रहेगा। इस तरह का धर्म देश की हिफाजत करने में फेल हो गया है। समाज को सम्भालने में फेल हो गया है। हर चीज एक व्यापार, हर चीज में व्यापार" ये कैसा धर्म है? इनसे लाख गुना अच्छे ऋषिकेश के नागरिक थे जिन्होंने जिम्मेदार नागरिक का फर्ज निभाते हुए - ताकि लोगों की श्रद्धा न डगमगाये - गङ्गा के प्रति अलौकिक आदर की भावना से स्वयं ये पुण्य निष्पादन किया था, तब न तो सरकार का कहीं पता था न साधु - बाबा, गुरु - आचार्यों और व्यासों का।

गङ्गा निश्चित ही भारत की जीवन धारा है लेकिन उत्तराञ्चल की तो पहचान भी है। गङ्गा का ऋषिकेश और उससे आगे जितना प्रदूषण हो गया है और प्रदूषण किया जा रहा है उससे कभी-कभी ये सन्देह होने लगता है कि क्या ये वही अमृतमई देव गङ्गा है जो स्वर्ग से अवतरित हुई थी या अन्य सरिताओं की तरह केवल पानी। जिस प्रकार सरकारें मजाक कर रही हैं, उसी तरह साधू - बाबा - जोगी - व्यास उपदेशक और आचार्या - गुरु भी गङ्गा के साथ कम मजाक नहीं कर रहे हैं। दोनों ने उसे अपने-अपने तरीके से व्यापार बनाया हुआ है बिल्कुल गाय की तरह। इस तरह बढ़ती जनसंख्या से उत्पन्न प्रदूषण की भविष्य में कैसे सफाई होगी - ये सोचने की बात है;

'What power divine shall henceforh wash her, if pollution continues to sully her this way. The whole country without exception, so has UK, taken her as the universal sewerage making it impossible to clean her, casting also a slur on the duality of Hindu Dharma'.

साधू - बाबा - व्यास गुरु इस सम्बन्ध में एकदम चुप्पी साधे हुए हैं, न तो वो जनता को प्रदूषण बंद करने के लिए जागृत कर रहे हैं, न अपने कोरे उपदेशों - प्रवचनों से उन्हें प्रदूषण कम अथवा न करने के लिए प्रबुद्ध कर रहे हैं, न गङ्गा की सफाई के लिए कदम उठा रहे हैं, न जनता का आह्वान कर रहे हैं। वो केवल गाय और गङ्गा माता की पूजा करने की बात कर रहे हैं ताकि दान दक्षिणा मिले, सेवा करने की बात कर ही नहीं रहे हैं, क्योंकि उसमें महिनत है, स्वयं भी काम करने की जरूरत है। सच ये है कि वो चाहते हैं कि गङ्गा प्रदूषित होती रहे - यही तो उनकी रोटी है। जितना प्रदूषण होगा - का मतलब ही है उतनी भीड़, और जितनी भीड़ उतनी इन्कम।

पाश्चात्य नव भोगवाद की उभरती संस्कृति के बीच भविष्य में तुलसीकृत मानस (युद्ध/लङ्का काण्ड - षष्ठ सोपान) की चौपाई, जिस पर अभी तक लोगों का बहुत ध्यान नहीं गया, मनन नहीं हुआ, उत्तराखण्ड की दिव्यता और गङ्गा में जनमानस के अनन्त - अनवरत विश्वास रोपण का हेतु और आस्था की नीव बनेगी;

जे रामेश्वर दरशन करिहैं, ते तनु तजि मम लोक सिधरिहैं,
जो गंगाजल आनि चढ़ाइहि सो सायुज्य मुक्ति नर पाइहि

तुलसीदास जी कितने महान समन्वयी थे इसकी अभिव्यक्ति उपर्युक्त पंक्तियों से होती है। 'ढ़ोल गंवार' से तुलसी का मूल्याँकन, आलोचना और समालोचना करने वाले जब तत्कालीन पृष्ठभूमि में तुलसी की मजबूरियों को ही नहीं समझ पाये तो ढ़ोल गँवार के पीछे छिपे रहस्य को क्या समझेंगे। इस स्थिति में उपर्युक्त पंक्तियों की गूढ़ता को समझना तो दूर - दूर तक उनके वश की बात नहीं। ऊपर की चौपाई में वही एकत्व भाव है जो आचार्य शंकर का दक्षिणात्य रावलों (केरल और वर्तमान कर्नाटक के विद्वानों) को बदरी - केदार का रावल नियुक्त करने के पीछे था यानी आध्यात्मिकता से सम्पूर्ण

भारतीय नय (Indian Psyche) को एक सूत्र में बांधना। तुलसी ने भी समस्त राष्ट्रीयता को एक धागे में पिरोते हुये उपर्युक्त पंक्तियों में मानो भारतीय मानस का आह्वान पूर्व दिशा में स्थित जगन्नाथ पुरी से चार धाम यात्रा प्रारम्भ करने और द्वारका दर्शन करके उत्तराञ्चल/उत्तर - खण्ड में विराजित बदरी-केदार यात्रा करने का समादेश दिया है और गङ्गा जल लेकर दक्षिण समुद्र स्थित रामेश्वर तीर्थ में अर्पण करने का उद्बोधन किया है। दक्षिण से गङ्गाजल लेने उत्तर आना जितना पावन है उतना ही उत्तर से गङ्गाजल लेकर दक्षिण जाना पवित्र। यही उपर्युक्त चौपाई का निहित भाव है।

इसका अन्तर्निहित (Esoteric) भाव है - व्यष्टि (Micro) का समष्टि (Macro) में सायुज्य (Assimilation)। दूसरे शब्दों में बूँद का समुद्र के साथ एकत्व यानी द्वैत का अद्वैत हो जाना, आत्मा का परमात्मा के साथ एकीकरण - सोऽहं शिवोऽहम् का शांकर भाव। उत्तर का मिलन दक्षिण से और दक्षिण का उत्तर से - जिसे नास्तिक - अनीश्वरवादी कहते हैं असम्भव, आस्तिक - अध्यात्मवादी कहते हैं सम्भव, हर क्षण, हर पल, हर दिन, हमेशा।

H_2O नहीं अमृतः गङ्गा प्रदूषण एक धार्मिक मजाक

साधू, बाबा, जोगी, गुरुओं और कलि व्यासों के पास अकूत सम्पत्ति होते हुए भी वो बजाय इस तरह के सामाजिक - सांस्कृतिक मुद्दों को उठाने और उनके लिये लड़ने के या तो महन्ताई अन्यथा राजनीति, भोग और धर्म के व्यापार में व्यस्त हैं। दुनियां को त्याग, कुर्बानी - निःस्पृहता (Detachment) सिखाने का ढोंग करने वाले स्वयं समेटने में लगे हुये हैं। अपरिग्रह का पाठ पढ़ाने वाले सबसे बड़े परिग्रही हैं। भक्तों - सेवकों की इतनी बड़ी फौज रखते हुये भी उनका लोक महत्त्व के, जन हित के, सामाजिक - धार्मिक मुद्दों से कोई वास्ता और लगाव नहीं है। बिना कर अदायगी, निराकलन (Unaccounted) सम्पदा संग्रह ही उनका एकमात्र ध्येय रह गया है जबकि उत्तरांचल में ही नहीं पूरे देश में कुल प्रदूषण का पचास फीसदी, उनकी एवं कर्मकाण्डियों की ही देन है। क्योंकि जनता को भी इसी तरह के गुरु - ज्ञानी चाहिए इसलिए सुधार की भी बहुत आशा नहीं की जा सकती।

यह जानते हुए भी कि सरकारी तन्त्र कितना भ्रष्ट और पतित है, कफन से भी खाने वाला, फिर भी सबकी नजर सरकार द्वारा गङ्गा - जमुना सफाई के लिए बजट में निर्धारित राशि के प्राविधानों पर ही रहती है। इनसे अच्छे तो ऋषिकेश के नागरिक थे जिन्होंने अपने हाथों से ऋषिकेश में गङ्गा सफाई अभियान चलाया और पूरा किया। व्यास, गुरु। बाबा, महन्त तो परलोक की ही बात करते हैं, इस जीवन की, इस लोक की बात तो वो करते ही नहीं हैं। क्योंकि उन्हें पता है पकड़े जायेंगे। कब से वो एक ही बात कहते आ रहे हैं- 'हश्र में इंसाफ होगा' और हम सुनते आ रहे हैं। शायद जैसा इंसाफ यहाँ हो रहा है वैसा ही परलोक में भी हो जायेगा।

आश्चर्यजनक बात यह है कि अपने लिए ये कलिकालीन व्यास गुरु परलोक की बात नहीं करते। अपने लिए तो वो यहीं, इसी लोक की बात करते हैं। जिनको स्वयं अपना पता नहीं है, वो हमसे सवाल पूछ रहे हैं और जबाब भी बता रहे हैं - Who am I, where from have I come (मैं कौन हूँ - कहाँ से आया)। ये वो लोग हैं जो जनता से, लोक से, भक्तों से सब कुछ त्याग कर उनको दे देने की बात करते हैं। साथ ही लोगों को निस्पृह, निष्काम, अपरिग्रही बने रहने का उपदेश देते हैं। ये महन्त पहले के क्षत्रपों की तरह नव सामन्त हैं। नेताओं से किसी मायने में कम नहीं। जिस तरह नेता अपराध करते - कराते हैं और उनके विरुद्ध आवाज भी उठाते हैं उसी तरह ये लोग भी धर्म नहीं कर्मकाण्ड के अंधविश्वासों के नाम पर नदियों की पवित्रता नष्ट कर रहे हैं, उन्हें प्रदूषित करवा रहे हैं और इसके विरुद्ध आवाज भी उठा रहे हैं।

इसलिए यह भी समझना जरूरी है कि जब तक कर्मकाण्डी लूट रहेगी, ज्योतिष का शोषण रहेगा, धर्म के नाम पर व्यापार होगा, कुकुरमुत्तों की तरह पंथी पैदा होंगे तथा इस लोक, इस जीवन के बजाय अदृश्य परलोक को सुधारने की ही बात होती रहेगी तब तक न तो भ्रष्टाचार मिटेगा, न कालेधन का कुछ होगा बल्कि दोनों कई गुना बढ़ते रहेंगे। जब तक लोग अपने ऋत, सही, सच्चे इतिहास से विज्ञ नहीं होते, अपने संविधान को नहीं समझते, इस संविधान की कमियों को नहीं समझते और लोकतान्त्रिक ढंग से व्यवस्था

परिवर्तन हेतु मन्थन नहीं करते, तब तक इस संविधान और न्यायपालिका तथा कानून व्यवस्था के रहते इस देश में कोई अभीष्ट अभिप्रवर्तन (Desired Change) या अभिराम अभिरूपण (Transformation) अथवा रुपान्तरण नहीं हो सकता और न लाया जा सकता है। इन विषयों पर लेखक की अन्य दो पुस्तकें "भारत और विश्व इतिहासः इतिहास का पहला और अन्तिम पृष्ठ तथा The Only Solution for India" चक्षु उन्मीलक (Eye Opener) सिद्ध होंगी।

अब अपनी ही पैदा की हुई गंदगी की सफाई करने में हमें लज्जा आ रही है। गंदगी करते समय ये लज्जा क्यों नहीं आई? अगर तब लज्जा आ गई होती तो ये नौबत ही नहीं आती। साधु - बाबाओं की न्याय पालिका की तरह समाज के प्रति क्या कोई जबाबदेही (Accountability and Answerability) है? कई बाबा आज हाइ - टेक (Hi - Tech), भोगी बाबा बन गये हैं। उनके संगठन और अखाड़े किसी भी सरकारी अनाचार - दुराचार - कदाचार - भ्रष्टाचार - व्यभिचर - अभिचार (कृत्या) के विरुद्ध बिगुल बजा सकते हैं। समूचे तन्त्र को जबाब देह बनवा सकते हैं, लेकिन जनकल्याण से ज्यादा उनको अपने कल्याण की चिंता है। अगर ये चाहते तो अपने आपस में ही धन संग्रह करके ऋषिकेश - स्वर्गाश्रम में आधुनिक स्नान घाट बनवा सकते थे। ऋषिकेश घाट से श्मशान की अन्यत्र व्यवस्था करा सकते थे। लेकिन सारा झगड़ा है - तख्ती किस के सिर बंधेगी? इसके अलावा भारत के अधिकतर पूंजीपति, सेठ और नेता तथा नौकर अपने काले धन को सफेद करने के लिये किसी न किसी बाबा से जुड़े हैं। अगर ये बाबा लोग स्वयं अपने खून पसीने से कमाये धन से उपर्युक्त काम नहीं कर सकते, तो क्यों नहीं पूंजीपति और धनाड्य वर्ग से करवाते हैं या उनसे धन संग्रह करके गङ्गा - यमुना सफाई के अलावा अन्य पुण्य कार्य करते हैं। ये सब इंगलेण्ड, अमेरिका, यूरोप जाते हैं वहाँ के लोगों का ट्रांसफारमेशन करने, लेकिन उनके आदर्श क्यों नहीं सीखते, भोग तो तुरन्त सीख कर वापस आ जाते हैं। वहाँ के लोगों के अन्दर कूट-कूट कर भरा सेवा भाव क्यों नहीं सीख कर आते? कब तक दूसरों से ही सेवा कराते रहेंगे और ये पाप का बोझ अपने सर पर लेकर मरेंगे। कुछ तो समाज को देकर जायें और पाप का बोझ उतारें। जिनके अन्दर इतना

अहंकार भरा हो, अखाड़ों की इतनी लड़ाई हो, पहले स्नान कोन करे, इसी में अखाड़ों की अहंमन्यता नंगी होती हो, स्नान में भी गौरव नहीं अभिमान और अज्ञानता की ही बू आती हो, वो समाज को क्या देंगे, क्या सिखायेंगे ?

दूसरा विकल्प यह है कि "नैनं छिंन्दति शस्त्राणि" "अच्छेद्योयमदाह्योयम" "जातस्य हि ध्रुवो मृत्यु" का उपदेश देने वाले इन सभी गुरु, बाबा, जोगी, ज्योतिषी, महन्ती - अखाड़ा फौज को चीन और पाकिस्तान सीमा पर आतंकियों से लड़ने के लिए भेज दिया जाये। कम से कम बीर गति को प्राप्त होंगे और स्वर्ग मिलेगा अन्यथा जो पाप कर रहे हैं उनसे तो नरक में भी जगह नहीं मिलेगी। इनको आत्मज्ञान भी है - आत्मा अजर अमर है, इसलिए ये सभी भय मुक्त हैं, मृत्यु का भी उन्हें भय नहीं है।

ऋषिकेश - स्वर्गाश्रम तथा हरिद्वार में महिलाओं और पुरुषों के लिए अलग अलग स्नान घाट तक नहीं हैं और ये बाबा भारतीय संस्कृति और "यत्र नार्यस्तु पूज्यन्ते' का उपदेश देते हैं। कथनी और करनी में इतना भेद क्यों ? यही बात पॉलीथीन, शराब, गुटखा और उसके तत्सम उत्पादों के सम्बन्ध में भी है। गाय पॉलिथीन खाती है सब देखते हैं। आप क्या कर रहे हैं और क्या किया सिर्फ ये कहने के कि गाय हमारी माता है। क्या आपने गाय के मुँह से पॉलिथीन निकाला, उसको चारा खिलाया? फिर ये दिखावा क्यों? इन बाबा, पुरोहितों, पण्डों, जोगिनियों, गुरुओं के सामने लोग खुलेआम गङ्गा - यमुना तथा अन्य नदियों में पॉलिथीन और गंदगी फेंकते हैं, मन्दिरों में पॉलिथीन में ही फूल, माला, प्रसाद लाते हैं - क्या इन्होंने कभी किसी को रोका? रोकने के बजाय नदियों के माहात्म्य का वर्णन करके उन्हें और भी प्रदूषित करवाते हैं।

गङ्गा हमारी धरोहर है, हमारी संस्कृति है, संस्कृति की पहचान है। देश की जीवन धारा है। गङ्गा प्रदूषित नहीं है, गङ्गा में प्रदूषण भर दिया गया है। जिस दिन ये समझ आयेगी कि गङ्गा में H_2O नहीं अमृत है अपने आप सुधार आ जायेगा। सारा फेर समझ का है। अतः गङ्गा का परम भव्य सौन्दर्य (esthetic ecstasy) बनाये रखना हमारी मानवीय जिम्मेदारी और सामाजिक

जबाब देही है। गङ्गा दर्शन के हर्षातिरेक की अनुभूति, तथा यमुना परिदर्शन आनन्द का प्रत्यक्ष ज्ञान ही स्वर्ग की प्राप्ति है। गङ्गा से रोटी चलाने वालों को तो ये बात समझनी ही चाहिये। लगता है यहाँ भी युवा चेतना को ही आगे आना पड़ेगा। अगर गङ्गा जल आम पानी H_2O होता, अमृत - औषधि नहीं होता तो पाप विनाशक कैसे होता? अतः गङ्गा गंदी नहीं है, गङ्गा में गंदगी डाल दी गई है। इसके लिए तो कुछ अलग से करने की जरूरत है। अन्यथा सब को विशुद्ध करने वाली गङ्गा को कोई आरति कैसे शुद्ध कर सकती है? दूसरी तरफ आप उसे गंदा भी कह रहे हैं, गंदा कर भी रहे हैं और आरती भी कर रहे हैं। यही स्थिति बनारस में भी है। मगर ये कैसा द्वैत है? क्या यही धर्म है? क्या यही धार्मिकता है?

आज से करीब नब्बे साल पहले गाँधी जी ने हरिद्वार, लक्ष्मण झूला, ऋषिकेश, बनारस की यात्रा की थी। धार्मिक स्थानों में गाँधी जी को जो धार्मिक सदमे लगे उनसे वह विह्वल हो गये। वहाँ की घोर गंदगी के अलावा जिस तरह से लोग गङ्गा को प्रदूषित कर रहे थे, उससे गाँधी जी की समझ में नहीं आ रहा था कहाँ जायें, क्या करें, कहाँ रहें और उन्होंने अन्ततः अपने ही आश्रम स्थापित करने का निर्णय लिया। अगर गाँधी जी आज होते और गङ्गा- मुना की यह दशा देखते तो निश्चित ही उनका Massive heart attack हो जाता। गाँधी जी ने जो लिखा वह भी कम हृदय विदारक नहीं है। अपनी आत्मकथा[1] में वो लिखते हैं (The Story of My Experiments with Truth;

"I was charmed about the natural scenery of Hrishikesh and Lakshman Jhula, and bowed my head in reverence to our ancestors for their sense of the beautiful in nature, and for their foresight in investing beautiful manifestations of nature with a religious significance".

"But the way in which men were using these beauty spots was far from giving me peace. As at Haridwar, so at Hrishikesh, people dirtied the roads and the fair banks of the Ganges. They did not even hesitate to desecrate the sacred water of Ganges. It filled me with agony to see people performing nature functions on the thoroughfares and river banks, when they could easily have gone a little further away from public

---

1. Page (Also 'my Biography') 332-29

"At Lakshman Jhula, I saw nothing but an iron suspension bridge over the Ganges. I was told that originally there had been a fine rope bridge. But a Philanthropic Marwadi got it in to his head to destroy the rope bridge and erect an iron one at a heavy cost and then entrusted the keys to the government. I am at a loss to say anything about the rope bridge, as I have never seen it, but the iron bridge is entirely out of place in such surroundings and mars their beauty. The making over of the keys of this pilgrim's bridge to the government was too much even for my loyalty of those days."

"The Swargashram which one reaches after crossing the bridge was a wretched place, being nothing but a number of shabby looking shades of galvanized iron sheets. These, I was told were made for Sadhaks. There were hardly any living there at the moment. Those who were in the main building gave one an unfavourable impression."

"But the Haridwar experience proved for me to be of inestimable value. They helped me in no small way to decide where I was to live and what I was to do."

बनारस काशीविश्वनाथ मन्दिर के पण्डों की व्यापारिक प्रवृत्ति और वहाँ के रखरखाव तथा गंदगी को देखकर गाँधी जी ने पुजारी को केवल एक पाई दक्षिणा दी थी। पण्डे ने इस पर उनसे बदतमीजी की तो गाँधी जी पाई दिए बिना आगे चल दिए। पण्डा एक पाई भी कहाँ छोड़ने वाला था। उस समय की एक पाई आज के 10/- के बराबर है। पंडा गाँधी जी के पीछे-पीछे आकर पाई भी ले गया। ये उस समय का वाकया है जब गाँधी जी को कोई नहीं जानता था। वो दक्षिण अफ्रीका से आये ही आये थे।

पॉलिथीन मानवीय त्रासदी या कानूनी विलासिता

पॉलिथीन जब उत्तराखण्ड के ढालू (Sloppy) पर्वतीय क्षेत्रों में भी कहर ढा रहा है तो मैदानी इलाकों की क्या स्थिति होगी उसकी केवल कल्पना ही की जा सकती है। ये मात्र इच्छा शक्ति की बात है। इससे पहले कि कहर दुर्भाग्य बने, इस सम्बन्ध में जै राम रमेश के विचारों को नजर अंदाज करते हुए राज्य में पॉलिथीन निषिद्ध करने का निर्णय ले लिया जाना चाहिये। वैसे भी इसमें निर्णय लेने में पहले तो कितना ही समय नेता नगरी लेगी, फिर

शासन लेगा, विधान सभा लेगी और फिर ये मामला न्यायालय में जायेगा। कोर्ट कचहरी के मकड़ जाले से ये विवाद कब निजात पायेगा ये तो खुदा को भी बताना मुश्किल होगा। इस देश के न्याय और कानून के साथ आम आदमी की नियति कोर्ट कचहरियों के ही चक्कर पे चक्कर खाकर गिर जाने तक ही रह गई है। पर्यावरण शत्रु नम्बर एक, अस्वास्थ्यकर, दूषण का प्रथम स्त्रोत, प्रदूषण बीज, सौन्दर्य विनाशक, रम्य का रिपु, वर्तमान चुनौती और भविष्य बैरी - पॉलिथीन जन्य तबाही भी गुटखा, शराब, क्राइम, करप्शन, पर्यावरणीय ह्रास और जनसंख्या विस्फोट की तरह भारत के लोगों की नियति बन गया है। पॉलिथीन सच कहा जाय तो परपीड़न सुख भोगी (Sadistic) भोगवाद की देन है। जिस तरह से जनसंख्या नियोजन के मुद्दे का राजनीतिकरण हुआ ठीक उसी तरह पॉलिथीन और गुटखे का कानूनी विलासीकरण हुआ - पहला नेताओं ने किया दूसरा कोर्टों ने, कोई नहीं जानता क्यों?

यह सच है कि सुविधाजनक होने के कारण वर्षों से पॉलिथीन लोगों की आदत में आ गया है और आरामदेह भी है लेकिन जहाँ तक आरामदेह का सवाल है सबसे जादा आरामदेह तो रोटी, कपड़ा, मकान, नौकरी, रोजगार अथवा बेरोजगारी भत्ता, रहन - सहन की मानवीय दिशायें, उचित आय हैं, उनको क्यों नहीं मुहय्या किया जा रहा है। इसके अलावा भारत में ५० फीसदी से ज्यादा लोगों के लिए गुटखा, शराब, तम्बाकू, कपूरी, मेंनपुरी, ड्रग्स आरामदेह लगती है और पसंद है लेकिन उनके घर वालों की परेशानी का सर्वे किया जाय तो वास्तविक स्थिति का पता चले। अस्सि फीसदी लोग केन्सर, टीबी, हार्ट, अस्थमा, दमा, रक्तचाप, डाईबिटीज, दाँत आदि किसी न किसी एक या अधिक बीमारी से ग्रसित हैं। अतः भीड़ तन्त्र से अलग सोचने की जरूरत है। लेकिन ये इसलिए सम्भव नहीं है कि सरकारों के पतन की सीमा टूट गई है। सरकारी आय के ये सब साधन हो गये हैं, यहाँ तक कि वेश्यावृत्ति, बार, ये सब सरकारी आय के साधन बन गये हैं। दूसरी तरफ सरकारी ट्रैजरी पर जो डकैती पड़ रही है उसको देखने वाला कोई नहीं है। नशा, नशीली चीजों - पेयों, शराब, भांग आदि के ठेके नीलम हो रहे हैं, लाइसेन्स दिए जा रहे हैं, यहाँ तक कि तीर्थ स्थानों, स्कूलों - कालेजों के पास।

साथ ही इनका सेवन क्राइम भी बना हुआ है, पुलिस कार्यवाही भी हो रही है, ये क्या मजाक है? ऐसे राज से क्या उम्मीद कर सकते हैं ? लगता है हर कोई बिका हुआ है। वास्तव में ये सब सरकारों का लाइफ स्टाइल ही बन गया है।

बाबा - जोगी - गुरुओं का तो नेताओं से भी बुरा हाल है। ये पहले ही वर्णन किया जा चुका है। उनसे क्या उम्मीद करें। युवा पीढ़ी अपने भोग में मस्त है। लेकिन बात सभी देश की, समाज की, सुशासन की, रामराज्य की, सुराज की, क्रान्ति की, ट्रांसफारमेशन की ही कर रहे हैं।

तथापि न्याय पालिका द्वारा एक मौलिक सवाल का जबाब देना अभी शेष है;

"Whether any business socially killing, environmentally devastating, humanly ravaging, unfriendly to nature and damaging to geheral humanity its health and hygiene, l could still be carried on, on the ground of fundamental right to carry on business. Does any fundamental right give an individual or group of individuals the right to contravene or supersede collective fundamental right of the people to live and live a healthy human life."

If gay and lesbian sex or homo marriages could, be deemed to be, the right to life; how anybody could be, allowed to play with the life of whole community of people in the name of carrying on business just for earning money. What would prevail ultimately and the fundamental right to live healthy, hygienic life, conservation of nature and environment the very foundation of existence of society or right of an individual or group to carry on any business, trade, or profession irrespective of its cost to the society."

Legal polemics apart, the state if really determined, could ban polythene in religious places and hill stations by passing a law based on constitutionally valid discriminations for which there exist number of grounds but this all needs a will and honesty of purpose.

बेरोजगारी भत्ता अथवा बीमा

बेरोजगारी भत्ता अथवा बीमा जैसे सर्वभद्र, सर्व माङ्गल्य (Holistic) कदम राज्य के जनमानस के अन्दर गौरवपूर्ण संतुष्टि का भाव (Sense of Gratification)

जागृत करेंगे। इस तरह की योजनाओं से उनकी कुर्बानियों को सम्मानजनक मान्यता मिलेगी। यह कदम राज्य के सामाजिक - आर्थिक परिप्रेक्ष्य को बदलने के साथ-साथ राज्य शासन की तस्वीर भी बदलेगा। प्रचण्ड गरीबी सामान्य होने लगेगी। बौद्धिक निर्वासन (Brain Drain) नियन्त्रित होने से गाँव पुनः वसने प्रारम्भ होंगे और उनकी पुनस्थापना होगी। फलस्वरूप जनसंख्या मिश्रण की विकृति में भी अनुपातिक बदलाव आयेगा। इस पहल से न केवल माओवाद पर अंकुश लगेगा अपितु उसका फैलाव रुकेगा। बेरोजगारी भत्ता अथवा बीमा आवरण (Insurance Coverage) देने से सरकार द्वारा उस संविधान के भाग - ४ में निर्धारित नीति निदेशों (Directive Principles) का निर्वहन होगा जिस संविधान के अनुपालन की शपथ ली जाती है। आज की हार्वर्डियन अर्थ व्यवस्था में संविधान के अनुरूप कार्य करना भी बहुत बड़ी चुनौती है। संविधान के नीति निदेशक सिद्धांतों में भारतीय नागरिकों को अनुपम जीवन स्तर (Decent Standard of Living), उचित (Fair) ही नहीं उपयुक्त वेतन (Living Wage) और मानवीय रहन सहन की व्यवस्था करने का प्राविधान है जो मात्र एक स्वप्न बनकर रह गया है। वर्तमान निर्मुक्त और भ्रष्ट अर्थव्यवस्था में अब इसका कोई चान्स दिखाई नहीं देता। संविधान में रोजगार देने या बेरोजगार भत्ता देने का प्राविधान है। वर्तमान काल में रोजगार गारण्टी देना क्योंकि राज्य में सम्भव नहीं लगता अतः बेरोजगारी भत्ता अथवा बीमा आवरण ही वेरोजगार स्नातकों को जीवन की चुनौतियाँ का सामना करने की शक्ति देने के साथ वैकल्पिक व्यवसाय या धंधा इजाद करने में मदद करेगा और भ्रष्टाचार के विरुद्ध खड़े होने की हिम्मत और टेक देगा फलस्वरूप देश - प्रदेश के अन्दर इतने सचेतक (Whistle Blower) पैदा हो जायेंगे कि किसी कानून या संस्था की भी शायद जरूरत न पड़े। यह कदम गाँवों की पुनर्स्थापना में बहुत महत्वपूर्ण साबित होगा।

जनसंख्या और शहरीकरण के वर्तमान विस्तार को देखते हुए निश्चित ही १५ - २० साल बाद लोगों का बहाव गाँवों की तरफ पलटेगा। अतः अच्छा होगा कि अभी से उसकी तैयारी की जाय।

योजना की रूपरेखा और धन व्यवस्था

राज्य सरकार, हर स्नातक बेरोजगार को, अगर उसका नाम रोजगार कार्यालय में पञ्जीकृत है तो, उपाधि मिलने के तीन माह बाद से राज्य सरकार द्वारा समय-समय पर न्यूनतम मजदूरी संदाय अधिनियम के अंतर्गत अनुसूचित (Scheduled) अवशेष कारखानों (Residuary Industrial Establishment) के अकुशल श्रमिकों के लिये अधिसूचित वेतन की कुल राशि को समीपस्थ ५०/- के मान में आवर्त (Roundoff) करके एकमुश्त (Consolidate) भुगतान करेगी अथवा वीमा आवरण देगी।

यह राशि बिना लिङ्गभेद के हर परिवार के एक माता - पिता से उत्पन्न दो संतानों को ही मिलेगी बशर्ते वह परिवार १९५२ या उससे पहले से या कम से कम पिछले पचास साल से उत्तराखण्ड में रह रहा हो और लाभार्थी ने दशवीं, बारहवीं और स्नातक की उपाधि उ० ख० की मान्यता प्राप्त माद्यमिक शिक्षा परिषद या विश्वविद्यालय से प्राप्त की हो। शर्त ये भी है कि आरक्षण या बेरोजगारी भत्ता इन दोनों में से एक के लिए लाभार्थी को विकल्प देना होगा। अगर सरकार द्वारा कोई वैकल्पिक योजना चलाई जाती है जिसके लाभ इस योजना से कम नहीं हैं तो इस योजना के लाभ नहीं मिलेंगे।

स्नातकोत्तर लाभार्थियों को उपर्युक्त शर्तों पर ही स्नातकों से तीन सौ (३००) अधिक भुगतान किया जायेगा। यह नियम व्यावसायिक प्रशिक्षण पर भी इस शर्त के साथ लागू होगा कि बारहवीं कक्षा उत्तीर्ण करने के बाद किसी मान्यता प्राप्त संस्था से तीन साल के डिप्लोमा उत्तीर्ण को स्नातक के समकक्ष माना जायेगा।

रोजगार प्राप्ति के माह से उपर्युक्त भुगतान बंद कर दिया जायेगा। रोजगार प्राप्त होते ही लाभार्थी को अधिसूचित/अधिकृत अधिकारियों को लिखित रूप से रोजगार प्राप्ति के माह और वर्ष की सूचना देनी होगी।

इस सम्बन्ध में बने किसी अधिनियम, नियमावली या स्कीम के विपरीत अथवा अनधिकृत, अनैतिक, अनुचित, धोकाधड़ी, बेमानी या रोजगार प्राप्ति के बाद भी बेरोजगार भत्ता लेने पर कुल भुगतान की गई राशि के अलावा

उतनी ही राशि क्षतिपूर्ति के तौर पर एवं एक लाख रुपया दण्ड के रूप में लाभार्थी को सरकार को भुगतान करनी होगी जिसकी उगाही लाभार्थी अथवा उसके माता पिता, वारिस, उत्तराधिकारी की चल-अचल सम्पत्ति से वसूली जायेगी साथ ही लाभार्थी न्यूनतम पाँच साल की सजा का भागी होगा।

विधायक निधि समाप्त कर समस्त धन का आहरण बेरोजगार भत्ता निधि में करने के अलावा भारत सरकार से इस निधि के लिए अलग से इमदाद (Subsidy) की मांग की जायेगी जिसे भारत सरकार स्पष्ट कारणों से अस्वीकार भी नहीं कर पायेगी। भ्रष्टाचार की जांच द्रुत गति से कराते हुए वसूल की गई रकम भी आवश्यकतानुसार इस निधि में आहरित की जा सकेगी। बाबा जोगी, महन्त, व्यास गुरु, मन्दिर, मस्जिद, गुरुद्वारे और दूसरे ट्रस्टों पर इस पुनीत सामाजिक धर्म कार्य के लिये कानून के अनुसार शुल्क लगाया जा सकता है क्योंकि यह भुगतान बिना भेदभाव के सब धर्म समुदाय के लोगों को किया जायेगा। साथ ही साल के अन्त तक जो राशि विभिन्न सरकारी विभागों द्वारा व्यय नहीं की गई और बच जाती है, उसका इस निधि में आवर्तन किया जायेगा।

बेरोजगारी भत्ता या बीमा, सामाजिक - आर्थिक समत्व और न्यायिक समाज की स्थापना करने में सहायक होगा जो आरक्षण नहीं कर पाया। सरकार का ये कदम पूरे देश के लिये अग्रणी और अनुकरणीय (Trend Setter) होगा। मुमकिन है एक माह के अन्दर ही पूरे देश में एक नई हवा बहने लगे, एक नये समाज की स्थापना हो जाय। बिना बेरोजगारी भत्ता के अनिवार्य शिक्षा का कोई मतलब नहीं रह जाता है, सिर्फ एक दिखावा और मजाक के। इस भुगतान के फलस्वरूप शिक्षा के प्रति जनमानस का अविरल, अभेद रुझान और आकर्षण स्वतः पैदा होगा, कानून द्वारा अनिवार्य शिक्षा लागू करने से कई गुना ज्यादा।

बेरोजगारी भत्ता, अर्थव्यवस्था एवं औद्योगिक विकास का अद्वितीय प्रवर्तिन (Booster) सिद्ध होगा क्योंकि इससे निवेश जन्य प्रगति (Investment Oriented Growth) न होकर उपभोक्ता जनित प्रगमन (Consumer and Oriented Growth) होगा जिसकी देश को जबरदस्त जरूरत है। समस्त राशि

आमतौर पर उपभोग या पूंजीगत वस्तुओं के लिये बाजार में खर्च हो जायेगी। उद्योगों को जीवित रखने के लिये सरकार द्वारा विभिन्न पैकेजेज देने से कई गुना शक्तिशाली सिद्ध होगा बेरोजगारी भत्ता और उतना ही प्रभावशाली कृषि विकास के लिये भी। यह किश्तों के वजाय सर्वजन कल्याण की एकमुश्त योजना सिद्ध होगी। स्वतन्त्रता के बाद सुराज स्थापन की ओर पहला सही कदम।

एक शक्तिशाली विकल्प के रूप में सरकार को निजी और सार्वजनिक क्षेत्र की प्रगतिशील, आधुनिक, बड़ी, मध्यम और औसत औद्योगिक इकाइयों के साथ मिलकर शिशुक्षु अधिनियम (Apprentice Act) के अलावा एक 'जनरल प्रशिक्षण योजना' लागू करने पर विचार करना चाहिए, जिसके अन्तर्गत मानदेय (Stipend) का भुगतान बेरोजगारी भत्ता योजना से कम न हो जिसका ४०% भुगतान औद्योगिक इकाई और शेष सरकार करेगी। इस योजना के अन्तर्गत बेरोजगार युवकों को एक वर्ष प्रशिक्षण मिलने से नौकरी ढूँढने या अपना काम चालू करने में मदद मिलेगी। इस योजना के शेष लाभ वही होंगे जो बेरोजगार भत्ता भुगतान योजना के अन्तर्गत होंगे।

धन एवं संसाधनों का दुरुपयोगः सञ्जीवनी खोज

मधुकोड़ा, जै ललिता, माया, मुलायम, लालू, बादल, चौटाला, बीर भद्र, शीला शिब्बू सोरेन और समुद्र मन्थन से निकले शिवराज सिंह जैसे महान लोगों के पदचिन्हों पर चलकर संजीवनी बूटी खोजने जैसी योजनाओं के सब्जबाग दिखाना इस गरीब राज्य की जनता के साथ बेईमानी और खिलवाड़ है। स्वयं हनुमान जी को संजीवनी बूटी का पता नहीं चल पाया था और उन्हें शिला ही उखाड़नी पड़ी थी। जिनके लिए संजीवनी लाई गई थी वो भी आज दुनियाँ में नहीं हैं। इच्छामृत्यु के स्वामी भीष्म पितामह और देवताओं को भी जीतने में सक्षम गुरु द्रोण धरती पर नहीं रहे। कल कोई अन्य नेता विशल्यकरणी, और तीसरा सुवर्णकरणी या संधानी जैसी जीवन रक्षक महाऔषधियों को ढूँढने की बात करेगा। ये सब चाँद से पानी लाने जैसी योजनायें हैं, लूट के लिए।

योजनायें पैसा बहाने, बटोरने के लिए नहीं, प्रैक्टिकल होनी जरूरी हैं। अपना घर भरने के लिए इस तरह की विलासितापूर्ण योजनाओं की मृग मरीचिका दिखाना गरीब जनता के साथ धोखा है, बोझ के नीचे राज्य का दम घुटवाना है।

हमारे पूर्वजों को पारस का ज्ञान था। उनको अणु, क्लोनिग, सूक्ष्मातिसूक्ष्म अस्त्र - शस्त्र निर्माण की तकनीक ज्ञात थी। शुक्राचार्य जी को संजीवनी विद्या तक आती थी लेकिन उन्होंने उस रहस्य को प्रकाशित नहीं किया, विस्तृत नहीं किया, फैलाया नहीं यहाँ तक कि अपने प्रिय जनों को भी नहीं बताया क्योंकि उन्हें आने वाले घोर कलियुग का पता था जब धर्म ही व्यापार बन जायेगा, गाय और गङ्गा रोटी। जब ए क्यू खान, माओ, सद्दाम, अहमदिनेजाँ जैसे लोग और उत्तर कोरिया, चीन, ईरान, पाकिस्तान जैसे देश तथा दुनियाँ को तबाह करने में लगे तालिबान, अलकायदा जैसे संगठन होंगे। उन्हें गोमूत्र का भी व्यापार करने वाले और इन्जक्शन लगाकर दूध निकलवाने वाले कलियुगी जोगी, बाबा, महन्त, गुरुओं का अंदाजा भी था। खुदा न खास्ता उन्होने संजीवनी के बारे में बता दिया होता या दुनियाँ को आज भी सञ्जीवनी के बारे में पता लग गया तो धरती का क्या होगा, अगर लोग अमर होते गये और बुढ्ढे इसी तरह होते रहे तो क्या परिणाम होंगे ?

जड़ी, बूटी, वनस्पति, औषधि, रस और भस्म के अन्वेषण, विशुद्धीकरण और प्रयोग के लिए राज्य को आयुर्वेदिक केन्द्र (hub) बनाने की बात तो ठीक है, उचित है, क्योंकि आने वाली सन्तति जिन्दगी को मात्र उत्पादन समझने के बजाय उसे स्वस्थ, हृष्ट - पुष्ट रखने में यकीन करेगी। आने वाली पीढ़ियों के लिए जिन्दगी केवल जिन्दा रहना मात्र नहीं होगी अपितु उसका उचित प्रतिभासन महत्वपूर्ण होगा। मरने के बाद भी वो अपने मृत बच्चों की अस्थियों में उस प्रातिभ को मौजूद देखना चाहेंगे।

इसलिए शासन, प्रशासन का यह प्रयास कि हर आदमी ७५ - ८० वर्ष तक स्वस्थ और सुखी जीवन व्यतीत करे स्तुत्य ही माना जायेगा न कि आदमी को जर लेकिन अमर बनाना। जीवन चिन्ता मुक्त, खुशहाल और जीने लायक

हो ताकि इन्सान सन्तुष्टि के साथ मर सकें। औषधिक बन विकसित करने, जड़ी - बूटी विकास और राज्य को आयुर्वेदिक हब बनाने में निजी क्षेत्र से सहयोग लिया जा सकता है। साथ ही सरकारी डिस्पेंसरियों के अलावा निजी क्षेत्र के दवा निर्माताओं और देश - विदेश में माल की आपूर्ति करने वालों के साथ मार्केटिंग के लिए समझौता किया जा सकता है। बेहत्तर होगा केरल की पञ्चकर्म पद्धति के साथ योग चिकित्सा और आयुर्वेद की blending की जाय और इसे सरकारी अस्पतालों में सस्ती दर पर उपलब्ध कराया जाय। कर्मचारियों को Incentive Scheme से आवृत कर कर्त्तव्य निष्ठ बनाया जाय। ४० वर्ष के बाद हर पांच साल में इस पद्धति का ट्रीटमेन्ट लेने से बीमारी और बुढ़ापा लम्बे समय तक दूर रहेंगे।

जल संसाधन और भविष्य

जल संसाधन एक अन्य प्रत्यावर्तन (Retrogressive) क्षेत्र बनता जा रहा है। खाद्य सुरक्षा से भी भयानक जल सुरक्षा की समस्या होती दिखती है। उत्तरांचल के पर्वतीय क्षेत्र जहाँ कदम-कदम पर पानी था एक प्रकार से water hub था, जलनिधि (Water Body) था, आज पानी की एक एक बूँद के लिए लोग तरस रहे हैं। यह, जहाँ पर्यावरण परिवर्तन का प्रत्यक्ष प्रमाण है वहीं आने वाले कल और काल का भी संकेत है। पानी के संरक्षण के साथ जंगल और पर्यावरणीय प्ररक्षण स्वतः जुड़ा है। जल संरक्षण के क्षेत्र में शासकीय के साथ साथ सामूहिक जन प्रयास की भी आवश्यकता है। लोगों में जल के प्रति पवित्र भाव, पर्यावरणीय चेतना और जल संरक्षण के नये, आधुनिक तरीकों की जानकारी एवं वैज्ञानिक साधनों का ज्ञान आवश्यक हो गया है। सच ये है कि सरकारी करतूतों और अपव्यय तथा कथनी - करनी के अन्तर से लोगों के मन से विश्वास ही उठ गया है। टिहरी डेम, नर्मदा योजना, पहाड़ों की छलनी, पेड़ों का कटान, भू माफिया के साथ मिली भगत, निर्माण और आधुनिकीकरण के नाम पर जमीन की छीन, लूट, दुरुपयोग, अप - प्रयोग और जमीन की सट्टेबाजी, खनन आदि ऐसे उदाहरण हैं कि देश, समाज, राज्य के लोग अपने सामने अस्तित्व की चुनौती देखते हुए भी उस ओर नफरत से भी ध्यान देने

को तैयार नहीं हैं। इन बातों को वो अब व्यास - गुरुओं और नेताओं के भाषणों की तरह कोरी मान रहे हैं। इस नग्न ताण्डव को देख कर विकास की कीमत चुकाने की बात भी जनमानस के गले नहीं उतर रही है क्योंकि सारी कीमत उन्हीं को ही चुकानी पड़ रही है। अतः आम आदमी को ये सब Public money के siphoning के तरीके लग रहे हैं। अतः संजीवनी बूटी की खोज जैसी योजनाओं पर व्यय न करके पानी और खाद्यान्न की उपलब्धि एवं संरक्षण के साथ बेरोजगारी भत्ता जैसी योजनाओं पर ध्यान देने की जरूरत आ गई है।

एक समय था जब पहाड़ों पर थोड़ा खुरचने से ही पानी निकल जाता था। जगह जगह पानी की अविरल धारायें फूटी रहती थीं आज है कि जगह - जगह खेंचू (Hand Pump) लग गये हैं, फव्वारे सूख गये हैं। ये सब कुदरत की आने वाले समय के लिए चेतावनी है। अतः इस तरफ विशेष ध्यान देने का समय आ गया है। चिपको आन्दोलन की ही तरह जल संरक्षण की चेतना की भी आवश्यकता आन पड़ी है। विचित्र और समझ में न आने वाली बात (Dilemmatic) ये है कि नदियाँ बह रहीं हैं और लोग प्यासे हैं। कर्णप्रयाग जैसे संगम स्थल की ये स्थिति है। गर्मियों में कर्णप्रयाग गाँव के ही लोग बूँद-बूँद के लिये तरस जाते हैं। आदतें विलायती होती जा रही हैं, संसाधन हैं नहीं, श्रम करना बेइज्जती लगती है, नकल अमेरिका की कर रहे हैं जिसका एक रुपया (डालर) आज भी हमारे ५६ रुपये से ज्यादा है। हम अपनी स्थिति उस बरसाती कीड़े की तरह कर रहे हैं जो खिंच - खिंच कर अपने ही टुकड़े कर देता है। जिला मुख्यालय गोपेश्वर जैसे स्थानों की भी स्थिति कोई अच्छी नहीं है। इसके ऊपर तअज्जुब ये है कि नलों का कोई ऐसा जोड़ नहीं जिससे पानी न बहता हो। सरकारीं जमीन का जो वारा न्यारा हो रहा है वह अलग गांव जल विहीन हो रहे हैं।

राज्य सृजन के एक दशक बाद तो गाँवों की दशा मानों और भी दयनीय हो गई है। यही सब कारण है कि गाँव खाली हो रहे हैं और शहरों पर दबाब बढ़ रहा है। लोग समझते हैं शहरों में सुख ही सुख है। उन्हें अंदाज ही नहीं शहरों का क्या हाल होने वाला है। राज्य की राजधानी में ही अभी से टेंकरों से पानी वितरण की नौबत आ गई है, भविष्य क्या होगा? इसलिए भी गाँवों

को ही शहर बनाने की जरूरत है। ग्रामीण क्षेत्रों की उपेक्षा के अलावा गाँवों के खाली होने के पीछे कारण वहाँ की अशिक्षा, अज्ञानता से उत्पन्न और वोट के लालच तथा राजनीति के विकार से विकृत जातिवाद भी है।

प्रव्रजन का यही हाल रहा तो पंद्रह - बीस साल बाद उत्तरांचल के शहर, कस्बों की जनसंख्या दूनी हो जायेगी। समस्याओं से निपटने के लिए क्या प्लानिंग की गई है और किस तरह की प्लानिंग की जरूरत है इस पर कोई मंथन ही नहीं हुआ। ये अदूरदर्शिता की चरम सीमा है। प्राकृतिक और मानवीय स्थितियाँ ५ - ७ साल बाद ही, सम्भव है, सरकार को नदियों सहित जल संसाधनों का उपयोग बिजली उत्पादन के बजाय पीने के पानी की आपूर्ति और पेय जल योजनाओं हेतु करने को वाध्य करे। कहीं - कहीं सम्भव है दोनों प्रयोजन सिद्ध हो जायं। इसलिए बिजली उत्पादन के अपारम्परिक (Non Conventional) स्त्रोतों की प्लानिंग करना भी उतना ही आवश्यक है। अगर तब तक semi nuclear electricity or quasi atomic power उपलब्ध नहीं होती है तो समस्यायें गम्भीर होंगी। बहुत सारे बाँधों का निर्माण भी जोखिम भरा ही है। अगर ये सोच है कि पहाड़ी हैं, मरेंगे तो मर जाने दो, क्या फर्क पड़ता है, तो अलग बात है।

यह सम्भव है कि सर्वत्र पानी ही पानी हो, परन्तु पीने के लिये एक बूँद भी न हो। दारू की बोतलों की तरह बहु - राष्ट्रीय कम्पनियों द्वारा जमीन के ऊपर और नीचे से निकाले गये पानी की बोतलों से बाजार भरे हों लेकिन नल सूखे, जमीन प्यासी। चाँद से लाया गया पानी सम्भव है आज की लागत से १००००० बोतल होने पर भी बिकने लगे। कम से कम रिलाइन्स, इन्फोसिस, बजाज, विप्रो, टाटा जैसे संगठन और भ्रष्ट नेता, अफसर, अपराधी, माफिया लोग पीयेंगे अन्यथा बहुराष्ट्रीय कम्पनियां और उनके अफसर तो पीयेंगे ही। अतेव साइन्टिस्टों की नौकरी मैनिज करने के साथ यह भी बेहत्तर होगा कि भविष्य भी उनसे ही मैनिज करवाया जाय।

आइये राजस्थान से सीखें

कभी सूखा नीरस रेगिस्थान समझे जानेवाले राजस्थान और जलस्त्रोत (Water Body) समझे जाने वाले उत्तराञ्चल के मिथ ही बदल गये हैं, यूँ

कहिये पलट गये हैं। संकल्प ने आज राजस्थान को हरा भरा मंगल उपवन बना दिया है। इन्दिरा नहर इसका केवल एक कारण हो सकता है संपूर्ण नहीं। उत्तराखण्ड में खेंचू लग गये हैं। राजस्थान के भी कई क्षेत्र कुमांऊ की तरह की छोटी-छोटी पहाड़ियों से भरे हैं लेकिन अधिकतर सूखे। कई क्षेत्र पथरीले ढलाऊ हैं उत्तराखण्ड की तरह। हमें राजस्थान से सीखने की जरूरत है जहाँ कभी लोग खास तौर से महिलाए अविश्वसनीय रूप से दो कप पानी में ही स्नान करती थीं। लेकिन आज वहाँ बाढ़ की भी समस्या हो जा रही है। ये वहाँ के पर्यावरणविदों की निष्ठा, समर्पण, और त्याग, प्रचार तथा कालान्तर में सरकार के सहृदय सहयोग का परिणाम है। मैगससे विजयी डा० राजेन्द्र सिंह का इसमें बहुत बड़ा त्याग है जो सत्तर के दशक में भारत सरकार के इंजीनियर का पद छोड़ कर इस कार्य में लग गये थे। राजस्थान में आज जल संरक्षण, संवर्धन और मेघ जल (वर्षा का पानी) एकत्रित करने के कई पारम्परिक तथा आधुनिक तरीके अपनाये गये हैं। ढलानों में भी वृष्टि जल एकत्रीकरण (Rain Water Harvesting) किया जा रहा है। भारत की परम्परागत बावड़ी, तालाब, कुए खोदने की तकनीक से पानी द्वारा स्वतः पानी खोजने (Water Tracing Water) का वहाँ बड़ा प्रचलन है। परिणामस्वरूप रेगिस्थान जङ्गल बन गये हैं और सूखी जमीन हरियाली। अतः चारों ओर मंगल हो रहा है। औद्योगिक, व्यापारिक कुशलता तो उनके खून में है ही।

उत्तराञ्चल में भी कम से कम मैदानी, तराई इलाकों, शहरों, कस्बों में अब वृष्टि जल सञ्चयन (Rain water Harvesting) का समय आ गया है जिसे वैधानिक रूप से प्रभावी करने की भी जरूरत हो सकती है। आवश्यकतानुसार जल संचयन के छोटे बड़े संयन्त्र लगाने की वाध्यता लागू करने का समय आ गया है। आवासीय कालोनी चाहे सरकारी हों या निजी क्षेत्र में, आधा एकड़ और उससे अधिक के व्यगिगत आवासों/मकानों/कार्यालयों के लिए भी यह अनिवार्य कर दिया जाना चाहिये। पर्वतीय इलाकों में जल संरक्षण के अन्य सामूहिक कारगर साधन और उपाय लागू किये जाने चाहिये। भवन/कालोनी निर्माण के नक्शे और बैंक ऋण इसी शर्त पर स्वीकृत किये जाने चाहिये। बिजली -, पानी के कनेक्शन अन्त में तभी स्वीकृत किये जायें जब चालू हालत

में जल सञ्चयन संयन्त्र काम करते हुये पाये जाँय। भवन/कालोनी बनजाने और स्वीकृत हो जाने के बाद भी अगर निरीक्षण करने पर संयन्त्र काम करते हुये न पाये गये तो सात दिन का नोटिस देकर बिजली-पानी के कनेक्शन काट दिये जाने का प्रविधान होना चाहिये।

आर. ओ. (RO) सिस्टम पूरे देश में ही कानूनी रूप से निषिद्ध किया जाना चाहिए। जिस देश में एक-एक बूँद पानी के लिए लोग तरसते हों, गर्मी के मौसम में गोली तक चल जाती हो, कई दिनों तक लोगों को पानी न मिल पाता हो, घंटों लोगों को लाइन में लगना पड़ता हो, मीलों पानी लेने जाना पड़ता हो, उस देश में RO केवल एक जीता जागता अभिशाप है, बेईमानी है जो एक लीटर पानी शुद्ध करने के लिए कम से कम तीन लीटर पानी बर्बाद करता है। मुश्किल से १० फीसदी लोग उस पानी को बर्तन - कपड़ा धोने, गार्डनिंग या पोंछा, धुलाई में प्रयोग करते होंगे अन्यथा पूरा का पूरा २/३ (६७%) हिस्सा पानी बर्बाद होता है। क्या ये क्रिमिनल नहीं है, खास तौर से आज जबकि कई विकल्प बाजार में हैं और सस्ते उपलब्ध हैं।

कहीं देर न हो जाए

प्रकृति से हम सब खसोड़ने और खींचने में लगे हैं यहाँ तक कि जमीन के नीचे पानी सहित जो कुछ भी है उसे भी हम नहीं छोड़ रहे हैं। कोई भी उसका पोषण-परवरिश करने के लिए तैयार नहीं है। साइनटिस्टों के पदचिन्हों का अनुशरण करते हुए सभी लोग प्रकृति को जमीन की तरह निर्जीव समझ रहे हैं और यहीं धोखा खा रहे हैं। जमीन, पानी, हवा यहाँ तक कि आग भी निर्जीव नहीं हैं, प्रकृति की तो बात ही क्या। बस यही अन्तर है; पाश्चात्य और भारतीय दर्शन में। यही है भोगवाद और त्याग की कश-म-कश। प्रकृति को निर्जीव समझ कर उसके साथ बहुत छेड़-छाड़ के दुषपरिणाम उनसे भी ज्यादा भयंकर हो सकते हैं जो अभी तक हो चुके हैं-हिमाचल से लेकर कश्मीर, बिहार से गुजरात, उत्तराखण्ड से दिल्ली-पंजाब, जम्मू तक। मुम्बई से असम और उड़ीसा सब इसकी चपेट में हैं चाहे सूखा हो या बाढ़, भूकम्प हो या आग। पाकिस्तान, बंगलादेश से चीन, अमेरिका से थाइलैण्ड - जापान और

रूस सहित यूरोप सब इसकी मार झेल रहे हैं अपनी करतूतों से। बौद्ध देश भी सभी समुद्रों को खाली करने में लगे हैं स्वेल से लेकर मछली के अण्डों तक। ये सच है कि दुनियाँ न तो अभी खत्म हो रही है न हजारों साल खत्म होगी लेकिन इसका मतलब ये भी नहीं है कि अगर कल मरना है तो आज ही मर जाँय। एक दिन मरना ही है का मतलब ये नहीं है कि आज और अभी जहर पी लिया जाय। लेकिन हाँ, मनुष्य को उसके पापों का फल देने का प्रकृति का नियम बदस्तूर चल रहा है और चलता रहेगा। अपने विभिन्न बलों (Forces) की प्रचण्डता और रोष से प्रकृति अपना संतुलन बनाये रखेगी।

जितना ही वैज्ञानिक प्रकृति को कन्ट्रोल करने की कोशिश करेंगे अथवा मनुष्य उसके क्षेत्र में घुसपैठ करेंगे उतनी ही अपने और मानवता के लिए विपदा और विध्वंश आमंत्रित करते रहेंगे। जब तक प्रकृति का दुरुपयोग, कुप्रयोग, दुष्प्रयोग और दोहन चलता रहेगा तब तक प्रकृति के अस्त्र - सूखा, बाढ़, भूकम्प, तूफान, बबण्डर, चक्रवात, ज्वालामुखी, अतिवृष्टि - अनावृष्टि, अकाल, भूख भी अपना काम करते रहेंगे और यह क्रम तब तक चलता रहेगा जब तक कुदरत अपने को संतुलित नहीं कर देती। प्रकृति को मनुष्य जिस तरह से मजबूर करेगा प्रकृति उसी तरह से अपना खेल खेलेगी।

प्राचीन भारतीय मनीषी, दार्शनिक और द्रष्टा ही नहीं आम आदमी ने भी प्रकृति के दुरुपयोग, दुष्प्रयोग, और भोग की अति के कुपरिणामों से बहुत कुछ सीखा था। यही कारण था कि महाभारत के बाद सैकड़ों साल तक स्तब्धता छाई रही। एक बहुत बड़ा अन्तराल आया जब विचार और मन्थन, साहित्य, शास्त्र, इतिहास, दर्शन और ग्रन्थ रचना, लोक कल्याण तथा मानवीयता और समष्टि परता (holism) पर पूरा ध्यान केन्द्रित हो गया। क्योंकि तथाकथित वैज्ञानिक और तकनीकी ज्ञान की चरम सीमा, भौतिक विकास और ऐहिक सुख की निःसारता का सबको आभास हो चुका था। उससे लोगों का ध्यान स्वतः हट गया और ऋत सृजन की ओर प्रत्यावर्त हो गया। अतैव आध्यात्मिक विरासत के विकास के साथ वैज्ञानिक विरासत भुला सी दी गई और भावी पीढ़ी उससे वंचित रह गई। यह भले ही एक दुर्भाग्यपूर्ण स्थिति हो लेकिन

जीवन दर्शन और मूल्यों में आमूल परिवर्तन हो गया। सुखमय जीवन के लिए प्रकृति के दोहन और भोग की अति पर अंकुश लग गया अतः भावी पीढ़ी का भविष्य सुरक्षित हो गया। लोगों को भूमि, जल, वायु और आकास तथा पर्यावरण के महत्व की अनुभूति हो गई। उस विकृत साइन्स और टेक्नलजी का भी महाभारत के साथ ही अन्त हो गया और वह विरासत आगे नहीं बढ़ पाई। क्योंकि युद्ध के परिणामों से लोग त्रस्त हो गये थे।

महाभारत से युगों पहले तक २५ - ३० देव - दानव युद्धों के अलावा राजाओं के बीच कई युद्ध लड़े जा चुके थे। लेकिन महाभारत की समाप्ति के साथ भोगवाद और सत्ता के द्वन्द्व का भी अन्त हुआ और ज्ञान - दर्शन की पुनर्स्थापना हुई। अंग्रेज - पाश्चात्य इसी ज्ञान, अनुभूति और त्यक्त बुद्धि भोग दर्शन (Detachment) को भारत का निराशावाद (Pessimism) और भारतीयों का उदास जीवन दर्शन कहते रहे हैं और आज स्वयं दुर्गति भोग रहे हैं। मनुष्य जाति के सामने पुनः अपने पापों पर उसी तरह मन्थन करने का समय आ गया है। अगर भारतीय दर्शन से नहीं, महाभारत से नहीं तो कम से कम दुनियाँ में लोगों द्वारा भोगी जा रही विपत्तियों और दुनियाँ के सामने खड़ी समस्याओं से तो सीख सकते हैं। यूरोप और अमेरिका तो सचमुच ही अपने कर्मों की त्रासदी भोग रहे हैं, भले ही बाहरी चेहरा कुछ भी बना, दिखा रहे हों। जापान और अन्य बौद्ध धर्मी देश भी जैसे थाईलेण्ड सबसे बड़े जीव हिंसक हैं। समुद्र से लेकर पृथ्वी तक हर जीव उनका आहार है और वो उसकी त्रासदी भुगत रहे हैं, भले ही अमेरिका - यूरोप की तरह वो भी इसे न समझें या समझना न चाहें। थाईलैण्ड माना गरीब है पर जापान? चीन सब तरह की हिंसा में सबका बाप है। इससे स्पष्ट होता है कि हिंसक या अहिंसक होने में धर्म का कोई हाथ नहीं है। भारत के तटीय राज्यों का व्यापार और भोजन तथा देश के समस्त आमिषों का भक्ष्य इसी हिंसा पर आधारित है।

भारतीय दर्शन ने प्रकृति और मानव के सह अस्तित्व पर ही बल दिया है। यानी मनुष्य जाति का प्रकृति के साथ आध्यात्मिक सामञ्जस्य। प्रकृति ईश्वर का प्रत्यक्ष साक्षात रूप होने के साथ-साथ उसकी यम और संयमन

शक्ति भी है। इसीलिए प्राचीन भारत और विश्व की तत्कालीन धर्म पद्धतियों और विश्वासों में प्रकृति की विभिन्न शक्तियों की पूजा का दर्शन समाहित था। भारत और भारतीयों को नीचा दिखाने और अवहेलनात्मक नजर से देखते हुए अंग्रेज और यूरोपियन भारतीय सनातन दर्शन, वैदिक ज्ञान और वैज्ञानिक दार्शनिक मनीषियों को मूर्ख, जाहिल और आदम (Primitive, Savage, Nomad) कहते, समझते रहे और खुद आज उसकी कीमत चुका रहे हैं।

स्वयं को धोखा देने और गलत फहमी की कीमत

हमारी गरीबी भ्रष्टाचार का कारण नहीं बल्कि व्याप्त भ्रष्टाचार हमारी त्रासदी और गरीबी का कारण है। भ्रष्टाचार ने बिहार, झारखण्ड, उड़ीसा, बंगाल, तमिलनाडु, दिल्ली, पंजाब, केरल, उत्तरप्रदेश, उत्तराखण्ड, हरियाणा, मध्य प्रदेश, छत्तीसगढ़ को ही नहीं सारे देश को दरिद्र बना दिया है। इस देश में एक विचित्र स्थिति पैदा हुई - व्यक्ति समाज की कीमत पर अमीर बनता रहा अतः देश गरीब ही रह गया, आदमी अमीर होता गया जनता सामूहिक रूप से दरिद्र। जितना आदमी अमीर बनता रहा समाज उतना ही गरीब होता चला गया। समझने की बात केवल इतनी है कि समाज के गरीब रहते कभी कोई अमीर बन ही नहीं सकता न रह सकता है, वो भी नहीं जिन्होंने उसे गरीब बनाया। आज तथाकथित अभिजात्य नव धनाड्यों और सत्तापोषक अमीरों की अमीरी की कीमत टाइम्स आफ इण्डिया की व्यंगात्मक शब्दावली का 'आम आदमी' अदा कर रहा है। ये न भूलें कि प्रकृति शतरंज के डिब्बे में एक साथ बंद राजा, रानी, वजीर सिपाही की तरह अमीर - गरीब में कोई भेद नहीं करती। इसलिए समाज की खुशहाली, विभूति और निधि ही हमको सामूहिक सुरक्षा, समृद्धि, कल्याण तथा माङ्गलिक सहिष्णु शक्ति प्रदान कर सकेगी।

अतैव जरूरत है एक नव जागृति की विशेष रूप से युवा पीढ़ी में ताकि कोई भी, कितना ही शक्तिशाली, तानाशाही सत्ताधारी क्यों न हो, किसी भी सामूहिक सम्पत्ति, धन और जनकल्याण के लिए निर्धारित संसाधनों तथा राज्य

की दौलत का उपयोग निहित स्वार्थ के लिए न कर सके। यह इसलिए भी जरूरी हो गया है क्योंकि न्यायपालिका से न्याय मिलने की अब कोई उम्मीद नहीं रह गई है। अतः बजाय सड़क पर निपटने के, दुन्द - द्वन्द्व पेलने के, सीन क्रिएट करने के, समस्याओं से लोकतान्त्रिक लेकिन प्रभावी ढंग से समझदारी के साथ निपटाने के रास्ते ढूँढे जायं या प्रयोग किये जाये ताकि समाज की सामूहिक सम्पत्ति और पूँजी का विनिर्माण, सञ्चयन एवं अभिवृद्धि हो।

अब हमारे पास सीमित विकल्प हैं - ईमानदारी या विपत्ति, जीवन मूल्य या पतन, गुणात्मक जीवन शैली या नग्न भोग, सामाजिक या व्यक्तिगत समृद्धि, प्रकृति कृपा या कहर और अन्ततः लूट या सह-अस्तित्व। विदेश नीति में सह अस्तित्व की बात करना और देश के अन्दर गला काट नीति को प्रोत्साहित करना एवं प्रेरणा देना वर्तमान भोगवादी शासन पद्धति की ही देन है। उत्तराखण्ड के लोगों को प्राकृतिक विपदा की कीमत चुकाने के लिये भी तैयार रहना और होना पड़ेगा क्योंकि ये दोनों के बीच का चुनाव है - डिवलपमेंट (विकास) या पर्यावरण। इन समस्त चुनौतियों को निष्कपट समूहिकता से ही निपटा जा सकता है जो तभी सम्भव है जब ईमानदार शासन, नैतिक प्रशासन, जागरूक जनता और सामाजिक पूँजी विनिर्माण, सम्पत्ति सञ्चय एवं विवर्धन हो और उसका उचित उपयोग एवं उपभोग (Fair reasonable Consumption and Sharing) हो ये तभी सम्भव है जब पूँजी और धन सम्पत्ति का निवेश स्कूल, कालेज, अस्पताल, दवाई, सड़क, बिजली, पानी, फसल बीमा, कृषि - उद्योग और इन सबसे ऊपर रोजगार या बेरोजगारी भत्ता देने पर हो, ताकि नागरिक अपने, अपने परिवार और भविष्य के बारे में निश्चिन्त हो सकें तथा पूँजी विनिर्माण और संचय दोनों अविरल रूप और गति से चलते रहें। प्रकृति या रोजगार, पर्यावरण या प्रदूषण, आर्थिक विकास-औद्योगीकरण या राजनीति, जीवन या विपदा, उन्नति या अवनति, वरदान या प्रकोप आदि इस तरह की बहस, विवाद और तर्क अन्य विषयों जैसे भ्रष्टाचार, कालाधन या सुशासन, शिकार, गुटखा, माडर्न लाइफ स्टाइल, शराब, सिगरेट या पाश्चात्य लाइफ स्टाइल, नग्नत्व या संस्कृति, की तरह तब तक चलते ही रहेंगे जब तक

कि कोई गाँधी पुनः पैदा नहीं होता। बेईमानी, लूट, अनैतिकता और भ्रष्टाचार आज प्रकृति प्रकोपों से भी बड़े Deficit, Catastrophe, Calamity और Disaster हो गये हैं इन पर जितनी ही बहस हो रही है उतने ही बढ़ रहे हैं। अतः स्पष्ट है कहीं न कहीं इच्छा शक्ति और ईमानदारी की कमी है। इन सबका एक समाधान क्या हो सकता है इस पर लेखक की पुस्तक 'The Only Solution for India में गहन एवं विस्तृत प्रकाश डाला गया है।

पुष्प खेती एवं कुसुम संस्कृति (FLORICULTURE)

भारत में फूलों का भौतिक पवित्र और आध्यात्मिक दोनों तरह का महत्व रह है और उसी दृष्टि से फूलों का प्रयोग होता रहा है लेकिन भारतीय राजनैतिक क्षेत्र की मख्खनबाजी संस्कृति में अब फूलों का भौतिक महत्व बहुत बढ़ गया है। साथ ही विश्व में एक नई कुसुम संस्कृति के जन्म के साथ भारत में भी इस संस्कृति के झोंके महसूस किए जाने लगे हैं। जिस तरह से इसका प्रभाव बढ़ा है और बढ़ रहा है उससे पुष्प संस्कृति के उत्तरांचल में पूरी तरह स्थापित होने में कोई संदेह नहीं है। गुलाब (रोजा फूल) खास तौर से रोजा कलि, गुञ्चा (Buds) का भारत के साथ-साथ विदेशों खास तौर से अमेरिका और यूरोप में खपत का अपार क्षेत्र है। इसके साथ ही पीले - बड़े हजारी गेंदे की भी विस्तृत सम्भावनायें हैं। गिलाइडुला (Gladioli and Gladiolus) स्टिक की भी उतनी ही माँग है। लाभ - आय - विकास के साथ-साथ इन सभी से विदेशी मुद्रा भी उपार्जित की जा सकेगी। सुमन संस्कृति से बंजर भूमि आबाद होगी। न बैल न हल किसी की जरूरत नहीं होगी और जमीन का लाभ दायक उपयोग होगा। तीर्थों, देव स्थानों के विकास और अन्वेषण के साथ उत्तरांचल में ही फल, पुष्प की माँग बढ़ेगी और बढ़ती जनसंख्या के कारण माँग निरन्तर बढ़ती रहेगी। बदरी - केदार लिंक रोड से केदार नाथ में बेल पत्र और फल की माँग स्वतः बढ़ेगी। बदरीनाथ में बुखला और द्रोण के अभाव में तुलसी दल और माला का चढ़ावा स्वतः अभ्युन्नत होगा। इन सबकी अच्छी सम्भावनाए हैं और इनके साथ ही खेती की स्वतः अभ्युन्नति की भी। कुछ विशेष विरल और दुर्लभ फूलों के उत्पादन के प्रयोग किये जा सकते हैं। इन

सबके प्रति अभिरुचि पैदा करने के लिए प्रचार संस्कृति और मानवीय प्रयासों की जरूरत है। तथापि जब तक अध्यात्म, गङ्गा, शिव, सूर्य, देवी, देवता और तीर्थ, धर्मस्थान, पूजा और कर्मकाण्ड रहेंगे, फूलों की जरूरत हमेशा पड़ेगी।

यही नहीं अपितु गौर किया जाय, थोड़ा मन्थन और प्रयास किया जाय तो देव मन्दिरों में दूब और कुणजा संस्कृति पैदा की जा सकती है जो आय का नया आयाम सिद्ध हो सकता है। सूखा कुणजा धूप की तरह भी इस्तेमाल हो सकता है, सूखने पर भी उसकी माला टिकाऊ रह सकती है। कुणजा, द्रोण की तरह ही सुगन्धि परक है। इसके लिए खेत कम पड़ जायेंगे और गाँवों को बसाने - आबाद करने के तरीके मिल जायेंगे। यह प्रभावी रूप से द्रोण का स्थानापन्न (Substitute) हो सकता है और बंजर मैदानों में भी उगाया जा सकता है।

फल फूल सब्जियों की नई नई किस्मों की जानकारी और उत्पादन प्रणाली को सीखने अगर देश के अन्य भागों - राज्यों या विदेश भी जाना पड़े तो उचित खर्च किया जाना चाहिए क्योंकि इस तरह के खर्चे अपव्यय नहीं अपितु उत्पादक हैं, एक प्रकार से निवेश ही हैं। उदाहरण के लिये एल्फान्ज़ो आम, किवि (Kiwi) फल, सूखे मेवों की खेती, उत्पादन आदि इसमें सम्मिलित हैं।

फल-सब्जी उत्पादन

फल - सब्जी का सम्बन्ध मानव जाति से जुड़ा है। जब तक मानव रहेंगे, मानव जाति रहेगी साग - फल - सब्जी की आवश्यकता रहेगी। देश या विदेश में, सर्वत्र। आलू एक ऐसा कन्द है जिसकी माँग हर देश में हर समय रहती है। आलू बहु उद्देश्यीय, बहु आयामी कन्द है। कुछ लोगों और कुछ मामलों को छोड़ कर हर व्यक्ति को आलू की आवश्यकता है। आलू मात्र सब्जी नहीं बल्कि खाद्य है। आज के विश्व की बिना आलू के कल्पना भी नहीं की जा सकती। इसीलिए वह सब्जियों का राजा कहा गया है। भारत में तो उपवास का मुख्य आहार भी आलू है। आलू चाहे अकेले बनाइये चाहे किसी सब्जी के साथ मिलाकर। आमतौर पर हर सब्जी के साथ उसका एक जायका है।

आलू और फल, सब्जी का बाजार मानव जाति की तरह स्थायी है। अकेले देहरादून में ही उत्तराखण्ड की कुल सब्जी उत्पादन की एक चौथाई खपत है जिसकी आपूर्ति भी नहीं हो पाती है। अप्रैल से जून तक देहरादून में सब्जी की कीमतें आकास छूती हैं, कारण है जमीन बिक गई है जो थोड़ी बहुत है जल्दी बिकने की कगार पर है, दूसरी तरफ जनसंख्या हर तरीके से बढ़ ही रही है। गर्मी के साथ उत्पादन की कमी और शादी-विवाह का भी मौसम रहता है।

लेकिन मौसम, जलवायु परिवर्तन के बावजूद आलू, फल, सब्जी उगाई जाती रहेंगी केवल उनकी किस्म और समय बदलता रहेगा। अब समय आ गया है कि सरकार और वैज्ञानिक जलवायु परिवर्तन के साथ विभिन्न मौसमों में उगाये जाने वाले नये-नये फल-सब्जियों के परीक्षण और प्रयोग करना प्रारम्भ करें और किसानों को नई-नई जानकारी देते रहें। अब वैज्ञानिक ढंग से आलू पैदा करने पर भी जोर देना चाहिये ताकि आलू निर्यात किया जा सके और वेदेशी मुद्रा उपार्जन भी हो सके। कुछ विशिष्ट किस्मों पर विशेष ध्यान देकर उनका वैज्ञानिक तरीके से निर्यात के लिए ही उत्पादन किया जाना चाहिये।

उत्तराखण्ड को समन्वित खेती (Integrated Cultivation) पर जोर देने की जरूरत है यानी फल - फूल, सब्जी, आलू, आयुर्वेदिक, औषधीय जड़ी, बूटी और पौध, पौधे। ये सब राष्ट्रीय-अन्तरराष्ट्रीय महत्व के स्थाई उत्पाद हैं। अतः जलवायु परिवर्तन की चुनौती का सामना करने के लिये भी सामरिक नियोजन की आवश्यकता आ गई है। पायलट प्रोजक्ट्स द्वारा सूखे फल (Dry Fruits) मेवे और किवि (Kivi) जैसे विदेशी फल और अल्फान्जो आम के परीक्षण और प्रयोग किए जा सकते हैं। विदेशी पर्यटक अब बढ़ते रहेंगे लेकिन उनको बढ़ाने के लिए तदनुरूप प्रचार और तैयारियाँ भी चाहिये।

यहाँ की वानकी और जैविकी पृष्ठभूमि में जैविक उत्पाद और जैविक खाद के प्रयोग भी किये जा सकते हैं। समन्वित खेती के लिए भी इसकी जरूरत होगी। पशुपालन भी धीरे धीरे कम हो रहा है अतैव भविष्य में जैविक खाद का ही रास्ता दिखाई दे रहा है। अतः बायो टेक शिक्षा (Bio Tech edu) पर

सोचा जा सकता है और उसे वन अनुसंधान संस्थान (Forest Research Institute) के साथ भी संहित (Integrate) करवाया जा सकता है। विदेशी सरकारें या निजि क्षेत्र जैविक उत्पादों में इच्छुक हो सकते हैं और इसका अच्छा क्षेत्र उपलब्ध हो सकता है।

लेकिन इन सबके लिए निष्ठावान लोग और सच्चा संकल्प चाहिये। राज्य को इस समय volume के साथ-साथ value additions की महती जरूरत है।

भाषा - बोली (Dialect) संहिताकरण और शब्दकोश

कुमांऊ और गढ़वाल के आदि ऐतिहासिक सम्बन्धों पर विस्तार से प्रकाश डालने के अलावा क्षेत्रीय बोली - उपभाषा विकास पर भी पहले चर्चा की जा चुकी है। इन दोनों बोलियों में थोड़ा ही फर्क है खास तौर से उच्चारण का। वैसे दोनों क्षेत्रों की अलग-अलग परिधियों में भी बोली का थोड़ा बहुत फर्क है। आज राज्य को दो शब्दकोशों की जरूरत है। एक जिसमें गढ़वाली और कुमांउनी के तत्सम और पर्यायवाची शब्द हों। दूसरा जिसमें दोनों बोलियों के शब्दों के हिन्दी पर्याय हों। इस प्रयत्न से एक समन्वित आत्मीयता और समवेत संस्कृति का अभ्युच्चय होगा। इस प्रयत्न से एक तो ये बोलियां लुप्त होने से बच जायेंगी दूसरा इनको हिन्दी के नजदीक लाने से एक मान्यता मिलेगी और हरयाणवी, राजस्थानी, अवधी या ब्रिज भाषा की तरह चैनल, सिनेमा, सीरियल के माध्यम से देश के सामने राष्ट्रीय स्तर पर प्रस्तुत करने में मदद मिलने के साथ एक पहचान भी। ये आश्चर्य जनक लगता है लेकिन सच है कि पिछले एक हजार वर्ष में भारत की एक हजार और विश्व की चार हजार से अधिक स्थानीय उपभाषायें (Dialect) लुप्त (Extinct) हो गई हैं।

हिन्दी के नजदीक लाने से इन बोलियों की अविबृद्धि और समृद्धि होगी। हमें यह भी याद रखना चाहिए कि ज़ब तक हिन्दी खड़ी बोली के रूप में थी तब तक इसकी लोकप्रियता और स्वीकार्यता नहीं हो पाई थी। जैसे ही हिन्दी संस्कृतनिष्ठ हुई वैसे ही न केवल समृद्ध हुई अपितु लोकप्रिय भी, क्योंकि संस्कृत निष्ठ, शुद्ध और क्लिष्ट शब्द हर भाषा में वही थे यानी एक ही थे।

स्पष्टतः इसका कारण था संस्कृत का सब भाषाओं का मूल और जननी होना। उत्तराँचल में भी यह स्वयं में अपनी तरह का एक अनोखा प्रयास होगा। कोई भी विश्व विद्यालय, महाविद्यालय इस कार्य को अपने हाथ में ले सकता है। शोध छात्र भी इस कार्य का सम्पादन कर सकते हैं। पीएचडी एवं डीलिट की उपाधि के लिए भी यह एक आकर्षक विषय हो सकता है।

अंग्रेजों को किसी भी भाषा के या भाषा से शब्द लेने में कभी संकोच नहीं हुआ। आज हिन्दी और उर्दू के हजार-हजार से भी ज्यादा शब्द अंग्रेजी शब्दकोश में सम्मिलित हो गये हैं। वैसे भी अंग्रेजी मुख्यतः लैटिन, ग्रीक, फ्रेंच और रोमन का ही समिश्रण है। अंग्रेजी की लोकप्रियता और समृद्धि का कारण भी यही है। ये बड़ी ताज्जुब की बात है कि अपने Perfection (नियम बद्धता) से संस्कृत जितनी समृद्ध और प्रभावी भाषा बनी हुई है, अंग्रेजी अपने Imperfection (औदार्य) से। भारत की ही नहीं विश्व की समस्त उपभाषाओं (Dilects) में वह स्थान भोजपुरी को प्राप्त है जो सबसे ज्यादा लोगों द्वारा बोली जाती है, विदेशों तक में, भले ही उसके कारण जो भी हों, आज तक भी यह भोजपुरी भाषी समुदाय सबसे ज्यादा समन्वित समूह है। रामचरित मानस होने के वावजूद अवधी यह स्थान नहीं प्राप्त कर सकी। सच ये है कि रामचरित मानस को भोजपुरी ने ही विश्व प्रसिद्ध किया। भोजपुरी, हरयाणवी, राजस्थानी, ब्रिज, अवधी आदि अन्य उपभाषाओं के जिंदा रहने और लोकप्रिय होने के पीछे भाषाइयों का अपनी भाषा बोलने में गर्व अनुभव करना और उसे सीखने की लालसा भी है। राष्ट्रीय चैनलों पर प्रसारित सीरियलों और गीतों ने अब उन्हें राष्ट्रीय पहचान दे दी है। भोजपुरी ही आज एकमात्र अंतर्राष्ट्रीय बोली (Dialect) कही जा सकती है।

अगर हम अंग्रेजी, अंग्रेज, यूरोप, अमेरिका की संस्कृति की नकल कर सकते हैं तो अपनी ही बोली की समृद्धि के लिये राष्ट्रभाषा से मदद क्यों नहीं ले सकते, जबकि लिपि वही है, अंक वही हैं - देवनागरी। इससे भाषा का मानकीकरण होने से कभी इस उपभाषा में भी राष्ट्रीय स्तर के सीरिअल प्रसारित होने तथा इसे साहित्यिक स्टेट्स मिलने की उम्मीद की जा सकेगी। अतः आने वाली पीढ़ी के लिए एक समृद्ध विरासत छोड़ने और उसका परिरक्षण करने का भार भी वर्तमान पीढ़ी पर ही है।

प्रकृति, अध्यात्म और धार्मिक आस्था की तरह शब्दकोश भी राज्य में एक उत्प्रेरक (Catalyst) का कार्य करते हुए संबद्धता का मौलिक आधार प्रदान करेगा। ये बातें काफी कुछ ऐस्किमो (Eskimos) से सीखने लायक हैं। जैसा कि बहुत लोग जानते हैं धरती पर काले, गोरे, गेंहुए (Wheatish) लोग बड़ी तादात में हैं और ऐस्किमो बहुत थोड़े तथापि उनकी सोच आश्चर्यजनक रूप से विशेष है;

'If any Eskimo forgets his language and Eskimo ways he would be nothing but an animal'।

विश्व के समस्त देशों का इतिहास आजतक हमें यही सीख दे रहा है और दर्शन यही बता रहा है कि;

Language and religion are the two strongest attributes of a people that make them one united force committed to each other।

शिक्षा और अनवरत नवीकरण (Renewal) परिकल्पना

गरीब और मध्यम वर्ग की प्रारम्भिक - माध्यमिक शिक्षा की जरूरत पूरी करने के लिये जहाँ सरकारी स्कूलों के महत्व को नकारना बेईमानी होगी वहीं यह भी सच है कि ये स्कूल कर्मकाण्डी पुरोहितों की गलत-सही रटी-रटाई पद्धति की तरह बच्चों की सतही किताबी शिक्षा से आगे नहीं बढ़ पाये अतः उनकी विद्या की वास्तविक भूख और व्यक्तित्व के समग्र विकास की प्यास (Integrated Development of Personality) का समाधान करने और ढूँढने दोनों में कतई असफल है न तो यह शिक्षा उनकी आधुनिक और वैज्ञानिक भूख मिटा पा रही है न आदर्श नागरिक और ज्ञानवान, विद्वान अनुकरणीय बनने की प्यास। शिक्षा का सम्बन्ध ज्ञान से है, पुस्तकीय नहीं, प्रतियोगी नहीं अपितु समन्वयी ज्ञान, सेवा के लिए ज्ञान, प्रतिभा और प्रतिबोध अर्थात दर्शन-दृष्टि और प्रज्ञा का प्रतिबोधन करने वाली शिक्षा। स्वयं के साथ-साथ समाज और दबी हुई मानवता को प्रतिबोधित कर सकने वाली विद्या। ज्ञान, प्रज्ञा और विद्या का अभ्युदय करने वाली शिक्षा, स्वतः स्फुरित ज्ञान पिपासा की प्रज्ञा

उत्पन्न करने वाली शिक्षा। अतः निश्चित ही अन्धानुकरण पूर्वक नकल की हुई, अविवेक पूर्ण, अपने सामाजिक मानस, संस्कृति, भावनात्मकता, दर्शन, आर्थिक पृष्ठ भूमि, नैतिक - आध्यात्मिक मूल्य परम्पराओं से असम्बद्ध शिक्षा प्रणाली कभी भी सामाजिक उद्देश्यों और राष्ट्रीय हितों की पूर्ति करने में सक्षम और सफल नहीं हो सकती। भारत में तो यह निःसन्देह साबित हो ही गया है। सरकारी स्कूलों में माध्यमिक स्तर तक शिक्षकों की नियुक्ति के जो तौर तरीके, माप दण्ड और ज्ञान का स्तर नापने के मानक हैं उनसे यही उत्पाद (product) निकलेगा अतः इस पर आश्चर्य करने की भी बात नहीं है। प्राइमरी का तो हाल और भी बेहाल है।

अफसोस कि स्वतन्त्र भारत में शिक्षा क्षेत्र को हमारे वर्तमान आका अमेरिका और पूर्व मास्टर इंग्लैण्ड या यूरोप की तरह कभी वैशिष्ट्य ज्ञान क्षेत्र (Profession या Professionalism) के रूप में नहीं अपितु अविशेष (Residuary) कार्य क्षेत्र के रूप में लिया गया। कुछेक के लिए तो ये मनोरंजन (Time pass) है। कुछेक ने जानबूझकर और कुछेक ने मजबूरी में शिक्षा क्षेत्र का स्तर ही नीचे गिरा दिया है। शिक्षा के क्षेत्र में और शिक्षा क्षेत्र के अभ्युदय के लिये बातें बड़ी लच्छेदार हुईं। लेकिन व्यवहार में जो कहीं नहीं खपा वो मास्टर, टीचर बना। विदेशों में जहाँ शिक्षा का क्षेत्र समाज की क्रीम की पहली चाहत और पसंद है अथवा क्रीम का ही चुनाव शिक्षा संस्थाओं के लिए होता है, वहीं भारत में शिक्षा क्षेत्र आखिरी चाहत है क्योंकि उसमें ऊपर की कमाई, बेईमानी, लूट की कमाई, घूस और वारे न्यारे करने का मौका नहीं है। यह सच है कि आज की बदली हुईं स्थितियों में भी जब सर्वत्र कदम-कदम पर घूस और वारे न्यारे का बाजार गरम है थोड़ा बहुत अपवाद को छोड़कर इस अपसंस्कृति का शिक्षा क्षेत्र पर आम तौर से अधिक प्रभाव नहीं पड़ा। इस प्रभाव के लिए भी दूसरे प्राफेशन के लोग ही पूरी तरह जिम्मेदार हैं वैसे ही जैसे नेता और ब्यूरोक्रसी दोनों न्यायपालिका में घुसे भ्रष्टाचार के लिये। आज भी पूरे देश में १५०० से २००० में टीचर आसानी से मिल जाते हैं बल्कि उसके लिए भी कम्पीटीशन हैं। महिलाओं, युवतियों में कम से कम तनखाह पर काम करने की प्रवृत्ति ने यह कम्पीटीशन और भी घातक बना दिया है, अतः शिक्षा का स्तर भी गिर

रहा है। मुक्त अर्थव्यवस्था के नाम पर अनियोजित, अनाप - शनाप स्कूल-कालेज खोले गये वो भी ज्यादातर उन नेताओं ने जो स्वयं निरक्षर हैं अतः अब धीरे-धीरे वहाँ गाय - बैल बाँधे जायेंगे, नौकरियां हैं नहीं, अर्थ व्यवस्था का हाल बेहाल है। देश के देश दिवालिया हो रहे हैं। भारत जहाँ विश्व का ८३% भ्रष्टाचार से अधिक है वहाँ क्या होगा, वह विश्व शक्ति बनेगा या क्या होगा ये सारा खेल पाँच-साल के अंदर सामने आ जायेगा।

सरकारी स्कूलों के महत्व को समझते हुए भी ये कहना पड़ेगा कि ये स्कूल सरकारी होने के कारण समय के साथ समाज की और भावी पीढ़ी की बदलती आकांक्षाओं के अनुरूप अपने को बदलने और विकसित करने में असमर्थ रहे। अर्थव्यवस्था वैश्विक और घातक प्रतियोगी (Killingly Competitive) हो जाने के कारण आज का पाठयक्रम कल पुराना पड़ रहा है। घिसापिटा पाठ्यक्रम भावी प्रगति और भौतिक व्यवसाय के लिए लाभदायक सिद्ध नहीं हो रहे हैं। इन आमूल परिवर्तनों के बीच प्रचलित शिक्षा प्रणाली पर सामाजिक संसाधनों का निवेश अपव्यय ही प्रतीत हो रहा है।

आम लोगों के साथ-साथ प्रजातन्त्र के लिये, समाज के लिए, गरीबों को आगे बढ़ाने के लिए शिक्षा का जो भी महत्व हो इसकी प्रासङ्गिक उपयोगिता युवाओं के लिए और उनके प्रगति पथ (Career) के लिए कम महत्वपूर्ण नहीं है। अतः शिक्षा क्षेत्र में समय-समय पर प्रभावी (Radical) परिवर्तन किये जाने जरूरी है। इसलिए सरकारी - स्कूलिंग - सिस्टम में भी अब परिवर्तन किये जाने का समय आ गया है ताकि वो निजी क्षेत्र के पब्लिक स्कूलिंग सिस्टम या संस्थाओं के प्रतियोग (Competition) में सामान्यतः खड़े हो सकें। सरकारी स्कूली शिक्षा का वोट खींचने की तरकीब के बजाय गुणात्मकता के साथ आवश्यकतानुसार प्रासङ्गिक होना महत्वपूर्ण है। जीवन में उपयोगिता और मूल्यों के संवर्धन के साथ भविष्य पथ (Career) का आलोक और विस्तार आदि पर ज्यादा बल देने की जरूरत है, बजाय शुष्क किताबी शिक्षा के। मुक्त अर्थव्यवस्था के नाम पर, अन्तरराष्ट्रीय स्तर और प्रतियोगिता के नाम पर जिस तरह थर्ड रेट, फोर्थ ग्रेड मेनेजमेन्ट, इन्जीनियरिंग और मेडिकल कालेजों

की बाढ़ आई उससे शिक्षा का कोई स्तर ही नहीं रहा। उनके प्रमाणीकरण और पंजीकरण का जो अनियोजित कुक्कुरमुत्ताई फैलाव हुआ वह किसी माया जाल से कम नहीं है, किसी 2G, भूसा, हाथी - पार्क घोटाले से कम नहीं है। इस चकाचोंध ने युवाओं को सब्जबाग दिखा कर उनसे ही उनका भविष्य छीन लिया है। यह सत्य झकझोरने वाला है कि यू. पी. ए. -१ (२००५-६) के दौरान एक भी नई नौकरी का सृजन नहीं हुआ।

भारत के शिक्षा मन्त्रालय (तथाकथित मानव संसाधन मन्त्रालय) ने शिक्षा की रेड़ ही मार दी है। दुर्भाग्य, मु. म. जोशी जी के बाद नाम की ही सही HRD Ministry जिन लोगों के हाथ में दी गई उससे ही अंदाजा लग जाना चाहिए कि शिक्षा का भारत में क्या स्थान और महत्व है। जिस मन्त्रालय की नींव ही उल्टी हो उस पर बने या बन रहे मकान का क्या हाल होगा? समस्त क्रिया-कलापों के परम उद्देश्य 'मानव' को जो मन्त्रालय विदेशियों की नकल पर संसाधन माने और कहे तथा संसाधन मानकर निवेश करने की शिक्षा दे वह मानव विकास क्या करेगा और करवायेगा? शक्ति के केन्द्र मानव को जो निर्जीवों के तुल्य रखे और उनके समान तथा उसी तरह व्यवहार करने की शिक्षा दे वो मन्त्रालय और सरकारें क्या तो चारित्रिक विकास करेंगी और क्या नैतिक उत्थान। आज स्थिति ये है कि कोई भी ये नहीं बता सकता कि शिक्षा का उत्पाद (Product) कौन है, स्वयं शिक्षा या शिक्षार्थी या टीचर या स्कूल या सिस्टम या समाज या देश, और उनमें इतना विरोधाभास और प्रतिद्वन्द्विता क्यों है?

जिस तरह के सनकी (Whimsical) परिवर्तन CBSC की प्रणाली में किए जा रहे हैं और जिस तरह बिना क्षेत्रीय कार्यालयों और केन्द्रों के भी यह अखिल भारतीय शिक्षा प्रणाली और व्यवस्था चल रही है भगवान ही मालिक है। ये सब सुधार के नाम पर टयुशन, भ्रष्टाचार, भाई - भतीजावाद तथा पक्षपात को बढ़ावा देने के ही कार्य और उपाय हो रहे हैं। इसलिए उत्तरांचल सरकार को उनके चक्कर और प्रलोभन में न पड़कर पाठयक्रम को अद्यतन (Up to date) करते - कराते हुए स्वयं की स्वतन्त्र प्रणाली चालू रखनी चाहिये।

लोकतन्त्र में किसी भी व्यक्ति या पार्टी को पीढ़ी दर पीढ़ी प्रभावित करने वाली किसी भी नीति या प्रणाली को लागू करने का अधिकार नहीं है न हो सकता है, जब तक कि ये बातें उसके चुनाव घोषणा पत्र में न हों। यही बात हाथी और पार्क बनाने पर भी लागू होती है और होनी चाहिए थी लेकिन दुर्भाग्य, देश की जनता के नाम पर संविधान बनाने वालों ने किस तरह की न्यायपालिका सोची थी और कैसी सामने आई है। समाज, देश और लोगों के भविष्य के साथ खिलवाड़ करने का अधिकार लोकतन्त्र में किसी को भी नहीं है। अतः लोकतन्त्र में 'मरजी' (Discretion) जैसी कोई चीज नहीं है, अगर है तो केवल कर्तव्य (Function)। इसीलिए लोकतन्त्र में चुनाव घोषणा पत्र की प्रकल्पना है। जो योजनायें, घोषणायें, प्रकल्प और प्रकल्पनायें, सुधार या नीति सम्बन्धी उद्‌वोधन घोषणापत्र में नहीं हैं, सत्ता में आने के बाद, बल या छल से उनको लागू करना या कार्य रूप देना प्रजातंत्रीय संविधान का उल्लंघन है। अतः बिना राज्य या देश की जनता की आम राय (Referendum) द्वारा सहमति लिए ऐसी नीति या योजनायें लागू नहीं की जा सकतीं और न्यायपालिका उन्हें निरस्त करने का अधिकार रखती है अन्यथा यह प्रक्रिया संविधान की मूल संरचना (Basic Structure) को ही ध्वस्त करना है।

सच यह है कि भ्रष्टाचारोन्मुख और अविवेकपूर्ण नीतियाँ अपनाकर, लागू करके नेताओं ने शिक्षा को व्यवसाय (Business), ट्रेड बना दिया है, एक मिन्टिग और प्रिटिंग बिजनस। उत्तरांचल सरकार को अभिवावकों, शिक्षार्थियों और अध्यापकों, विद्वानों से सुझाव और विचारविमर्श करके बिना वर्तमान परीक्षा प्रणाली को छेड़े, सामाजिक आकांक्षानुरूप शिक्षा नवीकरण (Renewal) करते रहना चाहिए। अभिभावक और शिक्षार्थी अब बहुत सचेत हो गये हैं, अपना हित, अनहित पहचानते हैं।

उ. ख. के सरकारी स्कूलों में विमोहक शिक्षक - शिक्षार्थी अनुपात है। कहीं दश विद्यार्थी दश अध्यापक, कहीं पाँच विद्यार्थी दश अध्यापक, अन्यत्र २०० विद्यार्थी १० अध्यापक। विद्यार्थी कम टीचर ज्यादा यह भी स्थिति रही है। इन सबका सर्वे करना चाहिए और राजनीति से ऊपर उठकर सामाजिक

समृद्धि (Social Enrichment) पर ध्यान केंद्रित करना चाहिए। इन अनावश्यक स्कूलों का समन्वय और विलीनीकरण (Integration and Merging) कर देना चाहिए और शिक्षा की गुणता पर ध्यान देना चाहिए। आज आवागमन और संवाद के इतने साधन हो गये हैं कि १० किलोमीटर की दूरी भी कुछ नहीं रह गई है विशेषकर दशवीं और बारहवीं कक्षा के छात्रों के लिए। अच्छी शिक्षा देने के लिए, गुणात्मक सुधार के लिए, सबके हित में पहले कुछ कष्ट भी हो तो फल प्राप्ति के साथ वो सभी कष्ट सुखमय प्रतीत होने लगते हैं।

एक विचित्र पाखण्ड

कितना विचित्र लगता है ये, कितना बड़ा दिखावा है कि पति-पत्नी सरकारी स्कूलों में पढ़ रहे हों और बच्चे अंग्रेजी पब्लिक स्कूलों में देहरादून या अन्यत्र पढ़ते रहे हो। यह एक प्रमाण ही काफी है, सिद्ध करने के लिए कि हिन्दी माध्यम सरकारी स्कूल कितने अप्रासंगिक हो गये हैं और उनका स्तर क्या है। क्योंकि पाश्चात्य भोगवाद ने पूरे देश को ही अपने ग्रिप में लेलिया है अतः समय आ गया है ये विचार करने का कि तीन साल के अन्दर चरणों में, सभी सरकारी स्कूलों में कक्षा एक (class 1st) से ही अंग्रेजी पढ़ाना प्रारम्भ कर दिया जाय साथ ही गणित जैसे विषय अंग्रेजी में ही पढ़ाये जाएँ ताकि बच्चों में धीरे धीरे अंग्रेजी बोलने का अभ्यास बने। जो कोर्स निर्धारित किया जाय वो तकरीबन पब्लिक स्कूलों के समान ही हो। पाँचवीं कक्षा से पूर्णतः अंग्रेजी माध्यम कर दिया जाना चाहिए। इससे शहरों - कस्बों पर भार कम होगा और गाँव आबाद होने चालू होंगे। ये दोनों आज एक दूसरे के पूरक हो गये हैं।

अगर पाश्चात्य नकल की दौड़ को ही लोग बदलाव और प्रगति समझते हैं और इस होड़ में अपना जीने का ही तरीका (Life Style) बदलते हुए अंग्रेजी माध्यम स्कूलिंग चाहते हैं जो उनकी मानसिकता में गहरी बैठ गई है और इसी से उन्हें तृप्ति मिलती है तो सरकारी स्कूलों को क्यों नहीं वृहत्तर हित में अंग्रेजी माध्यम लागू कर देना चाहिये, क्योंकि संसाधन तो लगाने ही

लगाने हैं। यद्यपि यह बात बिल्कुल अलग होगी कि अंग्रेजी पढ़ने से वो मानव बन पायेंगे कि नहीं;

It would though be a different matter that just as a man having born in a stable would not make him a horse, or born in a forest would not make him a beast an animal just by studying English would not make it a man and not at all a human being.

अनन्त कमैटियों, कमीशनों की संस्तुति के बावजूद शिक्षा को एक वैशिष्ट्य ज्ञान शाखा (Professional Discipline) के रूप में तब तक विकसित नहीं किया जा सकता है और गौरवमय स्थान प्राप्त हो सकता जब तक वह सामाज की प्रतिभाओं (क्रीम) की पहली चाहत न हो या बना दी जाय या कम से कम अन्य जैसे इंजीनियरिंग, डाकटरी आदि प्राफेशन के बराबर सम्मानजनक और आकर्षक न बने और बना दी जाय। लेकिन ये अब सम्भव नहीं दिखता क्योंकि सत्ताधारियों ने शिक्षा को उसी तरह व्यापार, ट्रेड, बिजनस बना दिया है जैसे नेताओं ने राजनीति को और जोगी, बाबा, व्यास, गुरुओं ने धर्म को।

जब तक शिक्षा क्षेत्र, शिक्षित वर्ग की अन्तिम चाहत और चलता है (Taken for Granted) मानसिकता का डम्पिंग ग्राउंड बना रहेगा तब तक स्थिति में कोई सुधार होने का सवाल ही नहीं है। इसके लिए राष्ट्रीय स्तर पर दार्शनिकता से सोचने की जरूरत है, एकांगी तरीके से एक पक्षीय नहीं। तथापि इससे पहले कि यह शिक्षा प्रणाली भविष्य का अपहरण करे उससे पहले इसका अपहरण किया जाना जरूरी है। लेकिन सरकारें और नेता जानते हैं कि अच्छी शिक्षा से जहाँ लोगों का नेतृत्व करना आसान हो जाता है वहीं उनको हांकना मुश्किल, शिक्षित नागरिकों पर प्रशासन करना आसान होता है परन्तु उन्हें दास बनाना मुश्किल। इस हालत में कोई सरकार क्यों चाहेगी शिक्षा क्षेत्र में क्रान्तिकारी परिवर्तन करना क्योंकि उन्हें तो वोट चाहिए और उसके लिए भीड़, जैसे साधू बाबा गुरु व्यासों को भेड़।

परिवर्तन का मतलब है बुनियादी सुधार। जैसे किताब की जिल्द बदलने मात्र से उसकी विषय वस्तु और ज्ञान में कोई बदलाव नहीं होता उसी तरह शिक्षा मन्त्रालय को HRD कर देने मात्र से कोई सुधार नहीं हो सकता। ये भी

मजाक ही है कि अधिकतर राज्यों में आज भी शिक्षा मन्त्रालय और शिक्षा विभाग ही चल रहे हैं। इससे भी देश और शिक्षा की दिशा का अंदाजा लगाया जा सकता है।

राज्य सरकार को विचारना चाहिये कि आज की इस आधुनिकता और परिवर्तनों से राज्य के गरीब बच्चों को ही क्यों वंचित रखा जाना चाहिये। पता नहीं उनके बीच कौन सी प्रतिभा छुपी हो। शिक्षा का उद्देश्य ही ऐसी प्रतिभाओं को प्रकाश में लाना है। यही है अलग नहीं तो अलग तरीके से प्रशासन चलाने का मतलब। स्वतन्त्र देश में विदेशी भाषा की वजह से किसी में भी हीनता का भाव क्यों आये और मात्र भाषा के कारण कोई वर्ग, समुदाय अवसरों अथवा सु-अवसरों से वंचित क्यों रहे? जब लोगों की यही कामना है तो अंग्रेजी माध्यम कर दिया जाना चाहिये। भाषा से, शिक्षा से कोई वर्ग भेद आये ये अंग्रेजी शासन से भी ज्यादा नरकीय होगा क्योंकि ये शिक्षा के उद्देश्यों के बिलकुल विपरीत है और होगा। विभेदकारी शिक्षा के कारण एक संवैधानिक लोकतन्त्र में कोई अपने को सुपीरियर समझे यही सबसे बड़ी विषमता है जो कि शिक्षा के मूल पर ही प्रहार है और हमें मानव भक्षी (Cannibal) बना देता है।

प्राइवेट शिक्षा संस्थायें जहाँ फलता-फूलता व्यापार है वहीं सरकारी स्कूलों की दुर्दशा है जबकि सरकारी स्कूलों में निःशुल्क शिक्षा है, टीचरों को ज्यादा सहलूयतें, ज्यादा तनख़ाह है और सरकार खर्च भी ज्यादा करती है, फिर भी शिक्षकों की गुणता और शिक्षा का स्तर उस तरह का नहीं जैसा प्राइवेट में है। यही और इसी तरह के विषैले चक्र और अनुत्तरित सवाल थे जिन्होंने देश का दिवाला निकाला, MNCs बुलवाए, पब्लिक सेक्टर बिकवाये और निजीकरण के नर्क में लोगों को धकेला। निजी क्षेत्र में शिक्षा कितनी खर्चीली है फिर भी लोग खिंचे चले जा रहे हैं और सरकारी स्कूल खाली हैं। क्या ये भी वोट की राजनीति है - इतनी मंहगी ? या यह तानेबान (Infrastructure) की दयनीयता और कमी के कारण है जैसे विभिन्न गेम्स - स्पोर्ट्स का प्रबन्ध, प्रतियोगितायें, वादविवाद, तर्क, प्रतिभा खोज, अखबार, मैग्जीन, रहन - सहन के तौर तरीके, पिकनिक, भ्रमण, जनरल ज्ञान, संगीत, नाटक, अभिनय, नृत्य, बुद्धि

परीक्षण ज्ञान (Quiz) आदि। अतः इस वैशिष्ट्य के युग में सरकारी शिक्षा संस्थाओं को भी अपने में परिवर्तन करने की जरूरत है। पैसा तो करीब करीब उतना ही खर्च हो रहा है। शिक्षा को प्राइवेट संस्थाओं की तरह खोजी (Innovative and Searching) बनाने की जरूरत है। केवल किताबी ज्ञान और तोते की तरह रटने, रटाने से सुधार नहीं होगा। उसी घिसीपिटी विषय सामग्री के साथ हर साल किताबों की जिल्द बदलने से अभ्युन्नति नहीं होगी। शिक्षा के ही नवीकरण का क्रम चलता रहे तो तभी अभ्युत्थान सम्भव है। सरकारी स्कूलों मे बच्चों के प्रति शिक्षक का ध्यान ही नहीं होता क्योंकि जबाबदेही नहीं है। वेतन वृद्धि, प्रोन्नति एक रूटीन है। मूल्यांकन आधारित कुछ भी नहीं है - है भी तो सभी एक ही थाली के चट्टे - बट्टे हैं, बच्चों के आहार से भी खाने वाले। नरसिम्हा राव जी इस आहार को भी एक अच्छा धन्धा बनाकर चले गये। खुद भी झारखण्ड मुक्ति मोर्चा को घूस देकर सरकार चलाते रहे। अब न ये निगलते बनता है न थूकते। अच्छा होता गरीब बच्चों को हर तिमाही उनके बचत खाते में जमा करके नकद भुगतान करने की व्यवस्था की जाती। मिड - डे मील भ्रष्टाचार के अलावा बच्चों के स्वास्थ्य के साथ खिलवाड़ भी बनता जा रहा है।

किताबी ज्ञान अगर व्यावहारिक ज्ञान से पूरित और समपुष्ट नहीं होता है तो ये केवल समय की बर्बादी और धन का अपव्यय है। केवल Compulsory Education कर देने से बच्चे स्कूलों में पढ़ने नहीं जायेंगे जब तक कि स्कूल, शिक्षा और शिक्षक उनके लिए सम्मोहक न बनें और बनाये जाँय। इसके लिये शिक्षा में रचनात्मकता का उदय होना जरूरी है। चक्षु हीन व्यक्ति का नाम नयनसुख रखने की तरह सरकार की ड्यूटी केवल सरकारी स्कूल खोल देने से समाप्त नहीं हो जाती। अमीर, गरीब और देहात - शहर की शैक्षिक असमता समाप्त करने का मतलब है प्राइवेट और सरकारी स्कूलों के बीच उत्पन्न असामान्य विषमता को कम करना। सरकारें आती जाती रहेंगी लेकिन समाज चलता रहेगा इसलिए शिक्षा का माफियाकरण नहीं, संस्थानीकरण (Enstitutionalization) जरूरी है। ये सच है कि इस देश की न्याय व्यवस्था और न्याय पालिका ने देश की बर्बादी की है, घोर भ्रष्टाचार को जन्म दिया

है, लेकिन इसका मतलब ये नहीं कि सरकार काम करना ही छोड़ दे। सबको शिक्षा उपलब्ध करने और कराने का मतलब है उचित शिक्षा, समुचित शिक्षा, लाभकारी शिक्षा, भविष्य निर्मात्री शिक्षा क्योंकि "as a cannibal by using knife and fork would not make him civilized, the western oriented education would also glitter only as scum floating upon the river unless life itself becomes worth living"।

भविष्य के सन्दर्भ में कक्षा आठ से फलित के साथ-साथ गणित ज्योतिष और हस्त रेखा - हस्तलिपि तथा रङ्ग ज्योतिष का समन्वित, भले ही ऐच्छिक, पाठ्यक्रम लागू करना चाहिये जो प्रारम्भिक कम्प्यूटर ज्ञान से सम्पूरित हो क्योंकि यह क्षेत्र बहुत फलदाई होने वाला है। तथापि इसका छद्मी सेक्युलर, अनात्मवादी, अनीश्वरवादी, नास्तिक, अभारतीय पाश्चात्य संस्कृति दूषित विरोध करेंगे। प्रारम्भिक कंप्यूटर शिक्षा आठवीं से दशवीं तक अनिवार्यतः दी जानी चाहिए। इसी के साथ दूसरा पाठ्यक्रम जड़ी-बूटी-पौध-वृक्ष-लता, आयुर्वेद है जो स्वावलम्बन के साथ-साथ स्वतः स्फुरित अनुसंधान को जन्म देगा और राज्य को आयुर्वेदिक केन्द्र (Hub) बनने में कोई समय नहीं लगेगा। इसके साथ ही सरकारी स्कूलों को एक नयां स्वरूप मिलेगा जो पूरे भारत के लिये अनुकरणीय होगा। रंग-हस्त ज्योतिष के साथ लेख ज्योतिष उसी तरह फलदाई होगा जैसे पञ्चकर्म योग और आयुर्वेद का संयोजन।

प्रवन्ध विज्ञान (Management Education) में अगर बहुत अच्छा भविष्य है तो ट्रेंनिग - डेवेलपमेंट और आर्गेनाइजेशनल डेवलपमेंट (Training and Develpment and OD Techniques) का है जिसे व्यावहारिक विज्ञान यानी Behavioural Sciences भी कहा जाता है। मनोविज्ञान के छात्रों को इस क्षेत्र में और भी सुविधा होगी। यह क्षेत्र विदेशों तक फैला और उपलब्ध है इसके लिए अच्छा अंग्रेजी ज्ञान जरूरी है, अतः अंग्रेजी माध्यम की और भी आवश्यकता है। इसके बावजूद इस शिक्षा के साथ विद्यार्थियों को श्रम कानूनों का सामान्य ज्ञान होना और दिया जाना चाहिये जो विदेशों में भी काम आयेगा।

इस तरह सबके लिये, गरीब से गरीब तक बिना भेदभाव के समान गुणात्मक शिक्षा व्यवस्था उपलब्ध कराने वाला उत्तराखण्ड पहला राज्य होगा। राज्य सरकार को इस क्षेत्र में अनुसन्धान करते - कराते रहना चाहिये;

"The state needs to continue experimenting with value education alongside the traditional curricula. The experimentation which would help bring out the self intuitive creativity and potential of the pupil rather than mere academics, the ability of youth to deduct rather than subtract and building self confidence including the ability to analyse rather than to concentrate on facts. Education needs therefore to concentrate in building a generation that would be able to distinguish what is worth reading and what is worth knowing so that when everything that has been learnt is forgotten the education survives throughout the life".

अतः शिक्षा के क्षेत्र में किसी भी 'सिब्बल या गांगुली सिस्टम' (Sibbal or Ganguli system) को लागू करने से पहले राज्य सरकार को सौ बार गहराई से सोचने की जरूरत होगी। शिक्षा का सिब्बली या गांगुलीकरण राज्य के लिए कालान्तर में मंहगा साबित हो सकता है। अगर गुजरात में हिन्दी को वहाँ का उच्च न्यायालय विदेशी भाषा बता सकता है और महाराष्ट्र सरकार हिन्दी को पाठ्यक्रम से हटाने की योजना बना सकती है तो उत्तराञ्चल सरकार क्यों यहाँ के युवाओं के साथ खिलवाड़ करना चाहती है?

यह बात सच लग रही है कि राजनीति के क्षेत्र की तरह शिक्षा और शिक्षण संस्थाओं का क्षेत्र शिक्षा के नाम पर एक व्यवसाय क्षेत्र (Profession) बन गया है और उद्योग जगत और भ्रष्टाचार की तरह ही राजनीति के तराजू का दूसरा पलड़ा। जैसे कुछ अपवादों को छोड़कर अच्छे, भले लोग कुछ न मिलने पर मजबूरी में आखिर में ही राजनीति का पल्लू पकड़ते हैं दूसरे शब्दों में जैसे आम तौर पर राजनीति आवारा, उच्चकों की पहली पसंद होती जा रही है उसी तरह कुछ अपवादों को छोड़कर शिक्षण और अध्यापन का क्षेत्र समाज के नवनीत (Cream), कुशाग्र और मेधावी वर्ग की अभी भी आखिरी पसंद है केवल इसलिए कि उसमें ऊपर की भ्रष्ट, आसान (Easy) और सस्ती (Cheap) कमाई नहीं है अगर है भी तो बहुत महिनत और श्रम - पसीने की है जो ट्यूशन से है या लेखन से। जबतक इसका ठीक उल्टा नहीं होता यानी

पाश्चात्य जगत की तरह ही शिक्षण और अध्यापन समाज के क्रीम की पहली पसन्द नहीं बनती तब तक ये मानना चाहिए कि शिक्षा और शिक्षण के क्षेत्र में कोई गुणात्मक, मूल्यवान सुधार न तो हुआ है न हो रहा है। अतः तब तक सभी खाली बातें प्रशासनिक और पुलिस सुधारों की संस्तुतियों की तरह कागजों में ही कहीं धूल खाती नजर आती रहेंगी।

अन्त में आत्मगौरव, गरिमामय सांस्कृतिक महिमा की आत्मानुभूति, समाज के प्रति सम्मान, राज्य के प्रति निष्ठा, देश के प्रति भक्ति, युवाओं में सिंहत्व और वृद्धों में शान (Majesty) जागृत करने के लिए जैसे अपने ऋत - सही इतिहास का ज्ञान बहुत ही जरूरी है वैसे ही देश का स्वरूप परिवर्तन (Transformation) करने की सोच से पहले अपने संविधान का ज्ञान होना भी उतना ही जरूरी है। शिक्षा अगर सांस्कृतिक परिवृद्धि (Cultural Change) और सामाजिक - आर्थिक अभिवृद्धि नहीं ला पाई तो समझना चाहिये वह अपने पथ से च्युत हो गई है। उत्तराञ्चल में इसका माप श्रम के प्रति नया श्रधात्मक दृष्टिकोण, श्रम का महत्व और सम्मान तथा नौकरी के बजाय स्वावलम्बन एवं स्व - व्यवसाय की ओर झुकाव के साथ ज्ञान और खोज - अन्वेषण की संस्कृति उत्पन्न करना ही माना जायेगा।

औद्योगीकरण

आर्थिक विकास, रोजगार, रेवन्यू और समृद्धि के लिए औद्योगीकरण के महत्व पर अधिक कहने की जरूरत ही नहीं है। तथापि ये समझना जरूरी है कि औद्योगीकरण भी एक प्रकार की संस्कृति ही है जैसे कृषि संस्कृति, भोग संस्कृति, कला या वैज्ञानिक संस्कृति आदि। जहाँ ये बात सही है कि औद्योगीकरण के लिए सस्ती और अनवरत विद्युत शक्ति की आपूर्ति पहली आवश्यकता है वहीं शान्ति और सौहार्दपूर्ण औद्योगिक सम्बन्ध दूसरी सबसे महत्वपूर्ण आवश्यकता। उसके बाद ही संचार, यातायात, कच्चेमाल की उपलब्धता या संरचना (इन्फ्रास्ट्रक्चर) आदि की बात आती है। गाजियाबाद, नोयडा, फरीदाबाद, पूर्वी उत्तर प्रदेश और बिहार, बंगाल, केरल में बाकी सब कुछ उपलब्ध था लेकिन औद्योगिक शान्ति और सौहार्दपूर्ण औद्योगिक सम्बन्ध नहीं

थे फलस्वरूप अल्प समय में ही सैकड़ों - हजारों औद्योगिक इकाइयाँ देखते देखते बन्द हो गई। बिहार, केरल में तो किसी कीमत पर उद्योगपति आज भी उद्योग लगाने के लिए तैयार नहीं है। बंगाल में जो किसी तरह चल रही हैं वही चल रही हैं, निजी क्षेत्र में नई बहुत मुश्किल से लग रही हैं। सरकारी उपक्रमों का तो बड़ा सत्यानाश हुआ इन राज्यों में। यही है औद्योगिक संस्कृ ति की पहचान।

एन. सी. आर. में कई अन्य कारणों से भी उद्योग केन्द्रित हो रहे हैं। संस्कृति का आकर्षण राजस्थान, पंजाब, गुजरात में है। हिमाचल और उत्तराखण्ड में अभी जो उद्योग आर्थिक सहूलियतों की वजह से केन्द्रित हो रहे हैं वो औद्योगिक संस्कृति की वजह से हों ये प्रयास होना चाहिए और यही महत्वपूर्ण है। विद्युत शक्ति की यहाँ कमी नहीं, परिश्रम, ईमानदारी यहाँ लोगों में तुलनात्मक रूप से ज्यादा ही है। यूनियनबाजी भी प्रबन्ध वर्ग की ही करामात से होती है - उनकी आपसी पॉलिटिक्स, खींचतान (Leg Pulling) या काली कमाई के कारण। इसका असर दो तरह से होता है, पहला - मैनिजमन्ट से श्रमिकों का विश्वास उठ जाता है यानी मैनिजेमन्ट के शील, सदाचार और संस्कृति के ऊपर श्रमिकों का विश्वास नहीं रहता और अविश्वास की खाई पैदा हो जाती है, दूसरा मैनिजमेन्ट काली कमाई बनाये रखने के लिए श्रमिकों का शोषण करता है, दमन करता है और उनको कम से कम मजदूरी देने का प्रयास करता है लेकिन इन सबका नतीजा भयावह हो जाता है। इसीलिए कहा भी जाता है - जैसा मैनिजमन्ट वैसी यूनियन। तथापि यूनियनबाजी से ज्यादा नेतागिरि और नौकरशाही के लालफीते से, तंग और परेशान करने की फितरत से औद्योगिक क्षेत्र को बचाना भी औद्योगिक संस्कृति पैदा करना है। ताना - बाना (Infrastructure) यहाँ उतना तो पूरा हो ही रहा है जितनी आवश्यकता है। जो नहीं है, उम्मीद है, निकट भविष्य में हो जायेगा। इस सबके वावजूद हमारे देश के पूंजीपतियों और टटपुंजियों दोनों की नीयत ठीक नहीं है। भोग संस्कृति ने कफन से भी कमाने की जो प्रवृत्ति उत्पन्न कर दी है वह सर्वत्र घातक सिद्ध हो रही है।

बिना आर्थिक रियायत और छूट के भी उद्योग लगाने के लिए उत्तराखण्ड से अधिक शान्तिपूर्ण अच्छी जगह है नहीं। यह सच है कि यहाँ कुछ विशेष

प्रकार के प्रकृति समन्वयी (Nature Friendly) उद्योग ही लगने चाहिए। सस्ती और अनवरत विद्युत आपूर्ति एवं कन्ट्रैक्ट लेबर ही आज उद्योग के लिए सबसे बड़ा Concession Motivation and Advantage है। फिर भी ये सवाल कुछ वर्षों बाद आयेगा कि इतनी बिजली आयेगी कहाँ से और कब तक। अतः इस पर गंभीरता से मनन करने की आवश्यकता आन पड़ी है। इसका समाधान है Semi and Atomic or Demi Nuclear Power Generation जो हिमाचल के साथ मिलकर सोचा जा सकता है। उचित शर्तों पर निजी क्षेत्र से भी भागीदारी की जा सकती है। ये राज्य सृजन के बाद दूसरा सबसे बड़ा स्वप्न साकार होगा।

जहाँ तक निवेश का प्रश्न है, पूँजी का सवाल है तो अंश पूँजी (share capital) से ही इस योजना के लिये अपार धन संचय हो जायेगा और यह योजना समृद्धि और श्रीः के अखण्ड भण्डार की नीव डाल देगी। धार्मिक-तीर्थाटन, पर्यटन उद्योग को कई वर्षों तक का आघात लग गया है अतः अब बिना प्रकृति-पर्यावरण को छेड़े यही एकमात्र उपाय रह गया है।

संविदा श्रमिक (Contract Labour)

हार्वर्डियन अर्थशास्त्र ने अपवाद को नियम और नियम को अपवाद बना दिया है। भारत के संविधान के भाग - ४ (राज्य नीतिनिदेशों) की धज्जियाँ उड़ाकर देश में संविदा श्रामिक संस्कृति स्थापित हो गई है जो कि संविधान की मंशा और मौलिक धारणा के विपरीत होने के अलावा स्थाई आदेश कानून एवं उसके अंतर्गत निर्धारित अथवा प्रमाणित सेवा शर्तों के विरुद्ध होने के कारण औद्योगिक विवाद अधिनिय के अन्तर्गत संज्ञान लेने योग्य है। फिर भी न्याय पालिका, कार्मिक (Workers) उनकी यूनियनें और नागरिक मूक हैं। खुली वैश्विक अर्थव्यवस्था की मार, बेरोजगारी का उपहार, देश की आर्थिक अस्त व्यस्तता, सुनियोजित दिवालियापन और न्यायपालिका की बेरुखी के बावजूद सरकारी मशीनरी का फर्ज ये सुनिश्चित करना है कि गरीब का और अधिक शोषण न हो और उन्हें नियमानुसार वेतन तथा अन्य सुविधायें मिलें। संविदा श्रमिक और संविदाकार की जिम्मेदारी के नाम पर श्रमिक न्यूनतम पगार,

फण्ड, बीमा, सवेतन छुट्टी, बोनस, दुर्घटना क्षतिपूर्ति, ग्रेच्युटी, पेन्शन आदि से वंचित न रहें क्योंकि संविदा श्रमिक कानून के अन्तर्गत इन सबकी प्रथम देनदारी और जिम्मेदारी सेवायोजकों की ही है जिसे वो संविदाकार से वसूल कर सकते हैं। ठेकेदारी श्रमिक होते हुए भी वह "वर्कमेन" की परिभाषा के अन्तर्गत आता है। हाल ही में पुर्तगाल के सुप्रीम कोर्ट ने वहां के संविधान के नीति निदेशों एवं जन कल्याण के विरुद्ध बनाये गये बजट को ही गैर-कानूनी घोषित कर दिया।

उत्तराखण्ड राज्य औद्योगिक विकास के शैशव में होने के कारण अगर आमतौर पर संविदा श्रमिकों के नियोजन की अनुज्ञा देने के लिए मजबूर है तो उनके शोषण को रोकना सरकार की संवैधानिक और कानूनी जिम्मेदारी भी है। ये समझना चाहिये कि संविदा श्रमिक नियोजन अपवाद है नियम नहीं। समस्त कार्यकलापों के केन्द्र, उद्देश्य और स्त्रोत मानव शक्ति (Human Power) और ईश्वर की सर्वोत्कृष्ट रचना को उत्पादन का मात्र एक संसाधन कैसे बनाया जा सकता है? ये पाश्चात्य HR का, हार्वर्डियन अर्थशास्त्र का जीता जागता उदाहरण है। आखिर ये आर्थिक विकास, समस्त आर्थिक क्रियायें, नीति निर्धारण के ढकोसले क्यों और किसके लिए हो रहे हैं? क्या कालाधन, जमाखोरी, भ्रष्टाचार के लिये? सरकार की जिम्मेदारी है कि समस्त सहूलियतों को जैसे कम दर पर विजली, वैट, कर आदि की रियायतें कानून के अनुपालन से जोड़े। अफसोस यह है कि धड़ल्ले से चल रहे भ्रष्टाचार की व्यवस्था और खुली लूट के तन्त्र में भी सभी कानूनों यहाँ तक की संविधान को भी ताक पर रखकर ठेकेदारी श्रमिक नियोजन की संस्कृति को बढ़ावा दिया जा रहा है और हमारी न्यायपालिका मुँह बाँदे उसी तरह मूक दर्शक दर्शक बनी हुई है जैसे भ्रष्टाचार के मामलों में।

संविदा श्रमिक नियोजन में भी ह्यूमन फैक्टर, कानून का अनुपालन और मानव शोषण को अलग-अलग तौल कर देखा जाना चाहिये। सरकार को अच्छे, प्राफेशनल, बड़े भारतीय उद्योगपतियों और मल्टीनेशनल कम्पनियों को उद्योग लगाने के लिये आमंत्रित करना चाहिये जो वेतन भुगतान और कानून

प्रशासनिक धारिता ADMINISTRATIVE TONING UP

आमतौर पर आम जनता निष्पक्ष नियुक्ति, भर्ती और ट्रांसफर को सरकार तथा प्रशासन की योग्यता, सामर्थ्य, मूल्य आधारित प्रशासन और नैतिकता का प्रत्यक्ष भाव कल्पित माप (Validated Barometer) मानती है, और मानती रहेगी। ये तीनों किसी भी सरकार के यश अपयश, कामयाबी, बर्बादी के अनौपचारिक संवाद वाहक (Grapevine Channels) भी हैं। इसी के साथ जनमानस की सरकार के प्रति आमुखता और विमुखता का प्रारम्भ होता है। यही उनकी नजर में भ्रष्टाचार का मापदण्ड है और सरकार की लोक - अलोक प्रियता का मूल। इस तरह के भ्रष्ट कार्य करने वाले किसी भी कर्मचारी के खिलाफ कार्यवाही होने पर लोक मत सरकार के पक्ष में होना स्वाभाविक है। कदाशयता से या कु -उद्देस्य की प्राप्ति के लिये या दिखाने के लिए केवल छोटे कर्मचारियों के खिलाफ कार्यवाही करना और भी अनैतिक है। लेकिन देश का तन्त्र ही system of Governance में नहीं system of corruption में जी रहा है अतः कितनी, किससे, क्या उम्मीद की जाय? पाँचों ही तत्व प्रदूषित हो चुके हैं न्यापालिका, विधायिका, कार्यपालिका साथ ही उद्योग और अब तथाकथित धर्म भी। ज्योतिष, कर्मकाण्ड, बाबा, गुरु और नेता एक ही थाली के चट्टे - बट्टे हो गये हैं फिर प्रवर्तन-प्रवाह यानी रचनान्तरण (transformation) क्या होगा? कार्यपालिका बिकी हुई है, न्याय, कानून अन्धे - बहरे, फिर नीति, नैतिकता क्या होगी? बाबा - जोगी और व्यास, गुरु अखाड़ों तथा सम्प्रदायों में उसी तरह बंटे हुए हैं जैसे नेता दलों में फिर धर्म क्या होगा। सीबीआई के ऊपर सुपर सीबीआई की जरूरत हो गई है फिर जाँच और सजा क्या होगी? सुप्रीम कोर्ट के ऊपर अपीलेट कोर्ट (Appellate Court) की जरूरत हो गई है फिर न्याय्र की हालत क्या होगी?

मछली पकड़ना और मगर मच्छों को छोड़ देना जनता अच्छी तरह समझती है। ये बात दूसरी है कि उसके पास तुरन्त कुछ करने का विकल्प न हो। देश में सभी विकल्प फेल हो गये हैं केवल संविधान और शासन पद्धति को बदलने के अलावा। अभी तक सभी राजनैतिक दल वंशवादी, जातिवादी, अखाड़ेवादी और उनके नेता करीब - करीब भ्रष्ट हितैषी और क्रिमिनल मैत्रेय

अखाड़ेवादी और उनके नेता करीब - करीब भ्रष्ट हितैषी और क्रिमिनल मैत्रेय ही दिखाई दिये। इन्हीं सब कारणों से जनता और शासन अथवा नेतृत्व और जन के बीच खाई उत्पन्न होती चली गई, अविश्वास बढ़ता चला गया। जब जनता, हर नेता और सरकारी कर्मचारी को संदेह की दृष्टि से देखने लगे फिर क्या साझेदारी, क्या लोक शाही? जब जनता सरकार के हर प्रशासनिक धारणात्मक उपाय (Administrative Toning up Measure) को छलावा - दिखावा समझने लगे तो क्या चुनाव और क्या सुधार। इस अविश्वास की खाई को पाटना उत्तराखण्ड में महती जरूरत है। तभी लोगों की और लोगों से साझेदारी की उम्मीद की जा सकती है।

कानून और न्याय की लचर व्यवस्था और शासन की अक्षमता के कारण भारत में न केवल भ्रष्टाचार, दुराचार, कदाचार, व्यभिचार, अकार्यकुशलता, अक्षमता आदि को पनाह मिली अपितु आतंकवाद को भी फलने - फूलने की उपजाऊ जमीन मिली। अतः यह व्यवस्था जन विरोधी सिद्ध हो रही है। अतेव जहाँ सरकार से निष्पक्षता, निर्भयता, स्वच्छ, ईमानदार, उचित प्रशासन की उम्मीद की जाती है वहीं जनता का विश्वास प्राप्त करने और खाई पाटने के लिये ठोस कदम उठाने की भी जरूरत आन पड़ी है।

इस लचर कानून न्याय व्यवस्था से बेहत्तर है कि किसी भी सरकारी कर्मचारी के विरुद्ध २५% या उससे अधिक सन्देह होने पर (भ्रष्टाचार की बात अलग है) लापरवाही, इरादतन लापरवाही, आदतन लापरवाही और नितांत लापरवाही की स्थिति में भी बिना भेदभाव के तुरन्त एक महिने से तीन महीने तक बिना निर्वाह भत्ते के निलम्बित (Pending Enquiry Suspend) कर इसी अवधि के अन्दर सरसरी जाँच करके चेतावनी देकर वापस लेने की प्रक्रिया प्रारम्भ की जाय। अब यही सुधारवादी सशक्त पद्धति प्रतीत होती है। जैसे माया करती थी। इस हालत में वेतन देने का भी प्रश्न नहीं उठता। जिसे लड़ना हो अपने वेतन का पाँच - सात गुना खर्च करके कोर्ट से जीत कर आये और लेले। यही एक मात्र रास्ता रह गया है प्रशासनिक धारिता (Administrative Toning up) का। सरकारी कर्मचारियों की ज्यादती, हड़ताल आदि की स्थिति में जनता पूरी तरह सरकार के साथ खड़ी रहेगी। अगर ढंग से जनता के साथ संवाद किया जाय तो जनता खुद भी ऐसे तत्वों से निपटने लगेगी।

उत्तराखण्ड का 'नैसर्गिक वस्त्र रंजन' (Texture) इतना नाजुक है कि अगर ये असाध्यतायें (Malignancies) चलती रहीं तो राज्य व्यवस्था चरमराने में समय भी नहीं लगेगा। निचले स्तर के कर्मचारियों की मिली भगत से सरकारी जमीन हड़पने की राज्य में होड़ सी लगी हुई है। कस्बों - छोटे शहरों (Towns) में यह खुला खेल अबाध और निर्भयता से चल रहा है। निर्बाध भ्रष्टाचार तो मानो जीवन की गुणता ('Q' of life) को ही नष्ट किये जा रहा है। हर तरह का माफिया राज्य में सक्रिय हो गया है जो अपने साथ हर किस्म का भ्रष्टाचार लेकर आया है। वो स्थिति बहुत ही दुर्भाग्यपूर्ण होगी कि भ्रष्टाचार की वजह से एक समय बिहार के लोगों की तरह उत्तरांचली भी स्वयं की पहचान को ही छुपाने लगें जो कि शुरू भी हो गया है।

राजनय प्रवन्धन परिमितता (Managing Economics of Governance)

उ० प्र० ने लकीर से हटकर स्वतन्त्र भारत का पहला इतिहास रचा था जब पिछली सरकार ने IAS विरादरी से हटकर मुख्य सचिव - केबिनट सेक्रटरी की नियुक्ति की और वर्षों से चले आ रहे उस अपरिहार्यता मिथ (Taboo) को ही तोड़ डाला। न्यायपालिका देखती रही, कहती रही पर कुछ कर नहीं पाई। मुख्य सचिव या केबिनेट सैक्रट्री IAS ही हो ऐसा कोई संवैधानिक प्राविधान नहीं है न वाध्यता। अन्य मिथों की तरह इस मिथ को भी किसी को तो तोड़ना ही था और वह समय उत्तराञ्चल में भी आ ही गया है।

प्रशासन में गति लाने, निर्णयों की गुणता, कार्यक्षमता के हित में तथा सचिव एवं वरिष्ठ अधिकारियों की अविभाजित निष्ठा बनाये रखने के लिए जरूरी है कि सचिव और प्रधान सचिव स्तर के अधिकारी एक ही मन्त्री के मातहत रहें, भले ही किसी मन्त्री को कई मंत्रालयों का मन्त्री और सचिव को उन्हीं विभागों का सचिव क्यों न बनाना पड़े। कहने का तात्पर्य है कि कोई भी सचिव और प्रधान सचिव एक से अधिक मन्त्री के मातहत न हो। मुख्यमन्त्री के तो बिल्कुल भी नहीं। इससे मन्त्रियों और सचिवों की कमी का ऐहसास नहीं होगा। इसके लिए सरकारी प्रशासनिक नियमावलियों (Manuals) के पंथ से हटकर सांस्कृतिक परिवर्तन करने की आवश्यकता है। इसी तरह प्लानिंग,

मूल्यांकन या नीति निर्धारित करने सम्बन्धी बैठकें किसी सचिव के न होने की वजह से स्थगित नहीं की जानी चाहिये। उनके स्थान पर वरिष्ठता क्रम से अन्य कोई अधिकारी भाग ले सकते हैं। इसके लिए घिसी - पिटी परम्पराओं से हटकर सोचना होगा। इससे ये भी फायदा होगा कि ऊपर के स्तर पर काम का तनाव, क्लांति, और श्रांति (Stress, strain and Fatigue) कम हो जायेगा और दक्षता बढ़ेगी। अब सेना में भी vertical से समानान्तर (Horizontal) प्रशासन हो रहा है, ये तो सिविल (civil) प्रशासन है। इसमें समानान्तर प्रशासन की ओर जाये बिना अब काम नहीं होंगे। सिविल सेवा में यह एक नई संस्कृति का अभ्युदय होगा - Culture of Delegation and delegating जो आगे चलकर स्वामित्व (Entrepreneurial Ownership) की संस्कृति का प्रतिपादक होगा।

बिना विभाग मुख्यमन्त्रीः एक बेजोड़ प्रयोग

अर्थवत्ता (Meaningfulness), पूर्णत्व (Accomplishment) तथा मितव्ययता (Economy) का आदर्श अनुशीलन करते हुए राज्य में समष्टिगत (Holistic) प्रतिमान की स्थापना के रूप में राजनीति दर्शन की इस उत्कृष्टता का प्रयोग (Excellent Philosophical Experiment) किया जाना चाहिये कि मुख्य मन्त्री बिना किसी विभाग और मन्त्रालय की जिम्मेदारी के हो। कहने की आवश्यकता नहीं कि राज्य सरकार का मुखिया होने के कारण मुख्य मन्त्री संवैधानिक और स्वाभाविक रूप से न केवल सभी विभागों, मन्त्रालयों के लिए जिम्मेदार है अपितु पूरे राज्य के संचालन और कार्यकलाप के लिए पूरी तरह उत्तरदायी है। इसलिए कुछ मन्त्रालयों की जिम्मेदारी के बजाय मुख्य मन्त्री को राज्य के समनुरूप (Macro) एवं अन्वित (Holistic) कार्य सम्पादन के लिये सम्पूर्ण विकास का उत्तरदायित्व अपने कन्धों पर लेना और समझना चाहिये।

मुख्यमन्त्री राज्य के लोगों की निष्ठा और विश्वास का न्यासी (Trustee) है। अतः मुख्यमन्त्री को हर वक्त अभेद रूप से राज्य के विकास और लोगों के कल्याण की योजनाओं, परियोजनाओं, नीतियों के कार्यान्वयन, मूल्यांकन, संशोधन, गति, परिणाम और पुनर्मूल्यांकन पर गहन मन्थन और निर्णय करते

रहना चाहिये। इस तरह की निरंतर समीक्षा राज्य शासन पर मुखिया की पकड़ को मजबूत करने के साथ-साथ हर विभाग और मन्त्रालय के अधिकारियों - कर्मचारियों को अनुशासित करने, नकेल कसने की प्रमाणिक शक्ति भी प्रदान करेगी। शासन, समन्वित निदेशों (Unity of Command) से प्रशासित होगा। बार - बार, अलग - अलग मीटिंगों की जरूरत न होने से संसाधन, समय और धन की बेतहाशा बर्बादी पर अंकुश लगेगा। उद्देश्यों और उनके सम्पादन के प्रति नौकरशाही की वचनबद्धता बढ़ेगी। हर तीन माह में क्रम से प्रत्येक विभाग की समीक्षा होने लगेगी और कमजोरियों, चोरियों का पता लगने से अनुशासनात्मक कार्यवाही करना आसान होगा। जनता का विश्वास शासन और नेताओं के साथ - साथ ब्यूरोक्रसी पर भी बढ़ेगा। समन्वयिता (Cohesion) के फलस्वरूप आपसी विवाद और मतवैभिन्य सार्थक, रचनात्मक और सकारात्मक होने लगेंगे। निर्णयों की अनेकता (Multiplicity) से उत्पन्न भ्रम और दोहरापन (Duality) समाप्त होगा। संवाद में पारदर्शिता आने से बहानेबाजी खत्म होगी। अतः कार्य करना आसान होगा। समय पर सुधारात्मक कदम उठाये जाने लगेंगे जिससे संसाधनों की बर्बादी रुकेगी। इस तरह की बचत उत्पादन का ही प्रतिमान होगी। यह आदर्श दार्शनिक प्रयोग भारत में मूल्य आधारित राजनीति का जन्मदाता बनेगा।

राज्य को गांधी चाहिये

सच तो ये है कि देश को ही इस समय गांधी चाहिये। कई पाठक, लेखक की इस बात से सहमत नहीं होंगे क्योंकि उनके विचार में शायद हिटलर या सुभाष अथवा डिक्टेटर चाहिये परंतु यह उनके आवेश की ही अभिव्यक्ति मानी जायेगी। तथापि उत्तराखण्ड को इस समय एक निष्काम गांधीवादी मुख्य मन्त्री चाहिये। बिना किसी मन्त्रालय के भी सम्पूर्ण राज्य का स्वामित्व लेने वाला। समस्त शासन सत्ता के वावजूद सत्ता निःस्पृह। राजनीति को दर्शन और सत्ता को सेवा समझने वाला। निष्काम लोक सेवा को समर्पित। जनता से अनवरत सम्भाषण करने वाला और प्रशासन से अविरल संवाद बनाये रखने वाला। सबके दुःख, दर्द, परेशानी को सुनने, समझने, समझाने वाला यानी (Empathetic)

मुखिया। अपनी जान की परवाह किये बिना नेतृत्व देने वाला, उत्प्रेरक (Catalyst) एवं प्रेरक (Motivator) मुख्यमंत्री। भ्रष्टाचार को पहला और आखिरी दुश्मन समझकर लड़नेवाला गाँधी जो इस देवभूमि को वास्तविक - व्यावहारिक दिव्यता दिलवा सके।

अफसोस सवा करोड़ की जनसंख्या वाले इस छोटे से राज्य ने देश के, जनता के और दूसरे राज्यों एवं नेताओं के सामने अभी तक कई अनुकरणीय उदाहरण पेश कर दिये होते अगर जरा भी गांधीवादी विवेकशील या इन्दिरा जी जैसा गतिशील (Cynamic) नेतृत्व होता तो। बारह वर्ष बाद ही सही पर अब आत्मनिरीक्षण का वक्त आ ही गया है, खासतौर से युवा पीढ़ी के लिए। सुराज की स्थापना के लिए 'जी हुजूर' (Yesmen) नहीं, कटु सत्यवादी, पारदर्शी नेतृत्व चाहिये। लोकतन्त्र का मतलब ही है - जैसे लोग वैसी सरकार- जैसी सरकार वैसे लोग नहीं। अतः जनता जैसे प्रतिनिधि चुनेगी उसी तरह का शासन और फल भी पायेगी जिसके कुपरिणाम भुगतने के लिये भी तैयार रहना होगा। विगत गलतियों से सीखने का भी यही समय है। सामूहिक गलतियों का प्रायश्चित करने का भी यही समय है। यह जामवन्त की तरह हनुमान रूपी जनता को केवल ताकत की याद दिलाने का प्रयास है। यह समय है अपने प्रति ईमानदार बने रहने का।

धनोदय एवं आत्म सम्भूति (Generation of Funds and Self Sufficiency)

एक प्रसिद्ध कहावत है। पैसा कमाना उतना कठिन नहीं जितना खर्च करना। अपव्ययी के लिए सारी दौलत भी कम है। अपना ही देश इसका उदाहरण है, कहीं अन्यत्र जाने की भी जरूरत नहीं है। अपार सम्पत्ति के बीच देश की कंगाली और लोगों की दरिद्रता का उदाहरण भी यही भारत है। उत्तराखण्ड इसका अपवाद नहीं बल्कि दूसरा उदाहरण ही है। यहाँ के हालात बहुत सोचनीय हैं। जनता को कष्ट सहने की आदत बन गई है जैसे देश की जनता को सब कुछ भगवान भरोसे छोड़ने की। इसके वावजूद जनता को कष्ट सहने कुर्बानी करने में कोई कष्ट नहीं, मगर उसे दिखना चाहिये कोई गाँधी आगया है। उसके सामने प्रतिमान होना चाहिये, उदाहरण होना चाहिये, उसे

विश्वास होना चाहिये और सबसे बड़ी बात विश्वास दिलाने वाला नेतृत्व होना चाहिये कि उसके त्याग का कल से नहीं आज ही से उनको और राज्य को समुचित प्रतिफल मिलना प्रारम्भ हो जायेगा। कल पर अब जनता का विश्वास नहीं रहा।

राज्य सृजन का एक दशक से ज्यादा समय हो गया है। अब समय है इसे आत्मनिर्भर (Self Sufficient) बनाने का। इसके लिये स्वतः उद्भूत निधि (Self Funding) एवं स्वतः सम्भूत निष्पन्नता (Self Generation) पहली आवश्यकता है। इन सबके लिए चाहिये ईमानदारी और सदाशय नीयत (Honesty and Bonafide Intentions), ताकि दृढ़ निश्चयी जनता नेतृत्व के साथ कदम से कदम, ताल से ताल मिलाकर चल सके और कोई उसे पशु समझ कर झूठे ही हाँकने की कोशिश न करे। इतिहास साक्षी है कि गरीबों ने ही अमीरों, अभिजात्य वर्ग और राजा - रानियों तथा स्वतन्त्र भारत में नेताओं, सरकारी अफसरों और कर्माचारियों के आराम, मौज मस्ती और विलासिता के लिए अपना पेट काटकर कुर्बानी दी। उसी का नतीजा है कि इस धरती पर नेता, राजा और अफसर बने रह गये। अब हम प्रजातन्त्र नहीं - लोकतन्त्र हैं। संप्रभुता सम्पन्न लोक (Sovereign People), जो संविधान और राजनय (System of Governance) को बदलने की ताकत रखते हैं। लेकिन इसके लिए लोक को भी उतना ही उद्बुद्ध और उद्भासित होने की आवश्यकता है।

सुराज, उद्यम, औद्योगीकरण, जलविद्युत उत्पादन, पर्यटन उद्योग का विकास एवं कृषि समृद्धि के साथ - साथ अर्ध - आणविक (Demi and Quasi Atomic) या उप परमाणविक (Semi Nuclear) विद्युत उत्पादन, श्रम की प्रतिष्ठा एवं महत्व, तथा अनवरत टैक्नो - साइन्टिफिक अन्वेषण एवं युवा पीढ़ी को प्रस्तावित बेरोजगार भत्ता भुगतान ही इस राज्य को वैभव, विभूति एवं जनता को समृद्धि एवं गौरव प्रदान करने में समर्थ होंगे।

अतः प्रकृति, पर्यावरण, प्ररक्षण, गङ्गा - जमुना विभासा एवं जैविक संरक्षण के पुनीत कोश (Fund) एवं कार्य हेतु निर्धारित तीर्थ स्थानों और हिल स्टेशनों में आने वाले यात्रियों से मोटर-गाड़ी, बस टिकट के साथ ही एक निर्धारित शुल्क लिया जाना चाहिये। अन्य वाहनों जैसे ट्रक, कार सहित निजी

गाड़ियों से शुल्क एकत्रित करने की यथा व्यवस्था की जा सकती है। होटल बिलों पर भी दो प्रतिशत शुल्क लगाया जा सकता है।

इन सबसे महत्वपूर्ण है व्यास, गुरुओं, धार्मिक ट्रस्टों, महंतों और बाबाओं पर इस कोश हेतु शुल्क लगाया जाना। साथ ही समस्त केमिकल कारखानों, प्रदूषण और प्रदूषक (Pollution or Pollutants) उत्पन्न करने वाले, फैलाने वाले और उत्सर्जन करने वाले कारखानों पर उनके आकार और उत्सर्जन की मात्र के अनुरूप 'फैक्ट्री लाइसेन्स फी' के साथ एवं नवीनीकरण के समय उपर्युक्त कोष हेतु शुल्क लिया जाना चाहिये। इसी तरह हर प्राइवेट स्कूल, कालेज, संस्थान स्थापित होने से पूर्व एवं मान्यता प्राप्त करने से पूर्व एक मुश्त एवं प्रतिवर्ष निर्धारित शुल्क राशि उपर्युक्त कोष में जमा करना अनिवार्य होना चाहिये। मान्यता प्राप्त करने और निरस्त करने की मुख्य शर्तों में उपर्युक्त शर्त भी होनी चाहिये। इस हेतु हिन्दी माध्यम एवं अंग्रेजी माध्यम पब्लिक स्कूलों एवं महाविद्यालयों और संस्थाओं का आकार और छात्रों की संख्या के अनुसार अलग वर्गीकरण किया जाना उचित होगा।

जन शिकायतें: सुनवाई और समाधान

लोकतन्त्र में संवाद और सानिध्य, विश्वास और प्रवाह का स्त्रोतस् गतिशील बना रहे इसके लिए जनता दरबार व्यवस्था भी प्रभावी सिद्ध हो सकती है। इन्दिरा जी की लोकप्रियता के पीछे यही रहस्य था। नेता में सुनने का माद्दा होना चाहिये। आर्मी या अफसर की तरह व्यवहार करने वाला कभी लोकप्रिय नहीं हो सकता। सत्ता का लेशमात्र मद भी उसके चेहरे से नहीं झलकना चाहिये। जनता त्रस्त होकर अपने प्रतिनिधि से मिलने आती है, एक उम्मीद के साथ कि उनकी समस्या का समाधान न भी हो पर सुनवाई होगी, कोई तो सुनने वाला होगा, वैकल्पिक समाधान बताने वाला होगा। कुछ नहीं तो आश्वस्त करने वाला तो कोई होगा। जनता अपनी भड़ास निकालना चाहती है। चापलूसों के कहने पर उसे रोकना या अवरुद्ध करना अपने लिए काँटे बोना है। जनता को लगना चाहिये उन्हें सुना गया। दो कान, एक मुँह का मतलब ही है - कम बोलना ज्यादा सुनना।

लोकतन्त्र में खास तौर से सत्ता लोलुप भारतीय नेतागिरी व्यवसाय में कोई किसी का दोस्त या दुश्मन नहीं अतः सुनवाई निरपेक्ष भाव से होनी चाहिये। सुनवाई संवेदनात्मक और भावनात्मक (empathetic) होनी चाहिये। जनता को टालू मिक्षर नहीं, सही बात से अवगत कराना, कठिनाइयाँ बताना, विकल्प या समाधान बताना और सम्भव हो तो समयावधि से अवगत कराना अच्छे नेता के गुण हैं। डायरी मेनटेन करना भी अच्छे नेता का गुण है ताकि पिछली शिकायतों और जन समस्याओं की समीक्षा की जा सके, उद्धरणी करके प्रगति की रिपोर्ट ली जा सके और शिकायतकर्ता या उपालम्भी को प्रत्याश्वस्त किया जा सके ताकि खाई मिटे और विश्वास पैदा हो, यही तो सुनवाई का उद्देश्य भी है।

आवश्यक रूप से हफ्ते में एक दिन हर उच्च अधिकारी एवं मन्त्री को तहसील से मुख्यालय और राजधानी तक जन शिकायतें सुनने की अनिवार्यता होनी चाहिये और अगर सम्बन्धित अधिकारी न भी हो तो किसी अन्य अधिकारी को उसकी जगह सुनवाई करनी चाहिये लेकिन सुनवाई टलनी नहीं चाहिये।

लोकतन्त्री शासक और नेता को यह न भूलना चाहिये कि सारे आँकड़े निर्जीव हैं, केवल जनता की भावनायें ही बोलते हुए आँकड़े हैं। जनता संसाधन नहीं शक्ति है, शक्ति नहीं शक्ति का श्रोत है।

एक मात्र समाधान

उत्तराञ्चल को खण्डित करके भ्रष्टाचार, भोग और विषयाशक्ति लोलुपता ने विखण्डित कर दिया। अलग राज्य सृजन आन्दोलन इस भूमि को अलौकिक दिव्यता और मानवीय संवेदना जन्य भौतिक सुख और आनन्दत्व की परिकल्पना से हुआ था। ईश्वरीय कोप और प्रकृति प्रकोपों ने पापों का हिसाब करना ही एकमात्र उपाय समझा क्योंकि उनके संकेतों से कोई सीखने वाला क्या उनकी ओर देखने और सुनने वाला भी नहीं था। तीर्थ-धार्मिक-पर्यटन उद्योग का भविष्य क्या होगा उससे पहले राज्य के भविष्य को बचाना परमावश्यक है।

उत्तराञ्चल की सामरिक, आध्यात्मिक, पर्यावरणीय संवेदनशीलता के मद्देनजर देश की सुक्षा एवं राष्ट्र के आध्यात्मिक-सांस्कृतिक समन्वय तथा भावनात्मक आत्मिक एकत्व के लिए जरूरी है कि:

1. इस राज्य को बिना किसी "किन्तु-परन्तु" के यूनियन टेरिटरी या सेन्ट्रली एडमिनिस्टर्ड टरीटरी घोषित किया जाए। बुजुर्ग कहते है कि मूलरूप से यही प्रस्तावित था लेकिन चंद नेताओं ने जो आज भी दुन्द पेल रहे हैं अपने स्वार्थ में ऐसा नहीं होने दिया जबकि राज्य की आम जनता आज भी यही चाहती है।
2. राज्य की समस्त सड़कें बाडर रोड्ज संगठन को दे दी जाय।
3. सामरिक सुक्षा के अलावा अब कोई भी सड़क न बनाई जाय।
4. पहाड़ों-नदियों को छलनी न किया जाय। नदियों के वेग को रोकने और पानी का सदुपयोग करने के वैज्ञानिक तरीके ढूंढे जाय।
5. टिहरी में भी इस बार वज्रपात (बिजली गिरी थी) हुआ था जो एक भयंकर त्रासदी का संकेत है।
6. उत्तराञ्चल को विद्युत आपूर्ति टिहरी डेम या अन्यत्र से की जाय और राज्य की प्रकृति-पर्यावरण नदी-पर्वतों से बहुत इत्तफाक से छेड़ - छाड़ की जाय।
7. तीर्थाटन रहे। धर्म स्थान पर्यटन केन्द्र न बनें।

WISHFUL THINKING OF TODAY,
A REALITY OF TOMORROW
A LUXURY OF TODAY
A NECESSITY OF TOMORROW
AN IMPOSSIBILITY AS OF NOW.
A POSSIBILITY OF TOMORROW

संस्कृति परिज्ञान परिशिष्ट

राम सेतु नहीं नल सेतुः अस्तित्व काल एवं ऐतिहासिक प्रमाण

राम ने पुल कभी नहीं तोड़ा

रामायण और नल सेतु

अपनी प्रसिद्ध पुस्तक 'विश्व इतिहास की झलकियाँ' (Glimpses of World History) की भूमिका में पं. नेहरू ने १९३३ में लिखा 'यह पुस्तक प्रकाशन के लिए जा रही है और इसमें मैं कुछ कर भी नहीं सकता। लेकिन अगर मुझे आज इतिहास लिखना पड़े तो वह बिल्कुल अलग होगा क्योंकि जो इतिहास हमें पढ़ाया गया वह पाश्चात्य लोगों द्वारा लिखा गया इतिहास था जो सही नहीं है, विकृत है'। सच है अगर पाश्चात्य देशों की नकल का यही हाल रहा तो आने वाली पीढ़ी २५ साल बाद पूछ सकती है - 'ये संस्कृत - संस्कृति क्या होती है', संस्कृत का यहां क्या काम? Dad, as you have become dead so has this language Sanskrit. हो सकता है संस्कृत की

पुस्तकें और शब्दकोश हमें विदेश से मंगानी पड़ें या वहीं से हमें पुस्तकें छपवानी पड़ें। ६७ सालों में हम गांधी को भूल गये, कल गांधी और स्वतन्त्रता का इतिहास भी अविश्वसनीय हो जायेगा। तुलसी, कालिदास, भवभूति, बुद्ध, महावीर, भैरवी, अश्वघोष और न जाने कितनी विभूतियों के जन्म और अवसान की तिथियों के बारे में हमें मालूम नहीं फिर वाल्मिकी, व्यास, रामायण और महाभारत के बारे में कल्पना करना बहुत दूर की बात है। लेकिन अंग्रेजी की इस कहावत कि 'सत्य कल्पना से ज्यादा आश्चर्यजनक होता है (Truth is Stranger than Fiction) कहीं अधिक 'सत्यमेव जयते' प्रसिद्ध है। रामायण, ऋषि वाल्मिकी द्वारा लौकिक संस्कृत भाषा में लिखा गया पहला महाकाब्य है। कहा जाता है कि एक समय रामायण पर आधारित महाकाब्य, काव्य, नाटकों की संख्या २५० से अधिक थी। आज भी एशियाई देशों तथा क्षेत्रीय मातृ भाषाओं में लिखी गई रामायणों तथा संस्कृत में लिखे गये महाकाव्यों की संख्या ५० से अधिक हैं, नाटक और खण्ड काव्य अलग। वाल्मिकी रामायण आदि ऐतिहासिक महाकाव्य होने के कारण राम कथा का पहला मौलिक, विश्वसनीय प्रमाण है और महाभारत दूसरा, बाकी अन्य सभी गोण, अपमिश्रित या कल्पित पर मूल रूप से वाल्मिकी रामायण पर ही आधारित हैं।

सनातन संस्कृति में राम और कृष्ण को ही अवतार के साथ-साथ पुरुषोत्तम माना गया है। राम और परशुराम जी समकालीन थे। महाभारत[1] (आदि पर्व) के अनुसार परशुराम जी का समय त्रेता - द्वापर का सन्धि काल था;

त्रेता द्वापरयोः संधो रामः शस्त्र भृतां वरः

असत्कृत्पार्थिवं क्षत्रं

उपर्युक्त उद्धरण से श्री राम के जन्म का भी अंदाजा लगाया जा सकता है। सभी पुराण महाभारत के बाद की रचना हैं क्योंकि उनका श्रोत (स्त्रोत)

---

1. म. भा. (आदि पर्ब - अ. २ (३)

महाभारत ही है। राम कथा १८ महापुराणों में से दो तिहाई महापुरणों में किसी न किसी रूप में दी गई है। रामायण के बाद सबसे विस्तृत कथा महाभारात के आरण्यक (बन पर्व) में १८ अध्यायों में दी गई है। भगवान बुद्ध से पहले कुछ पुराणों का अस्तित्व रहा होगा लेकिन संक्षिप्त में। उनका विस्तार, आयाम और परिवर्धन निःसंदेह बुद्ध के बाद ही हुआ। पुराणों में जैसे अग्नि, गरुड, भागवत आदि और उपपुराणों में जैसे नरसिंह आदि में राम कथा है। राम द्वारा सेतु निर्माण का प्रसंग भी है परन्तु भगवान राम द्वारा सेतु ध्वंस करने का कोई उल्लेख नहीं है। पहली शताब्दी बीसी या एडी के आस पास कालीदास जी ने रघुवंश महाकाव्य की रचना की पर कहीं भी राम द्वारा रामसेतु तोड़ने का उल्लेख नहीं किया जबकि सेतु निर्माण का किया है। भवभूति ने भी सातवीं शताब्दी में 'महावीर चरित' (राम कथा महाकाव्य) लिखा पर ऐसा कोई संकेत तक नहीं दिया।

भारत में शायद ही कोई भाषा है जिसमें रामायण या राम कथा नाम से महाकाव्य न लिखा गया हो। सेतु निर्माण का सविस्तार प्रसंग होते हुए भी किसी में भी सेतु भंग का संकेत तक नहीं है। १२ वीं शताब्दी में लिखी गई तमिल भाषा की कम्ब रामायण ही केवल एक मात्र रचना है जिसमें राम द्वारा ही स्वयं सेतु भंग का उल्लेख है। जैन कवियों और ग्रंथों ने भी ऐसा कोई संकेत नहीं दिया है। पहली शताब्दी ए डी से लेकर सातवीं शताब्दी तक रचित पउम चरिय, उत्तर पुराण, पद्म चरित किसी में भी विमल सूरी जी या रविसेन जी ने राम द्वारा अपने जीवन काल में ही सेतु तोड़ने का जिक्र नहीं किया है। इनके अलावा पहली शताब्दी से नौवीं तक राम चरित के कई ग्रन्थ लिखे गये जिनमें बौद्ध दर्शन का दशरथ जातक सहित अवधूत रामायण, आनन्द रामायण, अध्यात्म रामायण, दशावतार चरित, रामायण मंजरी, हनुमन्नाटक (महानाटक नाम से प्रसिद्ध) लेकिन किसी में भी यह संकेत नहीं है।

भाषाओं में तेलगु में द्विदिश, मलयालम में रामचरितम, कन्नड़ में तोरबाई, असमी में माधव काली, बंगला में कृतिवास, उड़िया में बाल रामदास, मराठी में भावार्थ रामायण, गुजराती में गिरधर रामायण, के अलावा संस्कृत में मुरारी का अनर्घ राघव, राजशेखर की बाल रामायण, भट्टि का रावण वध

(भट्टि काव्य से प्रसिद्ध), सिंघल द्वीपीय कुमार दास का जानकी हरण, प्रवरसेन का सेतुबन्ध, यशोवर्मन का रामाभ्युदय, अनंग हर्ष या मयूराज का उदात्त राघव सम्मिलित हैं, परन्तु कहीं भी राम द्वारा स्वयं ही पुल तोड़ने के बारे में नहीं लिखा गया है।

मध्य काल में गौण बुद्ध और श्री राम पंचशती के अलावा काश्मीर के सुप्रसिद्ध कवि क्षेमेन्द्र की रामायण मंजरी, चंद वरदाई की रामायण, मुरारी का राघवोल्लास, जयदेव का प्रसन्न राघव, उदार राघव, तथा नेपाल के कवि भानु भक्त की रामायण, सेनापति की कविता रत्नाकर, तेलगु में रंगनाथ द्वारा रचित रामायण तथा कन्नड़ में बत्तलेश्वर की रामायण सम्मिलित हैं। तुलसीदास के रामचरित मानस की बात ही क्या करें। लेकिन कहीं भी राम द्वारा अपने जीवन काल में पुल तोड़ने का वर्णन नहीं है।

रामायण पर कई व्याख्यायें तथा टीकायें भी लिखी गई। जिनमें सुप्रसिद्ध तमिल भक्त, दार्शनिक रामानुजाचार्य का कोंडाण्डे रामानुज, वेंकट कृष्णध्वरी का सरवार्थसार, वैद्यनाथ दीक्षित का रामायण दीपिका, ईश्वर दीक्षित के वृहद एवं लघु विवरण, महेश्वर तीर्थ का रामायण तत्वदीपिका, गोविंद राज का रामायण भूषण, अहोबल का वाल्मिकी हृदय, माधव योगी का अमृत कृतक, श्रीङ्ग्वेर पुर के राजा राम वर्मा का रामायण तिलक, लोकनाथ चक्रवर्ती का मनोहरा आदि सम्मिलित हैं लेकिन किसी में भी राम द्वारा अपने हाथ से पुल तोड़ने का कोई जिक्र नहीं है।

भारत में ही नहीं विदेशों में उपलब्ध राम कथाओं में भी इस तरह का कोई संकेत या विवरण नहीं है। तीसरी शताब्दी के चीनी भाषा में उपलब्ध खोतान संस्कृति के महाग्रंथों अनामक जातक तथा दशरथ कथानम में भी इसका कोई जिक्र नहीं है। म्यांमार (वर्मा - ब्रह्म देश), श्याम, चीन, तिब्बत, चम्पा (हिन्देशिया - वियतनाम, लाओस आदि) काम्बुज (कम्बोडिया), मलय - मलाया (मलेशिया) सिंहपुर (सिंगापुर) आदि देशों में विभिन्न नामों से प्रचलित रामायण या राम कथाओं में जैसे राम कियेन, सुमन सन्तक, काकविन, रामायण काकविन, चरित रामायण, रामकेलिंग, सेरत काण्ड (सम्भवतः सुन्दर

काण्ड), हिफायन सेरी राम (श्रीराम), राम केर्ती (राम कीर्ति), और रामयागन (रामायण या रामगायन) आदि किसी में भी इस तथ्य का उल्लेख नहीं है।

रामेश्वरम में राम द्वारा शिव लिंग की स्थापना विवादास्पद हो सकता है, इसके सम्बन्ध में शास्त्रीय आधार पर भी मतभेद हो सकता है परन्तु पौराणिक इतिहास के आधार पर राम सेतु निर्माण और सेतु की अक्षुणता पर न तो कोई विवाद था, न है, न हो सकता है। वाल्मीकि ने लिंग स्थापना की बात नहीं की है, न महाभारत में है।

लंका पर चढ़ाई करने हेतु सेतु निर्माण की आवश्यकता की पृष्ठभूमि का वाल्मिकी रामायण में सविस्तार वर्णनन है। राम द्वारा समुद्र की प्रार्थना, तीन रात्रियों तक जाग कर उपवास करना आदि इसमें सम्मिलित है (युद्ध काण्ड २१ १० - १२);

तस्य रामस्य सुप्तस्य कुशास्तीर्णे महीतले[1]
नियमादप्रमत्तस्य निशास्त्रिस्त्रोभिजग्मतुः
स त्रि रात्रोषितस्तत्र न यज्ञो धर्म वत्सलः
न च दर्शयते रूपं मन्दोरामस्य सागरः

राम के क्रोध और समुद्र को दण्डित करने के निश्चय का कवि ने यों वर्णन किया है (१४, १७, २०, २४);

प्रशमश्च क्षमा चौव आर्जवं प्रिय वादिता
असामर्थ्य फला होते निर्गुणेषु सतां गुणाः
आत्म प्रशंसिनं दुष्टं धृष्टम विपरि धावकम
सर्वत्रोत्सृष्टदण्डं च लोकाः सत्कुरुते नरम
न साम्ना शक्यते कीर्तिं साम्ना शक्यते यशः
प्राप्तुं लक्ष्मण लोकेस्मिंजयो वा रण मूर्धनि

1. रामायण - (युद्ध का. अ. २१/ १०, ११, १२, १४, १७, २०, २४)

क्षमया हि समायुक्तं मा मयं मकरालयः
अस्मर्थे विजानाति धिक् क्षमा मी दृशे जने
अद्य मद्वाण निर्भग्नेर्मकरे मकरलयम
समुद्रं शोषयिष्यामि पदभ्यां यान्तु प्लवंगमाः
निर्मर्यादं करिष्यामि सायकै र्वरुणालयम
महार्णवं क्षोभयिष्ये

(दुष्ट के साथ शालीनता, भद्रता, शान्ति उचित नहीं है। अच्छाई से शक्ति प्राप्त नहीं की जा सकती। दुष्ट लोग सज्जनों की भलाई को कमजोरी समझ लेते हैं। अतः दुष्ट के साथ वही वर्ताव किया जाना चाहिये जो अपेक्षित है। अतः उन्होंने समुद्र शोषण का निश्चय किया।)

भयभीत समुद्र ने प्रकट होकर राम से 'विश्वकर्मा के अभियान्त्रिक पुत्र नल से सेतु निर्माण करवाने की प्रार्थना की। प्रतिदिन करीब ४ योजन के हिसाब से २० दिन में पुल बना। पुल के विस्तार तथा निर्माण के सम्बन्ध में वाल्मिकी लिखते हैं (रामायण - युद्ध काण्ड २२/७६);

दश योजन विस्तीर्णं शत योजनमायतम्
ददृशु र्देव गन्धर्वा नल सेतुं सु दुष्करम्

(पुल दश योजन चौड़ा, सौ योजन लम्बा था। उस नल सेतु को देव गंधर्वों आदि ने देखा'। इस प्रकार ये भी स्पष्ट हो जाता है कि वह सेतु राम जी ने बनवाया परन्तु नल सेतु के नाम से विख्यात हुआ न कि राम सेतु के नाम से। यह स्थिति द्वापर की समाप्ति और कलियुग के प्रारम्भ के समय तक थी जिसकी पुष्टि महाभारत से होती है)।

एक स्पष्टीकरण

यहाँ यह स्पष्ट करना समुचित है कि वाल्मीकि जी ने रामायण में रामेश्वरम् अथवा समुद्र तट पर राम द्वारा शिव लिंग स्थापना का कोई उल्लेख

नहीं किया है। रामायण के बाद भारतीय जीवन धारा और अस्तित्व प्रज्ञान का दूसरा पौराणिक - ऐतिहासिक - सांस्कृतिक महाग्रन्थ त्रेता युग के बाद ही द्वापर युग में रचित महाभारत है। महाभारत में अन्य सभी पुराणों की तुलना में रामकथा काफी विस्तार से दी गई है जो स्वाभाविक ही है क्योंकि सभी पुराण महाभारत के उपजीव्य काव्य हैं अर्थात् महाभारत आधारित और उसके बाद के हैं। महाभारत में विस्तृत राम कथा होने के बावजूद कहीं भी लिंग स्थापना का सन्दर्भ नहीं है।

अठारह महापुराणों में से करीब १२ में राम कथा किसी न किसी रूप में है लेकिन आश्चर्यजनक है कि शिवपुराण के अलावा किसी में भी लिङ्ग स्थापना का जिक्र नहीं है जबकि सेतुबन्ध सब में है। नरसिंह पुराण में, जोकि १८ उपपुराणों में से एक है, लंका विजय से वापसी के समय लिंग स्थापना का उल्लेख है। इससे उस समय शिव पुराण के प्रभव - प्रभास का अंदाजा लगाया जासकता है जो इस प्रमेय का भी साक्ष्य है कि बौद्ध दर्शन विस्तार में शिवपुराण कितना शक्त था। जानने योग्य है कि कई पुराणों से लंका की स्थिति रामायण से अलग ही लगती है।

राम की वापसी और पुल का अस्तित्व

इतने भव्य निर्माण को जो इतनी कठिनाई से बनया गया हो, जिसने राम की इतनी बड़ी सहायता की हो, उसे श्री राम क्यों तोड़ते ?। रामायण (युद्ध काण्ड २७५/५१ - ५३) से पूरी तरह यह सिद्ध हो जाता है कि राम ने पुल को अक्षुण रखा। रावण वध के पश्चात सीता के साथ पुष्पक विमान से राम पुल के ऊपर से होते हुए आये और एक रात समुद्र किनारे वानरों सहित विश्राम किया

संततार पुनस्तेन सेतुना मकरालयम
पुष्पकेण विमानेन खेचरेण विराजित

1. म. भा. (आरण्यक अ. २५६ - २७६)

ततस्तीरे समुद्रस्य यत्र शिश्ये स पार्थिव
तत्रै वोवास धरमात्मा सहितः सर्व वानरैः

ये बात त्रेता युग की समाप्ति के समय की थी। महाभारत की समाप्ति के बाद भी कलियुग के प्रारम्भ तक पुल यथास्थिति में था।

महाभारत काल और नल सेतु अस्तित्व

महाभारत आरण्यक पर्व (बनपर्व) के १७ अध्यायों में राम[1] कथा का विस्तार है। पाण्डवों के अज्ञातवास के दौरान जयद्रथ ने द्रौपदी हरण किया। पाण्डव अति दुखी हो गये। विह्वल युधिष्ठिर ने मार्कण्डेय ऋषि से कारण पूछा और ऋषि ने राम कथा सुनाई। राम के दुखों और सीता हरण की अनहोनी बताई। अन्त में अभिमन्यु के पुत्र परीक्षित के पुत्र जनमेजय के पूछने पर इस कथा को लगभग द्वापर काल की समाप्ति के समय वैषम्पायन जी ने सुनाया था (अ० २६७/२७८)। सेतु के सम्बन्ध में वैषम्पायन जी ने कहा;

दश योजन विस्तारमायतं शत योजनं
नलसेतुरिति ख्यातो योद्यापि प्रथितो भुवि

(आज भी जो विद्यमान पुल नल सेतु के नाम से विख्यात है, वह दश योजन चौड़ा और सौ योजन लम्बा है।)

उपर्युक्त वर्णन से यह बात भी सिद्ध होती है कि पुल का अस्तित्व कलियुग के प्रारम्भ तक था।

महाभारत भारतीय वाङ्मय का अकाटय ऐतिहासिक प्रमाण है। कलिकाल के प्रारम्भ तक सेतु का अस्तित्व असंदिग्ध था अतः राम द्वारा सेतु भंग की बात लोगों के अज्ञान और अन्धकार की परिणति ही है। पाश्चात्य इतिहासकारों ने भारतीयों को अपमानित करने और भारतीय सांस्कृतिक विरासत की कदाशयतापूर्ण अवहेलना करके भारतीय इतिहास को ही पूरी तरह विकृत कर दिया और हमारे मानसिक दासत्व पर भारत में राज करते रहे। तथापि पाश्चात्य मानसिकता से उत्प्रेरित एवं अमेरिकी दासत्व से गद् - गद् लोगों

1. (अ0 २६७ / २७८)

को लोकमान्य बालगंगाधर तिलक की अनुपम कृति 'आर्कटिक होम इन वेदास' (Arctic Home in Vedas) पढ़नी चाहिये। शायद उनकी आँख खुल जाय।

गूगल सर्च' से आज भी सेतु के अवशेष समुद्र में दिखाई देते हैं जिसे 'एडम्स ब्रिज' नाम दिया गया है। अतः अभी भी उस विकृति की सीमा का अन्दाजा लगाया जा सकता है। तथापि यह न्यायालय और कानून का विषय नहीं है। यह अस्मिता, संस्कृति तथा सनातन इतिहास और विश्वासों का प्रश्न है जिसे पाश्चात्य इतिहास के आधार पर या पाश्चात्यों द्वारा लिखे गये इतिहास या उस विकृत इतिहास की विद्वता के आधार पर निश्चय नहीं किया जा सकता। हमारा इतिहास इसका प्रत्यक्ष प्रमाण है कि भगवान राम ने स्वयं नल सेतु नहीं तोड़ा था और कलियुग के प्रारम्भ तक सेतु मौजूद था।

भारतीयों का दुर्भाग्य ही कहा जायेगा कि देश १००० वर्षों तक परतन्त्र रहा और देशवासी जो कभी शरीरिक रूप से ही दास थे कालान्तर में मानसिक रुप से भी दास हो गये। अतः कोर्ट - कचहरियों में आज वही इतिहास साक्ष्य माना जायेगा जो उन यूरोपियनों, पाश्चात्यों ने लिखा है जिनका कभी अपना ऐसा इतिहास ही नहीं रहा जिस पर वो गर्व कर सकें। सैक्यूलर भारत के बड़े - बड़े जज साहब रामायण, महाभारत, पुरण शास्त्रों को प्रमाण नहीं मानते क्योंकि इनको वो इतिहास ही नहीं मानते। हाँ अगर विदेश में कहीं ऐसा लिखा होता खासतौर से अमेरिका या यूरोप में तो फिर इनके लिये वो वेद वाक्य होता। यद्यपि जेण्ड - ईरानी, जरुथस्त्री - पारसी शास्त्रों में आर्यों के बारे में बहुत कुछ लिखा है क्योंकि आर्यों को वो अपना पूर्वज मानते थे, लेकिन उसे पाश्चात्य मानसिकोद्भव इसलिए प्रमाण नहीं मानते क्योंकि वह आर्यों से सम्बद्ध है जिन्हें वो हिकारत से आज हिन्दु कहते हैं। फिर भी अगर पाठक अपना ऋत इतिहास, सही इतिहास और मूल जानना चाहते हैं तथा अपनी सन्तति को, भावी पीढ़ी को उनकी पहचान और धरोहर छोड़ना चाहते हैं तो लेखक की "भारत और विश्व इतिहास" : पहला और अन्तिम पृष्ठ पुस्तक उन्हें अवश्य पढ़नी चाहिये।

हार्वर्डियन, इटैलियन और पाश्चात्य, नलसेतु - रामसेतु को माने या न माने, उसकी ऐतिहासिकता स्वीकार करें या न करें, भ्रष्ट सरकारें उसे राष्ट्रीय धरोहर धोषित करें या न करें तथापि धार्मिक, पौराणिक - ऐतिहासिक साक्ष्य इतने प्रबल हैं कि, किसी भी न्यायालय को उन्हें न मानना या नजरअन्दाज करना आसान नहीं है। अगर न्यायालय भी नहीं मानता और जनमानस मानता है तो कीमत अदायगी बहुत बड़ी होगी। यह बात अलग है कि राष्ट्रीय समृद्धि के लिये उसका सदुपयोग कैसे किया जाय।